普通高等学校"十四五"规划物流管理与工程类专业数字化精品教材

编委会

主　任
刘志学　教育部高等学校物流管理与工程类专业教学指导委员会副主任委员
　　　　华中科技大学教授

编　委　（按姓氏汉语拼音排序）
冯　春　西南交通大学教授
黄福华　教育部高等学校物流管理与工程类专业教学指导委员会委员
　　　　湖南工商大学教授
李文锋　教育部高等学校物流管理与工程类专业教学指导委员会委员
　　　　武汉理工大学教授
李　燕　江汉大学副教授
李严峰　教育部高等学校物流管理与工程类专业教学指导委员会委员
　　　　云南财经大学教授
刘　丹　教育部高等学校物流管理与工程类专业教学指导委员会委员
　　　　福州大学教授
马　璐　广西民族大学教授
庞　燕　教育部高等学校物流管理与工程类专业教学指导委员会委员
　　　　中南林业科技大学教授
冉文学　云南财经大学教授
王忠伟　教育部高等学校物流管理与工程类专业教学指导委员会委员
　　　　中南林业科技大学教授
谢如鹤　教育部高等学校物流管理与工程类专业教学指导委员会委员
　　　　广州工商学院教授
徐贤浩　华中科技大学教授
张得志　中南大学教授
张　锦　教育部高等学校物流管理与工程类专业教学指导委员会副主任委员
　　　　西南交通大学教授
邹安全　佛山科学技术学院教授

普通高等学校"十四五"规划物流
管理与工程类专业数字化精品教材

总主编◎刘志学

冷链物流
（第二版）

COLD CHAIN LOGISTICS

主　编◎谢如鹤　刘广海
副主编◎申　江
编　者◎邹毅峰　林朝朋　阚安康
　　　　汪利虹　林　纯　陈　晖
　　　　冷志杰　宁静红　宁鹏飞
　　　　黄　虹　皮晓芳

华中科技大学出版社
http://press.hust.edu.cn
中国·武汉

内 容 提 要

本书密切结合我国冷链物流理论和技术体系构建的现实需要,借鉴和吸收国内外相关研究与实践经验,系统介绍了冷链物流的概念、现状与发展趋势,制冷原理与方法,易腐货物的理化性质、腐败变质及控制原理,生鲜食品的冷链加工与流通,冷链物流中心的规划与冷库设计,冷链物流的方式、装备、节能管理,生鲜食品电子商务及销售过程中的物流管理,冷链物流标准化、信息化等方面的基本概念、基本原理和基本技术,并配有同步案例与思考题,具有较高的实用价值。

本书的特点是理论与实践相结合,宏观管理与微观操作相结合,经典知识与研究创新相结合,基本概念与实际案例相结合,可作为培养冷链物流专业人才、面向高等院校相关专业的学生及研究人员的教学参考书,也可供冷链物流行业、企业与政府部门管理人员参考。

图书在版编目(CIP)数据

冷链物流/谢如鹤,刘广海主编.—2版.—武汉:华中科技大学出版社,2023.6(2025.2重印)
ISBN 978-7-5680-9344-6

Ⅰ.①冷…　Ⅱ.①谢…　②刘…　Ⅲ.①冷冻食品-物流管理　Ⅳ.①F252.8

中国国家版本馆 CIP 数据核字(2023)第 061902 号

冷链物流(第二版)　　　　　　　　　　　　　　　　谢如鹤　刘广海　主编
Lenglian Wuliu(Di-er Ban)

策划编辑:	陈培斌　周晓方　宋　焱
责任编辑:	余晓亮
封面设计:	原色设计
责任校对:	张汇娟
责任监印:	周治超
出版发行:	华中科技大学出版社(中国•武汉)　电话:(027)81321913
	武汉市东湖新技术开发区华工科技园　邮编:430223
录　　排:	华中科技大学惠友文印中心
印　　刷:	武汉科源印刷设计有限公司
开　　本:	787mm×1092mm　1/16
印　　张:	24.5　插页:2
字　　数:	608 千字
版　　次:	2025 年 2 月第 2 版第 2 次印刷
定　　价:	68.00 元

本书若有印装质量问题,请向出版社营销中心调换
全国免费服务热线: 400-6679-118　竭诚为您服务
版权所有　侵权必究

总　序

物流业是国民经济和社会发展的基础性、战略性产业。加快发展现代物流业对促进产业结构调整和提高企业市场竞争力都具有非常重要的作用。进入 21 世纪以来，随着经济全球化的加速推进和信息技术的强力驱动，我国现代物流业发展迅速并呈现出强劲的发展态势，企业物流管理水平不断提高，物流企业服务能力显著增强，迫切需要大批高素质的物流管理与物流工程专业人才。2014 年国务院发布的《物流业发展中长期规划（2014—2020年）》指出，"着力完善物流学科体系和专业人才培养体系，以提高实践能力为重点"，对培养既有理论创新思维又有实践应用能力的应用型本科物流专业人才提出了明确要求。

在教育部《普通高等学校本科专业目录（2012 年）》中，物流管理与工程类专业已上升为管理学学科的一级大类本科专业，不仅为全国高校物流管理与工程类专业的发展带来了崭新的发展机遇，而且对加速培养社会和企业需要的物流本科专业人才提供了重要的发展平台。据统计，我国开办物流管理与工程类本科专业的高等学校已达到 524 所，专业布点数有 570 个，其中物流管理专业点 456 个，物流工程专业点 109 个，在校本科生约 10 万人。可见，我国物流高等教育已进入全方位发展新阶段，亟须全面创新物流管理与工程类本科专业人才培养体系，切实提升物流专业人才培养质量，以更好地满足日益增长的现代物流业发展对物流专业人才的需求。

在本科专业人才培养体系中，教材建设是极其重要的基础工程。在教育部高等学校物流管理与工程类专业教学指导委员会的大力支持下，华中科技大学出版社 2015 年 7 月召开"全国高等院校物流管理与工程专业类应用型人才培养'十三五'规划精品教材"建设研讨会，来自国内二十多所大学的物流专业资深教授和中青年学科带头人就课程体系、教材定位、教学内容、编著团队、编写体例等进行认真研讨，并达成共识，成立由多位物流管理与工程类专业教学指导委员会委员领衔组成的编委会，组织物流领域的专家学者共同编写定位于应用型人才培养的精品教材。

经多次研讨，编委会力求本套规划教材凸显以下特色。

冷链物流(第二版)

一是充分反映现代物流业发展对应用型物流专业人才的培养要求。在考虑本套教材整体结构时,既注重物流管理学、供应链管理、企业物流管理等核心课程,更强调当今电商物流、冷链物流、物流服务质量等实践趋势;既注重知识结构的完整性,更强调知识内容的实践性,力求实现先进物流管理理论与当代物流管理实践的充分融合。

二是遵循《物流管理与工程类专业教学质量国家标准》规范要求。2015 年,教育部高等学校物流管理与工程类专业教学指导委员会颁布了《物流管理与工程类专业教学质量国家标准》,对物流管理与工程类本科专业人才的培养目标、培养规格、课程体系、教学条件等提出了明确要求。因此,本套教材从选题到内容组织都力求以《物流管理与工程类专业教学质量国家标准》为指南。

三是强化案例分析教学。应用型本科物流专业人才特别注重实践动手能力的培养,尤其是培养其独立发现问题、分析问题和解决问题的能力,而案例分析教学是实现学生能力提升的有效途径。因此,本套教材的每章都以案例导入,并配备了大量的同步案例和综合案例,力求通过案例教学增强学生独立思考和综合分析能力,学以致用,知行合一。

本套教材由多年从事物流管理与工程类本科专业教学、在本学科领域具有丰富教学经验的专家学者担任各教材的主编。首批教材涵盖《物流管理学》《供应链管理》《企业物流管理》《国际物流学》《物流信息技术与应用》《第三方物流》《运输管理》《仓储管理》《物流系统建模与仿真》《物流成本管理》《采购与供应管理》《物流系统规划与管理》《物流自动化系统》《物流工程》《物流项目管理》《冷链物流》《物流服务质量管理》《电子商务物流》《物流决策与优化》等书目。同时,编委会将依据我国物流业发展变化趋势及其对应用型本科物流专业人才培养的新要求及时更新教材书目,不断丰富和完善教学内容。

为了充分反映国内外最新研究和实践成果,在本套教材的编写过程中参考了大量的专著、教材和论文资料,其作者已尽可能在参考文献中列出,在此对这些研究者和实践者表示诚挚的谢意。如果有疏漏之处,我们深感抱歉,一旦获知具体信息,我们将及时予以纠正。

应该指出的是,编撰一套高质量的教材是一项十分艰巨的任务。尽管作者们认真尽责,但由于理论水平和实践能力所限,本套教材中难免存在一些疏忽与缺失,真诚希望广大读者批评指正,不吝赐教,以期在教材修订再版时补充完善。

2016 年 5 月 20 日

第二版前言

本书自2017年3月正式出版以来,受到了社会各界的高度关注和使用,截至2022年底,累计印刷6次、销售11000余册。

自2016年商务部和财政部启动中央财政扶持冷链物流发展项目以及2017年4月国务院办公厅正式公布《关于加快发展冷链物流保障食品安全促进消费升级的意见》和其他相关政策以来,我国冷链物流行业得到了更为迅速的发展,2021年更是出台了第一个国家级的冷链物流"十四五"发展规划,可以说冷链物流迎来了新的春天。冷链物流在运营管理、技术研发、人才培养、标准化推进等方面,都发生了重要的变化,进入了高质量的发展阶段。

基于此,在华中科技大学出版社的支持下,编写组对本书进行了修订再版。本次修订的主要思路和工作包括:充分贯彻课程思政理念,课程思政元素是通过案例等以价值目标方式贯穿全书;在内容方面,除增加了冷链领域的最新成果外,重点加大了数字资源配套力度,提供了数字资源文档,资源形式文本图片、音频视频等;同时准备了同步PPT教学课件、教学大纲、教学计划书、案例和试卷习题等综合数字资源文档,形成二维码后放置在正文中;对正文的编排格式和体例做了进一步的完善,修改了部分错漏及不当之处。

参与此次修订再版的人员及分工是:广州工商学院谢如鹤(第一章,并负责组织修订和对全书进行审定)、天津商业大学宁静红(第二章)、广州工商学院宁鹏飞(第三章、第四章)、湖北经济学院汪利虹(第五章)、广州大学邹毅峰(第六章)、上海海事大学阚安康(第七章)、广州工商学院黄虹(第八章)、广州大学刘广海(第九章)、北京师范大学珠海分校林纯(第十章)。此外,广州大学的刘子玲、何佳雯等也参与了修订工作。

再次感谢相关参考文献的作者,感谢华中科技大学出版社周晓方的大力支持,感谢各位读者的厚爱。同时,希望读者对书中存在的错漏和不当之处给予指正。

2023年5月于广州

第一版前言

自21世纪以来,我国冷链物流行业得到了迅速发展。特别是近10年来,随着国务院2010年发布《农产品冷链物流发展规划》、2014年发布《物流业发展中长期规划(2014—2020年)》及其他相关系列政策,冷链物流走上了快速发展的轨道。冷链物流的社会关注度大大提升,各种资本也纷纷投入,冷链物流基础设施的规模和水平大大改善。2016年,商务部又投入巨资在全国开展中央财政支持冷链物流体系建设的试点工作。可以预计,到2020年,我国冷链物流的整体发展水平将达到中等发达国家水平。

冷链物流是一个复杂的系统工程。无论是从事冷链物流运作,还是运营管理、技术开发及学术研究等,均需要掌握以下主要知识要点:易腐货物理化性质、制冷系统与制冷原理、冷链物流装备、冷链物流作业与组织、冷链物流技术条件、冷链物流信息与安全风险管理、冷链配送与销售,等等。本书的主要作者及其团队在20世纪80年代起就已经开始从事易腐货物的冷链运输条件、冷藏车与冷藏集装箱等运输装备技术开发、易腐货物在冷链中的品质变化的研究,21世纪初以来又研发了冷链运输单元模拟试验台、多温冷藏车、冷板冷藏车,并开展了蓄冷技术研究、冷链装备优化设计、冷链物流标准化建设、冷链物流安全研究、冷链物流规划等工作,对冷链物流相关问题进行了大量的理论与实证研究。本书基于冷链物流全流程、全方位和理论与实际相结合的角度,对冷链物流体系进行了重建,旨在为读者提供一个较系统全面的冷链物流知识框架。

本书是在作者们多年的研究和教学积累的基础上编写而成的,编写工作历时一年多,并进行了多次研讨,凝聚了很多人的劳动与研究成果。本书的具体分工是:广州大学谢如鹤、刘广海担任主编,负责总体策划、大纲制定和全书的统稿、修改、定稿工作,天津商业大学申江担任副主编。谢如鹤负责第一章、第八章的第一节和第二节及案例,刘广海负责第九章;其他章节的分工是:天津商业大学申江和宁静红负责第二章,厦门城市职业学院林朝朋负责第三章,厦门华厦学院陈晖负责第四章,湖北经济学院汪利虹负责第五章,广州大学邹毅峰负责第六章,上海海事大学阚安康负责第七章,黑龙江八一农垦大学冷志杰负责第八章的第

三、四节，北京师范大学珠海分校林纯负责第十章。此外，广州大学皮晓芳、游力、刘康佳等参与了部分章节的编写、资料收集及全书的汇总工作。

在此，对书中所引文献的作者表示衷心感谢，对为本书的编写与出版提供帮助的单位和个人表示衷心感谢。特别感谢刘志学教授、邹安全教授提出的宝贵意见和华中科技大学出版社的鼎力支持。

由于作者水平所限，书中错漏之处在所难免，敬请读者批评指正。

作者谨识
2016 年 10 月

目 录

第一章 绪 论 / 1

第一节 冷链物流的基本概念 / 2
第二节 冷链物流的主要环节 / 7
第三节 冷链物流的主要设备与设施 / 12
第四节 冷链物流的范围 / 14
第五节 实现冷链物流的关键因素和条件 / 16
第六节 冷链物流的发展趋势 / 20

第二章 制冷原理与方法 / 24

第一节 制冷的基本概念 / 24
第二节 制冷方法 / 38
第三节 制冷系统与制冷设备 / 50

第三章 易腐货物的分类及基本属性 / 70

第一节 易腐货物的分类 / 71
第二节 易腐货物的化学成分及其性质 / 77
第三节 易腐货物的热物理性质 / 88

第四章 易腐货物的腐败及控制原理 / 96

第一节 易腐货物的腐败与变质 / 96
第二节 各类食品的腐败变质 / 101

第三节　食品腐败变质的控制原理与方法　　　　　　　　　　　　/ 107
第四节　影响易腐货物物流品质的因素　　　　　　　　　　　　/ 113
第五节　食品货架期预测方法　　　　　　　　　　　　　　　　/ 120

第五章　生鲜食品的冷链加工与流通　　　　　　　　　　　　/ 126

第一节　生鲜食品冷链加工概述　　　　　　　　　　　　　　　/ 127
第二节　生鲜食品冷却方法与装置　　　　　　　　　　　　　　/ 131
第三节　生鲜食品的冻结方法与装置　　　　　　　　　　　　　/ 138
第四节　生鲜食品的解冻方法　　　　　　　　　　　　　　　　/ 151
第五节　生鲜食品冷链流通　　　　　　　　　　　　　　　　　/ 156
第六节　生鲜食品流通加工　　　　　　　　　　　　　　　　　/ 159
第七节　生鲜食品的包装　　　　　　　　　　　　　　　　　　/ 161

第六章　冷链物流中心规划与冷库设计　　　　　　　　　　　　/ 178

第一节　冷链物流中心概述　　　　　　　　　　　　　　　　　/ 179
第二节　冷链物流中心规划方法　　　　　　　　　　　　　　　/ 185
第三节　冷库的分类及特点　　　　　　　　　　　　　　　　　/ 195
第四节　冷库设计基本要求　　　　　　　　　　　　　　　　　/ 213
第五节　冷库运营管理　　　　　　　　　　　　　　　　　　　/ 220

第七章　冷链运输与装备　　　　　　　　　　　　　　　　　　/ 226

第一节　冷链运输概述　　　　　　　　　　　　　　　　　　　/ 228
第二节　冷链运输主要装备　　　　　　　　　　　　　　　　　/ 237
第三节　冷链运输节能管理　　　　　　　　　　　　　　　　　/ 265

第八章　生鲜食品电子商务及销售物流　　　　　　　　　　　　/ 279

第一节　生鲜电商概述　　　　　　　　　　　　　　　　　　　/ 280
第二节　生鲜电商物流模式　　　　　　　　　　　　　　　　　/ 284
第三节　生鲜食品销售经营中的物流管理　　　　　　　　　　　/ 287
第四节　生鲜食品的冷链配送　　　　　　　　　　　　　　　　/ 295
第五节　消费者食品质量管理　　　　　　　　　　　　　　　　/ 301

第九章　冷链物流标准化　　　　　　　　　　　　　　　　　　/ 305

第一节　冷链物流标准化概述　　　　　　　　　　　　　　　　/ 306

第二节　生产管理标准　　　　　　　　　　　　　／316
　　第三节　冷链物流各环节作业标准　　　　　　　／321
　　第四节　温度检测标准　　　　　　　　　　　　／324
　　第五节　冷链设施设备性能标准　　　　　　　　／326

第十章　冷链物流信息管理与追溯技术　　　　　　　／335

　　第一节　冷链物流信息管理概述　　　　　　　　／336
　　第二节　冷链物流安全与风险管理　　　　　　　／342
　　第三节　冷链物流信息管理系统　　　　　　　　／351
　　第四节　冷链追溯技术及应用　　　　　　　　　／359

参考文献　　　　　　　　　　　　　　　　　　　　／373

第一章 绪 论

学习目标

了解冷链物流的概念和主要环节;了解冷链物流的主要设施设备和货物范围;理解发展冷链物流的意义;重点了解冷链构成和冷链实现条件——理解和掌握冷链物流的构成、实现冷链所具备的各种条件要素。

案 例

时值时令冷鲜、冰品冷饮线上消费火爆,京东冷链配送的"鲜"和"快",成为乳业冷链消费与服务的亮色。2019年的京东"6·18"全球购物节,京东冷链同蒙牛达成合作意向,蒙牛冰激凌系列生产、配送、消费通道快速打通,使得冻品消费体验和品质服务再度升级。根据合作内容,京东冷链对蒙牛开放覆盖全国的冷链仓网与冷链B2B核心骨干网,提供仓配一体化服务,并对蒙牛在京东及垂直电商上各渠道库存进行统一管理。实施货品F2B2C运输、卡班一站式送货入仓、快速交仓等操作模式和规范服务,减少搬运次数,大大降低了蒙牛冰品的"脱冷"风险,提升了蒙牛冰品的配送时效和消费满意度。对极易融化、流转效率又有极高要求的商品,京东冷链严把温控关,通过制冷预冷、保温保鲜迭代优化技术,根据冰激凌含奶量不同,分别储存在 $-25 \sim -18\ ℃$ 两个温层,而且可以通过自主研发的智能温度控制平台,确保全程温度可视,确保冷品品质可控。在同蒙牛的合作中,北京京东冷链自动化分拣中心,人机配合自动化分拣,简化了分拣环节与流程,分拣效率提升3倍以上,整个冰激凌订单流转率也大大加快。为了保质保鲜,京东冷链配送冰激凌时,用的是定制的包装箱、干冰、冰盒等专业冷媒,从打包、分拣、配送,一直到消费者手中的每一个环节,全程不"脱冷"。

在2019年"未来商业"创新创投系列沙龙上,京东冷链餐饮业务负责人芦国庆表示,京东冷链仓配服务已经覆盖北京、上海、广州等全国近20个主要城市,共拥有19个仓,未来在第三季度或年底前将开通到46个城市。总部位于武汉的仟吉公司,是一家集食品加工、产品研发、烘焙教学于一体的大型食品连锁企业,自2005年创立以来,已在湖北、河南、安徽、湖南、河北、广西开设了500多家直营连锁门店。过去，仟吉的供应链模式是省内自建和省外外包两种。在武汉，仟吉拥有3000平方米仓库和150台自有车辆用于当地配送，但仓库闲置率与车辆返空率长期居高不下，加上仓储管理、人力成本高企，成为仟吉发展的痛点。同京东冷链合作后，双方从系统对接、发货流程等多个方面进行优化，充分整合了上下游资源，依托京东冷链B2B核心骨干网和F2B2C一站式冷链服务平台，很快就实现了资源优化配置和降本增效。"冷冻面团的配送流程看似简单，实则对每个环节要求都非常严格。一旦温度高于−15 ℃，面团就开始发酵，直接报废。"武汉仟吉冷链物流仓储管理有限公司负责人马峰表示，冷链物流配送最重要的就是"温控保鲜"。京东冷链依托自主研发的智能温控平台，让面团始终在−18 ℃的环境中保持最佳状态，实现全程"0断链""0腐损"。合作一年多来，京东冷链累计运送30万个面团，至今无一例"脱温"。

京东冷链在全国冷仓布局近20个核心城市，冷链零担运输网络目前覆盖全国200余地级市，千余条运输线路，是目前全国最大的冷链零担网络体系。"京东云冷链计划"日趋纵深。通过冷链仓与京东物流宅配网络体系互补，已经成为中国领先的生鲜电商冷链宅配平台，网络覆盖超300个城市，仓库日均订单处理能力达100万件，可提供从产地、工厂到销售端再到消费者端的供应链一体化服务。

（资料来源：新华网，2019-09-25。）

第一节 冷链物流的基本概念

"民以食为天"，人类的食物除少数物质如盐类，几乎全部来自动植物。食物是人体生长发育、更新细胞、调节人体机能必不可少的营养物质，也是产生热量保持体温、进行各项活动的能量来源。早期人类对食品的认识仅仅是为了生存，以后逐渐发展到利用食物来治病，争取健康长寿。我国古代就有"医食同源""药膳同源"之说，《黄帝内经·素问》中就有"五谷为养、五果为助、五畜为益、五菜为充"的食物与养生的记载。这些食物原料或其生鲜成品易于腐烂变质，需要进行特殊处理才便于贮藏与运输。冷链运输的食品，大多是供应城乡居民的具有高度营养价值的新鲜水果、蔬菜、肉类、鱼类和蛋类，因此，冷链物流对保证人民健康、增强人民体质具有重要作用。

一、冷链物流的定义

（一）概念比较、评述与内涵

1. 冷链物流

一般情况下，冷链物流对象是指需要保持一定低温环境下的物品，如农产品、禽肉类、水产品、花卉、加工食品、冷冻或速冻食品、冰激凌和蛋奶制品、快餐原料、酒品饮料等，以及特殊的商品。冷链物流是指在生产、仓储或运输和销售过程中，一直到消费前的各个环节中始终处于产品规定的最佳低温环境下，保证食品质量，减少食品损耗的一项特殊的物流活动。

冷链物流系统是以冷冻工艺学为基础，制冷技术为手段的低温物流系统，涵盖预冷、冷藏、冷链运输、冷链配送与冷藏销售等环节。

第一章 绪 论

2. 冷链的内涵变迁

冷链是指采用一定的技术手段,使易腐货物从采收加工、包装、贮藏、运输及销售的整个过程中都不间断地处于一定的适宜条件下,尽量降低货物质量的下降速度,最大限度地保持货物最佳质量的一整套综合设施和手段(孙金萍,1997)。

在低温下产、供、运、销易腐食品的系统称为冷链。它是以制冷技术和设备为基本手段,以加工、贮运、供销易腐食品及其全过程为对象,以最大限度地保持易腐食品的原有品质、提供优质食品为目的的冷藏贮运设施与机构(谢如鹤,1998)。

保鲜链是指综合运用各种适宜的保鲜方法与手段,使鲜活易腐食品在生产、加工、贮存和销售的各环节中,最大限度地保持其鲜活特性和品质的系统(谢如鹤,1996)。

冷链是使食品在整个生产和流通范围内保持均衡低温以获得最佳品质的一种系统设施(吕峰,2000)。

食品冷藏供应链是指易腐食品从产地收购或捕捞、加工、贮藏、运输、销售,直到消费前的各个环节都要处于适当的低温环境之中,以保证食品的质量,减少食品的损耗,防止食品的变质和污染(张英奎,2001)。

2001年国家标准《物流术语》(GB/T 18157—2001)对冷链的定义为:易腐食品从生产到消费的各个环节中,连续不断采用冷藏的方法来保存食品的一个系统。

2006年国家标准《物流术语》(GB/T 18354—2006)对冷链的定义为:冷链是指根据物品特性,为保持其品质而采用的从生产到消费的过程中始终处于低温状态的物流网络。该标准也对物流网络做出了明确定义:"物流网络是物流过程中相互关联的组织、设施和信息的集合"。

2010年《农产品冷链物流发展规划》指出:农产品冷链物流是指使肉、禽、水果、蔬菜等在贮藏、运输、分销、销售等环节始终处于适宜的低温控制环境下,最大限度地保证产品品质和质量安全、减少损耗、防止污染的特殊供应链系统。

欧盟对冷链的定义为:冷链是从原材料的供应,经过生产、加工或屠宰,直到最终消费为止的一系列有温度控制的过程。由于欧洲国家众多,更加注重冷链的操作,促进了冷链的运作在各国间的有效衔接,推动了欧洲冷链标准的进程和对接口的管理。

美国食品药物管理局对冷链的定义为:冷链是贯穿从农田到餐桌的连续过程中维持正确的温度,以阻止细菌的生长。美国物流的发展模式对世界其他国家和地区有很大影响,其冷链定义体现了供应链的管理思想,促进了供应链全球化的发展。

日本明镜国大辞典对冷链的定义是"通过采用冷冻、冷藏、低温贮藏等方法,使鲜活食品、原料保持新鲜状态由生产者流通至消费者的系统"。日本大辞典对冷链的定义是"低温流通体系"。强调冷链技术的发展,普遍采用包括采后预冷、整理、储藏、冷冻、运输、物流信息等规范配套的流通体系,更加注重流通。

加工、储藏或运输易腐食品并具备不同温度带的各种装置(或环节)所组成的连续流通系统统称食品冷链,又称低温链或冷链。食品冷链为开式链,在这个"冷链"中各类食品在不同的温度条件下流通,直至被人们消费"消失"(康景隆,2005)。

冷链是从原材料的采购到产成品被消耗的整个过程中,物品始终处于维持其品质所必需的可控温度环境下的特殊供应链(孙杰,2008)。

冷链是对特定物品在生产制造、流通、物流、应用和消费过程中使用的链式低温保障系统(王之泰,2010)。

冷链是在食品冷冻工艺学基础上,以制冷技术为手段,使易腐农产品从生产者到消费者之间的所有环节,即从原料(采收、捕捞、收购等环节)生产、加工、运输、贮藏、销售流通的整个过程中始终保持合适的低温条件,以保证食品的质量,减少损耗。这种连续的低温环境称为冷链(刘宝林,2010)。

冷链是对蔬菜、水果、肉、禽蛋、奶、水产品等生鲜农产品和速冻加工食品(以及医药、生物制剂等特殊产品)的冷藏加工、控温储存、低温运输及配送销售,以保证其始终处于适宜的低温控制环境下,最大限度地保持产品质量和安全、降低损耗、防止污染的特殊供应链系统。它是从产品最初生产开始,经过储存、运输、配送、销售,直到消费者手中所经过的全部过程和环节的低温控制(杨方,2011)。

冷链物流泛指冷藏冷冻类物品在生产、储存、运输、再加工以及销售的全过程中始终处于规定的低温环境下,以保证物品质量和性能的系统工程。它是以保持低温环境为核心要求的供应链系统,是随着科技进步以及制冷技术的快速发展而发展起来的,是以冷冻工艺学为基础、以制冷技术为手段的低温物流过程(毋庆刚,2011)。

冷链物流指冷藏冷冻品在生产、贮藏、运输、销售,到消费前的各个环节中始终处于低温环境下,以保证产品质量,减少物品损耗的系统工程。冷链物流具有复杂性、协调性及高成本性特征,适用于果蔬、禽蛋、水产品、速冻食品、乳制品、花卉、药品等领域(庚莉萍,2012)。

冷链是指易腐生鲜食品从采集原料(采摘、捕捞、收购等)、生产、加工、储藏、运输、销售,直到最终消费前的各个环节始终处于规定的低温环境,以保证食品质量、减少食品损耗的一项系统工程(胡从旭,2014)。

冷链物流是指各种易腐、生鲜商品在生产、储存、运输、配送、销售等环节中,始终处于规定的低温环境,保证商品品质,减少商品损耗的复杂供应链系统。冷链物流是随着现代科学技术的进步与发展而建立起来的,综合考虑了生产、运输、配送、销售等环节的经济性、技术性要素,确保各要素间相互协调,从而保证易腐、生鲜商品的保值增值,它以冷冻工艺为基础、以制冷技术为手段(史海峰、郭瑞红,2014)。

2021年国家标准《物流术语》(GB/T 18354—2021)对冷链的定义为:根据物品特性,从生产到消费的过程中使物品始终处于保持其品质所需温度环境的物流技术与组织系统。

综上所述,冷链是指在某些容易腐烂变质物品的加工、贮藏、运输、分销和零售过程的各环节始终处于该物品所必需的特定低温环境下,减少损耗、防止污染和变质以保证物品品质安全的特殊供应链系统。

3. 冷链物流的特点

尽管对冷链的定义有所差异,但可归纳冷链的共同特征为"三多、二高、一长、一重、一全、一快、一低"。

"三多"是指品类多、主体多及环节多。不同种类的生鲜产品,如果蔬、禽蛋、水产品等,由服务供给主体冷链物流企业,通过生产、加工、储存、运输、销售等环节,最终到达服务需求主体,包含冷链消费者、原材料供应商、冷链批发与零售商、冷链加工制造商等主体。

"二高"是指高成本、高技术。冷链物流的设施设备的成本高,如冷链物流中心仓库、冷藏车;冷链物流运营成本高,冷库及冷藏车须持续制冷才能保证温度处于恒定状态,造成制冷成本较高,冷链的核心技术是制冷,因而对制冷技术有高要求。

"一长"是指链条长。冷链物流涉及从生产到消费的各个环节。

"一重"是指重资产。冷链物流的设施设备,如冷库、冷链车辆的成本一般是常温仓库和车辆的数倍。

"一全"是指全程。冷链物流为保证产品品质,减少损耗,从生产到消费过程中须全程冷链。

"一快"是指快速。冷链物流承载的产品一般为易腐或不易储藏,因而要求冷链物流必须快速完成作业,保证时效性。

"一低"是指低温。冷链物流承载的产品从生产到消费过程中始终处于产品规定的最佳低温环境中。

冷链物流的特点

同步案例1-1

国家出台政策予以扶持冷链物流产业①

一、总体要求

以市场驱动,政府引导;统筹推进,分类指导;创新引领,提质增效;区域协同,联动融合;绿色智慧,安全可靠为基本原则。到2025年基础设施更加完善,发展质量显著提高,监管水平明显提升。

二、现代冷链物流体系总体布局

打造"321"冷链物流运行体系,"三级节点、两大系统、一体化网络"融合联动。构建冷链物流骨干通道,形成"四横四纵"国家冷链物流骨干通道网络。健全冷链物流服务体系,聚焦"6+1"重点品类,提升专业化冷链物流服务能力。完善冷链物流监管体系,加快建设全国性冷链物流追溯监管平台。强化冷链物流支撑体系,着力培育具有较强国际竞争力的龙头企业。

三、夯实农产品产地冷链物流基础

完善产地冷链物流设施布局,完善冷链源头基点网络,建设产地冷链集配中心。构建产地冷链物流服务网络,优化农产品田头集货组织,提高农产品出村进城效率。创新产地冷链物流组织模式,促进农产品产地直供发展,助力打造产地农产品品牌。

四、提高冷链运输服务质量

强化冷链运输一体化运作,推动干线运输规模化发展,促进干线支线有机衔接。推动冷链运输设施设备升级,提高冷藏车发展水平,促进运输载器具单元化。发展冷链多式联运,完善冷链多式联运设施,优化冷链多式联运组织,增强冷链国际联运能力。

---

① 国务院办公厅关于印发"十四五"冷链物流发展规划的通知[EB/OL].[2022-11-12]. http://www.gov.cn/gongbao/content/2022/content_5667300.htm.

五、完善销地冷链物流网络

加快城市冷链物流设施建设:推进销地冷链集配中心建设,加快商贸冷链设施改造升级,完善末端冷链设施功能。健全销地冷链分拨配送体系:强化区域分拨功能,提升末端配送效能。创新面向消费的冷链物流模式:培育冷链物流配送新方式,鼓励发展生鲜农产品新零售。

六、优化冷链物流全品类服务

加快建立冷鲜肉物流体系,升级肉类冷链物流设施。完善果蔬冷链物流设施设备配套条件,提升农产品产地商品化处理水平。强化水产品产地保鲜加工设施建设,健全支撑水产品消费的冷链物流体系。推进奶业主产区冷链物流设施建设,加强低温液态奶冷链配送体系建设。推动冷链物流与速冻食品产业联动发展,提升冷链物流对速冻食品消费保障能力。完善医药产品冷链物流设施网络,提升医药产品冷链物流应急保障水平。

七、推进冷链物流全流程创新

加快数字化发展,完善冷链物流信息平台。提高智能化发展水平,推动冷链基础设施智慧化升级。加速绿色化发展进程,加大绿色冷链装备研发应用。提升技术装备创新水平,加强冷链物流技术基础研究和装备研发,完善冷链技术创新应用机制。打造消费品双向冷链物流新通道,畅通高品质农产品上行通道,完善高品质生鲜消费品下行通道。构建产业融合发展新生态,培育冷链物流产业生态,构建生鲜食品供应链生态。

八、强化冷链物流全方位支撑

培育骨干企业,促进冷链物流企业网络化专业化发展。健全标准体系,加强冷链物流标准制修订,标准评估和执行力度。完善统计体系,加强行业统计监测。加强人才培养,完善专业人才培养体系,健全专业技能培养培训模式。

九、加强冷链物流全链条监管

健全监管制度,加强法律制度建设,健全政府监管机制。创新行业监管手段,推进冷链物流智慧监管,建立以信用为基础的新型监管机制,强化冷链物流社会监督。强化检验检测检疫,健全检验检测检疫体系,提升检验检测检疫能力,优化检验检测检疫流程,筑牢疫情外防输入防线。

十、实施保障

加强组织协调;强化政策支持;优化营商环境;发挥协会作用;营造舆论环境。

(资料来源:中国政府网,2021-12-12。)

【思考】 请结合十四五冷链物流规划谈谈你对冷链物流与精准扶贫的关系的理解。

二、发展冷链物流的意义

我国是农业大国,果蔬产业在国内已成为仅次于粮食,生产总值占第二、三位的农村经济支柱产业。据联合国粮农组织统计,2020年,全球水果产量为88702万吨,我国水果产量为28692.4万吨,占全球水果总量的1/3。但是,由于我国果蔬产业基础薄弱,农民组织化程度低,果蔬采收和流通设施落后,果蔬优质率低,因此造成果蔬采后腐损严重,物流成本高。发展冷链物流的重大意义体现在以下几个方面。

1. 降低农产品流通损耗

我国果蔬冷链流通率仅为10%左右,而果蔬损耗率高达30%;冷藏运输率仅为10%。若冷藏运输率提高10个百分点,则农产品流通损耗率将降低3个百分点。如果将果蔬损耗率从当前的30%降低到25%,则每年可节约1000多亿元,几乎可以节省1亿亩耕地。

2. 减少农产品流通费用

据测算,我国果蔬流通费用占终端产品市场价格的60%以上,其中损耗成本占整个流通费用的70%左右,远高于国际标准50%的水平。水果蔬菜市场销售价格中损耗成本占42%。若流通损耗率降低5个百分点,果蔬流通费用中损耗成本占比将减少到56%,最终销售价格也将明显降低。

3. 提高农产品质量安全

目前我国大部分初级农产品都是以原始状态投放市场,冷链物流技术发展十分滞后,直接影响到最终消费品的质量安全。食品冷链物流是一项系统工程,从生产到消费的各个环节均有一套严格的技术指标体系,对不同产品品种和不同品质均要求有相应的产品控制与储存时间,保证农产品流通过程的质量安全。

4. 促进农民增收

由于我国农产品产地冷链物流技术落后、产后损耗率高,导致"菜贱伤农",影响农民增收。发展食品冷链物流一方面有利于降低农产品损耗,直接提高农民收入;另一方面有利于提高农产品流通的产业化程度、组织化程度、信息化程度、标准化程度等,有利于解决目前我国农产品"小生产与大市场"的对接以及买卖双难等问题,引导农民科学生产、稳定供给,大大提高农民收入水平。

5. 提高人民生活质量

人民的生活水平不断提高,对生活质量要求提高,扩大对冷链物流的需求。冷链物流业升级,有利于提高人民的生活水平,生活节奏加快,使得人们对方便、快捷的物品的需求不断增加,方便、卫生、快捷的冷冻、冷藏商品受到人们的青睐,人们对冷藏、冷冻食品等的需求不断增加,使得冷链物流业的需求不断增加。

易腐货物概念辨析

第二节 冷链物流的主要环节

易腐货物的特性决定了其供应链系统对冷链物流的特殊需求,发展冷链物流是易腐货物在供应链中质量保证的基础,要求冷链各环节具有更高的组织协调性。

一、冷链的实现过程

1. 冷链固定装置

冷链固定装置或称冷链地面设施,包括易腐货物的收集、加工、贮藏、分配等各环节的机构与设备。

2. 冷链流动装置

冷链流动装置或称冷链运输工具,包括铁路、公路、水路、航空冷链运输工具和冷藏集装箱。从产地生产或加工或由设在产区的预冷站加工出来的易腐货物,经由长途冷链运输(铁路、水路)运到贮藏性冷库长期贮藏,再(或)运到大中城市的分配性冷库或港口冷库暂时贮存。当需要时,由短途冷链运输(公路)从分配性冷库运到各销售点的小型冷库或冷柜,再销售给消费者。

(一)冷链的主要环节

冷链的主要环节如图1-1所示。

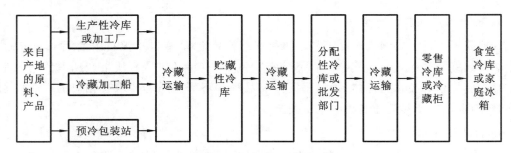

图1-1 冷链的主要环节

1. 预冷

预冷是指易腐货物从初始温度(常温30 ℃左右)迅速降至所需要的终点温度(0～15 ℃)的过程。即在冷藏运输和冷藏之前的冷却以及快速冻结前的快速冷却工序统称为预冷。

果蔬等易腐农产品在采摘之后含有大量的水分,对于高温季节采收的果蔬,本身带有大量的田间热,呼吸作用很旺盛,成熟衰老变化速度快。研究数据表明,果蔬在常温(20 ℃)下存放1天,就相当于缩短冷藏条件(0 ℃)下7～10天的贮藏寿命。而且不经预冷处理的果蔬在流通中损失率达到25%～30%,经过预冷处理的果蔬损失率仅为5%～10%。预冷对保证良好的贮运效果具有重要的意义。

由于预冷在冷藏运输中的重要性,很多发达国家早已将预冷作为果蔬低温运输和冷藏的一项重要措施,广泛应用于生产中。在日本,强制通风、差压、水冷等多形式的预冷设施分布于全国各地的果蔬产地附近,采摘之后的果蔬会立刻进行产地预冷。

2. 流通加工

流通加工是指在产品从生产者向消费者流动的过程中,为了促进销售、维护产品质量和实现物流的高效率所采用的使物品发生物理和化学变化的功能,主要包括包装、分级、分割计量、分拣贴标签条码、组装等。

3. 冷链运输

冷链运输是指使用装有特制冷藏设备的运输工具来运送易腐货物。在整个运输过程中,通过低温降低货物的新陈代谢,抑制微生物的生长,以保持易腐货物的良好外观、新鲜度和营养价值,从而保证货物的商品价值,延长货架期。冷链运输与普通意义上的运输比较而言,有以下突出的特点。

第一,使用装有特制冷藏设备的运输工具。

第二,运送的对象是易腐货物,主要指易腐食品(如水产品、畜产品、水果和蔬菜等生鲜食品)以及花卉苗木、药品疫苗等。

第三,在整个运输过程中要保证适宜的低温条件,通过降低温度抑制易腐货物自身的新陈代谢,抑制微生物的生长繁殖,以保持食品的原有品质,包括鲜度、色、香、味、营养物质。

常见的冷链运输包括铁路冷链运输、公路冷链运输、水路冷链运输、航空冷链运输和多种方式联合运输。

美国迈阿密的花卉物流系统

每天晚上,几架空运货机满载着从拉丁美洲新收割的玫瑰花,徐徐降落在迈阿密国际机场。经过简短的手续后,鲜花被装载到专程前来接运的集装箱卡车或者国内航空班机上,直接运送到国内各地的物流链配送服务站、超级市场和大卖场,再通过它们飞速传送到北美大陆各大城市的鲜花商店、小贩、快递公司和消费者手中。

南美洲厄瓜多尔中部科托帕希火山地区地势险要,山高林密,但是常年气候温暖,雨水丰富,是盛产玫瑰花和其他珍贵花卉的好地方。为了避免在运输过程中重新包装,所有的玫瑰花在科托帕希农场收割后,立即现场包装,每150株玫瑰花包成1盒,然后装入集装箱,运送到厄瓜多尔首都基多(Quito)的国际机场。根据鲜花种植专家测定,玫瑰花从农场收割后,在正常情况下通常可以保鲜14天。最科学的保鲜办法是,收割下来并准备长途运输的玫瑰花应该尽快装入纸盒后立即存储在34°F的冷藏集装箱内。在花卉公司的统一安排下,这些集装箱连夜运送到美国迈阿密机场,第二天早上,海关当局和动植物检疫所进行例行检查,然后再把鲜花发往北美各大城市的配送站。

目前随着经济的全球化发展,消费者越来越喜欢芬芳、鲜艳、美丽的花卉,对于花卉的需求量在逐年增长,不仅在发达国家的城镇街道上到处能见到花圃、花店,而且在发展中国家,如中国的上海和北京的街道上,花店犹如雨后春笋般地涌现,花卉物流系统必将更加全面、规范和完善。

【思考】 请结合案例谈谈运输在冷链物流中的重要性。

4. 仓储

冷链仓储是利用温控设施创造适宜的温湿度环境并对易腐货物实施存储与保管的行为,只有让商品处于规定的最佳温湿度环境下,才能保证存储商品的品质和性能,防止变质,减少损耗。

冷链仓储系统主要包括冷库,制冷系统货架、搬运设备、托盘、温湿度监控系统与管理信息系统等。规范冷链仓储的装载单元、集成单元,包括货品的包装单元尺寸、托板尺寸和其他配套设施,是确定整个冷链标准的基础。

冷链仓储对存储设备、存储环境的要求很高,在对冷链仓储系统进行规划设计时,由于冷链仓储的装载单元、集成单元的非标准化、定制化直接关联到所有冷链对接设施的技术尺寸,是冷链仓储设施进行设计规划的基础技术数据来源之一,直接影响仓储系统解决方案的确立、规划设计与优化、存储设备库容量及其搬运设备的运行效率。实现冷链仓储的单元化、标准化,可通过对资源的最佳配置,让冷链仓储系统在为客户提供满意服务的同时,降低物流系统总成本,获得最佳经济效益。

（二）冷链操作流程

冷链操作流程主要包括冷链物品从生产到销售的一系列操作活动及相应的需求。下面列出了一些基本流程,具体操作时有所差异,但其中的关键是温度的正确控制和各环节的紧密衔接。

（1）冷鲜肉冷链物流操作流程,如图1-2所示。

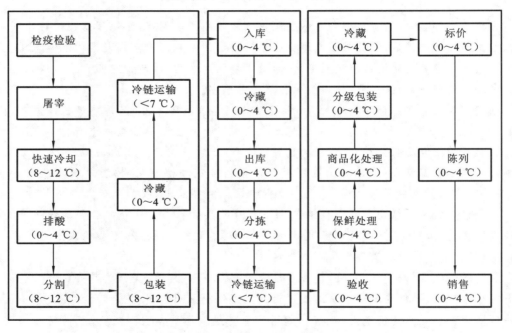

图1-2　冷鲜肉冷链物流操作流程

（2）水产品的冷链物流操作流程,如图1-3所示。

（3）以批发市场为中心的果蔬冷链物流操作流程,如图1-4所示。

（4）乳制品冷链物流操作流程,如图1-5所示。

（5）速冻米面食品冷链物流操作流程,如图1-6所示。

（6）疫苗冷链物流操作流程,如图1-7所示。

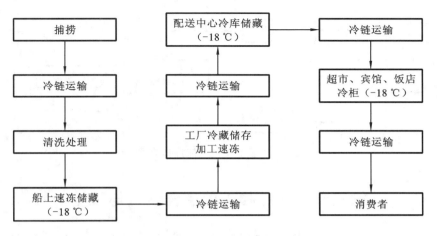

图1-3 水产品冷链物流的具体操作流程

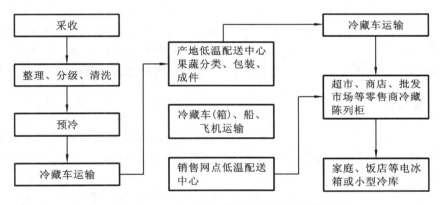

图1-4 以批发市场为中心的果蔬冷链物流操作流程

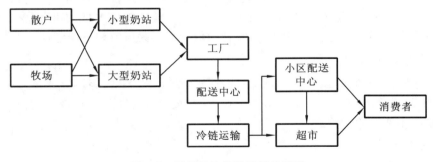

图1-5 乳制品冷链物流操作流程

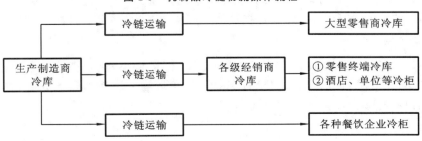

图1-6 速冻米面食品冷链物流操作流程

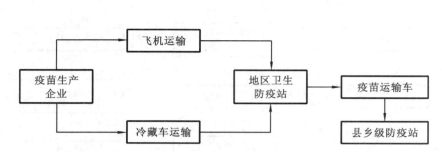

图 1-7　疫苗冷链物流操作流程

第三节　冷链物流的主要设备与设施

设备与设施是现代化冷链物流系统最重要的环节,先进的物流设备和设施是物流全过程高效、优质、低成本运行的保证。

冷链物流设备与设施是贯穿于整个物流系统全过程、深入到每个作业环节、实现物流各项作业功能的物质基础要素。物流设施的布局及水平,物流设备的选择与配置是否合理,直接影响着冷链物流功能的实现,影响着系统的效益。主要的设备与设施如下。

一、冷藏运输工具

冷藏运输工具具有将货物在各个环节进行位置转移的功能,是物流系统中最基本的工具,它是冷链物流的基础,是物品得以流通的根本保证。运输工具主要包括船舶、铁路与车辆、汽车、飞机和冷藏集装箱。

冷链物流要求在运输全过程中,无论是装卸搬运、变更运输方式、更换包装设备等环节,都使所运输货物始终保持一定温度。冷链运输方式可以是公路运输、水路运输、铁路运输、航空运输,也可以是多种运输方式组成的联合运输。冷链运输成本高,而且包含了较复杂的移动制冷技术和保温箱制造技术,冷链运输管理包含更多的风险和不确定性。

1. 冷藏船(舱)

船舶是水路运输的工具。水路运输的特点是运量大,成本低,但运输速度慢。在综合运输体系中,水路运输的功能主要是承担大批量货物的运输,特别是集装箱的运输。水路运输是国际贸易的主要运输方式之一。

2. 铁路冷藏车

铁路车辆是铁路运输的装载工具。铁路运输的运量大,成本较高,货损率高,不能实现门对门运输。在运输体系中,铁路运输担负的功能主要是大宗货物运输、长途运输等。

3. 冷藏汽车

汽车运输快捷、灵活、方便,可实现门对门运输,但运量小,成本高。汽车运输的功能主要是承担中、短途运输,但随着高速公路的完善,汽车运输从短途渐渐形成短、中、远程运输并举的局面以补充和衔接其他运输方式。

4. 飞机

飞机是航空运输的主要运输工具。航空运输速度快,能做到远距离直达运输,是运输速度最快的运输方式,但运价较高,一般用于价值高、时效性强的货物运输。

5. 冷藏集装箱

冷藏集装箱是专为运输要求保持一定温度的冷冻货或低温货而设计的集装箱。它分为带有冷冻机的内藏式机械冷藏集装箱和没有冷冻机的外置式机械冷藏集装箱,适用于装载肉类、水果等货物。

冷藏集装箱可用于多种交通运输方式进行联运,可以从产地到销售点,实现"国到国""门到门"直达运输,一定条件下,可以当作活动式冷库使用。使用中可以整箱吊装,装卸效率高,运输费用相对较低,装载容积利用率高,营运调度灵活,有广泛适用性。

二、装卸和搬运设备

装卸是在同一地域范围内(如车站范围、工厂范围、仓库内部等),改变物品的存放、支承状态的活动。改变物品的空间位置的活动称为搬运。装卸活动的基本动作包括装上、卸下、堆垛、入库、出库以及连接上述各类活动的短程运输,是随运输和保管等过程而产生的必要活动。

1. 装卸机械设备

装卸机械设备具有自行装卸功能或具有转载装置和连续装卸功能。根据其使用特点,装卸机械设备又可分为装载设备和卸载设备。按工作对象或工作方式,装载机械可分为装船机、装车机;卸载机械可分为卸船机、卸车机、翻车机、堆料机、堆包机等。常用的装卸机械设备有铲斗装载机、固定式装载机、链斗卸车机、叉车等。冷链物流中主要用的是叉车。

2. 输送机械设备

输送机械设备是物流设备的重要组成部分。输送设备通常是指使物料或物品沿该机的整体或部分布置线路所确定的方向或走向、连续或间断地进行,以实现自动搬运的机械设备。在各种现代化的工业企业中,输送机械是使生产过程组成有节奏的流水作业生产线所不可缺少的组成部分。

根据被运送的物流或物品分类,常见的输送机械设备有:用于输送散粒物料的输送机,如螺旋输送机;用于输送成件物品的输送机,如辊子输送机;两者兼可输送的输送机,如带式输送机、板式输送机等。

三、仓储设备与设施

冷链物流仓储系统一般包括收货、存货、取货、配货、发货等环节。在收货环节,配备了供冷藏车辆停靠卸货的月台和场地,以及升降平台,托盘搬运车和叉车等各种吊车。在收货处一般设有计算机终端,用来输入收货的信息,并打印出标签和条码,贴在货物或者托盘上,以便在随后的储运过程中进行识别和跟踪。

在发货、配货环节,物流中心根据服务对象不同,向单一用户或多个用户发货。一般来说,拣出的货品通过运输机械运到发货区,识别装置阅读贴在货品上的条形码,把所判别货品的户主信息输入计算机,计算机控制分选运输机上的分岔机构把货品拨到相应的包装线上,包装人员按照装箱单核查货品的品种和数量后装箱封口,然后装车发运。

仓储设备包括冷库及其配套设备,如封闭式月台、货架系统、巷道堆垛起重机、分拣设备、出入库输送机系统、自动监控系统,还包括托盘、货箱、集装单元等设备。

四、包装与流通加工设备

包装可以分为内包装和外包装。包装作业包括装箱、封口、捆扎等作业。此外,还有使用托盘堆码机进行的自动单元化包装,以及用塑料薄膜加固托盘的包装等。

冷链流通加工是为了提高冷链物流速度和物品的利用率,在物品进入流通领域后,按客户的要求进行的加工活动,即在物品从生产者向消费者流动的过程中,为了促进销售、维护商品质量和提高物流效率,对物品进行一定程度的加工。流通加工通过改变或完善流通对象的形态来实现"桥梁和纽带"的作用,因此流通加工是流通中的一种特殊形式。流通加工设备是指用于物品包装、分割、计量、分拣、组装、价格贴附、商品检验等作业的专用设备。

冷链物流设施设备还应包括前端的预冷设施、末端的冷柜冰箱等。

五、配送设备

冷链配送设备是实现生鲜产品"最后一公里"配送的重要载体。

1. 自提柜

自提柜设立在社区附近,靠近消费者,具有保温功能、灵活、便利,消费者可输入取件码或扫二维码,在任意时间段提取产品,但容易出现产品质量纠纷问题,且自提柜的投资回报期较长。

2. 蓄冷箱

蓄冷箱采用电力充冷,分为不同温区,各温区之间相互独立、灵活,且能运输不同类型、不同温度要求的产品,蓄冷箱具备清洁、绿色环保、可重复使用的特点,但设备投入成本高。

第四节 冷链物流的范围

目前,冷链物流的适用商品一般分为三类:一是初级农产品,包括蔬菜、水果、肉、禽、蛋、水产品、花卉等;二是加工农产品,如速冻食品、肉、水产等,以及冰激凌和奶制品等;三是特殊商品,如药品和疫苗,以及部分电子器件、加工产品等。

一、水果和蔬菜

水果和蔬菜采摘后仍为有生命体,果实组织中仍进行着活跃的新陈代谢过程,但当这种生命体发展到后期即过熟阶段,新陈代谢变慢甚至停止,果实成分与组织均发生了不可逆转的变化,使其失去营养价值和特有风味。水果和蔬菜的呼吸实质上是果实内有机物缓慢地氧化。在有氧条件下,果实内作为基质的糖、有机酸以及复杂的碳水化合物被完全氧化分解为二氧化碳、水和热量,维持正常的生命活动。

水果和蔬菜高质量的运输始于采摘。首先应在理想的时间和成熟状态下采摘,然后细心地拣选、整理和清洗,再是降温减缓果蔬成熟过程到最慢,最后是正确地使用包装材料对果实迅速进行包装,使水果和蔬菜处于低温状态,在正确的温度、湿度、气体成分环境下运输。

根茎蔬菜(如胡萝卜)、水果(如橙、香蕉)和一些活植物属于温度敏感货物,在运输期间温度必须保证在其高于冰点或损害点 1 ℃之内。装运这些货物对冷箱应进行预冷,并且用"冷风通道"迅速装妥货物。

二、畜禽肉类

畜禽肉类主要包括牛、羊、猪、鸡、鸭、鹅肉等,畜禽经屠宰后即成为无生命体,对外界的微生物侵害失去抗御能力,同时进行一系列的降解等生化反应,出现僵直、软化成熟、自溶和酸败等四个阶段。其中自溶阶段始于成熟后期,是质量开始下降的阶段。特点是蛋白质和氨基酸分解、腐败微生物大量繁殖,使质量变差。肉类贮藏的作用是尽量推迟其进入自溶阶段。

冷冻贮藏是一种古老的、传统的保存易腐食物的方法。食物由于酶的分解、氧化和微生物生长繁殖而失去使用价值。冷冻可以钝化酶的分解、减缓氧化、抑制微生物生长繁殖,使食物处于休眠状态,在产品生产数周甚至数月后仍保持原始质量。

通常肉类在−18 ℃以下即达到休眠状态,在−23 ℃以下的低温成倍延长冷藏期。在−30 ℃下的冷藏期比在−18 ℃下的冻藏期长一倍以上,其中猪肉最明显。许多国家明确规定,冷冻食品、制成品和水产品必须在−18 ℃或更低的温度下运输。

三、水产品

水产品主要包括鱼、虾、贝类。水产品死后不仅会出现僵直、成熟、自溶和酸败等四个阶段,而且鱼类在僵直前还有一个表面黏液分泌过程,这种黏液是腐败菌的良好培养基。上述四个阶段持续时间较短,尤其是软化成熟阶段极短,这是因为多种酶和微生物在较低的温度下仍有很强的活性。在自溶阶段,蛋白质和氨基酸分解,腐败微生物大量繁殖,使质量变差。

水产品的贮藏时间与温度密切相关。在正常情况下,温度每降低 10 ℃,冻藏期增加 3 倍。多脂鱼类较低脂鱼类冻藏期短,红色肌肉鱼类冻藏期更短。一般冻藏温度是:少脂鱼和其他大多数水产品在−23~−18 ℃;多脂鱼在−29 ℃以下,部分红色肌肉鱼可能要求达到−60 ℃的低温。在冻藏和运输期间应使用尽可能低的温度,并应避免大范围的温度波动。

包装和操作方法对冻藏期也有影响,应避免货物暴露在空气中造成脂肪氧化和脱水干耗,装、拆箱作业应快速进行,避免温度波动影响质量。

四、冰激凌和其他奶制品

冰激凌是人们用于清凉解暑、充饥解渴的营养价值很高的食品,需要低温灭菌操作、清洁的运输、适当的温度设置和完整的包装。

冰激凌包装材料有涂蜡纸、纸箱和塑料桶等。外包装对避免冰激凌损坏和热袭起重要的保护作用。冰激凌通常使用 20 英尺(1 英尺=0.3048 米)的冷箱运输,温度应设置在低于−25 ℃,并应避免温度波动。

冷冻奶油通常是大宗货物,习惯做法是将奶油装在纸箱内,纸箱装在货盘上,然后再装入冷箱内运输。虽然有些奶制品可在较暖的温度下运输,但实际温度一般设置在低于

−14 ℃或更低,因为大部分奶油在低于−8 ℃下没有微生物损坏,并且保持良好的质量。可长期贮存的硬奶酪通常在1～7 ℃下运输,这取决于奶酪的种类、包装、运输距离和为加工或零售的用途。其他奶酪通常用冷箱在0～13 ℃下运输。

五、药品和疫苗

冷藏温度敏感性的药品,从生产企业成品库到使用前的整个储存、流通过程都必须处于规定的温度环境(控温系统)下,以保证药品质量。医药药品安全直接关系着民生和社会稳定,同时对我国的物流供应链特别是冷链物流提出更高的要求。一般的冷藏药品的温度要求是2～8 ℃;加工药品温度要求是8～15 ℃;冷冻药品温度要求是−20 ℃,比如常见的疫苗;深度冷冻药品的温度要求在−70 ℃,这些药品基本上是药品的原液,比如赫赛汀是2～8 ℃的储存状态,但它的原液储存在−70 ℃环境中。

疫苗的冷链储运无小事,在2～8 ℃的普通冷藏条件下,疫苗的寿命只有5天,通常采用装满干冰的储存箱存储疫苗,可以将其保质期延长至15天左右,而现在最好的解决方案是以超低温冷柜作为运输载体。

六、生物制品和人体器官

生物制品的贮藏条件(包括温度、湿度和是否需避光)应经验证,并符合相关各论或批准的要求,除另有规定外,贮藏温度为2～8 ℃。

第五节　实现冷链物流的关键因素和条件

一、关键因素

1. 贮运温度

每种易腐货物都有一个适宜的贮运温度。所有的冷冻商品根据储存温度的不同都有一个腐败的周期,大部分的冷冻食品在−18 ℃的温度以下,其保质期会相对较长。但是相比之下,冷冻水产品需要更低的温度才能达到同样的状况。根据生产的条件不同,冷冻冷藏以及保鲜食品在储存和运输过程中要保持在−1.5～14 ℃。

很多商品都有低温下限,低于这个温度,商品质量就会受到影响。对于那些在临界温度运输的商品,低温会给商品带来冷冻伤害。对于肉类等商品来说也是这样。而对于水果类商品,即使并未达到临界温度,也会给商品带来冻伤等损害。如果在比较高的温度下装货,则只能通过比较低的车辆预冷温度来达到货物快速降温的目的,这种做法可能出现的最大问题就是部分商品会因此产生冻伤。

2. 运输设施

使用的运输设施应该是密闭的,安装有良好的温控设备、合适的空气流通设施和冷冻能力,运行状态良好。对于冷冻集装箱,应该在装货之前一个月对集装箱进行状态检查。对于冷藏船、冷冻集装箱和冷藏运输车等冷链物流设施的操作方法是不同的,承运人应该对运输工具的操作有非常详细的了解。由于运输的货物数量庞大,设施的安全可靠性是非常重要的。

3. 产品质量

冷链物流过程可以最大限度地保持产品的质量,但是却不能提高质量。如果产品本身质量不高,则使用高质量的冷链会极大地提高产品的价格,使得销售成为一个难题。产品质量取决于生产者的质量标准和检验标准,也取决于相关的销售要求。

4. 装运前处理

对于水果和蔬菜,装运前处理包括:收获前恰当的处理方法的应用;装运前短期的储存。对于冷冻商品,首要的要求就是在整个冷链中温度的控制,不能出现温度失控的环节。其中就包括了装运前的预处理环节。

5. 包装

包装必须能够对商品进行保护,因此纸箱必须在温度失控导致商品融化、包装受潮的时候有足够的强度,同时,包装还要结合捆扎等措施来最大限度地减小潮湿带来的损失。包装材料不能包含产生污染或异味的成分,纸箱必须是合适的尺寸,其形状必须能够在移动中保护商品,同时防止外来压力对货物造成损害。对于托盘化运输,纸箱相对于托盘必须是安全的。

6. 预冷

预冷包括两个方面:一方面是针对商品的;另一方面是针对运输车辆的。

一般来说,在农产品收获之后就要马上将温度降到合适的运输温度。

如果货物进行了预冷,而运输设施没有进行相应的预冷,这对于商品而言也是极不安全的。在所有的运输设施上,制冷率都会比较低,并且货物处于不同的位置,制冷效果也不尽相同。在专业冷却设施里达到一定的温度只需要几个小时,但在运输途中却需要几天。

对于某些高代谢率的商品,如果事先并没有进行合适的预冷,呼吸的热量可能非常高,并因此导致整个运输过程中车厢内不能达到合适的温度,因而导致商品品质的下降。

7. 冷空气循环

冷空气的循环使得透过车辆厢壁进入的热量得以消散,去除呼吸作用所带来的热量。冷链贮运设施应该能够为包装良好的货物提供适合的冷空气循环。不当的包装和随意的堆放可能会忽略这个问题,并因此导致商品全部或者部分的质量损害。

冷空气循环在商品的展示销售上也很重要,开放式的多层货架就依赖于良好的空气流通来保持货物汽运的温度。

8. 温度控制

冷链物流对温度的控制要求是稳定和均匀。与冷冻货物相比,温度控制对于冷藏货物更为重要。冷冻食品要求最高温度不能高于 $-18\ ℃$,而冷藏货物通常要求在运输中温度控制在 $2\ ℃$ 上下的范围内。在展示销售中,冷藏食品通常要求温度控制在 $5\ ℃$ 上下的范围内。因此,对于冷藏货物的运输车辆温度控制能力要求是很高的。然而,如果是冷冻运输车辆用于冷藏货物运输,则可能会获得更大的温度控制范围。更大的范围意味着比计划更高或者更低的温度,高温会导致保质期的缩短,低温可能意味着结冻或者由于低温给货物带来损害。

9. 货物混装

易腐货物混装很容易受到来自其他货物的交叉污染。最为明显的是由一种货物传播给另一种货物的污染或者异味。另外一种是由于某种激素的存在而导致货物提前成熟或腐败。

10. 运输时间

运输时间的基本要求就是尽量要短，以最快的速度将易腐货物送达目的地。海洋运输一般来说是非常可靠的，但是从本质上来讲，船舶故障和暴风雨有时也会导致延误，这是承运人所不能控制的。如果类似这样的情况导致了延误，那么对于易腐败货物来讲损失就是不可避免的。类似的一些自然灾害、罢工、政变等都会导致货物运输时间的延长，并因而造成损失。

11. 零售

随着运输过程的进行，商品在冷链上通过批发商到达零售商，进而销售给消费者，在商店里，合适的冷藏设备也是非常必要的。在这个阶段如果商品发生了损失，那就意味着所有前面针对冷链所做的努力和耗费的能源全部损失了。

在冷链物流的全过程中，任何一个环节的缺失和失控都会导致商品品质的变化，进而导致公共卫生安全问题。随着人们对于食品安全问题越来越多的关注，对于冷链物流中的关键性控制因素的认识也越来越深刻，除了上述 11 个因素之外，还有其他因素会对冷链造成影响，从供应链的角度认识冷链，是冷链物流发展的当务之急。

冷链物流模型

二、实现条件

虽然不间断的低温是冷链的基础和基本特征，也是保证易腐食品质量的重要条件，但并不是唯一条件。因为影响易腐食品贮运质量的因素还有很多，必须综合考虑、协调配合才能形成真正有效的冷链。冷链的目标是保鲜，因而归纳起来实现保鲜链的条件有以下几个方面。

1. "三 P"条件

"三 P"条件即易腐食品原料的品质（produce）、处理工艺（processing）、货物包装（package）。要求原料品质好，处理工艺质量高，包装符合货物的特性，这就是食品在进入冷链时的"早期质量"要求。

2. "三 C"条件

"三 C"条件即在整个加工与流通过程中对易腐食品的爱护（care）、清洁卫生（clean）的条件以及低温（cool）的环境。这是保证易腐食品"流通质量"的基本要求。

3. "三 T"条件

"三 T"条件即著名的"T.T.T"理论[时间（time）、温度（temperature）、容许变质量（或耐藏性，tolerance）]。1948—1958 年，美国西部农产物利用研究所阿尔斯德尔（Arsdel）等人通过大量的实验，总结出了对于冻结食品的品质保持所容许的时间和品温之间所存在的关系，其理论要点如下。

第一,对每一种冻结食品而言,在一定的温度下食品所发生的质量下降与所经历的时间存在着确定的关系。根据大量的实验资料(主要是通过感观鉴定和生化分析),大多数冷冻食品的品质稳定性是随着食品温度的降低而呈指数关系增大。温度对于冻结食品品质稳定性的影响,用温度系数 Q_{10} 来表示。Q_{10} 是指温差 10 ℃,品质降低速度的比,亦即温度下降 10 ℃,冷冻食品品质保持的时间比原来延长的倍数。如 Q_{10} 的值为 5,品温从 -15 ℃ 降到 -25 ℃,品质降低的速度减少到原来的 1/5,或者说冷藏期比原来延长 5 倍。Q_{10} 值随食品的种类而异。在实用冷藏温度(-15~25 ℃)的范围内,其值为 2~5。

第二,冻结食品在贮运过程中,因时间温度的经历而引起的品质降低量是累积的,也是不可逆的,但是与所经历的顺序无关。

第三,对大多数冻结食品来说,都是符合 T.T.T 理论的。温度越低,冻品的品质变化越小,贮藏期也越长。它们的温度系数 Q_{10} 值几乎都在 2~5 之间。但是也有温度系数小于 1 的食品,此时 T.T.T 理论就不适用了(如腌制肉)。冻结食品从刚生产出来后直到消费者手上,如果品温能稳定不变,则是保持食品质量的理想条件,但在实际的流通过程中,在贮藏、运输、销售等各个环节,温度经常会上下波动,这对冻品的品质会带来很大的影响。因此了解冻结食品在流通中的品质变化,在实用上就显得十分重要。把某个冻结食品在流通过程中所经历的温度和时间记录下来,根据 T.T.T 曲线即可计算确定食品的品质情况。

T.T.T 计算方法是根据食品的温度时间经历所带来的影响累积变大的原则来进行的,在一些例外的情况下,其实际发生的质量损失要比如此计算的质量降低量更大。

例如,冰激凌由于温度反复上下波动,温度升高时达到其融化点而融化或变软,温度降低时又再一次冻结变硬。这种反复如果频繁的话就会产生大冰晶,原来滑溜的口感变得粗糙而失去了商品价值。

再如冷藏室内如温度波动并且湿度过小的话,冻品内的冰晶成长,表面冰晶升华,干耗也就特别严重。其结果不仅食品重量减轻,而且质量恶化,比用 T.T.T 计算方法所求得的质量降低率损失要大得多。

4. "三 Q"条件

冷藏设备数量(能力)(quantity)的协调就能保证易腐食品总是处在低温的环境之中。因此要求产销部门的预冷站、各种冷库、铁路的冷藏车和冷藏车辆段、公路的冷藏汽车、水路的冷藏船,都要按照易腐货物货源货流的客观需要,互相协调地发展。

在设备的质量(quality)标准上的一致,是指各环节的标准,包括温度条件、湿度条件、卫生条件以及包装条件应当统一。例如,包装与托盘、车厢之间的模数配合就能充分发挥各项设备的综合利用效率。

快速(quick)的作业组织,是指生产部门的货源组织、运输车辆的准备与途中服务、换装作业的衔接、销售部门的库容准备等都应快速组织并协调配合。

"三 Q"条件十分重要,并且有实际指导意义。例如,冷链各环节的温度标准若不统一,则会导致品质的极大降低。这是因为在常温下,1 小时暴露的质量损失量可能相当于在 -20 ℃ 下贮存半年的质量损失量。因此,应避免冻品在高温下的暴露,或者尽量缩短暴露时间。由于成本、空间、水源等一系列的问题导致运输工具难以保持与地面冷库完全一致的温湿度条件,这时的补救办法就是尽量加快作业过程与运输速度。例如,在铁路冷链运输中可通过缩短装卸作业时间、加速车辆取送挂运等方法来进行弥补。

5. "三M"条件

"三M"条件：保鲜工具与手段(means)，在"保鲜链"中所使用的贮运工具的数量要求、技术性能与质量标准等均应协调一致；保鲜方法(methods)，在保鲜贮运过程中所采用的气调、减压、保鲜剂、冰温、离子和臭氧、辐照和冻结真空干制等保鲜方法应符合食品的特性并应能取得最佳保鲜效果；管理措施(management)，要有相应的管理机构和行之有效的管理措施，以保证各作业环节之间的协调配合，并促成各环节的设备能力、技术水平和质量标准的协调发展与统一。

6. "三I"条件

"三I"条件即信息管理系统(IMS)、互联网技术(INT)、物联网技术(IOT)。现代信息技术有助于实现全程冷链物流的温度、湿度、位置等信息的实时监控与收集。

第六节 冷链物流的发展趋势

一、智能化

冷链物流系统将朝着智能化方向发展。在易腐货物的冷链物流系统广泛采用自动化技术、计算机技术、数字控制技术等新技术，提高设备可靠性和自动化水平。

采用新材料、新技术，提高冷链设施设备的性能，保持易腐货物原有质量的同时降低设备造价和运输成本。如隔热层采用的新型隔热材料(如聚氨酯、PEF隔热材料等)，具有良好的隔热性能、化学稳定性能和机械性能。采用新制冷工艺，提高冷链物流过程中温度控制的匀速性、准确性。目前在冷链运输中除机械制冷以外，还利用液化气体如液氮、液化二氧化碳、液化空气作为冷源制冷。在冷链基础设施和网络建设中，应用仓储管理系统、自动化冷库技术、预冷技术、无损检测与商品化处理技术和温度自动控制等先进技术。

二、专业化

冷链相关产业将越来越多地选择专业化的第三方冷链物流服务。目前在美国、日本和欧洲等经济发达国家和地区，专业物流服务已形成规模，有利于制造商降低流通成本，提高运营效率，并将有限的资源和精力集中于自身的核心业务上。随着冷链物流系统的完善与发展，越来越多的易腐货物生产商都实行物流业务外包，希望得到专业化的第三方冷链物流服务。

专业化的第三方冷链物流企业能整合资源，整合物流网络，合理有效控制物流成本，减少易腐货物周转时间。先进的专业化冷链物流企业具备集约化、集团化、规模化的发展能力，通过建立冷冻冷藏产品加工配送中心，推进集约化共同配送。通过重点推进生鲜农副产品市场化运作等重点项目，促进冷链行业的发展。

三、多元化

冷链物流企业将不断地提供多元化的增值服务。目前冷链物流企业基本上可以提供仓储、分拣、冷链运输、市内配送等服务。一些冷链物流企业提供的服务范围更加广泛,涉及采购、库存管理、数据分析等增值服务。

根据易腐货物冷链物流的要求,应充分发挥现有国家和部门相关检测机构的作用,补充和完善易腐货物的检测项目、检测内容。鼓励在大型超市、批发市场建立相应检测平台,为生鲜农产品类、食品类易腐货物提供快速检测服务。

四、信息化

冷链物流信息化将成为冷链物流系统未来的发展趋势。目前很多冷链物流普及的国家,已经广泛采用无线互联网技术、条码技术、RFID(Radio Frequency Identification,射频识别技术)、GPS(Global Positioning System,全球定位系统)、GIS(Geographic Information System,地理信息系统)以及在仓储、运输管理和基于互联网的通信方面的技术。先进的冷链企业为提高竞争力将会更加重视公司的冷链信息化建设,依托现代前沿网络技术——物联网技术,建立冷链追溯查询信息系统,构建易腐货物冷链物流信息备案制度。最终实现政府相关部门、冷链物流行业及物流企业对易腐货物冷链物流活动的检测、监督和控制。

先进的信息技术是冷链物流系统健康、有效发展的保证。通过信息化系统和网络交易平台,结合先进的物流技术如 ERP(Enterprise Resource Planning,企业资源计划)、MIS(Management Information System,管理信息系统)、仓储管理系统、信息发布系统、搜索引擎,最大限度地提高冷链物流效率。以冷链物流中心为核心,结合城市配送运输,整合现有资源,将易腐货物的冷链供应商、生产商、承运人、消费者及相关的银行、海关、商检、保险等单位联结起来,形成高效的冷链物流运作体系,实现对易腐货物的资源共享、信息共享和全程监控,提高全社会整体冷链运输效率。

五、标准化

我国应尽快制定与国际接轨的冷链物流相关标准与指导准则,包括易腐货物的原料基地生产、预冷、加工、贮运、贮运温度控制、食品安全及检测、标签、环境及服务等一系列涵盖整个冷链物流节点的标准和良好操作规范。同时,以 GAP(Good Agricultural Practice,良好农业规范)、GVP(Good Veterinarian Practice,良好兽医规范)、GMP(Good Manufacturing Practice,良好生产规范)、HACCP(Hazard Analysis Critical Control Point,危害关键控制点分析)、ISO(International Standardization Organization,国际化标准组织)为基本原则,制定易腐货物冷链物流全程质量与安全控制技术规程,实现"从田间到餐桌"的全程控制。

六、绿色化

冷链物流的未来方向是使用清洁能源、保护环境的绿色物流。冷链运输的污染源具有流动、分散、种类多等特点。运输产生的环境污染如汽车尾气排放造成的大气污染,油船泄漏和垃圾排放等造成的重大水污染,以及冷链运输装备造成的噪声污染,是全球面临的重大环境问题。各国政府在交通量、交通流和污染发生源等三个方面已经制定了相关政策,冷链运输日趋绿色化。

综合案例

2020年疫情期间,受到餐饮企业、农贸市场歇业及物流供应链受阻的影响,全国多地出现农产品滞销的问题。得知这些基地面临的困境后,盒马采购主动联系,最快50分钟内给出解决方案,背后所代表是一套新零售数字化解决方案的应用。到目前,超过2千吨的滞销农产品,通过盒马线上线下送到消费者手中,也替农民排忧解难。盒马已建成48个多温层多功能仓库,其中包括33个常温和低温仓、11个加工中心和4个海鲜水产暂养中心,一个覆盖全国的低成本生鲜冷链物流配送网络,在此次助农中发挥了大作用。

盒马蔬菜基地直采负责人郁磊认为,与传统销售渠道不同,盒马的助农在解决滞销的同时,还往前走了一步,把数字农业、订单农业带入上游。一些滞销村在接入新零售之后,一跃成为盒马村。不同于传统的农业村庄,盒马村通过研究新的消费需求,重构农业生产。2019年7月,全国首个盒马村出现在四川省丹巴县八科村。随后在武汉市、孝感市、常州市溧阳市、唐山市迁西县,甚至非洲卢旺达,陆续出现盒马村。它们共同的特征是,依托盒马新零售,实现消费驱动、创新供给。

郁磊在谈到盒马消化滞销农产品的秘诀时表示:"除了数字化运营和对整个供应链的管控外,盒马还通过线上的营运体系找到真正对产品感兴趣的人,线上线下结合的销售确保商品及时送达。用数字化作为基础,在盒马App和门店构建的场景中,销售有价值、有标准的商品以满足用户的生活需要。"盒马采购小二郭凯在50分钟内给出滞销12万斤蔬菜的青岛浩丰解决方案,正是通过这套系统对整个青岛盒区房和各地盒区的备货量及用户需求有着相对细致的了解。"当时我们已经确定疫情期间需要增大备货量,青岛地区是日常的3倍,北京、上海等地区是4倍,这样青岛浩丰的商品就可以快速消化。"郭凯回答。在短短15天之内,帮助他们达成了供销平衡,解决了滞销问题。盒马已经有1/3的生鲜商品通过基地直采。云南农业大学校长盛军认为,盒马买手通过基地直采打破了中间环节,给上游的农民和终端的消费者都带来了革新。"未来也希望盒马作为标杆,能在农业领域参与制定更多的行业标准,让盒马成为时令产品与消费者之间有温度的桥梁,为社会创造更广阔更有长远意义的价值。"

(资料来源:光明网,2020-03-25。)

【思考】 请结合本章内容谈谈盒马这一举措的相关意义。

练习与思考

1. 辨析题

(1)冷链物流的作业对象是温度低于0℃的物品。( )

(2)果蔬类与花卉类冷链物流运作模式是相同的,在实际作业中无须过多考虑。( )

(3)畜禽肉、速冻食品、水产品可以作为一类冷链物流运作模式考虑。( )

(4)冷冻与冷藏食品物流作业主要控制的内容是温度与时间。( )

2. 思考题

（1）什么是冷链物流？描述冷链物流的定义和适用范围。与普通的常温物流有什么区别？

（2）冷链物流的主要设施与设备有哪些？

（3）你在周围接触到的冷链物流都有哪些？请举例说明。

（4）冷链物流对我国经济和人民生活有哪些影响？

（5）描述冷链的构成和实现过程。

（6）未来我国冷链物流的发展趋势是什么？

拓展阅读1

第二章 制冷原理与方法

学习目标

了解制冷、热力学与传热学的基本概念,掌握制冷的基本原理与方法,理解制冷系统的构成,熟悉常用的制冷设备。

案例

如果将一杯置于环境温度 30 ℃的水变成 7 ℃的冷水,需要将杯中水的热量取走,使其低于环境温度 30 ℃,则需人工制冷的方法。

在炎热的夏季,为满足人们的舒适性要求,使活动空间内的温度降到低于外界环境温度,并维持在适宜的温度状态,亦需人工制冷的方法。

应用制冷装置对进入低温物流的产品进行冷加工(冷却或冻结),并在储运和销售全过程中保持适宜的温度,是低温物流的必要条件。低温物流所涉及的制冷装置包括预冷、速冻、冷藏、低温运输以及低温销售设备与设施。这些设备和设施是利用制冷原理和方法,低温物流的方案设计、运营和维护都需要对这些设备和设施的基本特性有所了解。本章主要介绍制冷原理与方法的基本内容。

第一节 制冷的基本概念

制冷是指用人工方法将某一空间和物体的热量取走,使其低于环境温度。一杯 100 ℃的热水置于 30 ℃的环境空气中,杯中的水会慢慢变凉,最后达到 30 ℃,这一过程是冷却过程,不是制冷,因为水的热量是由高温向低温传递,即热量传给了环境空气,是一个自然发生的过程。采用什么方法将热量取走就是制冷技术所要解决的问题。

酒精涂抹在皮肤上会有冰凉的感觉,这是因为酒精液体蒸发吸走皮肤的热量;将 100 ℃的水变成 100 ℃的水蒸气需对水进行加热。这两个现象都说明液体蒸发需要吸收热量,也说明水蒸气比水含有更多的热量。如果把水蒸气变回水（水蒸气冷凝成水），就需要放出水变成水蒸气所吸收的热量。这就是蒸发吸热，冷凝放热。在海平面上，水的沸点是 100 ℃，其蒸发和冷凝温度都是 100 ℃，但在青藏高原水的沸点只有 70 ℃ 左右，这是因为青藏高原的海拔高，气压低。液体的压力和沸点存在对应关系：压力高，沸点高；压力低，沸点低。利用这种物理现象发明了蒸气压缩式制冷系统（见图 2-1）。

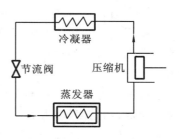

图 2-1　蒸气压缩式制冷系统示意图

蒸气压缩式制冷系统由压缩机、冷凝器、节流阀、蒸发器组成，用管道连接成一个密封系统，在其中充灌适当的制冷剂。蒸发器内处于低温低压的制冷剂液体与被冷却对象发生热交换，吸收被冷却对象的热量气化，产生的低压蒸气被压缩机吸入，压缩机压缩后排出的高压气态制冷剂进入冷凝器，向环境放热，被冷却凝结成高压液体。高压液态制冷剂流经节流阀节流降压，变成低温低压的气液混合物，并进入蒸发器，其中液态制冷剂在蒸发器中蒸发制冷，产生的低压气体再次被压缩机吸入。如此，周而复始，不断循环。

以上就是最简单的单级蒸气压缩式制冷循环。制冷剂在系统中通过液态和气态的变化，在蒸发器中吸收热量，在冷凝器中放出热量，从而实现低温吸热、高温放热，而压缩机需要消耗能量。要了解制冷系统的特性，即制冷剂在制冷系统中的压力、温度如何变化，环境温度如何影响系统的能量消耗，就需要了解热力学的基本概念。

一、热力学系统

热力学是能量及其转换规律的科学，最常见的就是热能和机械能的相互转换。如汽车发动机就是通过燃料燃烧产生的热能转换为机械能，从而驱动汽车行驶；前面所述的蒸气压缩式制冷系统是通过电动机产生的机械能使制冷系统工作，从而完成热量从低温向高温传输。

在热力学中，根据所研究问题的需要，可人为选取一定范围内的物质作为研究对象，称此研究对象为热力系统，热力学系统以外的物质称为环境或外界。

系统与环境的交界面称为边界，此边界可以是固定的，也可以是变化的。根据系统与环境有无能量和物质交换情况，系统可分为封闭系统（系统与环境无物质的交换）、敞开系统（系统与环境有物质的交换）、绝热系统（系统与环境无热量的交换）和孤立系统（系统与环境无任何能量和物质的交换）。

系统中能量的转换必须通过物质来实现，热力学中把用来完成能量相互交换的媒介称为工质，如制冷系统中的制冷剂也称为工质。

二、工质的热力学状态及其基本状态参数

制冷系统必须通过制冷剂的吸热、压缩、排热、节流膨胀等热力过程完成制冷（低温吸热、高温放热）的目的。在这些过程中，工质的物理特性随时在起变化，将工质作为热力系统（研究对象），则系统的宏观物理状况随时在起变化，把工作在热力变化过程中的某一瞬间所呈现的宏观物理状况称为系统的热力学状态，简称状态。

所谓平衡态是指在没有外界作用的情况下,系统的宏观性质不随时间变化的状态。设想两个相互接触的物体之间有温差存在时,则热量会自发地从高温物体传向低温物体,这时系统不会维持状态不变,而是不断产生状态变化直至温差消失而达到平衡,这种平衡称为热平衡。

系统的状态常用一些宏观物理量来描述,这种用来描述系统所处状态的宏观物理量称为状态参数,如温度、压力等。

为了说明制冷系统的工作过程,必须研究系统所处的状态和它所经历的状态变化过程。研究热力过程时,常用的状态参数有压力 p、温度 T、体积 V、热力学能 U、焓 H 和熵 S,其中压力、温度及体积可直接用仪器测量,称为基本状态参数,其余状态参数可根据基本状态参数间接算得。

(一) 温度

温度是物体冷热程度的标志。从微观上看,温度标志物质分子热运动的激烈程度。对于气体,温度是大量分子平移动能平均值的量度,其关系式为

$$\frac{m\bar{c}^2}{2} = BT \tag{2-1}$$

其中

$$B = \frac{3}{2}k$$

式中:T——热力学温度;

k——玻尔兹曼常数,$k=(1.380058\pm0.000012)\times10^{-23}$ J/K;

$\bar{c}$——分子移动的均方根速度。

温度较高的物体将向温度较低的物体进行热量传递,这种热量的传递将持续不断地进行,直至两个物体的温度相等为止。

国际上规定热力学温标作为测量温度的最基本温标,根据热力学第二定律的基本原理制定,与测温物质的特性无关,可以成为度量温度的标准。热力学温标的温度单位是开尔文,符号为 K(开),把水的三相点的温度,即水的固相、液相、气相平衡共存状态的温度作为单一基准点,并规定为 273.16 K。因此,热力学温度单位"开尔文"是水的三相点温度的 1/273.16。

1960 年,国际计量大会通过决议,规定摄氏温度由热力学温度移动零点来获得,即

$$t = T - 273.16 \tag{2-2}$$

式中:t——摄氏温度(℃);

T——热力学温度。

(二) 压力

单位面积上所受的垂直作用力称为压力(即压强)。分子运动学说把气体的压力看作是大量气体分子撞击器壁的平均结果。测量工质压力的仪器称为压力计。下面以大气环境中的 U 形管压力计为例,说明工质绝对压力 P 与大气压力 P_b 及表压力 P_g 或真空度 P_v 的关系。

当绝对压力大于大气压力(见图 2-2)时,则

$$P = P_b + P_g \tag{2-3}$$

式中：P_g——表示测得的差数，称为表压力。

当工质的绝对压力低于大气压力（见图2-3）时，则

$$P = P_b - P_v \tag{2-4}$$

式中：P_v——表示测得的差数，称为真空度。

此时测量压力的仪表称为真空计。

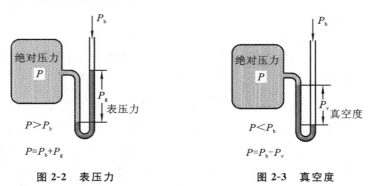

图 2-2　表压力　　　　　　　图 2-3　真空度

（三）比体积及密度

单位质量物质所占的体积称为比体积，即

$$\nu = \frac{V}{m}$$

式中：ν——比体积（m^3/kg）；

m——物质的质量（kg）；

V——物质的体积（m^3）。

单位体积物质的质量称为密度，单位为 kg/m^3。密度用符号 ρ 表示，即

$$\rho = \frac{m}{V}$$

（四）潜热和比热容

潜热是指在温度保持不变的条件下，1 kg 物质在从某一个相转变为另一个相的相变过程中所吸入或放出的热量，单位为 kJ/kg。

比热容是指单位质量物体改变单位温度时的吸收或释放的热量，单位为 kJ/(kg·℃)。

（五）焓和比焓

焓是物质所含的所有能量。在热工计算时常有 $U+PV$ 出现，为简化计算，将其定义为焓，符号为 H，单位为 J（焦耳）；1 kg 工质的焓称为比焓，用 h 表示，单位是 J/kg。在制冷装置中，制冷剂的比焓是指单位质量制冷剂的全部能量，包括内部能量和工作能量的总和。

（六）熵

熵是与热力学第二定律紧密相关的概念，度量系统进行热交换后由热量引起系统变化

的状态参数,数学表达式为

$$\mathrm{d}s = \frac{\delta q_{\mathrm{rev}}}{T}$$

式中:$\mathrm{d}s$——微元过程中单位质量工质的熵变,称为比熵;

δq_{rev}——单位质量工质在微元可逆过程中与热源交换的热量;

T——工质的热力学温度。

（七）工质的特性

要了解工质或制冷剂,首先要对制冷剂热力状态的术语有所了解。

1. 饱和温度和饱和压力

在密闭的容器中,当工质的液体和气体分界面上的温度和压力均不随时间变化时,即液体和气体的温度不再变化,气体的压力也不再变化,容器内的液体和气体各自的质量也不再变化,则容器内的工质处于动态平衡,液体和气体处于饱和状态,即在一定压力和温度下气、液两相处于动态平衡时的状态称为饱和状态。液体的温度称为饱和温度,气体的压力称为饱和压力。例如,在一个标准大气压下,水加热到 100 ℃ 即达到饱和状态,水维持在 100 ℃。通常,工质的动态平衡是建立在一定的温度及压力条件下,如温度或压力改变时,平衡条件受到破坏,经过一段时间后,又会达到新的平衡,出现新的饱和状态。工质的饱和压力与饱和温度有确定的关系。

2. 过热度和过冷度

工质在一定压力下具有饱和温度的蒸气称为干饱和蒸气。处于饱和状态下的工质气、液混合物称为湿蒸气,是由干饱和蒸气和许多细小的液体微滴组成。比干饱和蒸气在相同压力下具有更高温度的蒸气称为过热蒸气。过热蒸气与干饱和蒸气的温度差称为过热度。比饱和液体在相同压力下具有更低温度的液体称为过冷液体。过冷液体与饱和液体的温度差称为过冷度。

3. 临界点

随着蒸气压力的升高,蒸气的比容逐渐接近于其液体的比容,当压力增高到某一值时,饱和蒸气和饱和液体之间没有明显的区别,这种状态称为临界状态。临界状态所处的状态点称为临界点。每种气体都有其临界点。临界点对气体的液化有着非常重大的意义。在临界点以上的蒸气,无论施加多大的压力,都不会使其液化。各种气体,对应于其各自的临界点的温度、压力和比容,分别称为临界温度、临界压力、临界比容。

三、热力学过程

当处于一定状态的系统与环境发生能量交换时,系统的状态逐步发生变化。系统从一个状态变化到另一个状态的过程称为热力学过程。

如果系统完成某一热力过程后,再沿原路经逆向回到原来的状态时,环境也返回到原来的状态而不留下任何变化,则这一过程称为可逆过程,否则称为不可逆过程。

如果过程中压力不变,则称为等压过程;如果过程中温度不变,则称为等温过程;如果过程中体积不变,则称为等容过程;如果过程中同外界没有热交换,则称为绝热过程。

四、功和热量

(一) 功

功定义为作用在物体上的力与物体位移的乘积。在热力学中,系统从一个状态变化到另一个状态的过程中,同环境通过边界传递能量的结果表现为物体宏观运动的变化,则这种能量称之为功。功是热力过程中产生的,是一个过程量。

热力学中规定系统对外做功为正,外界对系统做功为负。由工质、气缸和活塞所组成的系统,若工质膨胀推动外界物体移动时,工质对外做功,此时功为正值;若工质被压缩,则是外界对系统做功,功值为负,单位为焦耳或千焦耳,符号分别为 J 或 kJ。对于 1 kg 工质与外界传递功量单位为 J/kg 或 kJ/kg。

(二) 热量

热量也是传递中的能量。当系统同环境或系统内部各部分之间存在温差时,就会发生热量传递。实际的传热过程都不可逆。热力学中规定传入系统的热量为正值,传出系统的热量为负值,热量的单位和功的单位相同,都为 J 或 kJ,对于 1 kg 工质,其传递的热量单位为 J/kg 或 kJ/kg。

(三) 功和热量的异同

(1) 都是通过边界传递的能量。
(2) 都是过程量。
(3) 功传递由压力差推动,比体积变化是做功标志;热量传递由温差推动,比熵变化是传热的标志(见熵的定义)。
(4) 功是物系间通过宏观运动发生相互作用传递的能量;热是物系间通过紊乱的微粒运动发生相互作用传递的能量。

五、能量转换与热力学定律

(一) 热力学第一定律

热力学第一定律描述为"能量既不能被创造,也不能被消灭,只能从一种形式转换成另一种方式,或从一个物体传递到另一个物体,而其总量保持平衡。"

对于封闭系统,热力学第一定律的表达式为

$$\Delta U = Q + W \tag{2-5}$$

式中:ΔU——系统热力学能(内能)的增量;
Q——系统与环境交换的热,得热为 +,失热为 −;
W——系统与环境交换的功,得功为 +,失功为 −。

热力学第一定律是能量转换和守恒定律在热力工程上的应用,强调了热可以变为功,功可以变为热。

热力学第一定律强调的是能量上的守恒,没有考虑不同类型能量在做功能力上的差别。同样数量的机械能与热能其价值并不相等,机械能具有直接可用性,可以无条件转换为热能(优质能);而热能必须在一定的补充条件下才能部分转化为机械能。热力学第一定律也不能判断热力过程的方向性。

(二)热力学第二定律

热力学第二定律描述为"不可能把热从低温物体传到高温物体而不产生其他影响;不可能从单一热源取热使之完全转换为有用的功而不产生其他影响。"

热力学第二定律指出热不可能自发地、不付代价地从低温物体传到高温物体。热不能自发地从低温处传至高温处,任何高温的物体在不受热的情况下,都会逐渐冷却。根据热力学第二定律,完成制冷循环必须消耗能量,能量的形式可以是机械能、电能、热能、太阳能以及其他形式的能量。

六、热力循环

系统在经历一系列状态变化过程后,必须能回到原来状态,这样一系列过程的综合称为热力循环。全部由可逆过程组成的循环称为可逆循环;若循环中有部分过程或全部过程不可逆,则该循环为不可逆循环。

据循环效果及进行方向的不同,循环可分为正向循环和逆向循环。将热能转化为机械能的循环称为正向循环,使外界得到功;将热量从低温热源传给高温热源的循环称为逆向循环,逆向循环必然消耗外功。

(一)正向循环

正向循环也称为热动力循环。下面以 1 kg 工质在封闭气缸内进行一个任意的可逆正向循环为例,概括说明正向循环的性质。图 2-4(a)、(b)分别为该循环的 p-v 图和相应的 T-s 图。

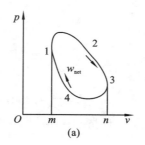
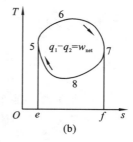

图 2-4 正向循环

在图 2-4(a)中,1—2—3 为膨胀过程,过程功以 1—2—3—n—m—1 所围范围的面积表示。3—4—1 为压缩过程,该过程消耗的功以 3—4—1—m—n—3 所围范围的面积表示。工质完成一个循环后对外做出的净功称为循环功,以 w_{net} 表示。显然,循环功等于膨胀做出的功减去压缩消耗的功,在 p-v 图上等于循环曲线包围的面积,即 1—2—3—4—1 所围范围的面积。

同一循环的 T-s 图如图 2-4(b)所示,图中 5—6—7 是工质从热源吸热的过程,所吸热量以 5—6—7—f—e—5 所围范围的面积,以 q_1 表示;7—8—5 是放热过程,放出的热量为 7—8—5—e—f—7 所围范围的面积,以 q_2 表示。若以 q_{net} 表示该循环的净热量,则在 T-s 图上 q_{net} 可用循环过程线 5—6—7—8—5 所围范围的面积表示。

正向循环的经济性用热效率 η_t 来衡量。正向循环的收益是循环净功 w_{net},花费的代价是工质吸热量 q_1,故

$$\eta_t = \frac{w_{net}}{q_1} \tag{2-6}$$

(二) 逆向循环

逆向循环主要用于制冷和热泵。制冷装置中,功源(如电动机)供给一定的机械能,使低温冷藏库或冰箱中的热量排向温度较高的环境大气。热泵则消耗机械能把低温热源,如室外大气中的热量输向温度较高的室内,使室内空气获得热量维持较高的温度。两种装置用途不同,但热力学原理相同,均是在循环中消耗机械能(或其他能量),把热量从低温热源传向高温热源。

如图 2-5(a)所示,工质沿 1—2—3 膨胀到状态 3,然后循较高的压缩线 3—4—1 压缩回状态 1,这时压缩过程消耗的功大于膨胀过程做出的功,故需由外界向工质输入功,其数值为循环净功 w_{net},即 p-v 图上封闭曲线 1—2—3—4—1 所围范围的面积。在 T-s 图〔见图 2-5(b)〕中,同一循环的吸热过程为 5—6—7,放热过程为 7—8—5。工质从低温热源吸热 q_2,向高温热源放热 q_1,其差值为循环净热量 q_{net},即 T-s 图上封闭曲线 5—6—7—8—5 所围范围的面积。

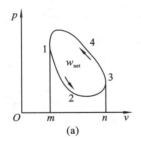
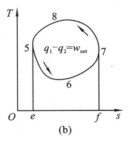

图 2-5 逆向循环

制冷循环和热泵循环的用途不同,即收益不同,故其经济性指标也不同,分别用制冷系数 ε 和热泵系数(也称供热系数)ε' 表示:

$$\varepsilon = \frac{q_2}{w_{net}} \tag{2-7}$$

$$\varepsilon' = \frac{q_1}{w_{net}} \tag{2-8}$$

七、压焓图和温熵图

在热力循环的分析和计算中,常用压焓图和温熵图,压焓图和温熵图中的任一点表示工

质的一个确定的状态。

（一）压焓图

压焓图以绝对压力（MPa）为纵坐标，以焓值（kJ/kg）为横坐标，如图 2-6 所示。通常纵坐标取对数坐标，因此，压焓图又称为 $\lg P\text{-}h$ 图。

压焓图可以用一点（临界点）、三区（液相区、两相区、气相区）、五态（过冷液状态、饱和液状态、饱和蒸气状态、过热蒸气状态、湿蒸气状态）和八线（定压线、定焓线、饱和液线、饱和蒸气线、定干度线、定熵线、定比体积线、定温线）来概括。

图 2-6 中，临界点 K 的左包络线为饱和液体线，线上任意一点代表一个饱和液体状态，对应的干度 $X=0$；临界点 K 的右包络线为饱和蒸气线，线上任意一点代表一个饱和蒸气状态，对应的干度 $X=1$。饱和液体线和饱和蒸气线将整个区域分为三个区：饱和液体线左边的是液相区，该区的液体称为过冷液体；饱和蒸气右边的是气相区，该区的蒸气成为过热蒸气；由饱和液体线和饱和气体线包围的区域为两相区，制冷剂在该区域内处于湿蒸气状态。

定压线为水平线，定焓线为垂直线；定温线在液体区几乎为垂直线，两相区内是水平线，在气相区为向右下方弯曲的倾斜线；定熵线为向右上方弯曲的倾斜线；定比体积线为向右上方弯曲的倾斜线，比定熵线平坦；定干度线只存在于两相区，其方向大致与饱和液体线或饱和蒸气线相近，视干度大小而定。

（二）温熵图

温熵图以温度（K）为纵坐标，以熵[kJ/(kg·K)]为横坐标，如图 2-7 所示。温熵图又称为 $T\text{-}s$ 图。温熵图同样可以用一点（临界点）、三区（液相区、两相区、气相区）、五态（过冷液状态、饱和液状态、饱和蒸气状态、过热蒸气状态、湿蒸气状态）和八线（定压线、定焓线、饱和液体线、饱和蒸气线、定干度线、定熵线、定比体积线、定温线）来概括。

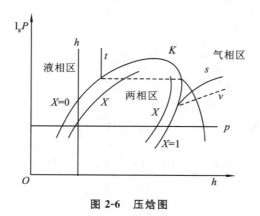

图 2-6 压焓图

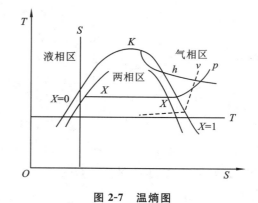

图 2-7 温熵图

图 2-7 中临界点 K 的左包络线为饱和液体线，线上任意一点代表一个饱和液体状态，对应的干度 $X=0$；临界点 K 的右包络线为饱和蒸气线，线上任意一点代表一个饱和蒸气状态，对应的干度 $X=1$。饱和液体线和饱和蒸气线将整个区域分为三个区：饱和液体线左边的是液相区，该区的液体称为过冷液体；饱和蒸气线右边的是气相区，该区的蒸气称为过热蒸气；由饱和液体线和饱和气体线包围的区域为两相区，制冷剂在该区域内处于湿蒸气状态。

定温线即为水平线,定熵线即为垂直线;定压线在液体区密集于饱和液体线附近,近似可用饱和液体线来代替;定压线在两相区内是水平线,在气相区为向右上方弯曲的倾斜线;定焓线在液相区可以近似用同温度下饱和液体的焓值来代替,在气相区和两相区,定焓线均为向右下方弯曲的倾斜线,但在两相区内曲线的斜率更大;定比体积线为向右上方弯曲的倾斜线;定干度线只存在于两相区,其方向大致与饱和液体线或饱和蒸气线相近,视干度大小而定。

八、制冷剂的特性

制冷剂是制冷机中的流体,利用自身热力状态的变化不断和外界发生能量交换,从而达到制冷。习惯上又把制冷剂称为制冷工质或冷媒。正是凭借制冷剂在制冷系统中经历压缩、放热、膨胀、吸热的不断循环和从气态到液态,再从液态到气态的状态的不断变化,才得以实现制冷。图 2-8 是制冷剂在不同相态下工作的示意图,图中右侧圈中带点的形状表示制冷剂液体,液体吸收制冷空间或物体的热量后变为气态;图中左侧为吸收了热量的气态制冷剂,气态制冷剂向环境放热后变为液态制冷剂。制冷剂可誉为制冷系统的"血液",是把要制冷的房间的热量带到室外的载体。制冷系统所产生的冷量就是制冷剂的气化潜热。

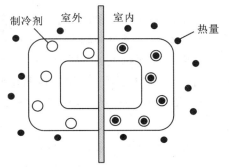

图 2-8　制冷剂工作示意图

(一) 制冷剂的要求

理论上讲,在设备内能够交替进行气化和液化的物质均能用作制冷剂。在实际制冷装置中,无论是制冷系统所需功率,还是装置的尺寸及材料要求,以及制冷循环的性能,都与制冷剂的性质密切相关。因而,为达到理想的物理化学性质、热力学性质以及安全性,理想的制冷剂应具有良好的热力学性质、化学特性、安全性。

对于制冷剂一般要求如下。

(1) 蒸发压力不能太高,冷凝压力不能太低。蒸发温度对应的饱和压力不能过低,以稍高于大气压力为宜,以免空气漏入系统,使系统中的压力升高,减少制冷量,增加功耗。同时空气中的水分会使制冷系统产生冰堵。冷凝温度对应的饱和压力不宜过高,以降低对设备的耐压和密封要求。

(2) 气化潜热大。

(3) 化学稳定性好。高温时不宜分解变质。

(4) 黏度小。黏度小可以减少系统制冷循环的流阻,减少耗功,降低循环耗功量。使用黏度小的制冷剂可以适当地缩小管道口径,使得管路可以有较小的弯曲半径,能减少制冷剂对压缩机中零部件的冲击力,可以延长压缩机的使用寿命。

(5) 导热系数大,增强传热能力。

(6) 制冷剂与润滑油的互溶性质合适。

(7) 对金属腐蚀性小。
(8) 容易发现泄漏。
(9) 无毒,防爆炸。
(10) 环保。不产生导致温室效应的气体,并对大气臭氧层无破坏作用。
(11) 能工业化生产,价廉,易得。

使用完全理想的制冷剂是很难实现的,选择最合适的制冷剂才是关键。制冷剂的选择与设备生产厂商的技术及设计思路密切相关,与采用的压缩机形式、热力循环效率、制冷工况、对材料的腐蚀性、与润滑油的相溶性以及经济性、安全性等有很大关系。

(二) 常用制冷剂的特性

出于保护臭氧层和抑制全球气候变暖的需要,对制冷剂提出了新的要求,需要寻找合适的新型制冷剂。国内外研究开发了一些绿色环保制冷剂,也越来越注重从 ODP 和 GWP 两方面指标综合评价制冷剂的环保性能。ODP 为臭氧层损耗系数,现在只有 R22(ODP＝0.05)在非发达国家还在使用,其他在使用的制冷剂基本上 ODP＝0。GWP 为全球变暖系数,要求越小越好,GWP 以二氧化碳为基准单位,即二氧化碳的 GWP 值为 1。

1. 氨(R717)

氨是一种自然工质,ODP 和 GWP 均为 0,对环境没有破坏作用,是一种环保制冷剂。氨是一种中温制冷剂,其适用范围是 $-70 \sim 5\ ℃$。氨制冷剂合成工艺成熟,容易获得,价格低廉。氨制冷剂在冷凝器和蒸发器中的压力适中,冷凝压力一般为 0.981 MPa,蒸发压力一般为 $0.098 \sim 0.49$ MPa;蒸发温度为 $-33.4\ ℃$,凝固温度为 $-77.7\ ℃$。氨的单位容积制冷量较大;制冷系数高,相同温度及相同制冷量时,氨压缩机尺寸最小。氨制冷剂在大型冷库、工业制冷装置中有广泛应用。

氨制冷剂遇水后对锌、铜、青铜合金(磷青铜除外)有腐蚀作用。故在氨制冷系统中对管道及阀件均不采用铜和铜合金。氨与水混合后很难溶于润滑油,容易在管道和热交换器上形成油膜,并且在冷凝器、贮液器、蒸发器的下部容易积蓄润滑油,需要定期放油。

氨制冷剂的应用中最大的局限性在于其安全性。氨的主要缺点是毒性大、易燃、易爆。氨的蒸气无色,有强烈的刺激臭味。氨对人体有较大的毒性,当氨液飞溅到皮肤上时会引起冻伤。当空气中氨蒸气的容积达到 $0.5\% \sim 0.6\%$ 时可引起爆炸。故机房内空气中氨的浓度不得超过 0.02 mg/L。因此,采用氨作制冷剂的制冷系统需具备两个特点:安全性,要有完善的密封系统和检漏系统以及完善的报警系统;耐腐性,在氨制冷装置中,其管道、仪表、阀门等均不能采用铜和铜合金材料。实际上氨蒸气在空气中的浓度达 5×10^{-6} 时,我们就可以闻到,这一浓度远低于氨的着火浓度,并且我们的身体在这个浓度下不会受到很大的伤害,因此一旦有微小的泄漏就会被及时发现。近年来,氨制冷系统的安全问题已得到有效改善。一些新型氨制冷装置封闭在带通风装置的密封箱中,当氨浓度达到限定值 200×10^{-6} 时,吸收装置开始清除氨蒸气;如果氨浓度继续升高,则制冷装置将停止运行。

2. 碳氢化合物

随着 2000 年 10 月欧盟推出经修订的消耗臭氧层物质规定以及一个由英国政府在 2000 年 11 月推出的气候变化政策,它被认为可能有更多的制冷系统设计人员和用户将转向如碳氢化合物替代制冷剂。

如今,节能环保已经成为全世界的重要话题。通用电气公司将R600a(碳氢化合物的一种)环保制冷技术引入美国,并于2008年10月28日向美国环保署提交了采用R600a技术生产家用冰箱的申请。同年,Ben&Jerry's(美国第二大冰激凌公司)宣布首次在美国市场投入使用R290(属于碳氢化合物)自然制冷剂冰柜。

《蒙特利尔议定书》确立后,一些发达国家技术人员经过研究与比较,在一类氟利昂替代品上,逐渐形成氢氟烃类制冷剂与碳氢化合物制冷剂两大类。其中氢氟烃类制冷剂在美国、日本等国应用广泛,碳氢化合物在欧洲各国使用较多。两者的ODP均为零,对臭氧层不会造成破坏。碳氢化合物的GWP明显低于氢氟烃类产品。在溶水性、蒸发压力、排气温度和真空度要求等指标方面及制造成本上,碳氢化合物也比氢氟烃类产品有较大的优势。

碳氢化合物作为制冷剂主要是丙烷(R290)、丁烷(R600)和异丁烷(R600a)等。它最大的局限性在于易燃烧、易爆炸。R290的燃点是468 ℃,在空气中的燃烧极限的体积比为2.1%~9.5%;R600的燃点是462 ℃,燃烧极限的体积比是1.8%~8.4%。减少制冷剂充注量或者在制冷剂中加入少量非可燃物质都可以有效地降低火灾的危害性。使用碳氢化合物的制冷系统需要特定的安全防护措施,如自动检测装置、通风装置、异丁烷压缩机的PTC(positive temperature coefficient,正温度系数热敏电阻)。

3. CO_2(R744)

CO_2作为制冷剂起源于19世纪80年代,在氟利昂类制冷剂被广泛应用后,CO_2被迅速取代。由于氟利昂类制冷剂的限制使用,CO_2又一次引起了人们的重视。

CO_2作为制冷工质有许多独特的特点:①CO_2安全无毒,不可燃,适应各种常用润滑油以及机械零部件材料;②具有与制冷循环和设备相适应的热物理性质,单位容积制冷量相当高(0 ℃时单位容积制冷量是NH_3的1.58倍,是R22的5.12倍),运动黏度低(0 ℃时CO_2饱和液体的运动黏度只有NH_3的5.2%);③CO_2具备优良的流动和传热特性,可显著减小压缩机与系统的尺寸,使整个系统非常紧凑,而且运行维护也比较简单,具有良好的经济性能;④CO_2制冷循环的压缩比要比常规工质制冷循环的低,压缩机的容积效率可维持在较高的水平;⑤CO_2跨临界循环比常规工质亚临界循环更适合于系统的动态容量调节特性。

CO_2作为一种天然工质制冷剂,环保无毒、安全可靠、经济节能,与氨制冷不同,CO_2对食品无污染,因此多用于超级市场的冷藏展示柜、冷藏自动售货机,以及冷藏运输等食品冷冻冷藏制冷系统。当制冷系统的蒸发温度越低、规模越大时,其能效比高和投资经济性优势就越明显。

4. R404A

R404A是由HFC-125、HFC-134a和HFC-143混合而成。在常温下为无色气体,在自身压力下为无色透明液体。R404A作为广泛使用的中低温制冷剂,常应用于冷库、食品冷冻设备、船用制冷设备、工业低温制冷、商业低温制冷、交通运输制冷设备(冷藏车等)、超市陈列展示柜等制冷设备。破坏臭氧潜能值(ODP)为0,全球变暖系数值(GWP)为3850。

5. R134a

R134a(CH_2FCF_3,四氟乙烷)的ODP值为0,GWP值约为1300。R134a的标准蒸发温度为-26.5 ℃,凝固点为-101 ℃,属于中温制冷剂。

R134a 无色、无味、无毒、不燃烧、不爆炸。

R134a 的分子极性大，在非极性油中的溶解度极小，但能完全溶于多元醇酯类（polyol ester，POE）合成润滑油。R134a 虽与它们互溶，但却表现出异常的溶解特征。它有两条溶解临界曲线，使高温区和低温区各存在一个分层区，高温区溶解度随温度升高反而减小。这种特征使系统在较宽温度、压力范围内运行有困难。

6. R407C

R407C 是一种三元非共沸混合制冷剂，它是作为 R22 的替代物而提出的。在标准大气压下，其泡点温度为 -43.4 ℃，露点温度为 -36.1 ℃，与 R22 的沸点较接近。R407C 不能与矿物润滑油互溶，但能溶解于聚酯类合成润滑油。在空调工况（蒸发温度为 7 ℃）下，R407C 的容积制冷量及制冷系数比 R22 的低 5% 左右。但在低温工况（蒸发温度低于 -30 ℃）下，其制冷系数比 R22 的略低，但其容积制冷量比 R22 的要低 20% 左右。由于 R407C 的泡露点温差较大，在制冷系统中最好使用逆流式热交换器，以充分发挥非共沸混合制冷剂的优势。

7. R410A

R410A 是一种两元混合制冷剂，它也是作为 R22 的替代物提出来的。其泡露点温差为 0.2 ℃，属于近共沸混合制冷剂。R410A 不溶于矿物润滑油，但能溶解于聚酯类合成润滑油。在一定的温度下，R410A 的饱和蒸气压比 R22 和 R407C 的均要高一些，但其他性能比 R407C 的要优越。在空调工况下，R410A 的容积制冷量和制冷系数均与 R22 的差不多；在低温工况下，其容积制冷量比 R22 的要高 60% 左右，制冷系数也比 R22 的高 5% 左右。值得注意的是，使用 R410A 时不能直接用来替换 R22 的制冷系统，必须使用针对 R410A 而专门设计的制冷压缩机。

R404A、R134a、R407C、R410A 几种制冷工质的全球变暖系数值（GWP）较高，我国学者对低 GWP 的制冷剂开展研究工作，并取得了阶段性成果。现已有低 GWP 的制冷剂应用在制冷行业，如 R513A 和 R1234ze 替代 R134a，R448A 和 R449A 替代 R404A，R452B 替代 R410A 等。还有其他一些低 GWP 的制冷剂正在研究阶段，相信在不久的将来也将应用于制冷行业。

九、传热的基本概念

传热，即热交换或热传递，是自然界与工业过程中的一种最普遍的传递过程。传热学是工程热物理的一个分支，是研究热量传递规律的一门科学。热力学第二定律指出，只要有温差存在，热量总是自发地从高温物体转向低温物体。由于温差是普遍存在的一种自然现象，因此传热现象也是一种普遍存在的自然现象。在化工、石油、食品、船舶、矿山、机械、冶金、轻工、能源、动力、电力、建筑、航空等工业领域的生产技术中都涉及传热问题。

热量的传递过程是由导热、对流、辐射等三种基本方式组成。例如，冬季房屋外墙的传热过程可分为以下几种，如图 2-9 所示。

第一种方式：室内空气以对流换热（CV）的方式把热量传递到墙内壁面；同时，室内物体及其他壁面以辐射换热（R）的方式把热量传递到墙内壁面。

第二种方式：墙内壁面以导热（CD）的方式把热量传递到墙外壁面。

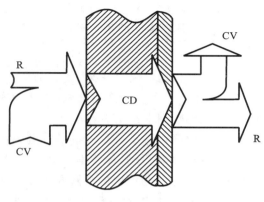

图 2-9　壁体的传热

第三种方式：墙外壁面以对流换热和辐射换热的方式把热量传递到外界环境。

再如，冬季人体热量的散发过程，仍然是以对流换热方式把热量散发给周围空气；以辐射换热方式把热量散发给周围环境。

分析以上两个例子可知，传热过程是由以上三种基本方式组成，要了解物体整个传热过程的规律就必须首先分析这三种基本传热方式。

1. 导热

导热又称为热传导，是指温度不同的物体各部分无相对位移或不同温度的物体间接紧密接触时，依靠物质内部分子、原子及自由电子等微观粒子的热运动而进行热量传递的现象。导热是物质的固有属性，热量由固体壁面的高温部分传递到低温部分的现象就属于导热。

导热可以发生在固体、液体及气体中，但在地球引力场的范围内，只要有温差存在，液体和气体因密度差的原因不可避免地要发生热对流，因而难以维持单纯的导热。因此，单纯的导热现象仅发生在密实的固体材料中。

根据导热时物体内部温度场是否随时间变化，导热可以分为稳态导热和非稳态导热。稳态导热即物体内部温度场不随时间变化的导热，其热流密度为定值。

2. 热对流

依靠流体的运动，把热量从一处传递到另一处的现象称为热对流。传热学中常将热对流简称为对流，是热量传递的基本方式之一。

设对流过程中，质流密度 $m[\text{kg}/(\text{m}^2 \cdot \text{s})]$ 保持恒定的流体由温度 t_1 的地方流到温度 t_2 的地方，其比热容为 $c_p[\text{J}/(\text{kg} \cdot \text{K})]$，则此热对流传递的热流密度（$\text{W}/\text{m}^2$）应为

$$q = mc_p(t_2 - t_1) \tag{2-9}$$

热对流仅发生在流体中。由于流体在运动的同时存在温差，流体微团之间或质点之间因直接接触而存在导热，因此此热对流也同时伴随着导热。

工程上所遇到的实际传热问题常常不是单纯的热对流，而是流体与温度不同的固体壁面接触时所发生的传热过程，这种传热过程称为对流换热。注意，热对流与对流换热是两个完全不同的概念，其区别为：

（1）热对流是传热的三种基本方式之一，而对流换热不是传热的基本方式；

(2) 对流换热是导热和热对流这两种基本方式的综合作用；

(3) 对流换热必然具有流体与固体壁面间的相对运动。

3. 热辐射

物体表面通过电磁波（或光子）来传递热量的过程称为热辐射。热辐射现象在日常生活中常常可以感受到。例如，打开冰箱门可以感受到凉飕飕的，冰箱内没有风扇，凉的感觉来自冷辐射；面向灼热的铁板，感受到的热则来自热辐射。

辐射是物质固有的性质之一。物质由分子、原子、电子等微观粒子组成，这些微观粒子受到振动和激发时就会产生交替的电场和磁场，释放出电磁波（或光子）。电磁波以直线传播（类似于光），直至遇到其他物体，被这些物体中的微观粒子吸收。需要说明的是，各种各样的原因均会使微观粒子受到振动或激发，因而热辐射现象是普遍存在的。

热辐射具有以下三个特点：

(1) 辐射能可以通过真空自由地传播而无须任何中间介质（与导热、对流完全不同）；

(2) 一切物体只要具有温度（高于 0 K），就能持续地发射出辐射能，同时也能持续地吸收来自其他物体的辐射能；

(3) 热辐射不仅具有能量的传送，而且具有能量形式的转换，即热能—电磁波能—热能。

由特点(2)可知，一切物体均具有发射辐射能和吸收辐射能的能力。工程上所关心的是某一物体与其他物体之间不断进行辐射和吸收的最终结果，它是高温物体支出多于收入，而低温物体收入多于支出；高温物体正是通过这种差额辐射把热量传递给了低温物体。这种依靠辐射进行的热量传递过程，称为辐射换热。

综上所述，辐射换热量实质上是一种差额辐射，即对某一物体而言：

$$\Phi = \Phi_\text{支} - \Phi_\text{收} \tag{2-10}$$

第二节 制 冷 方 法

制冷的方法有很多，常见的有以下四种：液体气化制冷、气体膨胀制冷、涡流管制冷和热电制冷。其中液体气化制冷的应用最为广泛，是利用液体气化时的吸热效应实现制冷的。蒸气压缩式、吸收式、蒸气喷射式和吸附式制冷都属于液体气化制冷方式。

在实际制冷工程中，常用的是蒸气压缩制冷循环，如本章第一节所述，制冷系统在工作过程中，制冷剂必须经历压缩、放热、膨胀、吸热四个基本热力过程，完成制冷循环。

现代制冷技术可以获取很低的温度，按照获得温度的不同，可将制冷分为普通制冷、深度制冷、低温制冷和超低温制冷，具体区分如表 2-1 所示。低温物流中通常应用普通制冷温度。

表 2-1 制冷温度划分

温　　度	制 冷 等 级
120 K 以上	普通制冷
120～20 K	深度制冷
20～0.3 K	低温制冷
0.3 K 以下	超低温制冷

制冷技术现已非常普及,冷冻冷藏已经不只是在我们的冰箱中进行。例如,乳制品离不开冷藏,肉类、家禽、水产类全程都需要适宜的低温环境,水果、蔬菜经过冷链处理后能保持更好的品质。

一、单级蒸气压缩式制冷循环

制冷剂在系统中循环时,其状态或条件将发生多次变化,每一次变化均成为一个过程。制冷剂从某一初始状态开始,经过特定的过程序列,最终返回初始条件,这一过程称为"制冷循环"。最简单的制冷循环由膨胀、蒸发、压缩、冷凝四个基本过程组成,如图2-10所示。

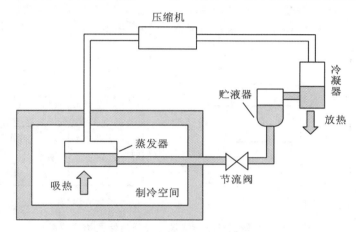

图2-10 制冷循环工作示意图

在图2-10中,蒸发器置于制冷空间(如冷库库房)中,蒸发器中的制冷剂在压缩机的吸气作用下,维持一个较低的压力,与该压力对应的饱和温度如果低于制冷空间的温度,则根据热力学第二定律,制冷空间内与蒸发器接触的空气会将热量传给蒸发器,由蒸发器再传给制冷剂,使制冷剂蒸发而获得空气的热量(蒸发吸热过程);吸热蒸发为气态的制冷剂进入压缩机后,受到压缩容积变小,压力提高后排入冷凝器中(压缩升压过程);如果冷凝器中制冷剂的压力所对应的饱和温度高于环境空气(或冷却水)的温度,则热量会由制冷剂蒸气通过冷凝器传给环境空气(或冷却水),制冷剂放出热量后变为高压制冷剂液体(冷凝放热过程);冷凝后的高压液体进入贮液器,由贮液器经节流阀节流降压后进入蒸发器。

与图2-1相比,系统中增加了高压贮液器。高压贮液器有以下作用:一是根据负荷变化调节蒸发器中制冷剂的盈亏;二是可以避免在冷凝器中积存液体,确保冷凝面积的有效使用;三是液封作用,防止高压气体串流至低压系统;四是在系统检修时用于贮存系统中的大部分制冷剂,给维修工作带来方便。由于制冷剂进出贮液器的状态基本不发生改变,因此在循环分析中可忽略制冷剂进出贮液器的过程。

在制冷循环的分析和计算中,通常会借助压焓图和温熵图来表示各种热力过程,以及研究各个过程间的联系和状态变化。由于循环的各个过程中功和热的变化均可用焓值的变化来计算,因此压焓图的应用范围更加广泛。

二、单级蒸气压缩制冷理论循环

为研究制冷循环的基本特性,需要对制冷循环进行简化处理。对于理论制冷循环,通常作出如下的假设：

（1）离开蒸发器和进入压缩机的制冷剂蒸气是处于蒸发压力下的饱和蒸气。

（2）离开冷凝器和进入节流阀的液体是处于冷凝压力下的饱和液体。

（3）压缩过程中工质与环境无热交换，压缩机的压缩过程为等熵压缩。

（4）制冷剂通过节流阀的节流过程中与环境无能量交换，节流过程为等焓过程。

（5）制冷剂在蒸发和冷凝过程中为定压过程，且没有传热温差，即制冷剂的冷凝温度等于冷却介质温度，蒸发温度等于被冷却介质的温度。

（6）制冷剂在各设备的连接管道中的流动没有流动损失，与外界不发生热量交换。

根据上述假设条件，单级蒸气压缩式制冷理论循环工作过程在压焓图和温熵图上的表示如图 2-11 所示。制冷循环中的各状态点及各个过程如下。

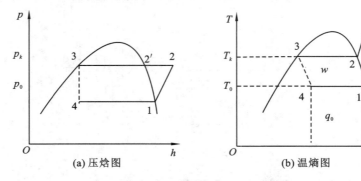

图 2-11　单级蒸气压缩式理论循环压焓图和温熵图

等熵压缩过程　过程线 1—2 表示等熵压缩过程，压力由蒸发压力 p_0 升高到冷凝压力 p_k，温度由蒸发温度 T_0 升高到冷凝温度 T_k。点 1 表示制冷剂进入压缩机的状态，它对应于蒸发温度的饱和蒸气。根据压力与饱和温度的对应关系，该点位于蒸发压力 p_0 的等压线与饱和蒸气线的交点上。点 2 表示制冷剂出压缩机时的状态，也是进冷凝器时的状态。该点可通过 1 点的等熵线和冷凝压力 p_k 的等压线的交点来确定。由于压缩过程中外界对制冷剂做功，制冷剂温度升高，因此点 2 表示过热蒸气状态。

等压冷凝过程　过程线 2—3 表示制冷剂在冷凝器中的冷却（2—2'）和冷凝（2'—3）过程。点 3 表示制冷剂出冷凝器时的状态，它是与冷凝温度 T_k 所对应的饱和液体。整个过程是在冷凝压力不变的情况下进行的，进入冷凝器的过热蒸气首先将部分热量放给冷却介质，在等压下冷却成饱和蒸气（点 2'）。然后再在等压、等温条件下继续放出热量，直至最后冷凝成饱和液体（点 3）。因此，压力为 p_k 的等压线和饱和液体线的交点即为点 3。

等焓节流过程　过程线 3—4 表示制冷剂在节流阀中的节流过程。点 4 表示制冷剂出节流阀时的状态，也是进入蒸发器时的状态。在该过程中，制冷剂的压力由冷凝压力 p_k 降至蒸发压力 p_0，温度由冷凝温度 T_k 降到蒸发温度 T_0，并进入两相区。由于节流前后制冷剂的焓值不变，因此由点 3 作等焓线与压力为 p_0 的等压线的交点即为点 4。由于节流过程是一个不可逆过程，所以通常压焓图用虚线表示 3—4 过程。

等温等压蒸发过程　过程线 4—1 表示制冷剂在蒸发器中的气化过程。该过程是在等温、等压下进行的，液体制冷剂吸取被冷却介质的热量而不断气化，制冷剂的状态沿等压线 p_0 向干度增大的方向变化，直到全部变为饱和蒸气为止。这样，制冷剂的状态又重新回到进入压缩机前的状态点 1,从而完成一个完整的理论制冷循环。

单级蒸气压缩式制冷理论循环的性能指标有单位质量制冷量、单位功、冷凝器单位热负荷、制冷系数等。

根据焓的定义,压焓图上任一点制冷剂的能量可用相应点的焓值表示。单位质量制冷剂的焓用符号 h 表示,热量交换用 q 表示,功交换用 w 表示。

1. 单位制冷剂理论循环功 w_0(kJ/kg)

压焓图 1—2 过程为压缩过程,理论循环中压缩过程是定熵过程,根据热力学第一定律,过程中与环境的能量交换等于制冷剂能量的变化,忽略压缩机与环境的热量交换,即 $q=0$,则

$$w_0 = h_2 - h_1 \tag{2-11}$$

表示压缩机压缩并输送 1 kg 制冷剂所消耗的功,称为理论比功。

2. 冷凝器单位热负荷 q_k(kJ/kg)

制冷理论循环中冷凝过程是定压过程,制冷剂对环境不做功,则

$$q_k = h_2 - h_3 \tag{2-12}$$

表示 1 kg 制冷剂蒸气在冷凝器中放出的热量。

3. 单位质量制冷量 q_0(kJ/kg)

制冷理论循环中蒸发过程也是定压过程,制冷剂对系统外界不做功,则

$$q_0 = h_1 - h_4 = h_1 - h_3 \tag{2-13}$$

4. 制冷系数

在制冷循环中,人们最关注的是系统的经济性,即制取需要的冷量需要投入多少功率。制冷循环的经济性可用制冷系数 ε_0 来表示。在制冷理论循环中,制冷系数可用下式表示:

$$\varepsilon_0 = \frac{q_0}{w_0} = \frac{h_1 - h_4}{h_2 - h_1} \tag{2-14}$$

它等于制取的冷量与所消耗功率之比。制冷系数越大,制冷循环的经济性就越好。

三、单级蒸气压缩制冷实际循环

图 2-12 所示的为实际制冷循环在压焓图上的表示。

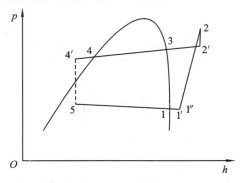

图 2-12 实际制冷循环 p-h 图

1—1′线：由于在压缩机吸气管中存在阻力以及吸收外界热量，使压力降低，温度升高。

1′—1″线：是由于压缩机进气阀节流而引起的压力降低。

1″—2线：制冷剂在压缩机总的时间压缩过程线。在刚开始压缩时，由于制冷剂温度低于气缸温度，所以进行的是吸热压缩过程，并且熵增大。当制冷剂的温度高于气缸温度时，变为放热压缩过程，熵有所减小。

2—2′线：表示实际的排气过程，制冷剂从压缩机排气阀排出时被节流，焓基本不变，压力有所降低。

2′—3—4线：制冷剂经过管路及冷凝器时的压力降及冷凝发生的相变过程，由过热蒸气变为饱和液体。

4—4′线：由于摩擦压降及温度降低使制冷剂成为过冷液体。

4′—5线：此过程在节流阀中进行，制冷剂的压力温度降低，比容增大，因会出现闪发气体，节流后的制冷剂是湿蒸气。实际的节流过程是一个节流前后焓值相等、熵增加的过程。

5—1线：此过程在蒸发器中进行，制冷剂压力降低，发生相变。

可以看出，实际循环与理论循环相比，由于各种不可逆因素的存在，制冷量会有所减小，而耗功会有所增加。因此，实际循环的制冷系数必然小于理论循环制冷系数。但是在实际的设计计算中，人们往往是用理论制冷循环为基础，然后进行修正。

四、单级蒸气压缩式制冷循环性能

在蒸气压缩式制冷循环中，蒸发温度和冷凝温度对循环耗功有较大的影响。

（一）冷凝温度对循环性能的影响

在分析冷凝温度对循环性能的影响时，假设蒸发温度保持不变。理论循环在压焓图上的表示如图2-13所示。当冷凝温度由 T_k 上升至 T_k' 时，循环由 1—2—3—4—1 变为 1—2′—3′—4′—1。

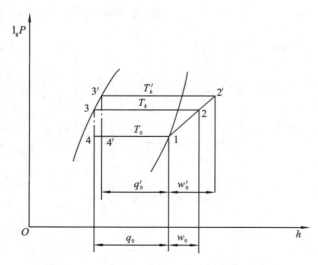

图2-13 冷凝温度变化时制冷循环的压焓图

由图 2-13 可以看出,当冷凝温度上升后,循环的单位质量制冷量 q_0 减小,表明制冷系统的制冷能力减少。当冷凝温度上升时,制冷循环的理论比功 w_0 增大,由于 $h_{2'}>h_2$,表明制冷系统的耗电量增加。可见,冷凝温度升高后,制冷系统的制冷量减少,单位制冷量的耗电量增加,制冷系数降低。

(二) 蒸发温度对循环性能的影响

在分析蒸发温度对循环性能的影响时,假设冷凝温度保持不变。理论循环在压焓图上的表示如图 2-14 所示。当蒸发温度由 T_0 下降至 T_0' 时,循环由 1—2—3—4—1 变为 $1'$—$2'$—$3'$—$4'$—$1'$。

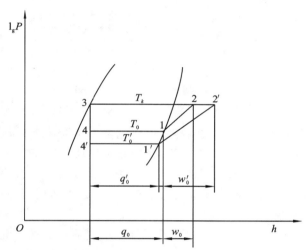

图 2-14　蒸发温度变化时制冷循环的压焓图

由图 2-14 可以看出,当蒸发温度下降后,循环的单位质量制冷量 q_0 减小。表明制冷系统的制冷量减少。当蒸发温度下降时,制冷循环的理论比功 w_0 增大,由于 $(h_{2'}-h_{1'})>(h_2-h_1)$,表明制冷系统的耗电量增加。

综合上述分析可以知道,当冷凝温度上升或蒸发温度降低时,制冷循环的制冷系数是降低的。反之,循环性能将得到改善。所以在实际应用中,一般会对冷凝温度进行控制,尽量不使它过高;在满足工艺要求的前提下,应尽量保持高的蒸发温度。

五、其他制冷方式

(一) 吸收式制冷循环

吸收式制冷机是利用工质(溶液)的特性完成工作循环,而获得冷量的制冷装置。要掌握吸收式制冷机的运行特性,必须首先了解其工作原理及工质的热物理和化学性质。

与蒸气压缩式制冷循环一样,吸收式制冷循环也是利用相变过程伴随的吸、放热特性来获得低温的。然而,不同的是它有不同的补偿过程。前者以消耗机械功为代价,后者则以热能为动力。如图 2-15 所示,吸收式制冷机由发生器、吸收器、冷凝器、蒸发器、节流阀和溶液泵等设备组成。它利用热源(水蒸气、热水或油、天然气燃烧)在发生器中加热具有一定含量的溶液,使其中作为制冷剂的低沸点的组分部分被蒸发出来,然后送入冷凝器冷凝成为液体,由节流阀降压至蒸发压力,在蒸发器中蒸发制冷。蒸发器出来的制冷剂蒸气被吸收器中完成发生过程后剩下的溶液吸收,使溶液重新恢复到原有含量,再由发生泵送入发生器中循环使用。

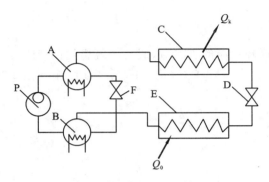

图 2-15　吸收式制冷机工作原理

A—发生器;B—吸收器;C—冷凝器;D,F—节流阀;E—蒸发器;P—溶液泵

从以上工作过程可以看出,吸收式制冷机循环包括了高压制冷剂蒸气的冷凝过程、制冷剂液体的节流过程和其在低压下的蒸发过程。这些过程与压缩式制冷循环的相应过程完全一样,所不同的是后者是依靠压缩机将低压蒸气复原为高压蒸气。而吸收式制冷机则是依靠溶液在发生器-吸收器回路中循环实现的。显然,它们起着替代压缩机的作用,故称发生器-吸收器为热化学压缩器。

吸收式制冷机的工质,通常是采用两种不同沸点的物质组成的二元溶液,以低沸点(或易挥发)组分为制冷剂,高沸点组分为吸收剂,两组分统称为"工质对"。最常用的工质对有氨水溶液和溴化锂溶液。为使吸收式制冷机具有良好的性能和较高的工作效率,工质对必须有强烈吸收制冷剂的能力。此能力越强,系统中所需要的吸收剂循环量就越少,可以节省发生器加热量,同时减少吸收器冷却负荷和溶液泵功率等。

以水作为制冷剂的工质对——溴化锂水溶液,因水的冻结点为 0 ℃,它只能适用于工作温度在 0 ℃以上的吸收式制冷机。溴化锂由碱金属元素(Li)和卤族元素(Br)组成。其化学性质稳定,在大气中不挥发,不分解变质,极易溶于水。常温下呈无色粒状晶体,无毒无臭有咸苦味。溴化锂水溶液在不同的温度下,具有不同的溶解度。一定温度下的溴化锂水饱和溶液,溶解度随温度的降低而减小。溴化锂水溶液的结晶温度与溴化锂的质量分数有着密切的关系。溴化锂的质量分数的微小变化,都会导致结晶温度的大幅度波动。设计中一般控制溴化锂的质量分数不超过 65%。由于溴化锂的沸点 1265 ℃比水的沸点高出很多,在溴化锂水溶液达到平衡时的气相中,全部为水蒸气,以至于溴化锂水溶液的蒸气压力(也就是水蒸气压力)随溶液的增加而降低。当溴化锂的质量分数为 50%时,25 ℃的溴化锂水溶液的水蒸气压力仅为 0.8 kPa,而此条件下的饱和水蒸气压力为 3.16 kPa。这一压差说明溴化锂水溶液具有很强的吸湿能力。因此,使用溴化锂水溶液的吸收式制冷机,不需要精馏设备,是一种性能较优越的工质对。

以氨作为制冷剂的工质对——氨水溶液,该溶液以水作为吸收剂,具有很强的吸收氨的性质,适用于工作温度在 0 ℃以下的吸收式制冷机。氨具有极大的溶水性,常温下 1 个体积的水,甚至可以溶解700倍于自身体积的氨。氨水溶液中氨大部分以分子状态存在,很容易从溶液中逸出。少量的氨分子与水结合生成氢氧化铵,并电离为铵离子和氢氧根离子,使氨水溶液呈弱碱性。氨水溶液在低温下容易析出结晶,根据氨含量不同,在$-79\ ℃$时会析出NH_3H_2O或$2NH_3H_2O$等纯水冰、纯氨冰或氨的水合物,因此,氨水溶液在吸收式制冷机中所能达到的最低温度,将受到这一性质的限制。由于氨与水的沸点相差不大,在发生器中生成的氨蒸气中含有一定的水蒸气,需要采取精馏措施来提高进入冷凝器中氨蒸气的纯度。

(二)蒸气喷射式制冷循环

蒸气喷射式制冷也是依靠液体气化制冷,这一点和蒸气压缩式及吸收式制冷完全相同,不同的是如何从蒸发器中抽取蒸气,并提高其压力。

蒸气喷射式制冷系统如图2-16所示。其组成部件包括:喷射器、冷凝器、蒸发器、节流阀和泵。喷射器又由喷嘴、吸入室、扩压器三部分组成。喷射器的吸入室c与蒸发器相连,扩压器b与冷凝器相连。工作过程如下:用锅炉产生高温高压的工作蒸气,工作蒸气进入喷嘴a,膨胀并以高速流动。于是在喷嘴出口处造成很低的压力,这就为蒸发器中水在低温下气化创造了条件。由于水气化时需从未气化的水中吸收潜热,因而使未气化的水温降低。这部分低温水便可用于空气调节或其他生产工艺。蒸发器中产生的制冷剂水蒸气与工作蒸气在喷嘴出口处混合,一起进入扩压器b,在扩压器中由于流速降低而使压力升高,高压的蒸气在冷凝器内被外部冷却水冷却变成液态水。液态水再由冷凝器引出,分两路:一路经过节流元件降压后送回蒸发器,继续蒸发制冷;另一路用泵提高压力后送往锅炉,重新加热产生工作蒸气。

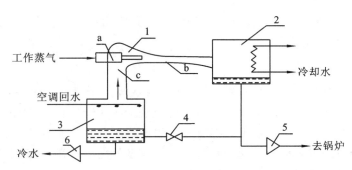

图2-16 蒸气喷射式制冷系统原理图
1—喷射器;a—喷嘴;b—扩压器;c—吸入室;2—冷凝器;3—蒸发器;4—节流阀;5,6—泵

图2-17是蒸气喷射式制冷机理论工作循环的温熵图,图中1—2表示工作蒸气在喷嘴内的膨胀过程,工作蒸气(状态点2)与冷剂水蒸气(状态点3)混合后的状态是4,4—5为混合蒸气在扩压器中流动升压的过程,5—6表示冷凝器中气体的凝结过程。凝结后的冷却水(状态点6)分为两部分:一部分节流后进入蒸发器制冷,用过程6—7—3表示;另一部分用泵打入锅炉,产生工作蒸气,用过程6—9—1表示。

蒸气喷射式制冷机除采用水作为制冷剂外,还可以采用沸点更低的氟利昂制冷剂,以获得更低的制冷温度。另外,将喷射式制冷系统中的喷射器与压缩机组合使用,喷射器作为压缩机入口前的增压器,这样可以用单级压缩制冷机制取更低的温度。蒸气喷射式制冷机有如下特点：以热能为补偿能量形式，结构简单，加工方便，没有运动部件，使用寿命长，因此具有一定的使用价值。

（三）吸附式制冷循环

吸附式制冷系统也是以热能为动力的能量转换系统，其原理是固体吸附剂在一定的温度及压力下，能吸附某种气体或水蒸气，在另一温度及压力下，又能将它释放出来。这种吸附与解吸的过程引起的压力变化，相当于制冷压缩机的作用。固体吸附制冷就是根据这一原理来实现的。

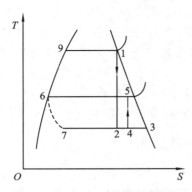

图 2-17 蒸气喷射式制冷机理论工作循环的温熵图

许多固体都具有吸附气体或液体的能力，但适宜于工业应用的吸附剂，应具有以下性质：①对吸附质有高的吸附能力；②能再生和多次使用；③有足够的机械强度；④化学性质稳定；⑤容易制取且价格便宜。目前，用于吸附制冷的固体吸附剂主要有以下几种。

1. 硅胶

硅胶是一种硬的玻璃状物体，具有较大的孔隙率。硅胶一般分为粗孔和细孔两种。粒状硅胶直径为 0.2～7 mm，其化学稳定性和热稳定性较高，吸附水蒸气的能力特别好。

2. 活性氧化铝

活性氧化铝是一种部分水化的多孔无定形氧化铝，粒度一般为 3～7 mm。化学稳定性和机械强度较高。

3. 沸石

沸石是一种铝硅酸盐矿物，它能够吸附水蒸气，且吸附能力的变化对温度特别敏感，因而它是一种较为理想的吸附剂。

4. 活性炭

活性炭是将各种原材料如煤炭、木材、果壳或合成高分子材料经过高温炭化热解、活化后制成的多孔吸附材料，有着广泛的工业与民用背景。活性炭具有大量的微孔，但其直径分布不如分子筛均匀。活性炭对氨、甲醇都有较好的吸附能力。活性炭具有非极性的表面，为疏水性、亲有机物质的吸附剂。活性炭对有机溶剂的吸附性能较强，因而吸附剂中与之配对的以甲醇为最佳，其次可以用氨作为制冷剂。

以常见的沸石-水吸附对为例，以太阳能为热源，吸附床是充满了吸附剂（沸石）的金属盒，制冷剂液体（水）储存在蒸发器中。如图 2-18 所示，白天，吸附床受日照加热，沸石温度升高，产生解吸作用，从沸石中脱附出水蒸气，系统内的水蒸气压力上升，达到与环境温度对应的饱和压力时，水蒸气在冷凝器中凝结，同时放出潜热，冷凝水储存在蒸发器中。夜间，吸附床冷下来，沸石的温度逐步降低，吸附水蒸气的能力逐步提高，造成系统内气体压力降低，同时，蒸发器中的水不断蒸发出来，用以补充沸石对水蒸气的吸附，产生制冷效应。可见，吸附制冷属于液体气化制冷，与蒸气压缩式制冷机类比，吸附床起压缩机的作用。

吸附制冷的循环速率受吸附床传热传质特性的制约。颗粒状填充的吸附床，其传热过程缓慢，循环周期长。为了提高制冷循环速率，在改善吸附床传热传质方面采取的主要措施

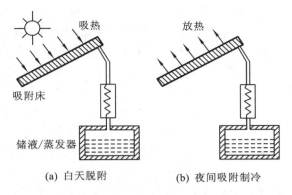

(a) 白天脱附　　　(b) 夜间吸附制冷

图 2-18　太阳能沸石-水吸附式制冷原理图

是:①将导热性好的铝粉和石墨加在吸附剂中;②将吸附剂成型加工,并烧结在金属壁面上,这样做一来可以提高吸附剂的填充量,增加单位体积的吸附能力,二来可以降低吸附剂与金属壁面之间以及吸附剂与吸附剂之间的接触热阻;③增大吸附床金属壁的热交换表面积。

(四) 气体膨胀制冷

高压气体绝热膨胀时,对膨胀机做功,同时气体的温度降低,用这种方法可以获得低温。与液体气化制冷相比,气体膨胀制冷是一种没有相变的制冷方式。根据不同的使用目的,制冷剂可以是空气、二氧化碳、氧气、氮气等其他气体。最早出现的气体膨胀制冷机是空气制冷机,采用定压循环,下面对其进行详细介绍。

由于空气定温加热和定温放热不易实现,故不能按逆向卡诺循环运行。在压缩空气制冷循环中,用两个定压过程来代替逆向卡诺循环的两个定温过程,故可视为逆向布雷顿循环。其 T-S 图和实施这一循环的装置图如图 2-19 所示,从压缩机排出的高温高压的气体进入冷却器,在定压下被冷却到一定温度,然后进入膨胀机,等熵膨胀到冷室的压力,同时温度进一步降低,成为低温低压的冷气流,冷气流进入冷室,使被冷却对象降温,而空气本身因吸收了热量,温度升高,这个过程是在低压下的等压吸热过程,离开冷室的空气被压缩机吸入,经等熵压缩后,变成高温高压的气体,完成一个循环。

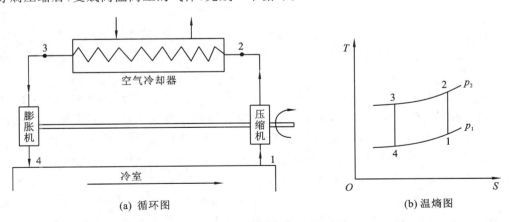

(a) 循环图　　　(b) 温熵图

图 2-19　压缩空气制冷循环图和温熵图

压缩空气制冷循环的主要缺点是制冷量不大。因为空气的比热容较小,且压比增大循环制冷系数将减小,故在吸热过程中每千克空气的吸热量不多,为了提高制冷能力,空气的流量就要很大,如应用活塞式压气机和膨胀机,则设备很庞大,不经济。因此,在普冷范围内,除了飞机空调等场合外,在其他方面很少应用,而且飞机机舱采用的是开式压缩空气制冷,自膨胀机流出的低温空气直接出入机舱。

（五）涡流管制冷

涡流管制冷由法国人兰克提出。1931年兰克发现旋风分离器中旋转的空气流具有低温,于是在1933年发明一种装置,可以使压缩气体产生涡流,并将气流分成冷、热两部分,其中冷气流用来制冷,该装置称为涡流管,相应的制冷方法称为涡流管制冷。1946年Hilsch研究了兰克管,介绍了其最佳尺寸和性能测定方法,涡流管制冷从此得到应用。

涡流管装置的结构如图2-20所示,由喷嘴、涡流室、分离孔板及冷、热两端管子组成。涡流室将管子分为冷端、热端两部分,孔板在涡流室与冷端管子之间,热端管子出口处装控制阀,管外为大气,喷嘴沿涡流室切向布置。经过压缩并冷却到常温的气流由进气导管导入喷嘴,膨胀降压后沿切线方向高速进入阿基米德螺线涡流室,形成自由涡流,经过动能交换分离成温度不等的两部分。其中心部分动能降低变为冷气流,边缘部分动能增大成为热气流流向涡流管的另一端。这样涡流管可以同时获得冷热效应,通过流量控制阀调节冷热气流比例相应改变气流温度,可以获得最佳制冷效应或制热效应。

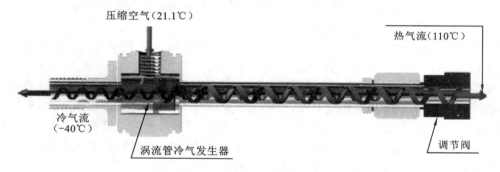

图2-20 涡流管制冷装置图

用控制阀控制冷、热两股气流的流量及温度。如果阀全关,气体全部从孔板口经冷端管子流出,则流动过程是简单的不可逆节流,节流前后比焓不变,不存在冷热分流的问题;如果阀全开,将有少量气体从外界经孔板口被吸入,涡流管相当于一支气体喷射器,只有在阀部分开启时,才出现冷、热分流现象。涡流管工作原理的定性解释比较清楚,但由于管内气流之间的传导和对流情况比较复杂,故对冷、热端温度值进行定量计算尚有困难。实验表明,当高压气体为常温时,冷气流的温度可达$-50 \sim -10$ ℃,热端温度可达$100 \sim 130$ ℃。

涡流管具有结构简单、启动快、维护方便、工作极为可靠、一次性投资和运行费用低等优点。尽管其效率较低,但在国外仍然得到广泛的应用。如美国NASA研制成功了以风洞排气为工作介质的涡流管空调系统。苏联和美国均成功地把涡流管制冷用于天然气和石油伴生气的烃类分离和回收。我国也在进行采用涡流管制冷的天然气井口脱水装置,对于保证天然气输送管网的正常工作、改善井场工作和生活环境将发挥重要作用。应用回热原理及喷射器来降低涡流管冷气流压力，不仅可以获得更低的温度，还可以提高涡流管的经济性。根据此原理制成的涡流管冰箱已能获得-70℃以下的低温，若采用多级涡流管还可以获得更低的温度。

（六）热电制冷

热电制冷又称温差电制冷，它是利用热电效应（即帕尔贴效应）的一种制冷方法。1834年，法国物理学家帕尔贴在铜丝的两头各接一根铋丝，再将两根铋丝分别接到直流电源的正、负极上，通电后，发现一个接头变热，另一个接头变冷，这个现象称为帕尔贴效应，它是热电制冷的依据。

热电制冷的热电效应主要是帕尔贴效应在制冷技术方面的应用，实用的热电制冷装置是由热电效应比较显著、热电制冷效率比较高的半导体电偶构成的。像金属这样的材料都有自由电子分布着，这些电子由于温度梯度或电场的作用而运动。若对金属棒的一端加热，自由电子的动能将增加，致使纯电子流流向冷端。电荷是与每个电子相联系着，所以由热能引起的电子流动也是电流，在导体或温度场中，载流子的浓度关系实际上是塞贝克效应。

在半导体材料中，N型材料有多余的电子，有负温差电势。P型材料电子不足，有正温差电势。当电子从P型材料穿过节点至N型材料时，其能量必然增加，而且增加的能量相当于节点所消耗的能量，这一点可由温度降低来证明。相反，当电子从N型材料流至P型材料时，节点的温度就升高。根据实验证明，在温差电路中引入第三种材料（连接片和导线）不会改变电路的特性，这样，半导体元件可以各种不同的连接方式来满足使用要求。

如图2-21所示，把一个P型半导体元件和一个N型半导体元件连接成热电偶，接上直流电源后，在接头处就会产生温差和热量的转移。在上面的一个接头处，电流方向是NP，温度下降并且吸热，这就是冷端。而在下面的一个接头处，电流方向是PN，温度上升并且放热，因此是热端。按图把若干对半导体热电偶在电路上串联起来，而在传热方面则是并联的，这就构成一个常见的制冷热电堆，按图示接上直流电源后，这个热电堆的上面是冷堆，下面是热堆，借助热交换器等各种传热手段，使热电堆的热端不断散热并且保持一定的温度，把热电堆的冷端放到工作环境中去吸热降温，这就是热电制冷器的工作原理。

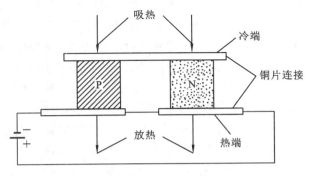

图 2-21　热电制冷基本原理图

热电制冷器是一种不用制冷剂、没有运动部件的电器。其热电堆起着普通制冷压缩机的作用。通电时，自由电子和空穴在外电场的作用下，离开热电堆的冷端向热端运动，相当于制冷剂在制冷压缩机中的压缩过程。在热电堆的冷端，通过热交换器吸热，同时产生电子-空穴对,这相当于制冷剂在蒸发器中的吸热和蒸发。在热电堆的热端,发生电子-空穴对的复合,同时通过热交换器散热,相当于制冷剂在冷凝器的放热和凝结。

与压缩式和吸收式制冷机相比,热电制冷装置具有非常突出的特点:

(1) 不需要制冷剂,无污染,无泄漏。

(2) 没有机械传动部件和设备,无噪声,无磨损,可靠性高,寿命长,维修方便。

(3) 可以通过改变工作电流的大小来控制制冷温度和冷却速度,调节控制灵活方便。

(4) 操作具有可逆性。只要改变电流的极性就可以实现冷、热端互换,特别适合于作为高低温恒温器。

在大容量情况下,其耗能大,效率低,但在温差小于 50 ℃、制冷功率在 20 W 以下时,效率可高于压缩式制冷循环。因此,特别在小冷量、小体积场合下,起着机械制冷装置无法替代的作用。

热电制冷技术在工业、国防、医疗等方面得到广泛应用,如空间探测飞机上的科学仪器、电子仪器和医疗器械中的制冷装置,核潜艇中驾驶舱的空调设备等,在国民经济建设中发挥着重要作用。

第三节　制冷系统与制冷设备

一、制冷系统

制冷系统是利用外界能量使热量从温度较低的物质(或环境)转移到温度较高的物质(或环境)的系统。

制冷系统的类型很多,按所使用的制冷剂种类分,有氨制冷系统、氟利昂制冷系统、混合工质制冷系统、二氧化碳制冷系统及空气等工质制冷系统;按工作原理分,有机械压缩式、吸收式、蒸气喷射式、热电式、吸附式等制冷系统。机械压缩式制冷系统又称为蒸气压缩式制冷系统,这种系统性能好,效率高,应用最为广泛。

完整的蒸气压缩式制冷系统应包括制冷剂循环系统,润滑油的添加、排放和处理系统,融霜系统,冷却水循环系统。间接冷却的场合还有制冷剂循环系统。制冷剂循环系统由制冷压缩机、冷凝器、节流阀、蒸发器四个基本部件组成。为了保障制冷系统的安全性、可靠性、经济性和操作的方便,系统还包括辅助设备、仪表、控制器件、阀门和管道等。

制冷剂循环系统由两个主要部分组成:一部分是制冷剂离开节流阀进入蒸发器,经过吸气管到达压缩机吸气阀的回路。这部分管道和设备中制冷剂的压力接近蒸发压力,称为低压系统。其作用是向蒸发器输送低温液体制冷剂,在蒸发器内蒸发以吸收周围环境的热量。在冷藏库制冷系统的设备和管道大部分置于库房中,也可称为库房系统。另一部分是指制冷剂从压缩机排气阀经排气管、油分离器、冷凝器、泄液管、贮液器、高压输液管到达节流阀的部分回路。这部分管道和设备中的制冷剂压力接近冷凝压力,因此称其为高压系统。高压系统的作用是提高制冷剂压力,通过冷凝器使蒸气冷凝为液体恢复蒸发吸取冷却对象热量的作用。在高压系统中,制冷剂向周围环境放出热量。在冷藏库制冷系统中,高压系统的管道和设备大部分置于机器间或室外,因此也称其为机房系统。

二、制冷系统的主要设备

在单级蒸气压缩制冷循环中,压缩机、冷凝器、蒸发器及节流机构为制冷系统的四类主要设备,缺一不可。制冷系统的主要组成部分说明如下。

(一)压缩机

压缩机是制冷系统的心脏,其主要作用是对制冷剂蒸气做功,使蒸气从蒸发器中排出,完成制冷剂气体从低压向高压的输送,其性能的好坏将直接影响系统的工作效果。

用于制冷装置的制冷压缩机种类很多,按照压缩气体制冷工质的方式分类,有往复式制冷压缩机和回转式制冷压缩机;根据电动机与压缩机的布置形式,制冷压缩机分为开启、半封闭和全封闭式;按制冷压缩机的工作温度分类,可分为高温压缩机、中温压缩机和低温压缩机;按压缩机的压缩级数可分为单级制冷压缩机和双级制冷压缩机。按制冷工质的热力性能及对环境的影响,制冷压缩机又分为合成制冷工质的制冷压缩机和自然工质的制冷压缩机。

1. 往复式制冷压缩机

用于制冷装置的往复式制冷压缩机主要是活塞式,有单级压缩机和双级压缩机。

1)单级活塞式制冷压缩机

单级活塞式制冷压缩机有开启型、半封闭型和全封闭型。

(1)开启型活塞式制冷压缩机(见图2-22)主要用于大型制冷装置,用 NH_3、R22、R404A、R407C 和 R134a 等制冷工质。对于 25 kW 以上的大型制冷装置多用 NH_3 制冷工质。随着臭氧层消耗和气候温暖化的加剧,全球面临着日益严峻的环境问题,欧洲许多国家开发出碳氢化合物,主要是丙烷(R290)、丁烷(R600)和异丁烷(R600a)等压缩机,用于冷藏箱和冷冻箱制冷装置。德国、荷兰、瑞士、意大利、日本和美国等国家积极开发 CO_2 制冷压缩机。

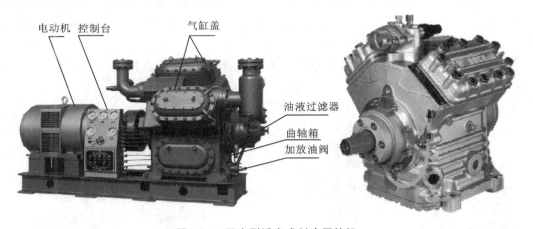

图 2-22 开启型活塞式制冷压缩机

(2)半封闭型活塞式制冷压缩机(见图2-23)主要用 R22、R404A、R407C、R134a、R290、R600a 和 CO_2 制冷工质,用于装配式冷库、超市系统、热泵等制冷装置中。

(3)全封闭型活塞式制冷压缩机(见图2-24)被广泛应用于中小型商用制冷装置中。全封闭型活塞式压缩机主要用 R22、R404A、R407C、R134a 和 R600a 等制冷工质,德国等许多

图 2-23 半封闭型活塞式制冷压缩机

国家已经将 R290 全封闭型压缩机用于电冰箱、家用热水器和家用空调。

2）双级活塞式制冷压缩机

在低温系统中,当蒸发温度较低、压力比较大时,可采用双级压缩。双级制冷压缩机应使用中温制冷剂,通常应用较为广泛的是 R717、R22、R290 等。双级活塞式制冷压缩机有单机双级和多机双级两种形式,单机双级又有半封闭型和开启型两种形式。半封闭型单机双级活塞式制冷压缩机主要用 R22 等制冷工质,开启型单机双级活塞式制冷压缩机主要用 NH_3、R22 制冷工质,用于石油、化工、制药等工业产品的生产,国防、科研方面的低温试验,食品的低温加工储藏和运输。

3）压缩机组

目前有些公司生产的封闭型压缩机组,适用于各种不同的应用场合,可以和任何类型的蒸发器相连接,有户外全封闭和半封闭压缩风冷冷凝机组,供空调和水冷、冷藏、冷冻用的半封闭压缩水冷冷凝机组,及半封闭压缩并联水冷冷凝机组。

大型商用制冷装置（见图 2-25）已发展到多机头压缩机的组合装置,以提供更大的制冷

图 2-24 全封闭型活塞式制冷压缩机

图 2-25 压缩机组

能力。多机并联机组是由两台或两台以上的压缩机并联共用一套制冷回路而组成的制冷机组。压缩机、储液器、气液分离器、油分离器、中间冷却器、回气集管、供液总管、电控设备全部集中在一起,缩小设备占用空间,节约机房面积,可使用 R22、R134a、R404A、R507A、R407C 等制冷工质。

在制冷装置中,当需要的冷负荷较大及系统的冷负荷变化时,往往采用多机并联系统。小型的商用制冷装置大多采用全封闭型,较大型的装置大多采用半封闭型和开启型。封闭型压缩机结构紧凑、体积小、噪声低、振动小,比较适合机组内藏式商用制冷装置。特别是体积小的特点,可使制冷装置有效地利用空间,相对地减少商业场所的占地面积,应优先选用。

2. 回转式制冷压缩机

回转式制冷压缩机与活塞式压缩机一样,属于容积型的压缩机,所不同的是传递运动的方式不同。它是靠回转体的旋转运动替代往复式压缩机中活塞的往复运动,来改变压缩机气缸的工作容积。

应用于制冷装置的回转式制冷压缩机主要有四种形式,即滚动转子式、旋转滑片式、螺杆式和涡旋式。回转式制冷压缩机与活塞式制冷压缩机相比具有构造简单、容积效率高、运转平稳的优点,易实现高速度和小型化,普遍适用于商用制冷装置。但是,由于回转式压缩机的密封主要是依靠各摩擦面的滑动进行密封,故而要求零部件的加工精度与装配间隙较严格,使其发展受到某种程度上的制约。目前国内外许多厂家都在生产、研制、开发不同形式的小型回转式制冷压缩机,如美国的通用电气公司,日本的大金、三洋公司等,以适应市场的需求。

1) 滚动转子式制冷压缩机

适用于制冷装置的滚动转子式制冷压缩机(见图 2-26)一般多为小型全封闭型,多用于电冰箱及冰柜等小型制冷装置中,标准制冷量在 3 kW 以下。滚动转子式制冷压缩机按照主轴与水平面的位置关系,分为立式和卧式结构;按滚动转子和气缸数,分为单缸和双缸结构。滚动转子式制冷压缩机主要用 R22、R134a、R600a、R407C、R410A/B、R290 和 CO_2 等制冷工质。

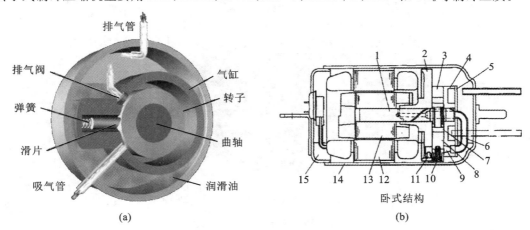

图 2-26　滚动转子式制冷压缩机

1—曲轴;2—主轴承座;3—气缸;4—辅轴承座;5—排气罩;6—供油管;7—滚动转子;8—滑片;9—排油二极管;10—弹簧;11—吸油二极管;12—定子;13—转子;14—机壳;15—润滑油

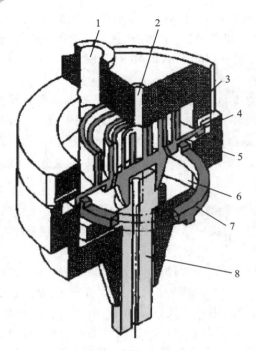

图 2-27 涡旋式制冷压缩机

1—吸气口；2—排气孔；3—静涡旋体；
4—动涡旋体；5—机座；6—背压腔；
7—十字连接环；8—曲轴

2）涡旋式制冷压缩机

用于制冷装置的涡旋式压缩机（见图 2-27）主要是全封闭型，有立式和卧式结构；为了提供更大的制冷能力，已经发展了多机头涡旋式压缩机的组合系统，有两台涡旋式压缩机和三台涡旋式压缩机的并联机组。

3）螺杆式制冷压缩机

螺杆式制冷压缩机（见图 2-28）有全封闭型、半封闭型和开启型三种结构形式，有用于超市等食品冷冻冷藏装置的固定式和各种交通运输制冷装置的移动式，有单机单级和单机双级螺杆制冷压缩机组，使用 R22、NH_3、R134a、R410A、R290、CO_2、R407C、R404A 和 R507A 等多种制冷工质。在环境温度下运行，单级制冷压缩机可达 -25 ℃ 的蒸发温度，采用经济器或双级压缩，可达到 -40 ℃ 的蒸发温度，制冷量范围为 10~2500 kW。CO_2 开启型螺杆压缩机用于蓄冷空调冷水机组和超市复叠式制冷装置的低温循环系统。R290 螺杆压缩机组适用于制取 -50~-30 ℃ 的低温环境，如油田轻烃回收、天然气液化等，用于化工、制药等工艺流程中需要人工低温的场合及 R290 气体的压缩、输送，R290 螺杆压缩机组也可用于超市复叠式制冷装置的高温循环系统。

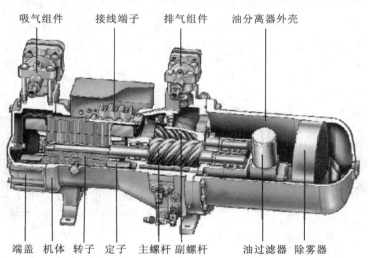

图 2-28 螺杆式制冷压缩机

（二）冷凝器

冷凝器是指制冷系统中用来排除制冷剂蒸气热量的换热设备。其作用是冷却气态制冷剂,并使其转变为液体;提供换热面,使热量从热的制冷剂蒸气传递给冷却介质。冷凝器根据冷却介质和冷却方式分类及原理如表2-2所示。

表2-2 冷凝器根据冷却介质和冷却方式分类及原理

方式	原理	分类
风冷式 (见图2-29)	风冷式制冷剂放出的热量被空气带走。商用和住宅用空调机组的冷凝器多采用风冷式	空气自然对流 利用风机作强制流动
水冷式 (见图2-30)	制冷剂放出的热量被冷却水带走。冷却水可以是一次性使用,也可以是循环使用。在水源充足、水质清洁的地区可采用水冷式。工业上使用的冷凝器多为水冷式	立式壳管式 卧式壳管式 套管式
蒸发式	主要是依靠冷却水在传热管表面上的蒸发,靠冷却水降温和水在空气中蒸发带走冷凝热量同时用空气加快水的蒸发而带走水蒸气。水-空气冷却式冷凝器的耗水量较少,可以应用于水量不充裕的地区	蒸发式 按照空气流动方式可分为吸入式和压送式 淋激式 主要用于大、中型氨制冷装置

制冷装置中的冷凝器,根据冷却介质和冷却方式的不同,分为风冷式(空气冷却式)、水冷式和蒸发式三种类型。

1. 风冷式冷凝器

风冷式冷凝器(见图2-29)是以空气作为冷却介质,按其通风方式的不同,有强制通风式和自然对流式两种类型。强制通风空气冷却式冷凝器可用于冷藏柜、商场食品陈列柜、小型颗粒冰机、冰激凌机等各种商用制冷装置。自然对流空气冷却式冷凝器的传热效果低于强制通风空气冷却式冷凝器,但由于不使用风机,节省风机电耗并避免了风机运转时引起的噪声,适用于小型制冷装置。由于风冷式冷凝器安装、维修简便,目前在商用制冷装置中应用最为广泛,特别适合于缺水、干燥地区或运输式制冷系统,其应用范围甚至扩大到制冷量在350 kW以上的制冷装置。

图2-29 风冷式冷凝器

2. 水冷式冷凝器

目前,水冷式冷凝器用于制冷量较大(10 kW以上)的制冷系统,在制冷装置中一般与压缩机一起构成压缩冷凝机组，为了节约用水，需要设置冷却塔和循环水池，同时为了防止腐蚀、结垢和水藻的形成，需设置水处理装置，因而水冷式冷凝器的造价和运行费用最高。水冷式冷凝器按其结构不同，在制冷装置中常见的有立式壳管式、卧式壳管式、板式、套管式和壳-盘管式等几种类型。

（1）立式壳管式冷凝器[见图2-30(a)]一般放置在室外，多用于大、中型氨制冷装置，如肉类、鱼类等大型冷库制冷系统。

（2）卧式壳管式冷凝器[见图2-30(b)]一般用于制冷量在15 kW以上的制冷装置，冷凝器既可以与压缩机一起构成水冷式压缩冷凝机组，用于大型冷库、超市制冷系统等，也可以与压缩机、蒸发器、节流装置等一起组成冷水机组，用于中央空调等的制冷系统。

(a) 立式壳管式冷凝器　　　　(b) 卧式壳管式冷凝器

图 2-30　水冷式冷凝器

（3）板式冷凝器（见图2-31）的传热系数高、结构紧凑、组合灵活，在制冷装置中的应用日益广泛，但制造复杂、对水质要求高，适用于中、小型制冷装置。

（4）套管式冷凝器（见图2-32）的传热系数较高、结构简单、易于加工，但冷却水的流动阻力大、清洗困难，主要用于小型商用制冷装置中。

图 2-31　板式冷凝器　　　　　　　图 2-32　套管式冷凝器

（5）壳-盘管式冷凝器有立式和卧式两种类型，加工简便，成本较低，结构比较紧凑，适用于机组。

3. 蒸发式冷凝器

蒸发式冷凝器适用于缺水地区，尤其是气候较干燥时，应用更为有效。蒸发式冷凝器一般可安装在厂房屋顶上，可节省建筑面积。但是，蒸发式冷凝器的水蒸发后残留的矿物质容易附着在蛇形管表面上，水垢层增长较快，传热性能降低，清洗工作麻烦；传热管容易腐蚀和结垢，且不易清洗，造成维护保养费用高。蒸发式冷凝器宜使用软水或经过软化处理的水，可用于大型的商用制冷装置。

同步案例 2-1

制冷系统冷凝器结构形式的选择

分析：冷凝器结构形式的选择取决于当地的水温、水质、水源以及压缩机的容量大小、使用场合等诸多因素，需经综合考虑后进行优化选择。在冷却水源充足、水质较好的地区，多采用水冷式冷凝器；在冷却水源缺乏的地区，或夏季室外空气湿球温度较低的地区，宜使用蒸发式冷凝器；在无水或缺水地区，或移动式冷藏装置，适宜采用空气冷却式冷凝器。

（三）蒸发器

蒸发器是制冷系统中制取冷量的设备，作用是从冷却对象中吸取热量，使其得到冷却，低温低压的液态制冷剂在传热壁的一侧气化吸热，从而使传热壁另一侧的介质冷却。

制冷装置中的蒸发器，按被冷却介质分为冷却空气式蒸发器和冷却液体式蒸发器两大类。

1. 冷却空气式蒸发器

冷却空气式蒸发器分为自然对流型和强制对流型两大类。

1）自然对流型

在商用制冷装置中，自然对流型冷却空气蒸发器主要有管板式、吹胀式和冷却排管等几种。

（1）管板式蒸发器（见图 2-33）有三种典型结构：一是将直径为 6～8 mm 的蛇形紫铜管直接贴焊在铜板或薄钢板上制成，制冷剂在紫铜管内蒸发气化。蒸发器在未结霜状态下空气侧的表面传热系数为 11～14 W/(m²·K)，当传热温差为 10 ℃时，其传热系数为 8～10 W/(m²·K)。在卧式冷柜中一般被安装在内壁或底部。在小型冷库中，将蒸发器做成多层搁架式兼作食品搁架使用，结构紧凑，冷冻效率高。二是用板料模压成型，制冷剂在板间的通道内气化，便于清洁，成本低廉，能够方便地制成所需形状，可置于箱体四壁或底部，或兼作搁架、隔板使用，用于冷柜和冻结设备。三是将蛇形管装在两块四边相互焊接的金属板之间，金属板与管子之间的空腔抽空后充有大量的低熔点共晶溶液作为蓄冷剂。常用于冷板冷藏汽车中，安装在车厢内两侧壁上或顶板下，蒸发器制冷一次可保持车厢内低温时间 8～15 h。这种蒸发器可以单个使用，也可以组合使用，还可以构成冷藏室的货架、隔板、冷冻食品的陈列货架、冰激凌箱和汽水箱等。

（2）吹胀式蒸发器（见图 2-34）大多为铝-锌-铝或铝-铝石墨印刷复合板吹胀成型，外表面经氧化处理以提高耐腐蚀性,多用于电冰箱或小型冷柜中,其 K 值与管板式接近。

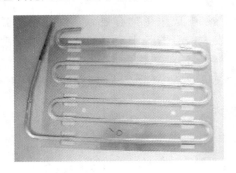

图 2-33　管板式蒸发器

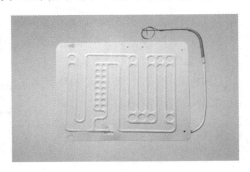

图 2-34　吹胀式蒸发器

（3）冷却排管（见图 2-35）主要用于冷柜、陈列柜及冷库的冷藏库房中。小型冷藏库中使用的冷却排管,按其在库房中的安装位置,可分为墙排管和顶排管两类,前者是靠墙安装,后者则是吊装在库房顶棚下。蛇管式墙排管可由单根或两根蛇形管制成单排或双排的排管。蛇管式顶排管可以是单排蛇形管或由并列的几排蛇形管组成。冷却排管结构简单,加工方便,对食品贮存干耗小。但其传热系数值低［光滑冷却排管的传热系数为 6～12 W/(m²·K),翅片冷却排管的传热系数为 3.5～6 W/(m²·K)］,单位制冷量的耗金属量大,融霜操作麻烦,不利于自动化操作等。

图 2-35　冷却排管

图 2-36　冷风机

2）强制对流型

冷风机（见图 2-36）,是由蛇管组和风机所组成,广泛用于陈列柜、冷库等制冷装置。根据其用途的不同,这类蒸发器的外形结构和安装位置也有多种形式。在冷库中,按其安装位置的不同,这类蒸发器可分为落地式和吊顶式两种。落地式直接放在库内地坪上,一般靠墙布置,出风的形式有顶吹式和侧吹式两种。吊顶式是吊装在库房顶板或楼板之下,不占用库房地面面积,更合理利用库房的空间;但应防止冲霜时,水飞溅到地坪,造成地坪隔热层的破坏。在氟利昂制冷系统中主要使用的是吊顶式冷风机,蒸发器的出风形式为侧吹式,出风口由风机的数目来决定,有单出风口、双出风口等。根据贮藏食品的条件不同,吊顶式冷风机一般有三个系列:DL 系列,主要用于 0 ℃以上的高温保鲜库,可以贮存水果、蔬菜、鲜禽蛋等新鲜食品;DD 系列,主要用于-18 ℃左右的冷藏库,可以贮存肉类及水产品等;DJ 系列,主要用于-25 ℃左右的低温冷藏库或速冻库,用于鲜肉或鲜鱼等的冻结。但对于装配式冷库,由于其高度较低,仅2.3 m左右,且进深较浅,因而蒸发器的设置位置和气流循环方式与一般冷库有所不同,应避免吹向出入口。

冷风机的优点是结构紧凑,被冷却空间降温速度快,温度分布较均匀,其传热系数K较自然对流型的高。当迎面风速达$2\sim 3$ m/s时,在冷库中的K值为$12\sim 20$ W/(m²·K)。但在陈列柜和冷库的使用中,其缺点是使食品的干耗增加,并且在霜层累积太厚时,容易使其传热性能急剧恶化。

工作在空气露点以下、0 ℃以上的冷却空气式蒸发器,空气中的水蒸气会在蒸发器的外表面上凝结成小水滴。小水滴的形成除了影响蒸发器(尤其是翅片间距较小的蒸发器)的传热性能外,还会使周围环境受到影响,因此必须及时把它排掉。冷却空气式蒸发器凝结水的处理方法有两种:一是借助于凝结水本身的重力将它排掉;二是当靠重力作用不能使凝结水排除时,可通过铺设水箱中的小水泵和浮球控制开关把它排到附近的排水管道中。

2. 冷却液体式蒸发器

制冷剂可以在传热管外或管内蒸发,以吸收载冷剂(水、盐水、乙二醇或三氯乙烯)的热量,然后依靠液泵的作用使载冷剂循环流动,向外输出冷量;也可以直接冷却和冻结物料来制作冷食饮料。这类蒸发器包括壳管式、水箱式和套管式三种形式。壳管式蒸发器有满液式和干式两种,水箱式蒸发器也有直立管式、螺旋管式及蛇管式等几种形式。

干式壳管式蒸发器的制冷剂的充注量少,制冷剂在管内具有较大的流速,可以保证润滑油顺利地返回压缩机,管外空间的载冷剂充注量较大,冷损失较少,热稳定性较好,而且不会发生管子结冻而胀裂的现象,载冷剂侧的阻力损失小,主要用于大、中制冷量(15 kW以上)的氟利昂冷水机组中。

与干式壳管式蒸发器相比,满液式壳管式蒸发器的载冷剂易发生冻结,胀裂管子,易积油,适合使用易挥发的制冷剂,广泛用于大型氨制冷系统中,也可用于氟制冷系统。

在氟利昂制冷系统中,对于载冷剂为开式循环使用的冷却液体蒸发器通常采用蛇管式蒸发器。

图2-37所示的是这种蒸发器在冷饮水机中的应用实例。

在贮水箱中装有两组盘管:一组为蒸发盘管;另一组为饮用水(或汽水)盘管,饮用水(或汽水)通过贮水箱中的冷却水(载冷剂)被冷却。如果贮水箱中的温度小于4 ℃,蒸发盘管可靠近贮水箱底部。蛇管式蒸发器的另一种结构形式是由传热管缠绕在一个小的贮水箱外壁面上构成的。制冷剂在外盘管内流动,水被置于水箱内冷却。为安全起见,小贮水箱可用双层壁结构。进水可通过水嘴喷出的冷水进行预冷,以提高蒸发器的冷却能力。

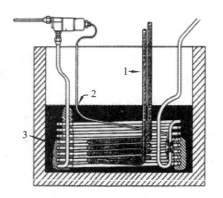

图2-37 冷饮水机的蒸发器结构

蛇管式蒸发器结构简单,价格便宜,只需充灌少量的制冷剂,易于保证润滑油返回压缩机。因蛇管布置较密,载冷剂流速较低,蛇管下部的传热面积没有得到充分利用,使其传热系数较低[对浸渍式蒸发器,当载冷剂为盐水时,其传热系数为 $280\sim570$ W/(m^2·K)],用于小容量的制冷装置中。

套管式蒸发器的结构与套管式冷凝器的结构十分相似,主要用于小型制冷装置中。

蒸发器类型的选择,主要是从生产工艺、供冷方式和使用现场的具体条件来考虑的。选用蒸发器时,应尽可能采用直接冷却方式,因为这样可以不用中间冷却介质(水或盐水等),减少了冷量损耗,使总的传热温差(蒸发温度与被冷却物之间的温差)减小,循环的经济性提高。在氟利昂制冷系统中,当蒸发器被用来冷却空气时,管板式和吹胀式蒸发器主要用于立式冷柜、冷板冷藏汽车及冷藏食品的陈列柜中;在要求食品干耗损失小的冷柜和冷库中,一般选用冷却排管;强制对流型空气冷却式蒸发器广泛地用于冷冻食品陈列柜、冷库、冷冻室及除湿机等。对于冷却液体式蒸发器,应优先选用干式壳管式蒸发器,因为这种蒸发器的载冷剂循环系统为密闭式,载冷剂不接触空气,减缓了载冷剂(盐水)对蒸发器传热管的腐蚀作用。当生产工艺上要求使用载冷剂为敞开式循环系统时,可选择蛇管式蒸发器。对于小型冷水系统,可选用套管式蒸发器。另外,对于一些商用的小型制冷装置(如冰激凌机、冰粒机、冷饮机、冰棒机、啤酒冷却器、速冻机等)中使用的蒸发器结构,一般根据制冷装置的用途和本身的特点来确定;蒸发器所用的材料除了满足强度要求之外,还必须符合食品卫生要求的标准。例如,在冰激凌机中使用的蒸发器(冻结缸),一般选用不锈钢薄板加工成圆筒形夹层,制冷剂在夹层内流动蒸发,冰激凌在圆筒内被冷却。

同步案例 2-2

小型水果冷藏保鲜库内蒸发器的结构形式与特点

分析:小型水果冷藏保鲜库内蒸发器是冷风机,由蛇管组和风机所组成,其安装位置为吊顶式,采用侧吹式出风形式。吊装在库房顶板下,不占用库房地面面积,合理利用库房的空间。出风口由风机的数目来决定,有单出风口、双出风口等。

(四)节流设备

制冷系统中供给蒸发器液体制冷剂的多少直接影响蒸发器的有效工作。制冷剂供给量的不足会引起蒸发器制冷量减少;而蒸发器液体过满同样会使制冷量减少,可能导致强烈带油使压缩机产生液击危险。为保证制冷系统的正常运行,必须对蒸发器的制冷剂供液量进行调节,需设置节流机构。节流机构的作用是为蒸发器提供适量的制冷剂液体,同时又维持系统高、低压侧的压力差,保证蒸发器中适宜的蒸发压力。节流机构选择是否正确将影响制冷系统的运行效率和性能。在商用制冷装置中常用的节流机构,按调节方式的不同,可分为手动调节节流机构(即手动节流阀)、液位调节节流机构、制冷剂蒸气过热度调节节流机构(包括热力膨胀阀及电子膨胀阀等)和不调节的节流机构(有恒压节流阀、毛细管等),其调节的方法是通过控制进入蒸发器的制冷剂流量来实现,即调节节流机构的开度来进行调节蒸发器的供液量。手动节流阀常用作旁通或辅助节流机构,恒压节流阀和毛细管用于工况较稳定的制冷系统,热力膨胀阀和热电膨胀阀多用于管内蒸发的氟利昂蒸发器及中间冷却器。

1. 热力膨胀阀

热力膨胀阀(见图2-38)是制冷装置中调节蒸发器供液量的最普遍方法。其反应敏捷、应用广泛,可自动调节阀的开度。热力膨胀阀是根据蒸发器出口的制冷剂蒸气的过热度的大小,成比例地调节阀的开度,改变制冷剂进入蒸发器的流量,其控制的方法取决于蒸发器出口上的制冷剂蒸气的过热温度和蒸发器中制冷剂的压力。蒸发器的热负荷越大,蒸发器出口制冷剂的温度越高,热力膨胀阀的开度就越大,进入蒸发器的制冷剂流量增加,蒸发器产冷量越大。热力膨胀阀主要用于氟利昂制冷循环的直接膨胀供液系统,其结构有内平衡式和外平衡式两种。

图 2-38　热力膨胀阀

内平衡式热力膨胀阀通过阀体内的通道,将膨胀阀出口(即蒸发器进口)制冷剂的压力传递给感应元件,适用于管内流动阻力较小的小型蛇管蒸发器。外平衡式热力膨胀阀则通过外平衡管,将蒸发器出口的制冷剂压力传递给感应元件,用于蒸发器管路较长、管内制冷剂流动阻力较大及带有分液器的场合。对于蒸发器制冷剂侧的压力损失较小的小型制冷系统选用内平衡式,对于蒸发器制冷剂侧的压力损失较大,如蒸发器带液体分配器时选用外平衡式。

感温包是热力膨胀阀的工作感温元件,其充灌方式有液体充灌式、气体充灌式和交叉充灌式三种。通常感温包采用液体充灌式和气体充灌式的热力膨胀阀,适用于高、中温制冷系统,而交叉充灌式的热力膨胀阀比较适合于低温制冷系统。在选择热力膨胀阀时,首先应根据制冷装置的具体要求选定感温包的充灌方式,并根据蒸发器的压力降和是否使用分液器的情况来确定是否选用外平衡膨胀阀。同时在选择热力膨胀阀时,也应考虑膨胀阀进口与出口处的连接尺寸,应当与液体管和蒸发器的连接尺寸相一致。在蒸发器的入口管路上,管径稍小一些也是允许的。

热力膨胀阀的制冷能力应大于蒸发器的冷负荷,对蒸发器的冷负荷较稳定的场合须大于20%,对蒸发器的冷负荷波动较大的场合须大于70%。热力膨胀阀前的液体应具有一定的过冷度,以免部分制冷剂液体在阀前气化,造成流经热力膨胀阀的制冷剂流量减少,导致阀容量降低,过冷度值随着阀前液管的总压力损失的增加而增大。尺寸一定的膨胀阀,其容量取决于制冷剂、阀前后的压力差、蒸发温度和阀前液体的过冷度。

热力膨胀阀选用时必须根据制冷装置的种类、蒸发温度范围及蒸发器热负荷的大小选择一定的型号、通径和容量。通径选择过小,不能满足制冷量的要求;而选择过大,则又调试困难。一般情况下,所选取的膨胀阀容量要比蒸发器的实际负荷大20%~30%,对于冬季运行的制冷装置,由于冷凝压力下降而引起膨胀阀容量减少,选择的膨胀容量可适当提高70%~80%,所以,每个膨胀阀的制冷量在不同情况时差别很大。

2. 热电膨胀阀与电子膨胀阀

热电膨胀阀靠电加热产生的热力驱动阀杆动作,而电子膨胀阀是靠电磁力和脉冲电动机动力驱动阀杆动作。

1) 热电膨胀阀

热电膨胀阀是为了适应计算机控制而开发的一种制冷节流元件。依其工作原理,热电膨胀阀可分为双金属片热电膨胀阀和电控制式热电膨胀阀。

(1) 双金属片热电膨胀阀由传感元件和调节阀组成,敏感元件为放在蒸发器出口管道中的负温度系数热敏电阻,用以感受制冷剂蒸气的温度。热敏电阻与膨胀阀内的双金属片电加热器串联在一个交流电 24 V 的回路中。当蒸发器出口处制冷剂蒸气的过热度增高时,热敏电阻值下降,膨胀阀电热丝上的电压升高,电加热器功率增加,使双金属片变形加大上移,带动针阀开大,制冷剂流量增加,又会使过热度下降。若过热度降低,则调节过程相反。最终可保证蒸发器出口有恒定的过热度,以充分利用蒸发器的面积,实现对蒸发供液量的控制及高压液体制冷剂的节流。

(2) 电控制式热电膨胀阀采用电子式比例积分调节器,能够保证有良好的调节品质,即使负荷变化大,控制系统本身也能迅速准确地调整,温差的设定可以小到 2 ℃,因而能将过热度控制得很小,保证蒸发器面积得到最大利用。此外,该控制系统不受冷凝压力变化的影响,对阀前液体过冷的变化有补偿能力。通过外接一定的附件,还能获得一系列附加功能。例如,强制打开或关闭阀控制;通过电位计外部参考设定过热度;通过计算机外部参考设定过热度;过热度读出与显示等。

2) 电子膨胀阀

电子膨胀阀(见图 2-39)是 20 世纪 80 年代以后推出的一种较为先进的节流元件。它按计算机预设的程序进行流量调节,因电子式调节而得名"电子膨胀阀"。它适应制冷机电一体化的发展要求,具有传统热力膨胀阀无法比拟的优点。电子膨胀阀技术的发展目前以日本最为突出,尤其在变频式空调器应用中获得的优良特性令人瞩目。

图 2-39 电子膨胀阀

(1) 目前的电子膨胀阀按驱动形式有电磁式和电动式两类。电动式又分直动型和减速型。电磁式膨胀阀的优点是结构简单、动作响应快。但工作时,需要一直为它提供控制电压。

电子膨胀阀精确的过热度调节品质和很好的动态特性,能保证制冷系统稳定工作,使运行能耗大大减少。即使在低温库系统中使用,也能将过热度精度控制在 1 ℃ 以内。不会因流量调节波动造成压缩机回液,不像使用热力膨胀阀那样,为防止回液要对蒸发器留出足够的设计裕度,由此可将蒸发器效率提高 20% 左右,节省蒸发器的材料,降低成本和重量。

(2) 利用电子膨胀阀调节系统直接检测蒸发器出口真实的过热度,信号传递快,调节反应迅速。阀本身有很好的线性流量特性,调节范围宽。计算机系统可以对阀设置开度基准和开度记忆,精确调节流量。用计算机按要求设置调节规律,不仅可以采用反馈调节,而且可以采用前馈加反馈复合调节,还可以与压缩机能量调节一起进行,精确地控制过热度,即使负荷变动大而频繁,也能获得很好的调节品质。

利用电子膨胀阀反应快、能适应大范围流量调节的特点,可以将其应用扩展到对制冷系统的其他控制。电子膨胀阀流向可逆,使控制系统简化。如用电子膨胀阀与压缩机变频调速相配合,可以实现不间断供热快速除霜,除霜时四通阀不换向,电子膨胀阀全开,压缩机高速运转,制冷剂大流量循环,利用压缩气体的显热除霜,使除霜时间缩短,且室内盘管降温很少,可以降低除霜附加能耗。又如,将电子膨胀阀用于压缩机排气温度控制,排温过高时,阀开度加大,制冷剂流量增大,冷却进气,从而降低排气温度。这样不仅提高装置工作的可靠性,而且比传统的保护性排气温度控制方式节电约6%。此外,电子膨胀阀还可以用到压缩机启、停控制中,减少启、停过程能量损失。对于用温控器控制压缩机启、停的系统,停机时,若蒸发器与冷凝器连通,则冷凝器高温液体进入蒸发器,使蒸发器温度升高,造成下次启动要为冷却蒸发器付出额外电能;若蒸发器与冷凝器之间的管道截止,再次开机时,压缩机带压启动困难,电流冲击大。采用电子膨胀阀,可以在停机时阀全关,阻止制冷剂从冷凝器向蒸发器迁移;而在温控器使压缩机启动时,提前很短的一段时间,先令阀全开,造成吸、排气压力迅速平衡,然后压缩机启动。这样既减少了热损失,又使启动容易。

3. 恒压膨胀阀与毛细管

1) 恒压膨胀阀

恒压膨胀阀(见图 2-40)是依靠蒸发压力来调节供液量的一种自动膨胀阀。恒压膨胀阀的调节特性与压缩机的变工况特性是相反的。当蒸发压力(或蒸发温度)降低时,压缩机的制冷能力减小,要求减少制冷剂的供液量,但恒压膨胀阀却使供液量增大,易导致压缩机的湿行程;反之,当蒸发压力增大时,压缩机的制冷能力增大,而恒压膨胀阀的供液量却减少,将会导致蒸发器缺液。恒压膨胀阀用于蒸发温度及冷量负荷比较稳定的情况。

2) 毛细管

由于毛细管(见图 2-41)的结构特点,小型商用制冷装置,如小型冷饮水机、小型冰激凌机、电冰箱等,通常采用毛细管代替热力膨胀阀作为节流机构。毛细管的管径一般为 0.6~2

图 2-40　恒压膨胀阀

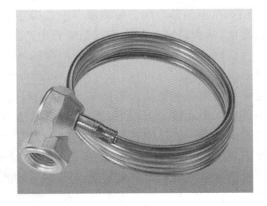

图 2-41　毛细管

mm 的等截面紫铜管,长度在 0.5 m 以上。由于其长度和小管孔径产生的高摩擦阻力,以及在毛细管中逐渐形成的闪发气体而产生的节流效果,使液体的压力降低到其饱和压力以下。毛细管的作用是起限制或定量供给冷凝器到蒸发器的液体流量,同时维持这两个部件之间需要的运行压力差。

当给定毛细管的长度和孔径时,毛细管的阻力特性亦随之恒定。任一时间内通过毛细管的液体流速与毛细管两端的压力差成正比。这里所说的压力差即为系统蒸发器与冷凝器之间的压力差。由于毛细管和压缩机在系统中串联连接,毛细管的通流能力应等于压缩机运行时的抽吸能力。如果系统有效地维持在设计压力下运行,则毛细管长度和管径应满足在设计条件下的通流能力正好等于压缩机在同样条件下的抽吸能力。

如果毛细管的阻力,即毛细管的通流能力大于或小于压缩机在设计条件下的抽吸能力,则系统运行的平衡点将建立在设计条件以外的某个运行状态点。例如,如果毛细管的阻力太大(毛细管太长或孔径太小),则毛细管的通流能力将比压缩机在设计条件下的抽吸能力小;蒸发器将缺液,过多的液体回吸到冷凝器的底部,即在毛细管的入口处积聚。蒸发器的缺液会导致压缩机吸气压力的降低,而冷凝器中液体的聚积会减少冷凝器的有效冷凝面积,致使冷凝温度变高,从而使压缩机在偏离设计工况的条件下运行,该平衡点是比系统设计压力低的吸气压力和高的冷凝压力点。在此运行状态下,由于压缩机的抽吸能力被降低,致使整个系统的制冷能力小于设计能力。另一方面,当毛细管没有足够的阻力(毛细管太短或是阀的孔径太大)时,毛细管的通流能力将大于压缩机在设计条件下的抽吸能力,该运行条件下蒸发器的过量供液将会引起液体进入压缩机的危险。同样,在冷凝器中将没有液体封住毛细管的入口处,没有冷凝的气体将会随着液体一起进入毛细管流向蒸发器,使系统的制冷能力降低。

使用毛细管的制冷系统运行的最大效率值只在一个运行工况点,除此之外的运行工况均使制冷系统的效率略微低于最大值,所以合理的设计和使用毛细管是完全必要的。通常,生产厂家是按一定的运行工况设计毛细管的规格尺寸。当制冷系统按正常负荷变化(增加或减少)时,毛细管的通流能力随之相应地增加或减少。事实上,毛细管通流能力的调节一方面由冷凝器内冷凝压力的变化来补充制冷系统负荷的正常变化;另一方面由冷凝器内制冷剂液体过冷的程度进行调节。例如,当蒸发器负荷增加时,液态制冷剂在蒸发器中被蒸发与在冷凝器中被冷凝的瞬时速率比液体通过毛细管到蒸发器的瞬时速率高,引起过多的液体积聚在冷凝器的底部使冷凝器的冷凝压力增加;同时在冷凝器底部的液体将有一较大的过冷度,从而将减少制冷剂在毛细管中产生闪发气体,以达到增加蒸发器供液量的目的。这一特性既有助于毛细管通流能力的增加,也有助于制冷系统的制冷能力的增加。相反,当制冷系统负荷减少时,冷凝压力和过冷度降低,因而毛细管的通流能力相应降低。毛细管与其他种类的制冷剂流动控制的差异是,它不能在停止制冷循环期间切断和停止制冷剂液体流到蒸发器的通路。当压缩机停机时高低压侧的压力通过开启的毛细管达到平衡,同时在冷凝器中剩余的液体流到低压侧的蒸发器,停留在蒸发器里直到压缩机重新开机。鉴于这个原因,在毛细管系统中制冷剂的容量非常关键。由于在冷凝器和毛细管之间没有贮液器,制冷剂的容量既要满足蒸发器负荷需要的最低限度,又要维持系统运行期间在冷凝器与毛细管的连接部位形成液体密封。任何过量的制冷剂将只积滞在冷凝器中,从而增加了冷凝压力,并降低了系统性能,特别是当冷凝器中全部过量液体制冷剂在停机期间流向蒸发器时,将会引起蒸发器迅速变热,从而引起蒸发器的融霜。此外,在停机期间大量的液体进入蒸发器,当压缩机再次启动时,可能发生液体回流到压缩机的液击现象,使压缩机受到损坏。因此,在使用毛细管节流的制冷系统中应当严格控制制冷剂的充灌量,以保证制冷系统的正常运行。

毛细管节流方式具有结构简单、成本低的优点。同时在停机期间通过毛细管制冷系统的高压与低压之间迅速得到平衡,使压缩机可以实现无负荷启动,从而可以使用低启动扭矩的电动机驱动压缩机。此外,毛细管制冷系统的制冷剂充灌量小,省去了贮液罐,进一步降低了制冷机的制造成本。综上所述,由于毛细管使用中的诸多优点,使得毛细管节流方式在许多小型商业制冷装置中得到广泛使用。

使用毛细管节流的制冷系统通常都是专门设计的制冷系统,较适用于连接紧密的整机制冷系统,有相对稳定的负荷和封闭式压缩机。一般说来,毛细管不用于使用开启式压缩机的制冷系统,这是因为开启式压缩机的轴封部位可能会引起制冷剂的泄漏,致使制冷系统内充灌的制冷剂逐渐减少,压缩机不能正常工作。此外,毛细管还不适用于远距离输送制冷剂的系统(即压缩机离蒸发器的距离较远),因为长距离的输送管线将导致压缩机的制冷充灌量不准确,影响毛细管的正常工作。而且,由于制冷剂充灌量的大大增加,使得其在压缩机停机期间全部聚集在蒸发器中,当压缩机重新启动时可能发生严重的液体回流现象,这是压缩机的运行所不允许的。除非在吸气管路中安装合适的贮液器,这样将增加制冷系统的复杂性,实际上较少使用。

(五) 辅助设备

1. 润滑油的分离和收集设备

润滑油的分离和收集设备如图2-42所示。应用活塞式压缩机、喷油螺杆式压缩机或其他用油润滑的回转式压缩机的制冷系统中,一般要装设、使用油分离器。对于氨制冷装置,还要装设集油器。

压缩机的排气中都带有润滑油。润滑油随高压排气一起进入排气管,并有可能进入冷凝器和蒸发器内。对于氨制冷系统,润滑油进入冷凝器、蒸发器等热交换设备后,将会在传热表面上形成油污,降低热交换设备的传热系数,并使制冷剂的蒸发温度稍有提高。对于氟利昂制冷系统,由于润滑油在氟利昂中的溶解度大,虽然一般不会在传热表面形成油污,但是对蒸发温度的影响(使蒸发温度升高)却比较大。因此,在以氨或氟利昂为制冷剂的制冷系统,一般都要用油分离器,将压缩机排气中的润滑油分离出来。氟利昂制冷系统利用自动回油装置,将其送回压缩机曲轴箱。氨制冷系统则定期通过集油器排出。

2. 制冷剂的分离和储存设备

1) 贮液器

贮液器(见图2-43)也称贮液桶。按其工作压力的不同,贮液器可分为高压贮液器和低压贮液器两种。它们的结构基本相同,都是用钢板焊制而成的圆柱形筒体,筒体上设有一些附件及管路接头。

高压贮液器一般与冷凝器安装在一起,用以储存由冷凝器来的高压液体,不致使制冷剂

图 2-42 润滑油的分离和收集设备

图 2-43 贮液器

液体淹没冷凝器传热面,并适应工况变动而调节和稳定制冷剂的循环量。此外,它还起液封作用,以防止高压制冷剂气体窜入低压管路中。低压贮液器仅在大型氨制冷系统(如冷库用制冷装置)中使用。低压贮液器是用来收集压缩机总回气管路上氨液分离器所分离出来的低压氨液的容器。在不同蒸发温度的制冷系统中,应按各蒸发压力分别设置低压贮液器。

2) 气液分离器

为了使制冷系统安全稳定地工作,应防止制冷剂液体进入压缩机。在氟利昂制冷系统中可以利用气液热交换器,让液体和吸气进行热交换,使吸气过热;或者采用热力膨胀阀控制蒸发器排气有一定过热度,以保证压缩机的运行。在氨制冷系统中,由于不允许吸气过热度太大,因而在有些氨蒸发器上带有液体分离器(如水箱式蒸发器),以保证压缩机吸入干蒸气。有些蒸发器上没有液体分离装置,这样的系统中则需增设气液分离器(见图 2-44),以便保证压缩机的干压缩。

图 2-44 气液分离器

3. 制冷剂的净化设备

1) 空气分离器

空气分离器(见图2-45)用于清除制冷系统中的空气及其他不凝结性气体,起净化制冷剂的作用,也称为不凝性气体分离器。空气分离器的结构分为卧式和立式两种。卧式空气分离器常见的有四重套管卧式空气分离器和螺旋冷却管式空气分离器,前者主要用于氨制冷系统,后者主要用于氟利昂制冷系统。立式空气分离器也叫立式盘管式空气分离器,一般用于氨制冷系统中。

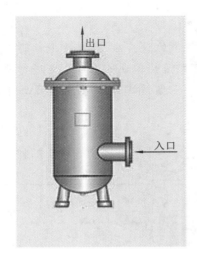

图 2-45 空气分离器

2) 干燥过滤器

在制冷循环中必须预防水分和污物(油污、铁屑等)侵入。水分的来源主要是新添加制冷剂和润滑油所含的微量水分,或由于检修系统时空气侵入而带进来的水分。如果系统中的水分未排除干净,则当制冷剂液体通过节流阀时,因压力及温度下降,水分就会凝固成冰,使通道阻塞,影响制冷装置的正常运转。又如管道、冷凝器和蒸发器,若事先没有彻底清洗,而有铁屑及杂质残存在系统中,就会堵塞通道并损坏运动部件。因此,在系统中必须安装过滤器和干燥器。在小型的氟利昂制冷系统,通常将过滤器和干燥器组合在一起使用,称为干燥过滤器(见图2-46)。干燥过滤器的结构形式多样,有的在安装时有方向性要求,有的无方向性要求,使用时应予以注意。

图 2-46 干燥过滤器

综合案例

一、案例背景

现有单级氨制冷压缩机 2 台,中间冷却器 1 台,蒸发式冷凝器 1 台,贮液器 1 台,油分离器 1 台,空气分离器 1 台,集油器 1 台,氨液分离器 1 台,蒸发器 1 台,电器控制系统 1 套,以及无缝钢管一批。根据给出的设备设计出小型氨制冷系统,可以实现单级压缩氨制冷循环和双级压缩氨制冷循环。

二、案例讨论

如图 2-47 所示,通过管路设计与设备之间相应的连接,以及实际运行时控制相应的截止阀的启闭,可以实现单级压缩氨制冷循环和双级压缩氨制冷循环。在进行单级氨制冷循环时,两台压缩机都可以工作;在实现双级氨制冷压缩循环时,两台制冷压缩机的其中一台为高压级,另一台为低压级,可实现双级压缩。

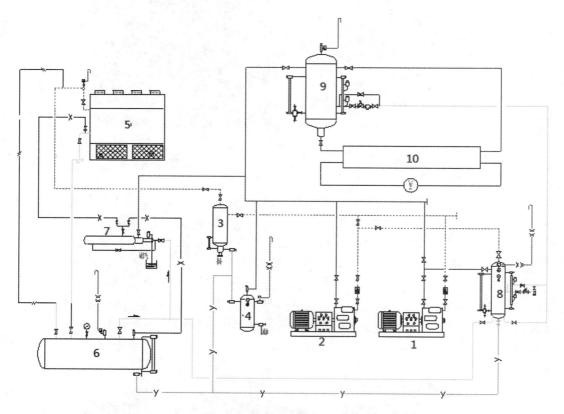

图 2-47 小型氨制冷系统流程图

1,2—制冷压缩机;3—油分离器;4—集油器;5—蒸发式冷凝器;
6—贮液器;7—空气分离器;8—中间冷却器;9—氨液分离器;10—蒸发器

练习与思考

1. 简述热力学第一定律和热力学第二定律。
2. 热能传递的三种基本方式有哪些？
3. 简述制冷循环系统的原理，并画出单级压缩制冷循环系统流程图。
4. 简述蒸发器和冷凝器在制冷系统中的作用。
5. 简述蒸发器的主要类型以及各自的特点，并列举影响传热的主要因素。
6. 简述压缩机的主要类型以及各自的特点。
7. 简述冷凝器的主要类型以及各自的特点，并列举影响传热的主要因素。
8. 简述内平衡式热力膨胀阀和外平衡式热力膨胀阀的优缺点及其适用场合。
9. 制冷剂的作用是什么？对制冷剂的性质有哪些基本要求？
10. 融霜方式分为哪几种类型？并简述各自特点。
11. 简述复叠式制冷循环系统的基本原理，并说明适用条件。
12. 为什么空气冷却式冷凝器在氨制冷装置中很少使用？为什么氟利昂多在小型制冷装置中才使用？
13. 举例说明如何增强换热器的换热效率。
14. 比较氟利昂系统中间冷却器与氨系统中间冷却器的冷却原理有何不同？
15. 分析制冷剂充注量的多少对系统的影响。
16. 制冷工况指的是什么？为什么说一台制冷机如果不说明工况，其制冷量是没有意义的？

第三章 易腐货物的分类及基本属性

学习目标

了解易腐货物的种类;掌握易腐货物按原料来源、热状态和销售形态的分类方法;掌握易腐货物的化学成分及其性质;了解易腐货物的热物理性质。根据本章内容学习,树立正确的人生观和职业道德价值观。

案例

2022年3月24日,四川宜宾。有家长反映,某幼儿园厨房内23日被发现存在众多腐烂发霉食物,有学生此前曾呕吐腹泻住院治疗。有家长称,他孩子上个月也出现过类似症状,但当时没当回事,直到昨天看到其他孩子出现类似情况才知道厨房的情况。另有其他家长表示,现在园方给出的解决方案是学生退学,安排到公立幼儿园读书,孩子住院等费用会进行赔偿。24日中午,宜宾市市场监督管理局称,现已介入调查,目前正在处理中,最新情况会及时通报。

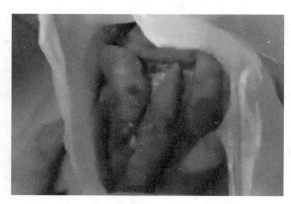

图现场发现腐烂的红薯

(案例来源:https://news.ifeng.com/c/8EdrjCIHh02。)

第一节　易腐货物的分类

易腐货物是指在常温条件下易腐烂变质的货物。多数易腐货物运输必须使用冷藏运输工具,故又称"冷藏货物"。按货物品类分为肉类、动物油脂、鲜鱼介类、蛋及其制品、乳及其制品、鲜水果类和鲜蔬菜等;按货物储藏温度分为冻结性易腐货物和非冻结性易腐货物。

一、按原料来源分

易腐货物按原料来源可以分为畜禽肉类、水产类、乳蛋类、鲜蔬菜、鲜水果、速冻食品、糖果类、药品类等。

1. 畜禽肉类

畜禽肉类易腐货物主要包括猪肉、牛肉、羊肉、兔肉和禽肉等。

1) 猪肉

猪肉主要有冻猪肉、冻猪肉片、冻分割猪瘦肉、冷却猪肉等形态。冻猪肉感官上要求肉质紧密、坚实;色泽上要求肌肉有光泽,红色或稍暗,脂肪呈洁白色或乳白色,无霉点;具有冻猪肉正常气味,无异味;外表及切面湿润,不粘手;冷却猪肉色泽鲜艳,肉质柔软有弹性。其中,冻分割猪肉还要求肉质紧密、坚实;色泽上要求肌肉有光泽,红色或稍暗;脂肪呈乳白色或粉白色;具有冻猪肉正常气味,无异味。冻猪肉保藏温度要求在-18 ℃以下;冷却猪肉保藏温度要求在0~4 ℃。

2) 牛肉

牛肉主要包括冻牛肉、带骨牛肉等形态,感官上要求肌肉有光泽,红色或稍暗,脂肪呈洁白色或微黄色,肉质紧密、坚实;外表微干或有风干膜或外表湿润不粘手。解冻后指压凹陷恢复较慢,具有牛肉固有的气味,无臭味。保藏温度要求在-18 ℃以下。

3) 羊肉

冻羊肉感官上要求肌肉有光泽,色鲜艳,脂肪呈乳白色,肉质紧密,有坚实感,肌纤维韧性强,外表微干或有风干膜或外表湿润不粘手,具有羊肉正常气味,无异味。保藏温度要求在-18 ℃以下。

4) 兔肉

兔肉主要包括冻带骨兔肉、冻去骨兔肉、分割冻兔肉等形态。冻兔肉感官上要求瘦肉呈均匀的鲜红色;脂肪呈乳白色或浅黄色;无霉点;肉质紧密,有坚实感;具有冻兔肉正常气味,无异味;表面微湿润,不粘手。保藏温度要求在-18 ℃以下。

5) 禽肉

禽肉主要包括鸡、鸭、鹅、鸽子等禽类的冻禽肉、禽副产品。禽肉感官上要求表皮和肌肉切面有光泽,具有禽肉固有的色泽;肌肉经指压后凹陷部位恢复慢,不能完全恢复原状;具有禽肉固有的气味,无异味。保藏温度要求在-18 ℃以下。

2. 水产类

水产品易腐货物主要包括冻鱼、冻水产品、冰鲜鱼等。

1) 冻鱼

冻鱼包括鲅鱼、鲳鱼、乌鲳鱼、大黄鱼、黄花鱼、带鱼、青鱼、草鱼、鲢鱼、鳊鱼等,感官上要求冻块块形清洁完整,冰衣均匀,鱼体排列整齐、正确,无血冰。单冻鱼平直、完整;透过冰衣检验鱼体色泽正常,无氧化、风干现象,气味正常,鱼眼清晰明亮;内外包装清洁卫生、完整坚固,适合长途运输。保藏温度要求在 $-18\ ℃$ 以下。

2) 冻水产品

冻水产品包括冻虾、蟹、贝类等,其中贝类包括蛤、毛蚶、毛蛏、赤贝、蚝等,感官上要求冻品表面无变形、破碎、融化、氧化变色现象,冰衣(被)良好。单冻的个体间容易分离。虾仁排列整齐,冰衣(被)完好。蟹解冻后:色泽正常,无黑斑或其他变质异色;腹面甲壳洁白,有光泽,脐上部无胃印;体形肥满,品质新鲜;用手指压腹面有坚实感。贝表面无风干。保藏温度要求在 $-18\ ℃$ 以下。

3) 冰鲜鱼

冰鲜鱼是指已死但是还新鲜,并以碎冰或者冰水来保持其新鲜度的鱼。感官上要求鱼体有自然光泽,鱼鳞完整,体表无破损;眼睛饱满明亮,清晰且完整;腮呈鲜红色或者血红色,含黏液;肉质坚实且富有弹性,轻按鱼肉后,指压凹陷处可马上恢复。

3. 乳蛋类

乳蛋类易腐货物主要包括鲜奶、甜炼乳、酸奶、奶油、冷冻饮品、蛋类等。

1) 鲜奶

鲜奶,又称巴氏杀菌奶或消毒奶,主要为鲜牛奶,感官上要求色泽呈乳白色或稍带微黄色;组织状态呈均匀的胶态流体,无沉淀,无凝块,无肉眼可见杂质和其他异物;滋味与气味要求具有新鲜牛乳固有的香味,无其他异味。鲜奶保藏温度一般在 $2\sim6\ ℃$。

2) 甜炼乳

甜炼乳感官上要求:甜味纯正,无任何杂味;组织细腻,质地均匀,黏度正常;无脂肪乳、无乳糖沉淀;色泽呈乳白(黄)色,颜色均匀,有光泽;无杂质。保藏温度一般在 $25\ ℃$ 以下。

3) 酸奶

酸奶感官上要求具有纯乳酸发酵剂制成的酸牛奶特有的滋味和气味。无酒精发酵味、霉味和其他外来的不良气味;凝块均匀细腻、无气泡,允许有少量乳清析出;色泽均匀一致,呈乳白色或略带微黄色。保藏温度一般在 $2\sim6\ ℃$。

4) 奶油

奶油包括冻奶油、鲜奶油和人造奶油。冻奶油要求外观呈乳白色或淡黄色半固体状,质地均匀细腻,具有天然奶油特有的风味,无霉变、无异味、无异嗅和无杂质。包装容器应牢固、干燥、清洁,并符合食品卫生包装要求。冻奶油保藏温度要求在 $-15\ ℃$ 以下。鲜奶油、人造奶油要求外观呈鲜明的淡黄色或白色可塑性固体,质地均匀、细腻,风味良好,无霉变和杂质。保藏温度一般在 $15\ ℃$ 以下。

5) 冷冻饮品

冷冻饮品包括冰激凌、雪糕、冰棍、雪泥、甜味冰等,保藏温度要求在 $-18\ ℃$ 以下。冰激凌要求形态完整,大小一致,不变形,不软塌,不收缩;组织细腻滑润,无凝粒,无明显粗糙的冰晶,无气孔。含水果、干果等不溶性颗粒(块),无明显粗糙的冰晶。滋味协调,有奶脂或植脂香味,香气纯正;具有该品种应有的滋味、气味,无异味;无可见杂质。单件包装:包装完整、不破损,封口严密,内容物无裸露现象。雪糕、冰棍、雪泥、甜味冰等要求冻品应具有与品名相符的色泽和香味无任何不良气味、滋味及肉眼可见杂质;具有品种应有的色泽,形态完整;组织状态细腻滑润,无明显粗糙大冰晶;具有该品种应有的滋味和气味,无异味;单件包装完整、不破损,内容物不外露;无外来可见杂质。

6) 蛋类

蛋类包括鲜蛋、巴氏杀菌冰全蛋、冰蛋黄、冰蛋白。感官上,巴氏杀菌冰全蛋要求坚洁均匀,呈黄色或淡黄色,具有正常气味,无异味,无杂质;冰蛋黄要求坚洁均匀,呈黄色,具有正常气味,无异味,无杂质;冰蛋白要求坚洁均匀,呈白色或乳白色,具有正常气味,无杂质,外包装须牢固、完整,适合长途运输。

4. 鲜蔬菜

鲜蔬菜主要有叶菜类、根茎类、瓜菜类、花菜类、葱蒜类、菜用豆类、水生蔬菜、茄果类等。

1) 叶菜类

叶菜类蔬菜主要有比利时菊苣、青菜、油菜、塌棵菜(太古菜)、抱子甘蓝、结球甘蓝(卷心菜、洋白菜、包菜)、芹菜、小白菜、蓟菜、芥蓝、大白菜、菊苣、羽衣甘蓝、莴苣、欧芹、菠菜、牛皮菜、结球莴苣、仙人掌叶、茼蒿、蕹菜等。感官上要求成熟适度,色泽正,新鲜,清洁;无腐烂、畸形、开裂、黄叶、抽薹、异味、灼伤、冷害、冻害、病虫害及机械伤。注:腐烂、异味和病虫害为主要缺陷。保藏温度一般在0～3 ℃。

2) 根茎类

根茎类蔬菜感官上要求成熟适度,色泽正,新鲜,清洁;无开裂、糠心、分叉、腐烂、异味、冻害、病虫害及机械伤。注:腐烂、异味和病虫害为主要缺陷。保藏温度方面,胡萝卜、粗根芹菜、辣根、洋姜、大头菜、树薯、土豆、芜菁甘蓝、木薯、各种萝卜、山药等要求在0～3 ℃;芋头和炸薯条用的(早熟品种)土豆等要求在7～12 ℃;姜、甘薯、豆薯和炸土豆片用的早熟品种土豆等要求在13～18 ℃。

3) 瓜菜类

瓜菜类蔬菜感官要求成熟适度,色泽正,果形正常,新鲜,果面清洁;无腐烂、畸形、异味、冷害、冻害、病虫害及机械伤。保藏温度方面,黄瓜、苦瓜、丝瓜、佛手瓜、西葫芦、笋瓜等要求在6～9 ℃;冬瓜、南瓜等要求在3～6 ℃。

4) 花菜类

花菜类蔬菜主要有花椰菜、青菜花等,感官上要求成熟适度,紧实,色泽正,新鲜,清洁;无腐烂、散花、畸形、抽茎、异味、开裂、灼伤、冻害、病虫害及机械伤。保藏温度一般在0～3 ℃。

5) 葱蒜类

葱蒜类蔬菜主要包括大蒜、韭葱、洋葱、鸦葱、青葱、细香葱、大葱、韭菜、蒜薹等。感官上要求成熟适度,色泽正,新鲜,果面清洁;无腐烂、畸形、异味、发芽、抽薹、散瓣、冷害、冻害、病虫害及机械伤。保藏温度一般在0～3 ℃。

6) 菜用豆类

菜用豆类主要包括菜豆、青豆、蚕豆、豇豆、蛇豆、芸豆、扁豆、豌豆、荷兰豆、甜荚豌豆、四棱豆等。感官上要求粗细均匀,成熟适度,色泽正,荚鲜嫩,清洁;无腐烂、异味、冷害、冻害、病虫害及机械伤。保藏温度一般在2~7 ℃。

7) 水生蔬菜

水生蔬菜主要包括荸荠、豆瓣菜、水田芥、西洋菜等。感官要求成熟适度,色泽正,新鲜,无腐烂、异味。保藏温度一般在0~3 ℃。

8) 茄果类

茄果类蔬菜感官上要求成熟适度,色泽好,果形好,新鲜,果面清洁;无腐烂、异味、灼伤、冷害、冻害、病虫害及机械伤。注:腐烂、异味和病虫害为主要缺陷。保藏温度方面,青番茄一般在10~15 ℃;已开始上色的番茄一般在2~6 ℃;辣椒一般在1~4 ℃;茄子、日本茄子、甜椒、树番茄等一般在6~9 ℃。

5. 鲜水果

鲜水果主要包括仁果类、浆果类、核果类、瓜类、柑橘类、热带亚热带水果等。

1) 仁果类

仁果类主要有苹果、梨、山楂等。感官上要求苹果完整良好,新鲜洁净,果梗完整;不带不正常的外来水分;无刺伤、裂果、虫伤、病虫果,无异常气味或滋味;保藏温度一般在0~4 ℃。感官上要求各品种的鲜梨都必须完整良好,新鲜洁净,无不正常的外来水分,发育正常,具有贮存或市场要求的成熟度;无刺伤、破皮划伤、雹伤、虫伤、病果、虫害,无异常气味或滋味;保藏温度一般在0~4 ℃。山楂感官上要求果皮色泽呈本品种成熟时固有色泽。果肉颜色:红果类型呈红、粉红或橙红;黄果类型呈浅黄至橙黄。无苦味、异味。无病果、腐烂、冻伤果。保藏温度一般在0~2 ℃。

2) 浆果类

浆果类主要有越橘(蓝莓)、黑莓、草莓、醋栗(红、黑和白)、悬钩子、罗甘莓、覆盆子(树莓)、葡萄、接骨木果、柿子、无花果、猕猴桃、黑加仑、石榴、红加仑、桑葚等。感官上要求果面洁净,无日灼、病虫斑、机械损伤等缺陷;果形端正,基本均匀一致。果皮、果肉和籽粒(仅限石榴)颜色符合本品种特征;具有本品种特有的风味,无异味;充分发育;保藏温度一般在0~3 ℃。

3) 核果类

核果类主要有杏、樱桃、桃、油桃、李、梅、枣等。核果类感官上要求果实充分发育,新鲜清洁,不带不正常的外来水分,具有本品种应有的特征;果皮颜色具有本品种成熟时应有的色泽;无异味。保藏温度一般在0~3 ℃。

4) 瓜类

瓜类水果主要有西瓜、哈密瓜、甜瓜和香瓜等。西瓜感官上要求果实发育正常、完整,无任何外伤,新鲜洁净;具有本品种应有的果形、色泽和条纹。无霉变、腐烂、异味、病虫害;保藏温度一般在5~9 ℃。哈密瓜、甜瓜和香瓜等,感官上要求品质良好,新鲜洁净,无非正常外部潮湿,无异味,发育正常,具有储运要求的成熟度;无霉变、腐烂现象;保藏温度方面,中、晚熟品种为3~5 ℃,早、中熟品种为5~10 ℃。

5) 柑橘类

柑橘类水果感官上要求同一品种或相似品种,大小基本整齐一致,无畸形果,无异味,无明显缺陷(包括日灼、病斑、虫伤、刺伤、擦伤、碰压伤、裂口及腐烂果等)。保藏温度方面,柠檬、柚类一般在10～15 ℃,甜橙类、宽皮柑橘类一般在3～8 ℃。

6) 热带亚热带水果

(1) 青香蕉、蛋黄果、面包果:感官要求果形完整,新鲜,无变质和腐烂现象;清洁,基本上无可见的异物,无机械伤、无病虫害、无异味。香蕉色泽青绿,无黄熟、无裂果,着色良好。无黑心病,香蕉色泽青绿,无冻伤、黄熟现象,要求在运输前为7～8成熟。保藏温度一般在11～15 ℃。

(2) 荔枝:感官要求果形完整,新鲜,无变质和腐烂现象;清洁,基本上无可见的异物,无机械伤、病虫害、异味;无裂果,着色良好。成熟度不大于九成。保藏温度一般在2～6 ℃。

(3) 龙眼:感官要求果形完整,新鲜,无变质和腐烂,清洁,基本上无可见的异物,无机械伤。无裂果,着色良好。无病虫害、异味。成熟度为八成左右。保藏温度一般在1～5 ℃。

(4) 番荔枝:感官要求果形完整,新鲜,无变质和腐烂,清洁,基本上无可见的异物,无机械伤;无病虫害、异味。保藏温度一般在5～14 ℃。

(5) 人心果:感官要求果形完整,新鲜,无变质和腐烂,清洁,基本上无可见的异物,无机械伤;无裂果,着色良好;无病虫害、无异味。成熟度为八成左右。保藏温度一般在0～2 ℃。

(6) 菠萝、番石榴、西番莲果、鳄梨(产于亚热带)、橄榄、阳桃:感官要求果形完整,新鲜,无变质和腐烂,清洁,基本上无可见的异物,无机械伤;无病虫害、无异味及其他病虫害;菠萝无黑心病,西番莲果不允许刺伤、药害、日灼、病害、冻害、皱缩存在。保藏温度一般在7～10 ℃。

(7) 杧果、鳄梨(产于热带)、木菠萝(菠萝蜜)、山竹果、番木瓜(青果)、红毛丹:感官要求果形完整,新鲜,无变质和腐烂,清洁,基本上无可见的异物,无机械伤。无病虫害、无异味。发育充分,具有适于市场或贮存要求的成熟度。保藏温度一般在10～13 ℃。

(8) 枇杷、杨梅等其他娇嫩水果:感官要求果形完整,新鲜,无变质和腐烂,清洁,基本上无可见的异物,无机械伤;无病虫害、无异味。保藏温度一般在0～3 ℃。

6. 速冻食品

速冻食品主要有速冻水果、速冻蔬菜、速冻方便食品等。保藏温度一般在-18 ℃以下。

1) 速冻水果

速冻水果主要有速冻荔枝、速冻草莓、速冻樱桃等。感官要求果面洁净,不沾染泥土,无不洁物污染;冻结良好,无结霜或粘连;具有产品固有的色泽、形状;具有本品种固有的滋味及气味,无异味;不带有产品本身的废弃部分及外来物质。

2) 速冻蔬菜

速冻蔬菜主要有速冻叶菜类、速冻豆类、速冻块茎类。保藏温度一般在-18 ℃以下。

(1) 速冻叶菜类:主要有速冻菠菜、青梗菜、白菜、甘蓝、辣椒叶、芹菜等。感官要求成品的外观平面形状规则、平滑,厚度均一,棱角分明;单冻产品色泽应符合本产品应有色泽,如鲜绿色、深绿色、白色等,无粘连;块冻产品解冻前色泽鲜亮,冰衣完整,无混浊黄色冰衣,无晦暗;色泽均匀,无黄枯叶、褐变叶及不正常色泽。

(2) 速冻豆类:主要有速冻青刀豆、荷兰豆、毛豆、青豆、豇豆、蚕豆等。感官要求单体散冻,无粘连、结块、冰霜现象;产品呈鲜绿色,呈深红色的各品种应有色泽;色泽均匀,无发黄、褐变及不正常色泽;无风干荚;无虫体及虫蛀伤产品。

(3) 速冻块茎类:主要有速冻甜玉米、芋仔、甘薯、牛蒡、土豆、薯条、大姜、莲藕、胡萝卜、白萝卜、青萝卜、魔芋、蒜米、山药、辣根、芦笋、蒜薹等。感官要求单体散冻、无粘连、结块、冰霜、复冻等现象;正常时应有色泽;无风干、失水、冰衣脱落等现象;无斑点粒、片、条、块;无畸形粒、块、条。无虫蛀伤产品及虫体。

3) 速冻方便食品

速冻方便食品主要有速冻蒸、煮食品,油炸食品,熏烤食品等。感官上要求外观形态:轮廓清晰,大小均匀,不破、不裂,产品表面不允许有明显冰晶存在;无异味、无杂质。

7. 糖果类

糖果类要求任何包装形式应密封,保证产品不变形、破损,并使产品在保质期内达到产品质量标准的要求。对于巧克力糖果的要求是:黑巧克力呈棕褐色或棕黑色,具有可可苦味;牛奶巧克力呈棕色或浅棕色,具有可可和乳香风味。糖果保藏温度一般应低于 25 ℃,巧克力要求低于 −1 ℃。

8. 药品类

药品类易腐货物涵盖抗微生物药物、维生素类、胰岛素类、甲状旁腺及钙代谢调节药、免疫调节功能药、抗肿瘤药物、神经系统用药、消化系统药物、循环系统药物、泌尿系统药物、血液系统药物、眼科用药、妇产科用药、生物制品等多种品类以及细菌类疫苗、病毒类疫苗等。

二、按热状态分

易腐货物按热状态不同,可以分为冻结货物、冷却货物和未冷却货物等三类。

1. 冻结货物

冻结货物是指经过冷冻加工成为冻结状态的易腐货物。冻结货物一般应在 −18 ℃ 下贮藏或运输,其中超低温冻结货物(如金枪鱼)则要求在更低的温度(如 −50 ℃)贮藏和运输。

2. 冷却货物

冷却货物是指经过预冷处理后货物温度达到贮藏或运输温度范围之内的易腐货物。冷却货物的贮运温度,除香蕉、菠萝为 11~15 ℃ 外,一般在 0~7 ℃。

3. 未冷却货物

未冷却货物是指未经过任何冷冻工艺处理,完全处于自然状态的易腐货物,如采收后以初始状态提交运输的瓜果、鲜蔬菜等。

三、按销售形态分

易腐货物按销售形态,可以分为散装货物、预包装货物。

1. 散装货物

散装货物,又称"裸装"货物,是那些没有进行包装即进行零售的货物。散装货物因节省了烦琐的包装,降低了货物的价格,且买多买少随意,很受消费者欢迎,无论在商场超市,还是在集贸市场,均随处可见。散装易腐货物主要包括面食、肉食、腌制品、糕点等,品种繁多。

目前,散装货物管理不规范问题逐渐引起人们的关注。在一些商场、超市,散装食品裸露在外,消费者可用手直接触摸、随意挑拣,甚至当场"品评"。但是,消费者在选购时,也无从知道这些没有外包装的散装食品到底是由谁生产的,在什么地方生产的,由哪些成分组成,它们的配料及其来源是什么,有无添加剂、生产日期、保质期等情况。由于商品质量难以辨别,也给少数不法经营者以可乘之机,致使散装食品市场鱼龙混杂。在个别地方甚至成为管理的"盲区",导致隐患不断,问题频频。因此,提倡销售预包装货物。

2. 预包装货物

预包装货物是指预先定量包装或者制作在包装材料和容器中的货物,包括预先定量包装以及预先定量制作在包装材料和容器中的并且在一定限量范围内具有统一的质量和体积标志的货物。预包装货物克服了散装货物易受污染、无法定量和无法辨识的缺点,是易腐货物冷链物流提倡的货物形态。

第二节　易腐货物的化学成分及其性质

食品的成分相当复杂,有些成分是动、植物体内原有的;有些是在加工过程、储藏期间新产生的;有些是人为添加的;有些是原料生产、加工或储藏期间所污染;还有的是包装材料带来的。食品化学成分主要有糖类、脂类、维生素、矿物质、水等(见图 3-1),这些化学成分大部分是人体的营养成分。

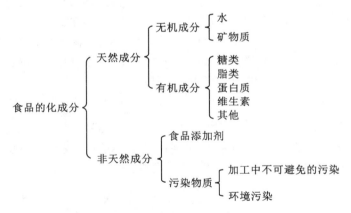

图 3-1　食品的化学成分

一、肉类的化学成分及其性质

肉的化学组成主要有水分、蛋白质、脂肪、浸出物和矿物质等六种成分。

(一)水分

水分是肉类含量最多的成分,不同组织部位的肉,水分含量差异较大,如肌肉含水为 70%,皮肤含水为 60%,骨骼含水为 12%~15%。水分虽然不是肉品的营养物质,但水分含量及其存在状态会影响肉的品质和贮藏性。水分含量与肉品贮藏性呈函数关系,水分多易遭致细菌、霉菌繁殖，引起肉的腐败变质，而肉脱水干缩则不仅使肉品失重而且影响肉的颜色、风味和组织状态，并引起脂肪氧化。肉中水分的存在形式包括结合水、不易流动水和自由水。

1. 结合水

结合水是指与蛋白质分子表面借助极性基团与水分子的静电引力而紧密结合的水分子层，它的冰点很低（-40 ℃），无溶剂特性，不易受肌肉蛋白质结构和电荷变化的影响，不易流失，不能被微生物利用。结合水占整个水分的 5%。

2. 不易流动水

肉中大部分水分是以不易流动水的状态存在。它能溶解盐及其他物质，并 0 ℃ 或稍低时结冰，此类水距离蛋白质亲水基较远，但排列不够有序。不易流动水容易受蛋白质结构和电荷变化的影响，肉的持水性主要取决于肌肉对此类水的保持能力。不易流动水占整个水分的 80%。

3. 自由水

自由水是指存在于细胞外间隙中能自由流动的水，加工过程易流失。自由水占整个水分的 15%。

（二）蛋白质

蛋白质是生命的物质基础，它存在于一切活细胞中，是细胞里最复杂、变化最大的一类分子。一切重要的生命现象和生理机能，就是由组成生物体的无数蛋白质分子活动来体现的，我们日常饮食摄入的蛋白质主要用来制造细胞和维持细胞的运作。

肉类除水分外主要成分是蛋白质，占 18%～20%，占肉中固形物的 80%，肌肉中的蛋白质按照其所存在于肌肉组织上位置的不同，可分为三类：肌原纤维蛋白质（盐溶性蛋白）、肌浆蛋白（水溶性蛋白）和肉基质蛋白质（不溶性蛋白）。

1. 肌原纤维蛋白

肌原纤维（见图 3-2）蛋白是构成肌原纤维的蛋白质，通常利用离子强度 0.5 以上的高浓度盐溶液抽出，但被抽出后，即可溶于低离子强度的盐溶液中，属于这类蛋白质的有肌球蛋白、肌动蛋白、原肌球蛋白、肌动球蛋白和肌钙蛋白等。

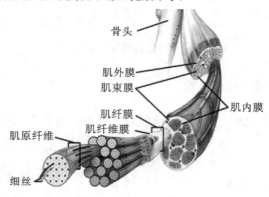

图 3-2 肌原纤维

1）肌球蛋白

肌球蛋白是肌肉中含量最高也是最重要的蛋白质，占肌肉总蛋白质的1/3，占肌原纤维蛋白质的50%～55%。

2）肌动蛋白

肌动蛋白只由一条多肽链构成，其作用是与原肌球蛋白及肌原蛋白结合成细丝，在肌肉收缩过程中与肌球蛋白的横突形成交联（横桥），共同参与肌肉的收缩过程。肌动蛋白约占肌原纤维蛋白的20%，是构成细丝的主要成分。

3）肌动球蛋白

肌动球蛋白的黏度很高，具有流动双折射现象。

4）原肌球蛋白

原肌球蛋白（见图3-3）占肌原纤维蛋白的4%～5%，分子呈长杆状。每1分子的原肌球蛋白结合7分子的肌动蛋白和1分子的肌原蛋白，分子量为65000～80000。

5）肌钙蛋白

肌钙蛋白又叫肌原蛋白，占肌原纤维蛋白的5%～6%，肌原蛋白对Ca^{2+}有很高的敏感性，并能结合Ca^{2+}。

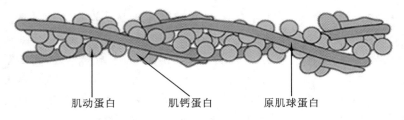

图3-3　原肌球蛋白

2．细胞骨架蛋白

细胞骨架蛋白是明显区别于肌原纤维蛋白和肌浆蛋白的一类蛋白质，它起到支撑和稳定肌肉网格结构，维持肌细胞收缩装置的一类蛋白质。肉畜宰后肌肉中细胞骨架蛋白的降解对肉的嫩化起决定性作用。

3．肌浆蛋白质

肌浆中的蛋白质为可溶性蛋白质，溶于水溶液中，因此在加工和烹调过程中容易流失。肌浆蛋白质不是肌纤维的结构成分，主要包括肌溶蛋白、肌红蛋白、肌浆酶等。

4．结缔组织蛋白

结缔组织蛋白是构成肌内膜、肌束膜、肌外膜和腱的主要成分，包括胶原蛋白、弹性蛋白、网状蛋白及粘蛋白等，存在于结缔组织的纤维及基质中。

（三）脂肪

脂肪对肉的食用品质影响很大，主要影响肉的嫩度、多汁性和风味。脂肪在体内的蓄积，依动物种类、品种、年龄和肥育程度不同而异。猪的脂肪在皮下、肾周围及大网膜；羊的脂肪在尾根、肋间；牛的脂肪在肌肉内。家畜中90%的脂肪组织为中性脂肪，此外还有少量的磷脂和固醇脂。

1. 中性脂肪

中性脂肪即甘油三酯,是由一分子甘油与三分子脂肪酸化合而成,脂肪酸可分为饱和脂肪酸和不饱和脂肪酸。含饱和脂肪酸多则熔点和凝固点高,脂肪组织比较硬、坚挺,含不饱和脂肪酸多则熔点和凝固点低,脂肪比较软。肉中最主要的有棕榈酸和硬脂酸这两种饱和脂肪酸以及油酸和亚油酸这两种不饱和脂肪酸。

2. 磷脂和固醇

磷脂主要包括卵磷脂、脑磷脂、神经磷脂以及其他种类。卵磷脂多存在于内脏器官,脑磷脂多存在于脑神经和内脏器官,以上两种在肌肉中较少。磷脂的结构与中性脂肪的相似,不饱和脂肪酸含量比中性脂肪的多。

胆固醇广泛存在于动物体中,100 g 肌肉中胆固醇含量为 65～70 mg,肾和肝脏中的含量高于肌肉,脑和其他内脏胆固醇含量也高。

同步案例 3-1

美国食品和药物管理局 2015 年 6 月宣布,将在 3 年内禁止在食品中使用人造反式脂肪酸,以助降低心脏疾病发病率。人造反式脂肪酸问世已经一个多世纪,一度被认为是工业时代一项突破性的发明,广泛用于甜点、油炸食品等的加工,如今却被视为"有百害而无一利"。

反式脂肪酸的主要来源是部分氢化处理的植物油。美国食品和药物管理局在一份声明中说,由于部分氢化油在人类食物中的使用没有被"普遍认可为安全",这一机构最终决定实施已经酝酿一年多的禁用令。按照禁令,美国食品生产商必须在 3 年内调整产品配方,剔除部分氢化油成分,或向食品和药物管理局申请在产品中添加部分氢化油的特别许可。2018 年 6 月 18 日以后,除非获得批准,美国市场上的加工食品将不再允许添加部分氢化油。

美国食品和药物管理局表示,禁令只涉及人造反式脂肪酸,一些肉类与奶产品中天然存在的少量天然反式脂肪酸无法避免,不受此决定影响。这一机构主管斯蒂芬·奥斯特罗夫说:"食品和药物管理局对人造反式脂肪酸主要来源的行动显示了这一机构对所有美国人心脏健康的责任。"

按照奥斯特罗夫的说法,这一禁令预计将减少冠心病发生率,"每年预防数以千计的致命心脏病发作"。

更换油脂可能导致食品加工工艺、成本、口感等多方面改变,因此引发美国食品生产商顾虑。据了解,人造反式脂肪酸在美国食品业普遍使用,一方面缘于氢化油不易变质、便于运输存放、成本较低等优点,另一方面在于美国人对食品口感的要求。

(资料来源:《半岛都市报》。)

(四)浸出物

浸出物是指除蛋白质、盐类、维生素外能溶于水的浸出性物质,包括有含氮浸出物和无氮浸出物。肉中主要的浸出物含量如表 3-1 所示。

表 3-1　肉中主要的浸出物含量

含氮浸出物	含量(mg/100 g)
肌苷	250.0
氨基酸	85.0
肌苷酸	76.8
磷酸肌酸	67.0
尿素	9.9
ATP	8.7

1. 含氮浸出物

含氮浸出物即为非蛋白质的含氮物质,如游离氨基酸、磷酸肌酸、核苷酸类(ATP、ADP、AMP、IMP)及肌苷、尿素等。这些物质影响肉的风味,是肉类香气的主要来源,如 ATP 除供给肌肉收缩的能量外,逐级降解为肌苷酸,是肉香的主要成分;磷酸肌酸分解成肌酸,肌酸在酸性条件下加热则为肌酐,可增强熟肉的风味。

2. 无氮浸出物

无氮浸出物即为不含氮的可浸出的有机化合物,包括糖类化合物和有机酸。无氮浸出物主要有糖原、葡萄糖、麦芽糖、核糖、糊精,有机酸主要是乳酸及少量的甲酸、乙酸、丁酸、延胡索酸等。

（五）维生素

维生素的含量是评价食品营养价值的重要指标之一,可分为两大类:水溶性维生素和脂溶性维生素。如果维生素供给量不足,就会出现营养缺乏的症状或患某些疾病,食品加工贮藏过程中,维生素含量会大大降低,所以常常用合成的维生素去补偿食物中原有维生素的含量。

常见维生素的种类、生理功能及主要来源见表 3-2 和表 3-3。

表 3-2　水溶性维生素的功能及来源

名　称	俗　名	生 理 功 能	主 要 来 源
维生素 B1	硫胺素、抗神经类维生素	抗神经炎、预防脚气病	酵母、谷类种子的外皮和胚芽
维生素 B2	核黄素	预防唇、舌发炎	酵母、肝脏、小麦、青菜、蛋黄
泛酸	遍多酸		动植物细胞中
烟酸	尼克酸、抗癞炎	预防癞炎病,形成辅酶Ⅰ,Ⅱ的成分	酵母、谷物、肝脏、花生
维生素 B6	吡咯醇、抗皮炎维生素	与氨基酸代谢有关	酵母、谷物、肝脏、蛋黄
维生素 B11	叶酸	预防恶性贫血	肝脏、植物的叶、酵母
维生素 B12	钴胺素	预防恶性贫血	肝脏、肉、鱼

续表

名 称	俗 名	生理功能	主要来源
维生素 H	生物素	预防皮肤病、促进脂类代谢	动物组织中
维生素 C	抗坏血酸	预防及治疗坏血病、促进细胞间质生长	新鲜水果、蔬菜

表 3-3　脂溶性维生素的功能及来源

名 称	俗 名	生理功能	主要来源
维生素 A	抗干眼病醇、抗干眼病维生素、视黄醇	合成视紫红质、预防表皮细胞角化、促进生长、防治干眼病	鱼肝油、绿色蔬菜、胡萝卜、肝脏、蛋黄、玉米
维生素 D	骨化醇、抗佝偻维生素	调节钙、磷代谢、预防佝偻病和软骨病	鱼肝油、奶、蛋黄、肝
维生素 E	生育酚、生育维生素	预防不育症	谷类的胚芽及其中的油脂
维生素 K	凝血维生素	促进血液凝固	菠菜、油脂

肉中富含 B 族维生素,但脂溶性维生素含量低。维生素含量易受肉畜种类、品种、年龄、性别和肌肉类型的影响,内脏中维生素含量比肌肉的高。生肉的维生素含量如表 3-4 所示。

表 3-4　生肉的维生素含量(每 100 g)

维生素	牛肉	小牛肉	猪肉	腌猪肉	羊肉
A(IU)	微量	微量	微量	微量	微量
B1(mg)	0.07	0.10	1.0	0.4	0.15
B2(mg)	0.2	0.25	0.20	0.15	0.25
尼克酸(mg)	5.0	7.0	5.0	1.5	5.0
泛酸(μg)	0.4	0.6	0.6	0.3	0.5
生物素(μg)	3.0	5.0	4.0	7.0	3.0
叶酸(mg)	10	5	3	0	3
B6(mg)	0.3	0.3	0.5	0.3	0.4
B12(μg)	2	0	2	0	2
抗坏血酸(mg)	0	0	0	0	0
维生素 D(IU)	微量	微量	微量	微量	微量

(六) 矿物质

肌肉中含有大量的矿物质,其中钾、磷含量最多,但钙含量较低;肾和肝中的矿物质含量远高于肌肉组织的矿物质含量。肉和肉制品中矿物质含量如表 3-5 所示。

表 3-5　肉和肉制品中矿物质含量　　　　　　　　单位:mg/100 g

名　称	钠	钾	钙	镁	铁	磷	铜	锌
生牛肉	69	334	5	24.5	2.3	276	0.1	4.3
烤牛肉	67	368	9	25.2	3.9	303	0.2	5.9
生羊肉	75	246	13	18.7	1.0	173	0.1	2.1
烤羊肉	102	305	18	22.8	2.4	206	0.2	4.1
生猪肉	45	400	4	26.1	1.4	223	0.1	2.4
烤猪肉	59	258	8	14.9	2.4	178	0.2	3.5
生腌猪肉	975	268	14	12.3	0.9	94	0.1	2.5

二、果蔬的化学成分及其性质

（一）水分

水分是影响果蔬新鲜度、脆度和口感的重要成分，与果蔬的风味品质也密切相关。一般新鲜水果含水量为70%~90%，新鲜蔬菜含水量为75%~95%。

果蔬水分的作用表现在：①维持果蔬生命活动；②通过维持果蔬的膨胀力或刚性，赋予其饱满、新鲜而富有光泽的外观；③为微生物与酶的活动创造有利条件。所以果蔬贮藏时，必须考虑水分的存在和影响，加以必要的控制。

（二）糖类

糖类在人体中的主要功能是提供热量，糖类经消化水解成单糖被人体吸收，单糖再完全水解放出热量，提供生命活动所需的能量。谷类、蔬菜、水果和可供食用的其他植物都含有糖类化合物，淀粉是植物中最普通的糖类化合物，动物产品所含的糖类化合物较少，主要是肌肉和肝脏中的糖原，其结构和支链淀粉相似，代谢方式与淀粉代谢相同。

1. 可溶性糖

可溶性糖主要包括葡萄糖、果糖和蔗糖，其次为阿拉伯糖、甘露糖以及山梨醇、甘露醇等。果糖和葡萄糖是还原糖，蔗糖是双糖，水解产物称为转化糖。果蔬的含糖量反映了果蔬的品质。

可溶性糖是果蔬中的主要甜味物质。果蔬甜味的浓淡与总含糖量有关，也与含糖种类有关，同时还受其他物质如有机酸、单宁的影响，在评定果蔬风味时，常用糖酸比（糖/酸）来表示。

2. 淀粉

淀粉又称多糖，是葡萄糖聚合物。虽然果蔬不是人体所需淀粉的主要来源，但某些未熟的果实如苹果、香蕉以及地下根茎菜类含有大量的淀粉。果蔬中的香蕉、马铃薯、藕、荸荠、芋头等的淀粉含量较高；其次是豌豆、苹果，其他果蔬含量较少。

未成熟的果实含淀粉较多,在后熟时,淀粉转化为糖,含量逐渐降低,使甜味增加,如香蕉在成熟过程中淀粉由26%降至1%,而糖由1%增至19.5%。

凡是以淀粉形态作为贮存物质的种类大多能保持休眠状态而有利于贮藏。

3. 果胶

果胶物质主要存在于果实、块茎、块根等植物器官中,果蔬的种类不同,果胶的含量和性质也不相同。水果中的果胶一般是高甲氧基果胶,蔬菜中的果胶为低甲氧基果胶。

果胶物质以原果胶、果胶和果胶酸三种形式存在于果蔬组织中。原果胶多存在于未成熟果蔬的细胞壁的中胶层中,不溶于水,常和纤维素结合,使细胞彼此黏结,果实呈脆硬的质地。随着果蔬的成熟,在果胶酶作用下,原果胶分解为果胶,果胶溶于水,黏结作用下降,使细胞间的结合力松弛,果实质地变软。成熟的果蔬向过熟期变化时,在果胶酶的作用下,果胶转变为果胶酸,失去黏结性,使果蔬呈软烂状态。

4. 纤维素和半纤维素

纤维素、半纤维素是植物细胞壁的主要构成成分,是植物的骨架物质,起支持作用。果品中纤维素含量为0.2%～4.1%,半纤维素含量为0.7%～2.7%;蔬菜中纤维素的含量为0.3%～2.3%,半纤维素含量为0.2%～3.1%。纤维素在皮层特别发达,与木质纤维素、栓质、角质、果胶物质等形成复合纤维素,对果蔬有保护作用,对果蔬的品质和贮藏有重要意义。纤维素老时产生木质与角质,因而坚硬粗糙,吃起来有多渣、粗老的感觉,影响果蔬品质。

(三)维生素和矿物质

1. 维生素

果蔬所含的维生素及其前体很多(见表3-6),是人体所需维生素的基本来源,其中以维生素A原(胡萝卜素)、维生素C(抗坏血酸)为最重要。

表3-6 几种果蔬中维生素的含量　　　　　　　　单位:mg/100 g

名称	胡萝卜素	硫胺素	抗坏血酸
苹果	0.08	0.01	5
杏	1.79	0.02	7
山楂	0.82	0.02	89
葡萄	0.04	0.04	4
柑橘	0.55	0.08	30
枣	0.01	0.06	380
番茄	0.31	0.03	11
青椒	1.56	0.04	105
芦笋	0.73	17	21
青豌豆	0.15	0.54	14

1）维生素 A

新鲜果蔬含有大量的胡萝卜素,在动物的肠壁和肝脏中能转化为具有生物活性的维生素 A。胡萝卜素又称为维生素 A 原。维生素 A 不溶于水,碱性条件下稳定,在无氧条件下,于 120 ℃下经 12 h 加热无损失。贮存时应注意避光,减少与空气接触。

2）维生素 C

维生素 C 即抗坏血酸,易溶于水,很不稳定。在酸性条件下比在碱性条件下稳定,贮藏时应注意避光,保持低温,低氧环境中,减缓维生素 C 的氧化损失。

2. 矿物质

果蔬中含有钙、磷、铁、硫、镁、钾、碘等矿物质(见表 3-7),其中,矿物质的 80% 是钾、钠、钙。果蔬中的矿物质进入人体后,与呼吸释放的 HCO_3^- 离子结合,可中和血液中的 H^+ 离子,使血浆的 pH 值增大,因此又称果蔬为"碱性食品"。人体从果蔬中摄取的矿物质是保持人体正常生理机能必不可少的物质,是其他食品难以相比的。

表 3-7 果蔬中主要矿物质含量　　　　　　　　　　　单位:mg/100 g

种类	钠	钾	钙	铁	磷
苹果	20	1120	70	1.0	60
葡萄	60	1630	130	8.0	820
杏	30	1000	90	3.0	130
番茄	1200	3100	430	9.0	410
菠菜	700	7500	800	30.0	1650

矿物质元素对果品的品质有重要的影响,金属元素通过与有机成分的结合能显著影响果蔬的颜色,而微量元素是控制采后产品代谢活性的酶辅基的组分,因而显著影响果蔬品质的变化。如在苹果中,钙和钾具有提高果实硬脆度、降低果实贮期的软化程度和失重率,以及维持良好肉质和风味的作用。在不同果蔬品种中,果实的钙、钾含量高时,硬脆度高,果肉密度大,果肉致密,细胞间隙率低,贮期软化变慢,肉质好,耐贮藏;果实中锰铜含量低时,韧性较强;锌含量对果实的风味、肉质和耐贮性的影响较小,优质品种的含锌量相对较低。

（四）有机酸

果蔬中的有机酸含量很少,为 0.05%～0.10%,是构成新鲜果蔬及其加工品风味的主要成分,果蔬中含有多种有机酸,主要有柠檬酸、苹果酸、酒石酸和草酸。在这些有机酸中,酒石酸的酸性最强,并有涩味,其次是苹果酸、柠檬酸。柑橘类、番茄类含柠檬酸较多;苹果、梨、桃、杏、樱桃等含苹果酸较多;葡萄含酒石酸较多;草酸普遍存在蔬菜中,水果中含量很少。

（五）多酚类和色素

果蔬中大多数含有单宁等多酚类化合物、花青素、叶绿素、类胡萝卜素等。

食品中的多酚类和色素

三、乳与蛋的化学成分及其性质

（一）乳的化学成分及其性质

乳是膳食中蛋白质、钙、磷、维生素 A、维生素 D 和维生素 B2 的重要供给来源之一。牛乳的营养成分随牛的品种、哺乳期、所喂养的饲料不同而有所差异，但市售鲜奶的脂肪和蛋白质含量是固定的。酸奶是由牛乳发酵而成的，它不但保留了牛奶的所有优点，而且某些方面经加工过程还扬长避短，成为更加适合于人类的营养保健品。酸奶相对牛乳更容易消化吸收。

乳的化学成分主要包括水分、蛋白质、脂肪、乳糖、无机盐类、磷脂、维生素、酶、免疫体、色素、气体以及其他微量成分。乳是多物质的混合体，实际上乳是一种复杂且具有胶体特性的生物化学液体。在这种分散系中，水为分散酶，分散在水中的蛋白质、脂肪、乳糖以及盐类等 100 多种化学物质称为分散相或分散质。乳中的分散质有的以分子及离子状态存在，如乳糖和无机盐类；有的呈乳浊质及悬浊质状态，如蛋白质等；有的以乳浊液及悬浊液状态存在，如脂肪等。

1. 蛋白质

牛乳中的蛋白质含量为 3%～4%，其中 80% 以上为酪蛋白，其他主要为乳清蛋白。酪蛋白是一种耐热蛋白质，可在酸性条件下沉淀。酪蛋白是一种优质蛋白，容易为人体消化吸收，并能与谷类蛋白质发生营养互补作用。牛乳所含的蛋白质中有人体生长发育所必需的一切氨基酸。牛乳蛋白质的消化率可达 98%～100%，而豆类蛋白质的消化率为 80%，因而乳蛋白为完全蛋白质。

1) 酪蛋白

酪蛋白是乳中含量最高的蛋白质，可防治骨质疏松与佝偻病，促进动物体外受精，调节血压，治疗缺铁性贫血、缺镁性神经炎等多种生理疾病，尤其是其促进常量元素（Ca、Mg）与微量元素（Fe、Zn、Cu、Cr、Ni、Co、Mn、Se）高效吸收的功能特性使其具有"矿物质载体"的美誉，它可以和金属离子，特别是钙离子结合形成可溶性复合物，一方面有效避免了钙在小肠中性或微碱性环境中形成沉淀，另一方面还可在没有维生素 D 参与的条件下使钙被肠壁细胞吸收，所以是最有效的促钙吸收因子之一。

2) 乳清蛋白

乳清蛋白质是指溶解分散在乳清中的蛋白，占乳蛋白质的 18%～20%，可分为热稳定和热不稳定乳清蛋白两部分。乳清液在 pH＝4.6～4.7 时煮沸 20 min，发生沉淀的一类蛋白质是热不稳定的乳清蛋白，主要包括乳白蛋白和乳球蛋白；而不沉淀的蛋白质属于热稳定蛋白。在中性乳清中加饱和硫酸铵或饱和硫酸镁盐析出时，呈溶解状态而不析出的蛋白质为乳白蛋白，能析出而不呈溶解状态的则属于乳球蛋白。

2. 脂类

乳脂质包括脂肪、磷脂、甾醇、游离脂肪酸等，乳脂肪具有水溶性脂肪酸值高、碘值低、挥发性脂肪酸多、不饱和脂肪酸少、低级脂肪酸多、皂化值比一般脂肪高等特点。

3. 乳糖

乳糖是乳的特色糖分,乳糖在乳酸菌的作用下,分解成半乳糖和葡萄糖,为人类提供营养和能源。半乳糖对哺乳动物神经发育有重要影响,乳糖有利于钙的吸收。乳糖酶缺少会引起乳糖不耐症。

4. 维生素

乳是各种维生素的优良来源。它含有几乎所有种类的脂溶性和水溶性维生素,可以提供相当数量的核黄素、维生素 B12、维生素 A、维生素 B6 和泛酸。牛乳中的烟酸含量不高,但由于牛乳中蛋白质中的色氨酸含量高,可以帮助人体合成烟酸。牛乳中还含有少量维生素 C 和维生素 D。牛乳中的淡黄色来自类胡萝卜素和核黄素。

5. 矿物质

乳中含有丰富的矿物质,如钙、磷、铁、锌、铜、锰、钼等。特别是含钙较多,而且钙、磷比例合理,吸收率高,是动物性食品中唯一的呈碱性的食品,牛乳中 80% 的钙以酪蛋白酸钙复合物的形式存在,其他矿物质也主要是以蛋白质结合的形式存在。牛乳中的钙、磷不仅含量高而且比例适中,并有维生素 D、乳糖等促进吸收的因子,因此牛乳是膳食中钙的最佳来源。在自然界中,乳中的碳水化合物只有乳糖仅存在于哺乳动物的乳汁中,其甜度为蔗糖的 1/6。乳糖的一个重要特点是能促进人类肠道内乳酸菌的生长,从而抑制肠内异常发酵造成的中毒现象,有利于肠道健康。乳糖还与糖的代谢有关,在食物中增加乳制品有利于钙的吸收,有预防小儿佝偻病、中老年人骨质疏松病的功效。

(二)蛋的化学成分及其性质

禽蛋的化学成分取决于家禽的种类、品种、饲养条件和产卵时间等。蛋的结构复杂,其化学成分也丰富、复杂。虽然各成分的含量有较大的变化,但同一品种蛋的基本成分是大致相似的。

1. 蛋壳的化学成分

蛋壳主要由无机物组成,占整个蛋壳的 94%~97%,有机物占蛋壳的 3%~6%,主要为蛋白质,属于胶原蛋白。

2. 蛋白的化学组成

蛋白中的水分占 85%~88%,各层有所不同,蛋中的蛋白是一种胶体物质,蛋白的结构和种类不同,其胶体状态也不同。这些蛋白包括卵白蛋白、伴白蛋白、卵类粘蛋白、卵粘蛋白、卵球蛋白等。此外,蛋白还含有碳水化合物、脂肪、维生素、矿物质、酶等,蛋白中的酶最主要的是溶菌酶。

3. 蛋黄的化学组成

蛋黄不仅结构复杂,其化学成分也极为复杂。蛋黄中的蛋白质大部分是脂蛋白质,包括低密度脂蛋白、卵黄球蛋白、卵黄高磷蛋白和高密度脂蛋白。

蛋黄中的脂质含量最多,占 32%~35%,其中属于甘油酯的真正脂肪所占的比重最大,约占 20%;其次是磷脂(包括卵磷脂、脑磷脂和神经磷脂),约占 10%;还有少量的固醇(包括甾醇、胆固醇和胆脂醇)和脑苷脂等。蛋黄脂类中不饱和脂肪酸较多,易氧化,在蛋品保藏上,即使是蛋黄粉和干全蛋品的贮存也应引起充分重视。

蛋中尤以蛋黄色素含量最多,使蛋黄呈黄色或橙黄色。这些色素大部分为脂溶性色素,属类胡萝卜素一类。

鲜蛋中的维生素主要存在于蛋黄中,不仅种类多而且含量丰富,尤以维生素 A、E、B2、B6、泛酸为多,此外还有维生素 D、K、B1、B12、叶酸、烟酸等。

蛋黄中含 1.0%~1.5%的矿物质,其中以磷最为丰富,占无机成分总量的 60%以上,钙次之,占 13%左右,还含有铁、硫、钾、钠、镁等,且其中的铁很易被人体吸收。

第三节 易腐货物的热物理性质

一、水和冰的热物理性质

由于水在易腐货物中占很大比例,因此在讨论食品的热物理性质之前,先讨论水的热物理性质是必要的。

1. 水和冰的密度 ρ

水的密度如表 3-8 所示,冰的密度如表 3-9 所示。

表 3-8 水的密度

T(℃)	0	3.98	5	10	20
$\rho(\times 10^3 \text{ kg/m}^3)$	0.99987	1.00000	0.99999	0.99973	0.99823

表 3-9 冰的密度

T(℃)	0	−25	−50	−75	−100
$\rho(\times 10^3 \text{ kg/m}^3)$	0.917	0.921	0.924	0.927	0.930

由此可见,水的密度 ρ 在 3.98 ℃时达最大值为 $1.00000 \times 10^3 \text{ kg/m}^3$,而在 0 ℃时 $\rho = 0.99987 \times 10^3 \text{ kg/m}^3$。而冰在 0 ℃时的密度为 $0.917 \times 10^3 \text{ kg/m}^3$,即 0 ℃冰的体积比水要增大约 9%。

2. 水和冰的(体积)热膨胀系数 β

水的(体积)热膨胀系数如表 3-10 所示,冰的(体积)热膨胀系数如表 3-11 所示。

表 3-10 水的(体积)热膨胀系数

T(℃)	0	2	4	6	8
$\beta(\times 10^{-6}/\text{K})$	−68.1	−32.7	0.27	31.24	60.41

表 3-11 冰的(体积)热膨胀系数

T(℃)	0	−25	−50	−75	−100	−125	−150	−175
$\beta(\times 10^{-6}/\text{K})$	57	50	43	38	31	24	17	12

在 0 ℃时,冰的热膨胀系数 β 为 $57 \times 10^{-6}/\text{K}$,水的热膨胀系数 β 为 $-68.1 \times 10^{-6}/\text{K}$。这说明温度下降时,冰的体积将收缩($\beta > 0$),但其收缩率为 $10^{-6} \sim 10^{-5}$,远远低于水结冰产

生的体积膨胀。

对于含水分多的食品材料被冻结时体积将会膨胀。由于冻结过程是从表面逐渐向中心发展的,即表面水分首先冻结;而当内部的水分因冻结而膨胀时就会受到外表面层的阻挡,于是产生很高的内压(称为冻结膨胀压),此压力可使外层破裂或食品内部龟裂,或使细胞破坏,细胞质流出,使食品品质下降。

3. 水和冰的比热容 c_p

水的比热容如表 3-12 所示,冰的比热容如表 3-13 所示。

表 3-12 水的比热容

$T(℃)$	0	10	20	30
$c_p[kJ/(kg·K)]$	4.2177	4.1922	4.1819	4.1785

表 3-13 冰的比热容

$T(℃)$	0	−10	−20	−30	−40	−50
$c_p[kJ/(kg·K)]$	2.12	2.04	1.96	1.88	1.80	1.78
$T(℃)$	−60	−70	−80	−100	−120	−140
$c_p[kJ/(kg·K)]$	1.65	1.57	1.49	1.34	1.18	1.03

4. 水和冰的热导率 λ

水的热导率如表 3-14 所示,冰的热导率如表 3-15 所示。

表 3-14 水的热导率

$T(℃)$	0	5	10	15	20	25	30
$\lambda[W/(m·K)]$	0.567	0.570	0.579	0.588	0.597	0.606	0.613

表 3-15 冰的热导率

$T(℃)$	0	−20	−40	−60	−80	−100	−120
$\lambda[W/(m·K)]$	2.24	2.43	2.66	2.91	3.18	3.47	3.81

5. 水和冰的热扩散系数 α

水的热扩散系数如表 3-16 所示,冰的热扩散系数如表 3-17 所示。

表 3-16 水的热扩散系数

$T(℃)$	0	10	20	30	40
$\alpha(×10^{-6} m^2/s)$	0.133	0.138	0.143	0.147	0.150

表 3-17 冰的热扩散系数

$T(℃)$	0	−25	−50	−75	−100
$\alpha(×10^{-6} m^2/s)$	1.15	1.41	1.75	2.21	2.81

水和冰的比热容、热导率和热扩散系数的比较如图3-4所示。

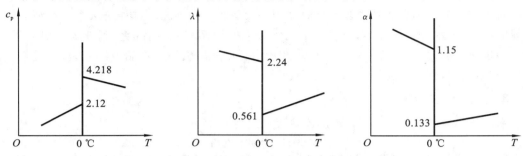

图3-4　水和冰的比热容、热导率和热扩散系数的比较

由图3-4可知,冰的传热性能和热扩散速率远大于水,而比热容却小于水,这些性质在食品冻结与解冻加工中具有重要意义。

6．冰的融化潜热

冰在0 ℃的融化潜热为335 kJ/kg或6.03 kJ/mol。

二、食品材料的热物理数据

食品材料的热物理性质的测量是从18世纪开始的。目前的数据中有一半以上是在20世纪50—60年代发表的。严格地讲,实验数据应讲清实验方法、实验条件(如温度、压力、相对湿度等)及材料的情况和处理方法等;而实验结果应给出数据的偏差范围及测量精度。目前的数据大都达不到这些要求,很多数据离散度很大。

关于食品材料热物理性质的数据,收集最全的是美国供热制冷空调工程师会(ASHRAE)于1993年出版的手册。

1．比热容

一些食品的比热容值如表3-18所示;一些食品材料的冻前比热容与含水量的实测数据分布如图3-5所示。

表3-18　一些蔬菜的含水量、冻前比热容、冻后比热容和融化热数据

蔬　菜	含水量 (%)	初始冻结温度 (℃)	冻前比热容 [kJ/(kg·K)]	冻后比热容 [kJ/(kg·K)]	融化热 (kJ/kg)
芦笋	93	−0.6	4.00	2.01	312
干菜豆	41	—	1.95	0.98	37
甜菜根	88	−1.1	3.88	1.95	295
胡萝卜	88	−1.4	3.88	1.95	295
花椰菜	92	−0.8	3.98	2.00	308
芹菜	94	−0.5	4.03	2.02	315
甜玉米	74	−0.6	3.53	1.77	248
黄瓜	96	−0.5	4.08	2.05	322

续表

蔬菜	含水量(%)	初始冻结温度(℃)	冻前比热容[kJ/(kg·K)]	冻后比热容[kJ/(kg·K)]	融化热(kJ/kg)
茄子	93	−0.8	4.00	2.01	312
大蒜	61	−0.8	3.20	1.61	204
姜	87	—	3.85	1.94	291
韭菜	85	−0.7	3.80	1.91	285
莴苣	95	−0.2	4.06	2.04	318
蘑菇	91	−0.9	3.95	1.99	305
青葱	89	−0.9	3.90	1.96	298
干洋葱	88	−0.8	3.88	1.95	295
青豌豆	74	−0.6	3.53	1.77	248
四季萝卜	95	−0.7	4.06	2.04	318
菠菜	93	−0.3	4.00	2.01	312
西红柿	94	−0.5	4.03	2.02	315
青萝卜	90	−0.2	3.93	1.97	302
萝卜	92	−1.1	3.98	2.00	308
水芹菜	93	−0.3	4.00	2.01	312

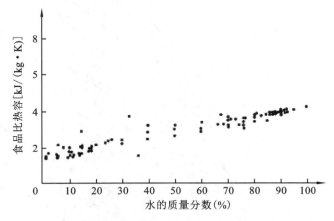

图 3-5 一些食品材料的冻前比热容与含水量的实测数据分布

2. 焓值

过去多取 −20 ℃ 冻结态的焓值为其零点，近来多取 −40 ℃ 冻结态的焓值为其零点。在冻结过程中，食品的冰点是变化的，因此在计算热负荷时，一般用焓值较方便。

牛肉的比焓值如图 3-6 所示，水果汁和蔬菜汁的比焓值如图 3-7 所示，鳕鱼的比焓值与温度的关系如图 3-8 所示。

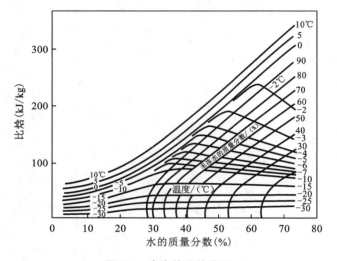

图 3-6　牛肉的比焓值图

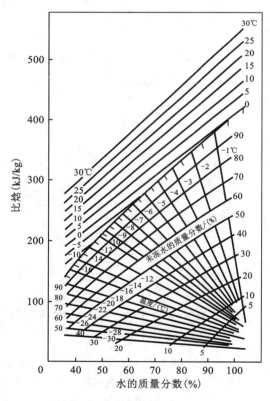

图 3-7　水果汁和蔬菜汁的比焓值图

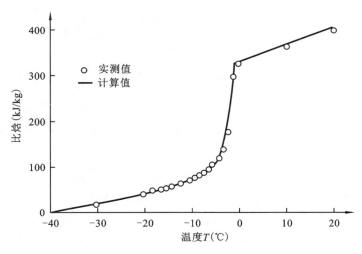

图 3-8　鳕鱼的比焓值与温度的关系

3. 热导率

一些食品热导率的实验数据如表 3-19 所示。

表 3-19　一些食品热导率的实验数据

食　品	温度(℃)	含水量(%)	热导率[kW/(m·K)](实验者)
苹果汁	20	87	0.599(Ricdel)
	80		0.631
	20	70	0.504
	80		0.564
	20	36	0.389
	80		0.435
苹果	8		0.418(Gane)
干苹果	23	41.6	0.219(Sweat)
干杏	23	43.6	0.375(Sweat)
草莓酱	20	41.0	0.338(Sweat)
牛肉脂肪	35	0	0.190(Poppendick)
	35	20	0.230
瘦牛肉	3	75	0.506(Lentz)
	−15		1.42
	20	79	0.430(Hill)
	−15		1.43
	20	79	0.408(Hill)
	−15		
	3	74	0.471(Lentz)
	−15		1.12

续表

食品	温度(℃)	含水量(%)	热导率[kW/(m·K)](实验者)
猪肉脂肪	3	6	0.215(Lentz)
	−15		0.218
瘦猪肉(6.1%脂肪)	4	72	0.478(Lentz)
	−15		1.49

4. 热扩散率

热扩散率的实测数据很少,而且均是针对未冻结食品的,ASHRAE 手册给出了一些实测值,这些实测值绝大多数分布在 $0.10 \sim 0.13 \ mm^2/s$;而水在 25 ℃时的值为 $0.145 \times 10^{-6} \ m^2/s = 0.145 \ mm^2/s$。

综合案例

上海某国际贸易有限公司及刘某某生产、销售伪劣产品案
——销售超过保质期的烘焙用乳制品 200 余吨

一、案例背景

2016 年 1 月,时任被告单位上海某国际有限公司法定代表人、总经理的被告人刘某某在得知公司部分奶粉、奶酪已经过期后,将该批奶粉、奶酪销售给尚某某经营的公司。2016 年 1 月 15 日,上海某国际有限公司将存放公司仓库内的超过保质期的新西兰恒天然全脂奶粉 8330 袋(25 kg/袋),以及超过保质期的新西兰恒天然切达奶酪 269 箱(20 kg/箱)交付给尚某某(另案处理)经营的公司,销售金额共计 295 万余元。2016 年 4 月,上述部分超过保质期的奶粉及全部奶酪被执法部门查获。

后经上海市第三中级人民法院审理认为,被告单位上海某国际有限公司及被告人刘某某为牟取非法利益,违反国家法律法规,以超过保质期的不合格产品冒充合格产品进行销售,销售金额达 295 万余元,其行为均构成销售伪劣产品罪,应依法惩处。据此,以销售伪劣产品罪分别判处被告单位上海某国际贸易有限公司罚金人民币三百万元;被告人刘某某有期徒刑十五年,并处罚金人民币三十万元。

一些不法商家为了非法逐利,用超过保质期的食品原料、超过保质期的食品、回收食品生产食品,或者以更改生产日期、保质期、改换包装等方式继续出售超过保质期的食品、回收食品。此类行为因具有较高的食品安全风险,因而被《食品安全法》等法律法规明令禁止。但实践中仍屡禁不止,严重危害人民群众的饮食安全。对此,《解释》第十五条对此类犯罪惩处作出明确规定。用超过保质期的食品原料、超过保质期的食品、回收食品生产的食品和超过保质期的食品、回收食品,因存在危及人身安全的不合理的危险,应认定为不合格产品。生产、销售上述食品,销售金额在五万元以上的,以生产、销售伪劣产品罪定罪处罚。同时构成生产、销售不符合安全标准的食品罪等其他犯罪的,依照处罚较重的规定定罪处罚。本案中,无证据证明被告单位和被告人构成其他犯罪,故以生产、销售伪劣产品罪定罪处罚。

(案例来源:https://m.thepaper.cn/baijiahao_19303100。)

二、案例讨论

奶粉、奶酪的化学成分主要包括哪些？这些化学成分在保藏过程中容易发生哪些变化？

练习与思考

1. 练习题

（1）易腐货物有几种分类方法？分别包括哪些类型？

（2）肉类的蛋白质包括哪些？

（3）果蔬中的可溶性糖是甜味的主要来源，主要包括哪些？

2. 思考题

（1）易腐货物还可以有哪些其他分类方法？

（2）肉类和乳的蛋白质、糖类等成分有什么区别？

3. 调研

收集著名企业家、贵州老干妈、伊利等诚信做食品的正面案例，撰写心得体会。

第三章试卷

第四章
易腐货物的腐败及控制原理

学习目标

掌握易腐货物腐败机理,了解各类易腐货物腐败变质情况,了解影响易腐货物冷链物流品质的影响因素,掌握低温方法控制易腐食品腐败的原理和方法。通过易腐食品腐败原理的学习,可利用所学知识宣传食品安全法制制度,对违法行为坚决说"不"。

案 例

近日,洋快餐巨头麦当劳、肯德基、必胜客再次因供应商——上海福喜食品有限公司"变质肉"事件遭受食品安全和信任双重危机。"变质肉"事件暴露出中国食品供应链的漏洞,食品供应链管理在全世界都是一个难题。治理食品供应链漏洞需要深入到生产、流通、销售等各个环节。下面我们重点分析的是流通环节。

近几年,中国出现了专门针对快餐业的冷链物流中心及加工中心的企业,其冷链体系也并未达到完整状态,虽与上游种植、养殖基地,半成品加工供应商建立合作关系,但尚未建立起稳定的、紧密衔接的冷链服务网络,因此就整体冷链体系来看,还未形成链,只存在于建立起节点的状态。当然,国内更多的普通连锁快餐企业连基本的常、低温物流中心与加工中心体系还未建立。

目前,国内发展较快的中餐类连锁快餐企业也陆续在主业务区(如北京、深圳、上海)规划建立服务于自有企业的物流(常温、冷链)及加工中心,如北京的吉野家、呷哺呷哺,深圳的面点王、嘉旺城市快餐、丽华快餐、味千拉面等。中式快餐企业的物流及加工中心由于在建设之初即定义为企业内物流,因此较少对外提供服务。

第一节　易腐货物的腐败与变质

微生物广泛分布于自然界,食品中不可避免地会受到一定类型和数量的微生物的污染,当环境条件适宜时,它们就会迅速生长繁殖,造成食品的腐败与变质,不仅降低了食品的营养和卫生质量,而且还可能危害人体的健康。

食品腐败变质,是指食品受到各种内外因素的影响,造成其原有化学性质或物理性质发生变化,降低或失去其营养价值和商品价值的过程,如鱼肉的腐臭、油脂的酸败、水果蔬菜的腐烂和粮食的霉变等。

引起食品变质的主要因素有两个方面,一方面是外在因素,如空气和土壤中的微生物、害虫等;另一方面是内在因素,食品自身的酶作用及各种理化作用。通过了解食品腐败变质的原因,研究控制食品腐败变质的原理,为延长食品保存期、食品保藏提供一定的基础。食品的腐败变质原因较多,有物理因素、化学因素和生物性因素,如动、植物食品组织内酶的作用,昆虫、寄生虫以及微生物的污染等,其中由微生物污染所引起的食品腐败变质是最为重要和普遍的。

一、微生物引起食品变质的基本条件

食品原料总是带有一定数量的微生物,即使是加工过程中和加工后的成品,也不可避免地要接触环境中的微生物,因而食品中存在一定种类和数量的微生物。然而微生物污染食品后,能否导致食品的腐败变质,以及变质的程度和性质如何,是受多方面因素的影响。一般来说,食品发生腐败变质与食品本身的性质、污染微生物的种类和数量以及食品所处的环境等因素有着密切的关系,而它们三者之间又是相互作用、相互影响的。

1. 食品的氢离子浓度

各种食品都具有一定的氢离子浓度。根据食品pH值范围的特点,食品可分为两大类:酸性食品和非酸性食品。一般规定pH值在4.5以上者,属于非酸性食品;pH值在4.5以下者为酸性食品。例如,动物食品的pH值一般为5～7,蔬菜的pH值在5～6,它们一般为非酸性食品;水果的pH值在2～5,一般为酸性食品。

各类微生物都有其最适宜的pH范围,食品中氢离子浓度可影响菌体细胞膜上电荷的性质。当微生物细胞膜上的电荷性质受到食品氢离子浓度的影响而改变后,微生物对某些物质的吸收机制会发生改变,从而影响细胞正常物质代谢活动和酶的作用,因此食品pH值高低是制约微生物生长,影响食品腐败变质的重要因素之一。

大多数细菌最适生长的pH值是7.0左右,酵母菌和霉菌生长的pH值范围较宽,因而非酸性食品适合于大多数细菌及酵母菌、霉菌的生长;细菌生长下限pH值一般在4.5左右,pH值3.3以下时只有个别耐酸细菌,如乳杆菌属尚能生长,故酸性食品的腐败变质主要是酵母和霉菌的生长。

另外,食品的pH值也会因微生物的生长繁殖而发生改变,当微生物生长在含糖与蛋白质的食品基质中,微生物首先分解糖产生酸使食品的pH值下降;当糖不足时,蛋白质被分解,pH值又回升。由于微生物的活动,使食品基质的pH值发生很大变化,当酸或碱积累到一定量时,反过来又会抑制微生物的继续活动。

2. 食品的水分

水分是微生物生命活动的必要条件,微生物细胞组成不可缺少水,细胞内所进行的各种生物化学反应,均以水分为溶媒。在缺水的环境中,微生物的新陈代谢发生障碍,甚至死亡。

但各类微生物生长繁殖所要求的水分含量不同,因此,食品中的水分含量决定了生长微生物的种类。一般来说,含水分较多的食品,细菌容易繁殖;含水分少的食品,霉菌和酵母菌则容易繁殖。

食品中水分以游离水和结合水两种形式存在。微生物在食品上生长繁殖,能利用的水是游离水,因而微生物在食品中的生长繁殖所需水不是取决于总含水量,而是取决于水分活度(water activity,Aw)。一部分水是与蛋白质、碳水化合物及一些可溶性物质,如氨基酸、糖、盐等结合,这种结合水对微生物是无用的,因而通常使用水分活度来表示食品中可被微生物利用的水。

水分活度(Aw)是指食品在密闭器内测得的水蒸气压力(P)与同温下测得的纯水蒸气压力(P_0)之比,即

$$Aw = P/P_0$$

根据拉乌尔定律,在一定温度下,稀溶液的蒸气压等于纯溶剂的蒸气压乘以该溶剂在溶液中的摩尔分数。

食品中主要微生物类群生长的最低 Aw 值如表 4-1 所示。

表 4-1 食品中主要微生物类群生长的最低 Aw 值

微生物类群	最低 Aw 值	微生物类群	最低 Aw 值
大多数细菌	0.99~0.90	嗜盐性细菌	0.75
大多数酵母菌	0.94~0.88	耐高渗酵母	0.60
大多数霉菌	0.94~0.73	干性霉菌	0.65

新鲜的食品原料,如鱼、肉、水果、蔬菜等含有较多的水分,Aw 值一般在 0.98~0.99,适合多数微生物的生长,如果不及时加以处理,很容易发生腐败变质。为了防止食品变质,最常用的办法,就是要降低食品的含水量,使 Aw 值降低至 0.7 以下,这样可以较长期地进行保存。Aw 值在 0.8~0.85 之间的食品,一般只能保存几天;Aw 值在 0.72 左右的食品,可以保存 2~3 个月;如果 Aw 在 0.65 以下,则可保存 1~3 年。

在实际操作中,为了方便也常用含水量百分率来表示食品的含水量,并以此作为控制微生物生长的一项衡量指标。例如,为了达到保藏目的,奶粉含水量应在 8% 以下,大米含水量应在 13% 左右,豆类含水量在 15% 以下,脱水蔬菜含水量在 14%~20%。这些物质含水量百分率虽然不同,但其 Aw 值在 0.70 以下。

3. 食品的渗透压

渗透压与微生物的生命活动有一定的关系。如将微生物置于低渗溶液中,菌体吸收水分发生膨胀,甚至破裂;若置于高渗溶液中,菌体则发生脱水,甚至死亡。一般来说,微生物在低渗透压的食品中有一定的抵抗力,较易生长;而在高渗食品中,微生物常因脱水而死亡。当然,不同微生物种类对渗透压的耐受能力大不相同。

绝大多数细菌是不能在较高渗透压的食品中生长的,只有少数细菌能在高渗环境中生长,如盐杆菌属中的一些种,在 20%~30% 的食盐浓度的食品中能够生活;肠膜明串珠菌能耐高浓度糖,如异常汉逊氏酵母、鲁氏糖酵母、膜毕赤氏酵母等能耐受高糖,常引起糖浆、果酱、果汁等高糖食品的变质;酵母菌和霉菌一般能耐受较高的渗透压。霉菌中比较突出的代表是灰绿曲霉、青霉属、芽枝霉属等。

盐和糖是形成不同渗透压的主要物质。在食品中加入不同量的糖或盐,可以形成不同的渗透压。所加的糖或盐越多,则浓度越高,渗透压越大,食品的 Aw 值就越小。通常为了防止食品腐败变质,常用盐腌和糖渍方法来较长时间地保存食品。

4. 食品的存在状态

完好无损的食品,一般不易发生腐败,如没有破碎和伤口的马铃薯、苹果等,可以放置较长时间。如果食品组织溃破或细胞膜碎裂,则易受到微生物的污染而发生腐败变质。

二、腐败微生物

微生物在食品发生腐败变质过程中起重要作用。如果某一食品经过彻底灭菌或过滤除菌,则食品长期贮藏也不会发生腐败;相反,如果微生物污染了某一食品,一旦条件适宜,就会引起该食品腐败变质。所以说,微生物的污染是食品发生腐败变质的根源。

能引起食品发生腐败变质的微生物种类很多,主要有细菌、酵母和霉菌。一般情况下,细菌常比酵母菌占优势。在这些微生物中,有病原菌菌和非病原菌,有芽孢菌和非芽孢菌,有嗜热性菌、嗜温性菌和嗜冷性菌,有好氧菌或厌氧菌,有分解蛋白质、糖类、脂肪能力强的菌。

1. 分解蛋白质类食品的微生物

分解蛋白质而使食品变质的微生物,主要是细菌、霉菌和酵母菌,它们多数是通过分泌胞外蛋白酶来完成的。

细菌中,芽孢杆菌属、梭状芽孢杆菌属、假单孢菌属、变形杆菌属、链球菌属等分解蛋白质能力较强,即使无糖存在,它们在以蛋白质为主要成分的食品上也能生长良好;肉毒梭状芽孢杆菌分解蛋白质能力很微弱,但该菌为厌氧菌,可引起罐头的腐败变质;小球菌属、葡萄球菌属、黄杆菌属、产碱杆菌属、埃希氏杆菌属等分解蛋白质较弱。

许多霉菌都具有分解蛋白质的能力,霉菌比细菌更能利用天然蛋白质。常见的有青霉属、毛霉属、曲霉属、木霉属、根霉属等。而多数酵母菌对蛋白质的分解能力极弱,如啤酒酵母属、毕赤氏酵母属、汉逊氏酵母属、假丝酵母属、球拟酵母属等能使凝固的蛋白质缓慢分解。但在某些食品上,酵母菌竞争不过细菌,往往是细菌占优势。

2. 分解碳水化合物类食品的微生物

细菌中能高活性分解淀粉的为数不多,主要是芽孢杆菌属和梭状芽孢杆菌属的某些种,如枯草杆菌、巨大芽孢杆菌、马铃薯芽孢杆菌、蜡样芽孢杆菌、淀粉梭状芽孢杆菌等,它们是引起米饭发酵、面包黏液化的主要菌株;能分解纤维素和半纤维素只有芽孢杆菌属、梭状芽孢杆菌属和八叠球菌属的一些种;绝大多数细菌都具有分解某些糖的能力,特别是利用单糖的能力极为普遍;某些细菌能利用有机酸或醇类;能分解果胶的细菌主要有芽孢杆菌属、欧氏植病杆菌属、梭状芽孢杆菌属中的部分菌株,它们参与果蔬的腐败。

多数霉菌都有分解简单碳水化合物的能力;能够分解纤维素的霉菌并不多,常见的有青霉属、曲霉属、木霉属等中的几个种,其中绿色木霉、里氏木霉、康氏木霉分解纤维素的能力特别强。分解果胶质的霉菌活力强的有曲霉属、毛霉属、蜡叶芽枝霉等;曲霉属、毛霉属和镰刀霉属等还具有利用某些简单有机酸和醇类的能力。

绝大多数酵母不能使淀粉水解;少数酵母如拟内胞霉属能分解多糖;极少数酵母如脆壁酵母能分解果胶;大多数酵母有利用有机酸的能力。

3. 分解脂肪类食品的微生物

分解脂肪的微生物能生成脂肪酶,使脂肪水解为甘油和脂肪酸。一般来说,对蛋白质分解能力强的需氧性细菌,同时大多数也能分解脂肪。细菌中的假单孢菌属、无色杆菌属、黄色杆菌属、产碱杆菌属和芽孢杆菌属中的许多种,都具有分解脂肪的特性。

能分解脂肪的霉菌比细菌多,在食品中常见的有曲霉属、白地霉、代氏根霉、娄地青霉和芽枝霉属等。

酵母菌分解脂肪的菌种不多,主要是解脂假丝酵母,这种酵母对糖类不发酵,但分解脂肪和蛋白质的能力却很强。因此,在肉类食品、乳及其制品中脂质酸败时,也应考虑到是否因酵母而引起。

三、食品腐败变质的化学过程

食品腐败变质的过程实质上是食品中蛋白质、碳水化合物、脂肪等被污染微生物的分解代谢作用或自身组织酶进行的某些生化过程。例如,新鲜的肉、鱼类的后熟,粮食、水果的呼吸等可以引起食品成分的分解、食品组织溃破和细胞膜碎裂,为微生物的广泛侵入与作用提供条件,结果导致食品的腐败变质。由于食品成分的分解过程和形成的产物十分复杂,因此建立食品腐败变质的定量检测尚有一定的难度。

1. 食品中蛋白质的分解

肉、鱼、禽蛋和豆制品等富含蛋白质的食品,主要是以蛋白质分解为其腐败变质特征。由微生物引起蛋白质食品发生的变质,通常称为腐败。

蛋白质在动、植物组织酶以及微生物分泌的蛋白酶和肽链内切酶等的作用下,首先水解成多肽,进而裂解形成氨基酸。氨基酸通过脱羧基、脱氨基、脱硫等作用进一步分解成相应的氨、胺类、有机酸类和各种碳氢化合物,食品即表现出腐败特征。

蛋白质分解后所产生的胺类是碱性含氮化合物质,如胺、伯胺、仲胺及叔胺等具有挥发性和特异的臭味。各种不同的氨基酸分解产生的腐败胺类和其他物质各不相同,甘氨酸产生甲胺,鸟氨酸产生腐胺,精氨酸产生色胺进而又分解成吲哚,含硫氨基酸分解产生硫化氢和氨、乙硫醇等。这些物质都是蛋白质腐败产生的主要臭味物质。

1)脱氨反应

在氨基酸脱氨反应中,通过氧化脱氨生成羧酸和 α-酮酸,直接脱氨则生成不饱和脂肪酸,若还原脱氨则生成有机酸。

2)脱羧反应

氨基酸脱羧基生成胺类;有些微生物能脱氨、脱羧同时进行,通过加水分解、氧化和还原等方式生成乙醇、脂肪酸、碳氢化合物和氨、二氧化碳等。

3)胺的分解

腐败中生成的胺类通过细菌的胺氧化酶被分解,最后生成氨、二氧化碳和水。

4)硫醇的生成

硫醇是通过含硫化合物的分解而生成的。例如,甲硫氨酸被甲硫氨酸脱硫醇脱氨基酶分解,生成甲硫醇和 α-酮酸。

5)甲胺的生成

鱼、贝、肉类的成分三甲胺氧化物可被细菌的三甲胺氧化还原酶还原生成三甲胺。此过程需要有可使细菌进行氧化代谢的物质(有机酸、糖、氨基酸等)作为供氢体。

2. 食品中脂肪的分解

脂肪发生变质虽然主要由化学作用引起,但它与微生物也有着密切的关系。脂肪发生变质的特征是产生酸和刺激的"哈味"。一般把脂肪发生的变质称为酸败。

食品中油脂酸败的化学反应,主要是油脂自动氧化过程,其次是加水水解。油脂的自动氧化是一种自由基的氧化反应;而水解则是在微生物或动物组织中的解脂酶作用下,使食物中的中性脂肪分解成甘油和脂肪酸等。

脂肪酸可进而断链而形成具有不愉快味道的酮类或酮酸;不饱和脂肪酸的不饱和键可形成过氧化物;脂肪酸也可再氧化分解成具有特臭的醛类和醛酸,即所谓的"哈味"。这就是食用油脂和含脂肪丰富的食品发生酸败后感官性状改变的原因。

脂肪自动氧化和加水分解所产生的复杂分解产物,使食用油脂或食品中脂肪带有若干明显特征:首先是过氧化值上升,这是脂肪酸败最早期的指标;其次是酸度上升,羰基(醛酮)反应阳性。脂肪酸败过程中,由于脂肪酸的分解,其固有的碘价(值)、凝固点(熔点)、比重、折光指数、皂化价等也发生变化,所以脂肪酸败有其特有的"哈味"。肉、鱼类食品脂肪的超期氧化变黄,鱼类的"油烧"现象等也常常被作为油脂酸败鉴定中较为实用的指标。

食品中脂肪及食用油脂的酸败程度,受脂肪的饱和度、紫外线、氧、水分、天然抗氧化剂以及铜、铁、镍离子等触媒的影响。油脂中脂肪酸不饱和度、油料中动植物残渣等,均有促进油脂酸败的作用;而油脂的脂肪酸饱和程度、维生素 C、维生素 E 等天然抗氧化物质及芳香化合物含量高时,则可减慢氧化和酸败。

3. 食品中碳水化合物的分解

食品中的碳水化合物包括纤维素、半纤维素、淀粉、糖原以及双糖和单糖等。含这些成分较多的食品主要是粮食、蔬菜、水果和糖类及其制品。在微生物及动植物组织中的各种酶及其他因素作用下,这些食品组成成分被分解成单糖、醇、醛、酮、羧酸、二氧化碳和水等低级产物。由微生物引起糖类物质发生的变质,习惯上称为发酵或酵解。碳水化合物含量高的食品变质的主要特征为酸度升高、产气和稍带有甜味、醇类气味等。

"民以食为天",易腐货物的腐败与变质引起的食品安全问题关乎国计民生,这要求我们每一个人必须拥有高尚的职业道德,绝不做触犯法律底线的事情。同时,又必须拥有优秀的职业能力和职业素养,才能更好地保证食品安全。

第二节　各类食品的腐败变质

食品从原料到加工产品,随时都有被微生物污染的可能。这些污染的微生物在适宜条件下即可生长繁殖,分解食品中的营养成分,使食品失去原有的营养价值,成为不符合要求的食品。下面介绍各类主要食品的腐败变质。

一、肉类的腐败变质

1. 肉类中的微生物

参与肉类腐败过程的微生物是多种多样的,一般常见的有腐生微生物和病原微生物。腐生微生物包括细菌、酵母菌和霉菌,它们污染肉品,使肉品发生腐败变质。

细菌主要是需氧的革兰氏阳性菌,如蜡样芽孢杆菌、枯草芽孢杆菌和巨大芽孢杆菌等;需氧的革兰阴性菌有假单胞杆菌属、无色杆菌属、黄色杆菌属、产碱杆菌属、埃希氏杆菌属、变形杆菌属等;此外还有腐败梭菌、溶组织梭菌和产气荚膜梭菌等厌氧梭状芽孢杆菌。

酵母菌和霉菌主要有假丝酵母菌属、丝孢酵母属、交链孢酶属、曲霉属、芽枝霉属、毛霉属、根霉属和青霉属。

病畜、禽肉类可能带有各种病原菌,如沙门氏菌、金黄色葡萄球菌、结核分枝杆菌、炭疽杆菌和布氏杆菌等。它们对肉的主要影响并不在于使肉腐败变质,严重的是传播疾病,造成食物中毒。

2. 肉类变质现象和原因

肉类腐败变质时,往往在肉的表面产生明显的感官变化,常见的有以下几种。

1)发黏

微生物在肉表面大量繁殖后,使肉体表面有黏状物质产生,这是微生物繁殖后所形成的菌落,以及微生物分解蛋白质的产物。这主要是由革兰氏阴性细菌、乳酸菌和酵母菌所产生。

2)变色

肉类腐败变质,常在肉的表面出现各种颜色变化。最常见的是绿色,这是由于蛋白质分解产生的硫化氢与肉质中的血红蛋白结合后形成的硫化氢血红蛋白造成的,这种化合物积蓄在肌肉和脂肪表面,即显示暗绿色。另外,黏质赛氏杆菌在肉表面产生红色斑点,深蓝色假单胞杆菌能产生蓝色斑点,黄杆菌能产生黄色斑点。有些酵母菌能产生白色、粉红色、灰色等斑点。

3)霉斑

肉体表面有霉菌生长时,往往形成霉斑,特别是在一些干腌制肉制品更为多见。如美丽枝霉和刺枝霉在肉表面产生羽毛状菌丝;白色侧孢霉和白地霉产生白色霉斑;草酸青霉产生绿色霉斑;蜡叶芽枝霉在冷冻肉上产生黑色斑点。

4)气味

肉体腐烂变质,除上述肉眼观察到的变化外,通常还伴随一些不正常或难闻的气味,如微生物分解蛋白质产生恶臭味;乳酸菌和酵母菌的作用下产生挥发性有机酸的酸味;霉菌生长繁殖产生的霉味等。

3. 鲜肉变质过程

健康动物的血液、肌肉和内部组织器官一般是没有微生物存在的,但由于屠宰、运输、保藏和加工过程中的污染,致使肉体表面污染了一定数量的微生物。这时,肉体若能及时通风干燥,使肉体表面的肌膜和浆液凝固形成一层薄膜时,可固定和阻止微生物浸入内部,从而延缓肉的变质。

通常鲜肉保藏在 0 ℃左右的低温环境中,可存放 10 天左右而不变质。当保藏温度上升时,表面的微生物就能迅速繁殖,其中以细菌的繁殖速度最为显著,它沿着结缔组织、血管周围或骨与肌肉的间隙蔓延到组织的深部,最后使整个肉变质。宰后畜禽的肉体由于有酶的存在,使肉组织产生自溶作用,结果使蛋白质分解产生蛋白胨和氨基酸,这样更有利于微生物的生长。

随着保藏条件的变化与变质过程的发展,细菌由肉的表面逐渐向深部浸入,与此同时,细菌的种类也发生变化,呈现菌群交替现象。这种菌群交替现象一般分为三个时期,即需氧菌繁殖期、兼性厌氧菌繁殖期和厌氧菌繁殖期。

1) 需氧菌繁殖期

细菌分解前 3~4 天,细菌主要在表层蔓延,最初见到各种球菌,继而出现大肠杆菌、变形杆菌、枯草杆菌等。

2) 兼性厌氧菌繁殖期

腐败分解 3~4 天后,细菌已在肉的中层出现,能见到产气荚膜杆菌等。

3) 厌氧菌繁殖期

在腐败分解 7~8 天后,深层肉中已有细菌生长,主要是腐败杆菌。

值得注意的是,这种菌群交替现象与肉的保藏温度有关,当肉的保藏温度较高时,杆菌的繁殖速度较球菌的快。

二、乳及乳制品的腐败变质

各种不同的乳,如牛乳、羊乳、马乳等,其成分虽各有差异,但都含有丰富的营养成分,容易消化吸收,是微生物生长繁殖的良好培养基。乳一旦被微生物污染,在适宜条件下,就会迅速繁殖引起腐败变质而失去食用价值,甚至可能引起食物中毒或其他传染病的传播。

1. 乳中微生物的来源及主要类群

牛乳在挤乳过程中会受到乳房和外界微生物的污染,通常根据其来源,乳中微生物可以分为两类:乳房内的微生物和环境中的微生物。

1) 乳房内的微生物

牛乳在乳房内不是无菌状态,乳房中的正常菌群主要是小球菌属和链球菌属。由于这些细菌能适应乳房的环境而生存,称为乳房细菌。乳畜感染后,体内的致病微生物可通过乳房进入乳汁而引起人类的传染。常见的引起人畜共患疾病的致病微生物主要有结核分枝杆菌、布氏杆菌、炭疽杆菌、葡萄球菌、溶血性链球菌、沙门氏菌等。

2) 环境中的微生物

环境中的微生物污染包括挤奶过程中细菌的污染和挤后食用前的一切环节中受到的细菌的污染。

污染的微生物的种类、数量直接受牛体表面卫生状况、牛舍的空气、挤奶用具和容器、挤奶工人的个人卫生情况的影响。另外,挤出的奶在处理过程中不及时加工或冷藏,不仅会增加新的污染机会,而且会使原来存在于鲜乳内的微生物数量增多,这样很容易导致鲜乳变质,所以挤奶后要尽快进行过滤、冷却。

2. 乳液的变质过程

鲜乳及消毒乳都残留一定数量的微生物,特别是污染严重的鲜乳,消毒后残存的微生物还很多,常引起乳的酸败,这是乳发生变质的重要原因。

乳中含有溶菌酶等抑菌物质,使乳汁本身具有抗菌特性。但这种特性延续时间的长短,随乳汁温度高低和细菌的污染程度而不同。通常新挤出的乳,迅速冷却到 0 ℃可保持 48 h,5 ℃可保持 36 h,10 ℃可保持 24 h,25 ℃可保持 6 h,30 ℃仅可保持 2 h。在这段时间内,乳内细菌是受到抑制的。

当乳的自身杀菌作用消失后,乳静置于室温下,可观察到乳所特有的菌群交替现象。这种有规律的交替现象分为以下几个阶段。

1) 抑制期

抑制期也称为混合菌群期,在新鲜的乳液中含有溶菌酶、乳素等抗菌物质,对乳中存在的微生物具有杀灭或抑制作用。在杀菌作用终止后,乳中各种细菌均发育繁殖,由于营养物质丰富,暂时不发生互联或拮抗现象。这个时期持续 12 h 左右。

2) 乳链球菌期

鲜乳中的抗菌物质减少或消失后,存在于乳中的微生物,如乳链球菌、乳酸杆菌、大肠杆菌和一些蛋白质分解菌等迅速繁殖,其中以乳酸链球菌生长繁殖居优势,分解乳糖产生乳酸,使乳中的酸性物质不断增高。由于酸度的增高,抑制了腐败菌、产碱菌的生长。以后随着产酸增多,乳链球菌本身的生长也受到抑制,数量开始减少。

3) 乳杆菌期

当乳链球菌在乳液中繁殖,乳液的 pH 值下降至 4.5 以下时,由于乳酸杆菌耐酸力较强,尚能继续繁殖并产酸。在此时期,乳中可出现大量乳凝块,并有大量乳清析出,这个时期约有 2 天。

4) 真菌期

当酸度继续升高至 pH 值为 3.0~3.5 时,绝大多数的细菌生长受到抑制或死亡。而霉菌和酵母菌尚能适应高酸环境,并利用乳酸作为营养来源而开始大量生长繁殖。由于酸被利用,乳液的 pH 值回升,逐渐接近中性。

5) 腐败期

腐败期也称为陈化期,经过以上几个阶段,乳中的乳糖已基本上消耗掉,而蛋白质和脂肪含量相对较高,因此,此时能分解蛋白质和脂肪的细菌开始活跃,凝乳块逐渐被消化,乳的 pH 值不断上升,向碱性转化,同时伴随有芽孢杆菌属、假单孢杆菌属、变形杆菌属等腐败细菌的生长繁殖,于是牛奶出现腐败臭味。

在菌群交替现象结束时,乳易产生各种异色、苦味、恶臭味及有毒物质,外观上呈现黏滞的液体或清水。

三、鱼类的腐败变质

1. 鱼类中的微生物

新捕获的健康鱼类,其组织内部和血液中常常是无菌的,但在鱼体表面的黏液中、鱼鳃以及肠道内存在着微生物。由于季节、渔场、种类的不同,体表所附细菌数有所差异。

存在于鱼类中的微生物主要有假单孢菌属、无色杆菌属、黄杆菌属、不动杆菌属、拉氏杆菌属和弧菌属。淡水中的鱼还有产碱杆菌、气单孢杆菌和短杆菌属。

2. 鱼类的腐败变质

一般情况下,鱼类比肉类更易腐败,因为通常鱼类在捕获后,不是立即清洗处理,而多数情况下是带着容易腐败的内脏和鳃一道进行运输,这样就容易引起腐败。此外,鱼体本身含水量高,组织脆弱,鱼鳞容易脱落,细菌容易从受伤部位侵入,而鱼体表面的黏液又是细菌良好的培养基,因而造成了鱼类死后很快就发生了腐败变质。

四、鲜蛋的腐败变质

1. 鲜蛋中的微生物

通常新产下的鲜蛋里是没有微生物的,新蛋壳表面又有一层黏液胶质层,具有防止水分蒸发,阻止外界微生物侵入的作用。其次,在蛋壳膜和蛋白中,存在一定的溶菌酶,也可以杀灭侵入壳内的微生物,所以正常情况下鲜蛋可保存较长的时间而不发生变质。然而鲜蛋也会受到微生物的污染,当母禽不健康时,机体防御机能减弱,外界的细菌可侵入到输卵管,甚至卵巢。而蛋产下后,蛋壳立即受到空气等环境中微生物的污染,如果胶质层被破坏,污染的微生物就会透过气孔进入蛋内,当保存的温度和湿度过高时,侵入的微生物就会大量生长繁殖,结果造成蛋的腐败。

鲜蛋中常见的微生物有大肠菌群、无色杆菌属、假单孢菌属、产碱杆菌属、变形杆菌属、青霉属、枝孢属、毛霉属、枝霉属等。另外,蛋中也可能存在病原菌,如沙门氏菌、金黄色葡萄球菌。

2. 鲜蛋的腐败变质

由于上述的多种原因,鲜蛋也容易发生腐败变质,其变质有两种类型:腐败和霉变。

1) 腐败

腐败主要是由细菌引起的鲜蛋变质。侵入蛋中的细菌不断生长繁殖并形成各种相适应的酶,然后分解蛋内的各组成成分,使鲜蛋发生腐败和产生难闻的气味。腐败主要由荧光假单孢菌所引起,使蛋黄膜破裂,蛋黄流出与蛋白混合(即散蛋黄)。如果进一步发生腐败,蛋黄中的核蛋白和卵磷脂也被分解,产生恶臭的硫化氢等气体和其他有机物,使整个内含物变为灰色或暗黑色,这种黑腐病主要是由变形杆菌属和某些假单孢菌和气单孢菌引起。

2) 霉变

霉菌菌丝经过蛋壳气孔侵入后,首先在蛋壳膜上生长起来,逐渐形成斑点菌落,造成蛋液粘壳,蛋内成分分解并有霉变气味产生。

五、果蔬及其制品的腐败变质

1. 微生物引起新鲜果蔬的变质

水果和蔬菜的表皮和表皮外覆盖着一层蜡质状物质,这种物质有防止微生物侵入的作用,因此一般正常的果蔬内部组织是无菌的。但是当果蔬表皮组织受到昆虫的刺伤或其他机械损伤时,微生物就会从此侵入并进行繁殖,从而促进果蔬的腐烂变质,尤其是成熟度高的果蔬更易受损伤。

水果与蔬菜的物质组成特点是以碳水化合物和水为主,水分含量高,这些是果蔬容易引起微生物变质的一个重要因素。由于果蔬偏酸性,引起水果变质的微生物,开始只能是酵母菌、霉菌;引起蔬菜变质的微生物是霉菌、酵母菌和少数细菌。

最常见的现象是首先霉菌在果蔬表皮损伤处繁殖或者在果蔬表面有污染物黏附的区域繁殖，侵入果蔬组织后，组织壁的纤维素首先被破坏，进而分解果胶、蛋白质、淀粉、有机酸、糖类，继而酵母菌和细菌开始繁殖。由于微生物繁殖，果蔬外观上就表现出深色的斑点，组织变得松软、发绵、凹陷、变形，并逐渐变成浆液状甚至是水液状，并产生了各种不同的味道，如酸味、芳香味、酒味等。

2. 微生物引起果汁的变质

1）引起果汁变质的微生物

水果原料带有一定数量的微生物，在果汁制造过程中，不可避免地还会受到微生物的污染，因而果汁中存在一定数量的微生物，但微生物进入果汁后能否生长繁殖，主要取决于果汁的 pH 值和果汁中糖分含量。由于果汁的 pH 值在 2.4～4.2，且糖度较高，因而在果汁中生长的微生物主要是酵母菌、霉菌和极少数的细菌。

果汁中的细菌主要是植物乳杆菌、乳明串珠菌和嗜酸链球菌，它们可以利用果汁中的糖、有机酸生长繁殖并产生乳酸、二氧化碳等和少量丁二酮、3-羟基-2-丁酮等香味物质。乳明串珠菌可产生黏多糖等增稠物质而使果汁变质；当果汁的 pH>4.0 时，酪酸菌容易生长而进行丁酸发酵。

酵母菌也是果汁中所含的微生物数量和种类最多的一类微生物，它们是从鲜果中带来的或是在压榨过程中环境污染的，酵母菌能在 pH>3.5 的果汁中生长。果汁中的酵母菌主要有假丝酵母菌属、圆酵母菌属、隐球酵母属和红酵母属。此外，苹果汁保存于低二氧化碳气体中时，常会见到汉逊氏酵母菌生长，此菌可产生水果香味的酯类物质；柑橘汁中常出现越南酵母菌、葡萄酒酵母、圆酵母属和醭酵母属的酵母菌，这些菌是在加工中污染的；浓缩果汁由于糖度高、酸度高，细菌的生长受到抑制，在其生长的是一些耐渗透压的酵母菌，如鲁氏酵母菌、蜂蜜酵母菌等。

霉菌引起果汁变质时会产生难闻的气味。果汁中存在的霉菌以青霉属最为多见，如扩张青霉、皮壳青霉，其次是曲霉属的霉菌，如构巢曲霉、烟曲霉等。原因是霉菌的孢子有强的抵抗力，可以较长时间保持其活力。但霉菌一般对二氧化碳敏感，所以充入二氧化碳的果汁可以防止霉菌的生长。

2）微生物引起果汁变质的现象

微生物引起果汁变质一般会出现浑浊、产生酒精和导致有机酸的变化。

果汁浑浊除了化学因素引起外，造成果汁浑浊的原因大多数是由于酵母菌进行酒精发酵而造成的，当然有时也可由霉菌而造成。通常引起浑浊的是圆酵母菌属中的一些种，以及一些耐热性的霉菌，如雪白丝衣霉菌、纯黄衣霉菌和宛氏拟青霉等，但霉菌在果汁中少量生长时，并不发生浑浊，仅使果汁的味道变坏，产生霉味和臭味等，因为它们能产生果胶酶，对果汁起澄清作用，只有大量生长时才会浑浊。

引起果汁产生酒精而变质的微生物主要是酵母菌，常见的酵母菌有葡萄汁酵母菌、啤酒酵母菌等。酵母菌能耐受二氧化碳，当果汁含有较高浓度的二氧化碳时，酵母菌虽不能明显生长，但仍能保持活力，一旦二氧化碳浓度降低，即可恢复生长繁殖的能力。此外，少数霉菌和细菌也可引起果汁产生酒精变质，如甘露醇杆菌、明串珠菌、毛霉、曲霉、镰刀霉中的部分菌种。

果汁变质时可导致有机酸的变化。果汁中含多种有机酸,如酒酸、柠檬酸、苹果酸,它们以一定的含量形成果汁特有的风味。当微生物生长繁殖后,分解或合成了某些有机酸,从而改变了它们的含量比例,因而使果汁原有的风味被破坏,有时甚至产生了一些不愉快的异味,如解酒石杆菌、黑根霉、葡萄孢霉属、青霉属、毛霉属、曲霉属和镰刀霉属等。

第三节　食品腐败变质的控制原理与方法

一、食品腐败变质控制原理

控制食品腐败变质的原理是:①防止微生物污染;②杀灭微生物,如高温杀菌、微波加热和辐射杀菌;③控制微生物繁殖,如低温冷藏、冷冻;④减少食品水分,提高食品渗透压;⑤使用防腐剂;⑥降低酶的活性。

1. 低温保藏的方法

低温保藏包括冷藏和冷冻两种方法,其中冷冻的温度一般要达到 $-18\ ℃$ 以下。

2. 低温保藏的原理

低温可以降低或停止食品中微生物的增殖速度,而且还可以减弱食品中一切化学反应过程。

低温抑制微生物生长的原因如下:

(1) 低温导致微生物体内代谢酶的活力下降,生化反应下降。

(2) 低温导致微生物细胞内的原生质体浓度增加,黏度增加,影响新陈代谢。

(3) 低温导致微生物细胞内外的水分冻结形成冰结晶,冰结晶会对微生物细胞产生机械刺伤。

(4) 低温结晶导致生物细胞内原生质体浓度增加,使部分蛋白质变性,引起细胞丧失活性。

3. 对冷藏冷冻工艺的卫生要求

(1) 食品冷冻前,应尽量保持新鲜,减少污染。

(2) 用水或冰制冷时,要保证水和人造冰的卫生质量相当于饮用水的水平;采用天然冰时,更应注意冻冰水源及其周围污染情况。

(3) 防止制冷剂(冷媒)外溢。

(4) 冷藏车船要注意防鼠和出现异味。

(5) 防止冻藏食品的干缩。

对不耐保藏的食品,从生产到销售整个商业网中,应一直处于适宜的低温下,即保持冷链。

4. 高温杀菌

温度影响微生物生长。大多数细菌在食品中的最适生长温度为 $28\sim45\ ℃$,有些细菌在 $20\sim25\ ℃$ 下能迅速生长。温度对酶的活性影响很大,大多数酶的适应温度是 $30\sim40\ ℃$(见

图 4-1)。高温可使酶蛋白变性、酶钝化,细胞膜被破坏,原生质构造中呈现不均一状态,以致蛋白质凝固,细胞内一切代谢反应停止。低温可抑制酶的活性,但不能使其钝化。故冻制品解冻后的酶将重新活跃,使食品变质。对于某些冷冻食品,必要时冷却前采用加热处理,使酶钝化。酶的活性与温度的关系常用温度系数 Q_{10} 来衡量:

$$Q_{10} = \frac{K_2}{K_1} \quad (4-1)$$

式中:Q_{10}——温度增加 10 ℃,因酶活性变化所增加的化学反应率;
　　　K_1——温度 t ℃时,酶活性所导致的化学反应率;
　　　K_2——温度增加到($t+10$)℃时,酶活性所导致的化学反应率。

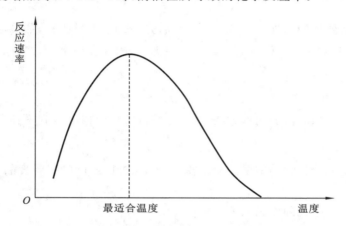

图 4-1　温度对酶促反应速率的影响

大多数酶活性的温度系数 Q_{10} 为 2～3,即温度每降低 10 ℃,酶的活性会降至原来的 1/3～1/2。虽然有些酶类,例如脱氢酶,在冻结中受到强烈抑制,但是大多数酶类即使在冻结中仍然继续活动,如转化酶、脂肪氧化酶等,甚至在极低的温度下还能保持活性,只是催化能力较慢。相对而言,低温对动物性酶的影响较大,而对植物性酶的影响较小。

在较冷的环境中,细菌繁殖迟缓。在冰箱中冷藏(最适温度为 3 ℃,最高温度为 10 ℃)能预防或减缓微生物生长。在这些条件下,仅少数微生物能够繁殖。在冷冻条件下,大多数活细胞不能再生。沸腾和巴氏杀菌能在几分钟内杀死细菌,但是却不能破坏有耐热性的孢子或毒素。这就是烹饪后食品应该立即食用的原因所在。

5. 脱水与干燥保藏

这是常用的保藏食品的方法。其原理为将食品中的水分降至微生物繁殖所必需的水分以下。水分活度 Aw 在 0.6 以下,一般微生物均不易生长,食品有稳定的货架期,因为此时微生物不能生长,但微生物仍残存于其中。这意味着只要脱水食品的水分含量增加,就必须像对待新鲜食品一样,注意防止(残存)微生物的生长。

6. 食品腌渍

通过腌渍(如盐腌、糖渍等)可以提高渗透压,也可以通过提高酸度来提高渗透压。提高酸度即提高食品的氢离子浓度,可向食品中加酸或加乳酸菌进行酸发酵。盐腌和糖渍可以增加食品的渗透压,使微生物因失水而代谢停止。

7. 化学添加剂保藏

一些化学添加剂可以对微生物细胞产生抑制作用，抑制微生物的生长繁殖。

8. 食品的辐射保藏

利用高能射线的作用，使微生物的新陈代谢、生长发育受到抑制或破坏，从而杀死或破坏微生物的代谢机制，延长食品的保藏时间。这种方式使食品营养素损失较少。因剂量不同，辐照保藏有三种方法：辐照灭菌、辐照消毒、辐照防腐。

二、生鲜食品低温保藏的原理和条件

（一）生鲜食品低温保藏的原理

生鲜食品在常温下贮存较长时间后，就会发生腐败变质，其主要原因是由于微生物的生命活动和食品中的酶所进行的生化反应而造成的。而微生物的生命活动和酶的催化作用，都需要在一定的温度和水分情况下进行。如果降低贮藏温度，微生物的生长、繁殖就会减慢，酶的活性也会减弱，就可以延长食品的贮藏期。此外，低温下微生物新陈代谢会被破坏，其细胞内积累的有毒物质及其他过氧化物能导致微生物死亡。当食品的温度降至－18 ℃以下时，食品中90％以上的水分都会变成冰，所形成的冰晶还可以以机械的方式破坏微生物细胞，细胞或失去养料，或因部分原生质凝固，或因细胞脱水等，都会造成微生物死亡。因此，冻结食品可以更长期地保持食品原有的品质。

生鲜食品可分为植物性食品和动物性食品两类。由于它们具有不同的特性，因此，利用低温进行贮藏时，应采用不同的处理方法。

对于果蔬等植物性食品，为了保持其鲜活状态，一般都在冷却的状态下进行贮藏。果蔬仍然是具有生命力的有机体，还在进行呼吸活动，能控制引起食品变质的酶的作用，并对外界微生物的侵入有抵抗能力。降低贮藏环境的温度，可以减弱其呼吸强度、降低物质的消耗速度，延长贮藏期。但是，贮藏温度也不能降得过低，否则会引起果蔬活体的生理病害，以致冻伤。所以，果蔬类食品应放在不发生冷害的低温环境下贮藏。此外，如鲜蛋也是活体食品，当温度低于冻结点，其生命活动也会停止。因此，活体食品一般都是在冷却状态下进行低温贮藏。

对于禽、鱼、畜等动物性食品，在贮藏时，因物体细胞都已死亡，本身不能控制引起食品变质的酶的作用，也无法抵抗微生物的侵袭。因此，贮藏动物性食品时，要求在其冻结点以下的温度保藏，以抑制微生物的繁殖、酶的作用和减慢食品内的化学变化，食品就可以较长时间地维持其品质。

（二）食品冷藏条件

食品的冷藏要求，主要指冷藏时的最佳温度和空气中的相对湿度。有些食品在冷藏前要经过加工处理（如腌、熏、烤、晒等）。贮藏温度是指长期贮藏的最佳温度，它是指食品的温度，而不是空气的温度。

（1）水果在储存、运输、销售环节的温度控制要求如表4-2所示。

表 4-2 水果在储存、运输、销售环节温度控制要求

类型	名称	预冷温度（℃）	储存温度（℃）	储存湿度（%）	运输温度		销售陈列柜温度（℃）	推荐最长储存时间
					中长途运输（直达运输）（℃）	短程配送（不超过 5 h）（℃）		
大浆果类	龙眼、荔枝	3~5	3~5	90~95	3~5	5~12	3~5	2~4 周
	杧果	13	13~15	85~90	13~15		13~15	2~3 周
	木瓜	7~10	7~13	85~90	7~13		7~13	7~10 天
	番荔枝	7~10	15~20	85~95	15~20		15~20	3~4 周
	菠萝	10~15	8~13	85~95	8~13		8~13	2~3 周
	香蕉	13~14	12~15	80~90	12~15		12~15	1~4 周
小浆果类	草莓	−1~0	0~3	90~95	0~3	5~12	0~3	1~2 周
	葡萄	−1~0	0~3	90~95	0~3		0~3	7~12 周
	番石榴	5~10	5~10	90~95	5~10		5~10	2~3 周
	阳桃	5~10	5~10	85~90	5~10		5~10	3~4 周
柑橘类	柑橘	4~8	4~8	85~90	4~8	5~12	4~8	1~2 个月
	柚子	5~10	5~10	85~90	5~10		5~10	2~3 个月
	柠檬	11~13	10~13	85~90	10~13		10~13	1~6 个月
	西柚	10~15	10~15	85~90	10~15		10~15	6~8 个月
梨果类	苹果、梨	0~1	0~4	90~95	0~4	5~12	0~4	1~7 个月
	枣子	0~2	5~7	90~95	5~7		5~7	6~12 个月
	樱桃	0~2	0~3	90~95	0~3		0~3	2~3 周
	李子	0	0~3	90~95	0~3		0~3	2~5 周
	桃子	0	0~3	90~95	0~3		0~3	2~4 周
瓜果类	西瓜、甜瓜	10~15	7~10	85~90	7~10	5~12	7~10	2~3 周

资料来源：《食品冷链物流 第 2 部分：储存、运输、销售温度控制要求》(DB 3502/Z 030.2—2015)。

（2）蔬菜在储存、运输、销售环节的温度控制要求如表 4-3 所示。

表 4-3 蔬菜在储存、运输、销售环节温度控制要求

类型	名称	预冷温度（℃）	储存温度（℃）	储存湿度（%）	运输温度		销售陈列柜温度（℃）	推荐最长储存时间
					中长途运输（直达运输）（℃）	短程配送（不超过 5 h）（℃）		
根茎菜类	萝卜	0~1	0~3	90~95	0~3	5~12	0~3	21~28 天
	胡萝卜	0~1	0~2	95~100	0~2		0~2	3~5 个月
	芦笋	7	0~2	95~100	0~2		0~2	2~3 周
	牛蒡	0~1	0~2	95~100	0~2		0~2	
	土豆		2~5	90~95	2~5		2~5	8~9 个月
	洋葱	0~1	0~2	65~70	0~2		0~2	6~8 个月

续表

类型	名称	预冷温度（℃）	储存温度（℃）	储存湿度（%）	运输温度 中长途运输（直达运输）（℃）	运输温度 短程配送（不超过5 h）（℃）	销售陈列柜温度（℃）	推荐最长储存时间
花菜类	菜花	5	0~2	≤95	0~2	5~12	0~2	2~3 周
花菜类	韭菜花	0~1	0~2	≤95	0~2	5~12	0~2	12~16 天
花菜类	黄花菜	0~1	0~2	≤95	0~2	5~12	0~2	6~7 天
花菜类	洋白菜	0~1	0~2	95~98	0~2	5~12	0~2	80~90 天
花菜类	结球生菜（莴苣）	0~1	0~2	95~98	0~2	5~12	0~2	17~28 天
叶菜类	芹菜	0~1	0~2	≤98	0~2	5~12	0~2	3~4 周
叶菜类	结球白菜（大白菜）	0~1	0~2	≤98	0~2	5~12	0~2	40~70 天
叶菜类	茼蒿	0~1	0~2	≤98	0~2	5~12	0~2	
叶菜类	菠菜	0~1	0~2	≤95	0~2	5~12	0~2	20~25 天
叶菜类	油菜	0~1	0~2	≤95	0~2	5~12	0~2	21~30 天
叶菜类	芥蓝菜	0~1	0~2	≤95	0~2	5~12	0~2	25~34 天
果菜类	绿熟西红柿	9~10	14~16	90~95	14~16	5~12	14~16	1~3 周
果菜类	初熟西红柿	9~10	7~10	90~95	7~10	5~12	7~10	4~7 天
果菜类	成熟西红柿	9~10	0~5	90~95	0~5	5~12	0~5	1~3 周
果菜类	甜玉米	0	0~2	95~98	0~2	5~12	0~2	8~12 天
果菜类	南瓜	7~10	10~15	50~70	10~15	5~12	10~15	2~3 个月
果菜类	黄瓜	7~10	10~13	90~95	10~13	5~12	10~13	10~14 天
果菜类	豌豆	9~10	0~2	95~98	0~2	5~12	0~2	18~20 天
果菜类	毛豆	9~10	0~2	95~98	0~2	5~12	0~2	21~28 天
果菜类	双胞蘑菇（洋菇）、金针菇	0	0~2	≤95	0~2	5~12	0~2	45 天
果菜类	大蒜（裸蒜）	0	0~5	65~70	0~5	5~12	0~5	6~7 个月
果菜类	葱、蒜苗	0	0~5	95~100	0~5	5~12	0~5	18~26 天
果菜类	辣椒	7~10	7~13	90~95	7~13		7~13	25~30 天
果菜类	嫩姜	13	13	90~95	13		13	16~20 天
果菜类	老姜	13	13	65~80	13		13	4~5 个月

资料来源：《食品冷链物流 第2部分：储存、运输、销售温度控制要求》(DB 3502/Z 030.2—2015)。

(3) 水产品在储存、运输、销售环节的温度控制要求如表 4-4 所示。

表 4-4　水产品储存、运输、销售温度控制要求

类型	储存温度（℃）	运输温度		销售陈列柜温度（℃）	加工区*温度（℃）	推荐最长储存时间（d）
		中长途运输（直达运输）（℃）	短程配送（不超过 5 h）（℃）			
冷藏水产品	≤4	≤4	≤4	≤4	≤12	2
冷冻水产品	≤-18	≤-18	≤-12	≤-12	≤10	180
超低温冷冻水产品	≤-50	≤-50（搬运船）	≤-30	≤-30	≤10	180
冷藏水产加工品	≤4	≤4	≤4	≤4	≤12	7
冷冻水产加工品	≤-18	≤-18	≤-12	≤-12	≤10	180
冷藏加工腌制品	≤4	≤4	≤4	≤4	≤12	15

* 食品原材料的处理、制造、加工、调配和包装场所。

资料来源：《食品冷链物流第 2 部分：储存、运输、销售温度控制要求》(DB 3502/Z030.2—2015)。

(4) 畜禽肉在储存、运输、销售环节的温度控制要求如表 4-5 所示。

表 4-5　畜禽肉储存、运输、销售温度控制要求

类型	储存温度（℃）	运输温度		销售陈列柜温度（℃）	加工区*温度（℃）	推荐最长储存时间（d）
		中长途运输（直达运输）（℃）	短程配送（不超过 5 h）（℃）			
新鲜畜禽肉	≤4	≤4	≤4	≤4	≤15	3
冷却畜禽肉	≤4	≤4	≤4	≤4	≤15	3
冷冻畜禽肉	≤-18	≤-18	≤-12	≤-12	≤0	180
冷却加工腌制畜禽肉	≤4	≤4	≤4	≤4	≤12	30～60
冷冻加工腌制畜禽肉	≤-18	≤-18	≤-12	≤-12	≤12	180

* 食品原材料的处理、制造、加工、调配和包装场所。

资料来源：《食品冷链物流第 2 部分：储存、运输、销售温度控制要求》(DB 3502/Z030.2—2015)。

(5) 特殊冷链食品在储存、运输、销售环节的温度控制要求如表 4-6 所示。

表 4-6　特殊冷链食品在储存、运输、销售环节温度控制要求

类型	储存温度（℃）	运输温度		销售陈列柜温度（℃）
		中长途运输（直达运输）（℃）	短途配送（不超过 5 h）（℃）	
冷藏调理食品	≤5	≤5	≤5	≤5
速冻调制食品	≤-18	≤-18	≤-12	≤-12
冷藏蛋	≤4	≤4	≤4	≤4
冷冻蛋	≤-18	≤-18	≤-12	≤-12

续表

类型	储存温度(℃)	运输温度		销售陈列柜温度(℃)
		中长途运输(直达运输)(℃)	短途配送(不超过5 h)(℃)	
液态奶	≤5	≤5	≤5	≤5
冷藏烘焙食品	≤5	≤5	≤5	≤5
巧克力	15～20	15～20	15～20	15～20
奶油	≤-18	≤-18	≤-12	≤-12
冰激凌	≤-25	≤-18	≤-18	≤-18
豆制品	≤5	≤5	≤5	≤5
果汁	≤5	≤5	≤5	≤5

资料来源：《食品冷链物流 第 2 部分：储存、运输、销售温度控制要求》(DB 3502/Z 030.2—2015)。

第四节　影响易腐货物物流品质的因素

一、温度

1. 温度对微生物的影响

任何微生物都有一定的正常生长和繁殖的温度范围，温度越低，他们的活动能力越弱。降温就能降低微生物生长和繁殖的速度。当温度降到最低生长点的时候，微生物就会停止生长并出现死亡。温度对微生物的影响见表 4-7。

表 4-7　温度对微生物的影响

温度(℃)	温度的作用	温度(℃)	温度的作用
16～38	大多数微生物生长活跃	0	结冰，通常所有微生物停止生长
10～16	大多数微生物生长迟缓	-18	细菌处于潜伏状态
4～10	低温时微生物最适生长，一些食源性病原菌仍能生长	-251	多数微生物死亡，但少数细菌没有被杀死

前面章节已经讨论了温度变化对微生物生长的影响。根据微生物对温度的适应性，微生物可分为三个生理类群，即嗜冷、嗜温、嗜热三大类微生物。每一类群微生物都有最适宜生长的温度范围，但这三类群微生物都可以在 20～30 ℃生长繁殖，当食品处于这种温度的环境中，各种微生物都可生长繁殖而引起食品的变质。

低温对微生物生长极为不利，但由于微生物具有一定的适应性，在 5 ℃左右或更低的温度（甚至-20 ℃以下）下仍有少数微生物能生长繁殖，使食品发生腐败变质，我们称这类微生物为低温微生物。低温微生物是引起冷藏、冷冻食品变质的主要微生物。食品在低温下生长的微生物主要有：假单孢杆菌属、黄色杆菌属、无色杆菌属等革兰氏阴性无芽孢杆菌；小球菌属、乳杆菌属、小杆菌属、芽孢杆菌属和梭状芽孢杆菌属等革兰氏阳性细菌；假丝酵母属、隐球酵母属、圆酵母属、丝孢酵母属等酵母菌；青霉属、芽枝霉属、葡萄孢属和毛霉属等霉菌。食品中不同微生物生长的最低温度如表4-8所示。

表 4-8 食品中微生物生长的最低温度（℃）

食品	微生物	生长最低温度	食品	微生物	生长最低温度
猪肉	细菌	−4	乳	细菌	−1～0
牛肉	霉菌、酵母菌、细菌	−1～1.6	冰激凌	细菌	−10～−3
羊肉	霉菌、酵母菌、细菌	−5～−1	大豆	霉菌	−6.7
火腿	细菌	1～2	豌豆	霉菌、酵母菌	−4～6.7
腊肠	细菌	5	苹果	霉菌	0
熏肋肉	细菌	−10～−5	葡萄汁	酵母菌	0
鱼贝类	细菌	−7～−4	浓橘汁	酵母菌	−10
草莓	霉菌、酵母菌、细菌	−6.5～−0.3			

这些微生物虽然能在低温条件下生长，但其新陈代谢活动极为缓慢，生长繁殖的速度也非常迟缓，因而它们引起冷藏食品变质的速度也较慢。

有些微生物在很低温度下能够生长，其机理还不完全清楚，但至少可以认为它们体内的酶在低温下仍能起作用。另外，观察到嗜冷微生物的细胞膜中不饱和脂肪酸含量较高，推测可能是由于它们的细胞质膜在低温下仍保持半流动状态，能进行活跃的物质传递。而其他生物则由于细胞膜中饱和脂肪酸含量高，在低温下成为固体而不能履行其正常功能。

2. 温度对果蔬运输的影响

1）温度对果蔬呼吸的影响

运输温度对果蔬产品品质起着决定性的影响。果蔬运输分为常温运输和冷藏运输两类。运输中，果蔬产品装箱和堆码紧密，热量不易散发，呼吸热的积累常成为影响运输的一个重要因素。在常温运输中，果蔬产品的温度很容易受外界气温的影响。如果外界气温高，再加上果蔬本身的呼吸热（见表4-9），品温很容易升高。一旦果蔬温度升高，就很难降下来，这常使产品大量腐败。

表 4-9 一些水果、蔬菜在不同温度下的呼吸热[kJ/(t·24 h)]

品　　名	0 ℃	2 ℃	5 ℃	10 ℃	15 ℃	20 ℃
樱桃	1883	2971	4602	9205	15899	20920
杏	1464	2301	4812	8786	13389	17154
桃	1632	1883	3514	7950	11297	15481
李	1841	3012	5648	10878	15899	90083
梨（早期）	1255	2259	3974	54319	13807	23012
梨（晚期）	920	1925	3556	4812	10878	18828
苹果（早期）	1590	1799	2720	5230	7950	10460
苹果（晚期）	920	1172	1799	2678	5021	7276
葡萄	837	1464	2092	3138	4184	6694
草莓	4017	5439	7950	15062	20920	25941

续表

品　名	0 ℃	2 ℃	5 ℃	10 ℃	15 ℃	20 ℃
黄柠檬	837	1130	1674	2803	4058	5021
柑橘	920	1088	1632	3012	4812	6067
香蕉(青)	/	/	4393	8452	11297	13389
香蕉(熟)	/	/	5021	10042	14226	20920
菠菜	7113	10251	17154	36987	42677	77404
豌豆(连荚)	8996	12343	16318	23012	39748	55647
黄瓜	1757	2092	2929	5230	10460	15062
番茄(熟)	1506	1674	2301	3556	7531	8786
花椰菜(带叶)	5439	6067	6694	11924	22384	34727
蘑菇	10460	11297	13807	21757	41840	54818

在冷藏运输中，由于堆垛紧密，冷气循环不好，未经预冷的果蔬冷却速度通常很慢，而且各部分的冷却速度也不均匀。有研究表明，没有预冷的果蔬，在运输的大部分时间中，产品温度都比要求温度高。可见，要达到好的运输质量，在长途运输中，预冷是非常重要的。

2) 温度对果蔬水分蒸发的影响

温度升高，空气的饱和湿度就会增大，果蔬水分蒸发加快，容易发生失水萎蔫，降低耐贮性。在一定的空气湿度下，降低运输环境的温度能抑制果蔬的水分蒸发，保持果蔬的新鲜品质，有利于运输。

3) 温度对冷害的影响

冷害是指 0 ℃以上的低温对果蔬造成的生理伤害。冷害的症状大都是表面出现凹点或凹陷的斑块；局部表皮组织坏死，变色，出现水渍斑块；不能正常成熟，有异味；果皮、果肉或果心褐变等。具体症状随果蔬种类不同而不同（见表 4-10）。

表 4-10　部分果蔬发生冷害的临界温度及症状

种　类	温度(℃)	症　状
苹果	−2.2～−1.5	橡皮病、烫害、果肉褐变
绿番茄	7.2～10.0	水浸状软烂
香蕉	12.8	果皮出现褐色条纹、不能正常成熟
西瓜	4.0	凹陷、异味
黄瓜	7.2	表皮凹陷、果肉褐变、萎蔫
茄子	7.2	表皮凹陷、烫伤症状
甜椒	7.2	表皮水浸状凹陷
葡萄柚	10.0	烫害、凹陷、水浸状腐烂

冷害破坏了呼吸过程的协调性，引起果蔬不正常的呼吸，导致生理失调，耐贮性和抗病性下降，极易被微生物侵染，如香蕉的腐生菌、黄瓜的灰霉菌、柑橘的青绿霉菌、番茄的交链孢霉菌，使受冷害的果蔬迅速腐烂。

影响冷害发生与否及程度轻重的因素包括：①运输温度，在导致冷害发生的温度下，温度越低,发生越快,如甘薯在 0 ℃下 1 天就受冷害;②持续时间,持续时间越长,越严重,如蜜柚在 0 ℃下 4 天尚无明显伤害,10 天后损伤严重;③品种种类,不同种类、品种的果蔬对于低温的敏感性不同,使发生冷害的温度、难易程度有所不同。

防止果蔬冷害的措施包括:①低温锻炼,增加抗寒性,可缓减冷害;②逐步降温法,使之适应低温环境,有时比单纯低温更好,适用于跃变型果实;③热处理,运输前在 30 ℃以上的温度中短时间处理,可以降低热带、亚热带果蔬对低温的敏感程度,减轻冷害的发生;④提高运输环境的相对湿度,采用塑料薄膜包装,可以保持运输环境的相对湿度,减轻冷害症状;⑤调节气体组分,在运输过程中适当地提高 CO_2 浓度、降低 O_2 浓度有利于减轻冷害;⑥化学物质处理,氯化钙处理可减轻苹果、梨、番茄的冷害,脱落酸、乙烯、外源多胺处理也可能减轻冷害症状。

几种果蔬减轻冷害的温度调节措施如表 4-11 所示。

表 4-11　几种果蔬减轻冷害的温度调节措施

处理方式	产品	处理的具体方法
低温锻炼	桃	24 ℃处理 2~5 d,减轻贮藏期果肉粉质化
	西葫芦	10 ℃或 25 ℃,处理 2 d,减轻 2.5 ℃或 5 ℃贮藏期冷害
	柠檬	15 ℃,处理 7 d,减轻在 0 ℃贮藏下冷害
逐渐降温	番茄	从 10~14 ℃,每周降 1 ℃到 8 ℃,每 3 d 降 0 ℃到 1 ℃贮藏
	香蕉	每 12 h 降低 3 ℃,从 21 ℃降到 5 ℃,5 ℃贮藏
	鸭梨	每 30~40 d 逐渐降温到 0 ℃贮藏
热处理	绿熟番茄	36~40 ℃处理 3 d,减轻 2 ℃贮藏时的冷害
	杧果	38 ℃处理 24 h 和 36 h,减轻 5 ℃贮藏期的冷害
	甜薯	29 ℃处理 4~7 d,减轻 5 ℃贮藏期的冷害

冻害是指温度低于 0 ℃时的低温对果蔬造成的生理伤害。果蔬处在其冰点以下的温度,在组织内细胞间隙中水分结冰,如果温度继续降低,则会引起细胞内的水分外渗,进入细胞间隙而结冰,细胞液浓度增高,某些离子的浓度增加到一定程度,pH 值改变,使细胞受害,代谢失调,再加之水结冰后体积膨胀,对细胞产生膨胀压力,引起机械损伤,细胞就会受到破坏而死亡,在解冻以后汁液外流,不能恢复原来的鲜活状态,风味也遭受影响。

果蔬受冻害的程度取决于受冻时的温度及持续的时间。温度低、时间长,果蔬受冻害严重;环境温度不太低或持续时间并不长,组织的冻结程度轻,仅限于细胞间隙的水结冰,细胞结构还未遭到破坏,解冻后果蔬组织可以恢复生机。但是解冻时应注意:不宜搬动、翻动,要缓慢解冻,逐步升温使细胞间隙的冰缓慢融化,重新被细胞吸收,解冻温度以 4.5 ℃以下为宜,否则会影响品质。

4) 温度对乙烯产生的速度和作用效应的影响

温度影响乙烯产生的速度和其作用的效应,高温会刺激乙烯的产生。对于大部分果实来说,当果实的温度为 16.6~21.2 ℃时乙烯的催熟效应最大。

5) 果蔬的冷链物流温度控制

从理论上来说,果蔬的冷链物流温度与最适贮藏温度保持一致是最为理想的。但是,在实践中这样的代价往往非常高,不经济。在现代运输和销售条件下,果蔬的陆上运输很少超过 10 天,因此,果蔬运输和销售只相当于短期贮藏,没有必要套用长期冷藏的指标。

一般而言,根据对运输和销售温度的要求,可把果蔬分为四大类:

第一类为适于低温运输和销售的温带果蔬,如苹果、桃、梨,最适温度为 0 ℃;

第二类为对冷害不太敏感的热带、亚热带果蔬,如荔枝、柑橘、石榴,最适温度为 2~5 ℃;

第三类为对冷害敏感的热带、亚热带果蔬,如香蕉、杧果、黄瓜、青番茄,最适温度为 0~10 ℃;

第四类为对高温相对不敏感的果蔬,适于常温运输和销售,如洋葱、大蒜等。

一些果蔬对长途运输温度的要求如表 4-12 所示。

表 4-12 一些果蔬对长途运输温度的要求

果蔬名称	运输温度(℃)	果蔬名称	运输温度(℃)
木瓜	7~13	胡萝卜	0~2
番荔枝	15~20	芦笋	0~2
菠萝	8~13	土豆	2~5
香蕉	12~15	黄花菜	0~2
草莓	0~3	芹菜	0~2
葡萄	0~3	绿熟西红柿	14~16
柑橘	4~8	初熟西红柿	7~10
柠檬	10~13	成熟西红柿	0~5
苹果、梨	0~4	黄瓜	10~13
桃子	0~3	辣椒	7~13

二、气体

1. 气体对微生物的作用

微生物与氧气有着十分密切的关系。一般来说,在有氧的环境中,微生物进行有氧呼吸、生长、代谢速度快,食品变质速度也快;缺乏氧气条件下,由厌氧性微生物引起的食品变质速度较慢。氧气存在与否决定着兼性厌氧微生物是否生长和生长速度的快慢。例如,当 $A_w=0.86$ 时,无氧存在情况下金黄色葡萄球菌不能生长或生长极其缓慢,而在有氧情况下则能良好生长。

新鲜食品原料中,由于组织内一般存在着还原性物质(如动物原料组织内的巯基),因而具有抗氧化能力。在食品原料内部生长的微生物绝大部分应该是厌氧性微生物,而在原料表面生长的则是需氧微生物。食品经过加工,物质结构改变,需氧微生物能进入组织内部,食品更易发生变质。

另外,氢气和二氧化碳等气体的存在,对微生物的生长也有一定的影响。实际中可通过控制它们的浓度来防止食品变质。

2. 气体对果蔬运输的影响

1) 氧气的影响

环境中氧气的含量直接关系果蔬的呼吸强度,从而影响贮运效果。一般大气中的氧气含量为21%,氧气浓度低于10%时,呼吸强度会有明显降低。低氧气浓度减少促进成熟的植物激素的产生量,从而延缓成熟衰老的进程。

2) 二氧化碳的影响

二氧化碳是果蔬呼吸代谢的产物之一,在大气中的含量约为0.03%,提高贮运环境中二氧化碳浓度,呼吸会受到抑制。对多数果蔬来说,适宜的二氧化碳浓度为1%～5%;浓度过高,达10%时,反而会刺激呼吸作用,严重时引起代谢失调,即二氧化碳中毒。二氧化碳中毒的危害甚至比无氧呼吸造成的伤害更严重。一定浓度的二氧化碳能降低导致成熟的合成反应,从而有利于延长果蔬的贮运寿命。

3) 乙烯的影响

控制和减少运输环境中乙烯含量的措施

乙烯是一种促进果实成熟的植物激素,在正常条件下为气态。随着果实的成熟,其体内产生乙烯,而新产生的乙烯促进果实的成熟。果实内部发生一系列变化,如淀粉含量下降,可溶性糖含量上升;叶绿素含量下降,有色物质增加;水溶性果胶含量增加,果实的硬度降低,表现出成熟特有的色、香、味及质地。

不同种类及同一种类不同品种的果实中乙烯生成量有较大差异。呼吸跃变型果实产生的乙烯较多,非跃变型果实产生的乙烯相对要少。

无论是内源乙烯还是外源乙烯都能导致果实成熟衰老,即使在很低的浓度(1 ppm)下,也具有催熟效应。在贮藏中避免不同跃变类型的果实同库存放,同时要尽量控制和减少贮藏环境中的乙烯含量。

三、湿度

1. 湿度对微生物的影响

空气中的湿度对于微生物生长和食品变质来讲,起着重要的作用,尤其是未经包装的食品。例如,把含水量少的脱水食品放在湿度大的地方,食品则易吸潮,表面水分迅速增加。长江流域梅雨季节,粮食、物品容易发霉,就是因为空气湿度太大(相对湿度70%以上)的缘故。

Aw值反映了溶液和作用物的水分状态,而相对湿度则表示溶液和作用物周围的空气状态。当两者处于平衡状态时,Aw×100就是大气与作用物平衡后的相对湿度。每种微生物只能在一定的Aw值范围内生长,但这一范围的Aw值要受到空气湿度的影响。

2. 湿度对果蔬运输的影响

1) 相对湿度

空气的相对湿度是影响果蔬水分蒸发的直接因素,一般用绝对湿度占饱和湿度的百分率来表示,也可用水蒸气压表示。

2) 结露

在果蔬贮运过程中,当贮运环境中空气水蒸气的绝对含量不变,而温度降到露点温度时,空气中水蒸气达到饱和,会使过多的水蒸气在果蔬表面、塑料包装袋内壁等处凝结成水珠,这种现象称为结露。

3) 容易出现结露现象的原因

(1) 果蔬入库初期,水分蒸发量大,环境湿度高,库温骤然下降;

(2) 果蔬在库内堆积过多,通风散热缓慢,造成堆内外温度、湿度的差异;

(3) 利用塑料袋包装时,塑料袋内果蔬释放的呼吸热及水分蒸发造成袋内高温、高湿的环境,使塑料薄膜处于冷热交界面;

(4) 冷藏后的果蔬,未经升温而直接放置高温场所,空气中的水汽在果蔬表面(果蔬本身是冷源)形成水珠。

4) 控制相对湿度和结露的注意事项

不同种类的果蔬有其最适宜的贮运湿度。不是所有的果蔬都适合于高湿度,如温州蜜柑在高湿条件下果皮容易吸水而产生"浮皮",果肉内的水分和其他成分向果皮转运,结果是果实外表虽然饱满,但果肉干缩,风味淡,易发生枯水生理病害,最适宜的贮运相对湿度为85%左右。

结露方面,在果蔬贮运中,应严格防止产生结露现象,如维持稳定的低温状态,保持相对平稳的相对湿度,库内外温差较大时缓慢通风,产品堆积不宜过大,堆垛之间留有一定空隙,果蔬预冷后入库,升温后出库等。

四、振动

振动对易腐货物尤其是果蔬有一定的影响。振动的物理特征是用振幅与频率来描述的,振动强度以振动所产生的加速度大小来分级。振动可以引起多种果蔬组织的伤害,主要为机械损伤和导致生理失常两大类,最终导致果蔬品质的下降。

机械损伤会刺激呼吸作用加强。任何的机械损伤,即使是轻微的挤伤或压伤,都会刺激呼吸作用加强。因为损伤破坏了完好的细胞结构,加速了气体交换,提高组织内氧气的含量,同时增加了组织中酶与作用底物接触的机会。

机械损伤还会刺激乙烯合成加强。机械损伤使果蔬组织内氧气的含量增加,促使体内乙烯的合成加强,加快了成熟衰老的进程。

机械损伤给微生物侵染创造了条件。果蔬受到机械损伤时,果蔬会产生保卫反应,使呼吸作用加强。

在实际运输中,果蔬能忍耐的振动加速度是一个非常复杂的问题。一般而言,按照果蔬的力学特性,可把果蔬划分为耐碰撞和摩擦、不耐碰撞、不耐摩擦、不耐碰撞和摩擦等数种类型(见表4-13)。

表 4-13 各种果蔬对振动损伤的抵抗性

类 型	种 类	运输振动加速度的临界点
耐碰撞和摩擦	柿子、柑橘类、青番茄、甜椒、根菜类	3.0g
不耐碰撞	苹果、红熟番茄	2.5g

续表

类型	种类	运输振动加速度的临界点
不耐摩擦	梨、茄子、黄瓜、结球蔬菜	2.0g
不耐碰撞和摩擦	桃、草莓、西瓜、香蕉、绿叶菜类	1.0g
脱粒	葡萄	1.0g

第五节　食品货架期预测方法

一、食品货架期

随着人民生活水平的提高,消费者对食品的质量提出了越来越高的要求,人们希望所购得的食品在购买后直至消费前这段时间内能维持一个较高的质量。这个要求不仅是指食品能被安全食用,而且是指食品的感官特性基本不变。

这就引出了食品货架期的概念。根据IFST(英国食品科学与技术学会)的定义,食品货架期是指:食品自出厂之日起,经过各流通环节直到到达消费者手中,它所能保持质量不变的时间段。这个概念包含了多层含义:①食品是安全的;②在此期间,该食品的物化指标、感官特性、微生物含量必须在一个可接受的范围内;③这个时间段应与商品标签上所标明的保质期相吻合。

二、食品货架期的影响因素

有许多因素可以影响食品的货架期,这些因素可被分成内在因素(见图 4-2)和外在因素(见图 4-3)。内在因素有水分活度、pH值和总酸度、酸的类型、氧化还原电势、有效含氧量、菌落总数、在食品配方中使用防腐剂等;外在因素有在贮藏和分配过程中的相对湿度、温度、微生物控制,在加工过程中的时间-温度曲线关系,包装过程中的气体成分,消费者的处理操作和热处理的顺序等。以上因素都可通过一些反应变化来影响食品的货架期,这些反应变

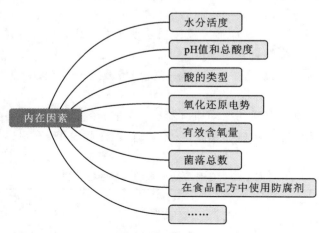

图 4-2　影响食品货架期内在因素

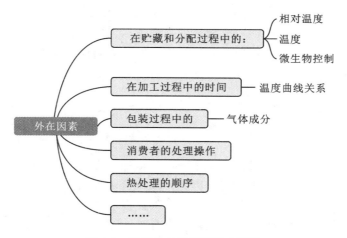

图 4-3 影响食品货架期外在因素

化可以被简单地归纳为以下几类：微生物的影响、物理条件的影响、化学条件的影响、温度变化产生的影响。

1. 微生物的影响

在食品贮藏过程中，一些特定微生物的生长主要依赖于以下一些因素：在食品贮藏的初始阶段，微生物的原始数目；食品的物化性质，如湿度、pH 值、食品的外在环境、食品加工过程中使用的处理方法。

2. 物理条件的影响

在对食品品质产生影响的物理作用中，水分迁移是一个比较大的影响因素。由于水分的丢失，由它引起的一些变化可以很容易地被观察到。比如，干面包片、饼干等脆性食品会因外界环境的水分迁移而失去它们的脆性；沙拉食品同样可以由于水分从蔬菜到拌料的迁移作用而发生品质改变。冷冻食品贮藏中发生的干耗也是由于在冻结食品时，因食品中水分从表面蒸发，而造成的食品质量减少；在包装食品中，一些渗透变化可以随着时间的延长而导致外界气体和水分渗入包装材料内，从而改变包装内部的气体的成分和相对湿度，引起食品的化学变化和微生物变化。另外，包装材料的化学物质也可迁移到食品表面，从而引起食品的污染。以上这些情况都会对食品的货架期产生严重的不良影响，使食品的保质期降低。

3. 化学条件的影响

许多变质能随着食品内部化学反应的加剧而发生。在食品里的脂肪经常发生一些反应机理非常复杂的反应。如水解、脂肪酸的氧化、聚合等变化，其反应生成的低级醛、酮类物质会使食品的风味变差、味道恶化，使食品出现变色、酸败、发黏等现象。当这些变化进行得非常严重时，就被人们称为"油烧"。在食品储藏过程中，酶的活动也可以改变食品的性质，导致其保质期的改变。一些非酶反应可以导致食品发生褐变。瓶装牛奶暴露在阳光下会产生"日光味"，因为光导致脂肪氧化和蛋白质破坏。光线的照射也可破坏某些维生素，特别是核黄素、维生素 A、维生素 C，而且还能使某些食品中的天然色素褪色，改变它们的色泽。

4. 温度变化产生的影响

温度的变化也会导致食品的变质。在处理食品的适度温度范围内，温度每升高 10 ℃，化学反应速率约可加快一倍。过度受热会使蛋白质变性、乳状液破坏、因脱水使食品变干以及破坏维生素。未加控制的低温也会使食品变质,比如引起果蔬的"冻害"。冻结也会导致液体食品的变质。如果将牛奶冻结,乳状液即受到破坏,脂肪就会分离出来。冻结还会使牛乳蛋白质变性而凝固。另外在冻结食品时,温度的波动会使食品内部的冰晶发生变化,从而缩短该食品的保质期。

三、易腐食品货架期预测方法

1. 预测曲线

根据 Arrhenius 方程,当求得不同温度下的反应速率 k 后,用 $\ln k$ 对热力学温度的倒数 $1/T$ 作图可得到一条为 $-E_a/R$ 的直线。因此,Arrhenius 方程的主要价值在于:可以在高温(低 $1/T$)下收集实验数据,然后用外推法求得较低温度下的货架寿命(见图 4-4)。简单的货架寿命作图法仅仅在一个相对较窄的温度范围内有效,而在大的温度范围内通常是不精确的。

2. T.T.T 理论

原料品质、冷冻前后处理过程、包装(3P)是决定冷冻食品质量的主要因素。与此不同的是,终期产品的质量取决于时间、温度和产品的耐藏性,即由 T.T.T(Time-Temperature-Tolerance)决定。

美国西部农产物利用研究所 Arstel(1948—1958 年)通过大量试验,总结出 T.T.T 的概念:为保持冷冻食品的优良品质,所允许的储藏时间和储藏温度之间存在着一定的关系。由概念可知,冷冻食品在流通过程中其品质变化主要取决于温度,冷冻食品的温度越低,其优良品质保持的时间越长。把对应于不同温度的贮藏期所经历的时间标绘在对数刻度的坐标系上,这些点的连线在 $-30 \sim -10$ ℃ 的冷藏温度范围内大致呈倾斜的形状,称为 T.T.T 曲线(见图 4-5)。

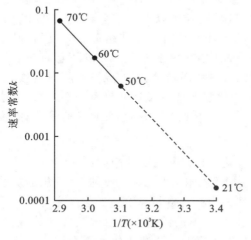

图 4-4 利用 Arrhenius 曲线从高温外推至低温来预测货架期

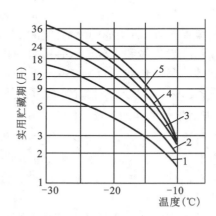

图 4-5 冷冻食品的 T.T.T 曲线
1—多脂肪鱼(鲑)和炸仔鸡;
2—少脂肪鱼;3—四季豆和汤菜;
4—青豆和草莓;5—木莓
(资料来源:张国治,温纪平.速冻食品的品质控制[M].北京:化学工业出版社,2007.)

从 T.T.T 曲线可以看出,温度越低,冷冻食品的品质变化越小,货架期也越长。如大多数冷冻食品在 $-18\ ℃$ 条件下可储存 1 年而不失去商品价值。T.T.T 理论也表明:冷冻食品在流通过程中因时间、温度的经历而引起的品质降低量是累积的,而且是不可逆的,并且与所经历的顺序无关。例如,把相同的冷冻食品分别放在两种场合下进行冻藏:一种是先放在 $-10\ ℃$ 温度下贮藏 1 个月,然后放在 $-30\ ℃$ 下贮藏 5 个月;另一种是先放在 $-30\ ℃$ 下贮藏 5 个月,然后放在 $-10\ ℃$ 下贮藏 1 个月,这两种场合分别贮藏 6 个月后,冷冻食品的品质降低量是相等的。大多数冷冻食品贮运温度与实际货架期的关系是符合 T.T.T 关系的。

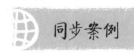
同步案例

哈 喇 味

"哈喇味"人们很熟悉,家里的油、点心等食物放时间久了,就会产生一股又苦又麻、刺鼻难闻的味道,老百姓俗称"哈喇味"。虽然有些难闻,但因食物表面没有变质的迹象,大部分人还是选择把这些食物继续吃掉。但事实上,哈喇味的食物暗藏隐患,危害不小。含油脂较多的油类、糕点、鱼肉类的干腌制品、核桃、花生、瓜子等食物都很容易产生哈喇味。这是因为哈喇味是由油脂变质产生的。含油脂的食物若贮存时间太长,在日光、空气、水及温度的作用下,就会被氧化分解、酸败,从而产生异味。据日本媒体报道,一家快餐店曾出现过集体中毒事件,原因就是人们吃了有哈喇味的油炸食物。吃了有哈喇味的食品,可能引起恶心、呕吐、腹痛、腹泻等消化系统症状,长期食用还可能诱发消化道溃疡、脂肪肝等病。此外,油脂变质时产生的过氧化脂自由基还会破坏人体内的酶类,使人体新陈代谢发生紊乱,表现为食欲不振、失眠健忘等。

近来有科学研究发现,食用有哈喇味的食物还可以诱发癌症。美国研究人员曾用出现酸败的食用油喂养动物,结果这些动物不仅出现了消化道肿瘤,还产生了严重的肝脏病变。分析发现,酸败的食物中会产生一种叫丙二醛的致癌物质,该物质会破坏正常细胞,使之衰老、癌变。有哈喇味的食物,不论直接吃还是烹调再加工后吃,都有可能引起食物中毒或损害食用者的健康。因此,平时要避免油炸食品和含油多的食品存放时间过长,最好密封低温保存。

【思考】 什么原因诱发产生了哈喇味?如何避免或减少出现哈喇味?

【例 4-1】 某冷冻食品从生产到消费共经历了 7 个阶段,如表 4-14 所示。用 T.T.T 的计算方法,根据各个温度下每天的品质降低率与在此温度下所经历的天数相乘,即可算出该冷冻食品各个阶段的品质降低量。刚生产出来时,这个冷冻食品的冷藏性为 100%,从生产者一直到消费者共经历了 241 d,7 个阶段的品质降低总量为 70.9%,说明该冷冻食品还有 30% 的剩余冷藏性。当品质降低总量超过 100% 时,说明该冷冻食品已失去商品价值,不能再食用。

表 4-14 某冷冻食品流通过程中时间、温度数据

阶　　段	平均温度(℃)	每天品质降低率(%)	时间(d)	品质降低量(%)
①生产储存	-30	0.23	150	33
②运输	-25	0.27	2	0.5

续表

阶 段	平均温度(℃)	每天品质降低率(%)	时间(d)	品质降低量(%)
③批发商储存	-24	0.28	60	17
④配送	-20	0.4	1	0.4
⑤零售商储存	-18	0.48	14	6.8
⑥搬运装卸	-9	1.9	1	0.2
⑦消费者储存	-12	0.91	14	13
合计			241	70.9

资料来源：关志强.食品冷冻冷藏原理与技术[M].北京：化学工业出版社，2010.

用T.T.T计算方法可以知道物流过程中某冷冻食品的品质变化,但由于食品腐败变质的原因与多个因素有关,如温度波动使冰晶长大和干耗加剧、光线照射对光敏成分的影响等。这些因素在上述计算中尚未考虑,因此,在某些情况下实际品质降低量要比用T.T.T方法得到的计算值更大。例如,温度升高,冰激凌会融化或软化；温度降低,它又再变硬。温度如此反复波动,冰激凌就会产生大的冰结晶,原有滑溜的舌触感,就会变得粗糙,使产品失去商品价值。又如,冷藏室内,当温度波动幅度大而且频繁,冷冻食品内的冰结晶会长大,包装袋内也会发生干耗现象,不仅冷冻食品的质量降低,而且品质发生恶化,比用T.T.T计算所求得的品质降低量更大。再如,放在超市冷藏陈列柜中的冷冻食品,特别是装在塑料袋中的单个冻结制品,由于商场灯光照明的影响,会干燥、变色,与放在相同温度的冷藏库内相比较,其品质劣化程度快,比用T.T.T计算值判定的品质降低量大。

以上虽列举了一些不符合T.T.T计算的例外情况,但对大多数食品来说,品质的降低主要还是取决于流通过程中时间、温度经历所带来影响的累积,因此T.T.T理论及其计算方法在判断冷冻食品在流通领域中的品质变化上仍是非常适用的。

"捡漏"临期食品

一、案例背景

"临期食品"是指即将到达食品保质期,但仍在保质期内的食品。从食品安全的角度,它在安全食品的范畴之内。当前,随着消费观念的不断转变,市面上出现越来越多的临期食品销售。价格诱人的临期食品,社会上出现临期食品抢购热潮。

随着"临期食品"越来越多地出现在各大商场的货架上,消费群体对于"临期食品"的消费心理也渐渐出现变化。

一方面,一部分群体持保留甚至是反对态度,认为临期食品毕竟已经临近食品保质期,食品的质量难以保障,也没有明确的标准界定临期食品。这让一部分消费群体在面对临期食品选购时往往会望而却步。

另一方面,另外一部分群体持乐观接受态度。当前绿色、环保、低碳理念深入人心,临期食品的分类处理、理性选购正响应了珍惜资源、不浪费的环保价值观。在确保食品安全的范畴之内,经营者将临近保质期但尚在安全保质期进行分类,以较实惠的价格出售。这对于持乐观接受态度的消费群体而言,以较低廉的价格就可以买到需要的食品,是件性价比高的事情。

我国有很大的人口基数,每天要消耗的物资数量非常庞大。由于我国的物产丰富,同时也因为供需关系,每天或多或少都有临期食品出现。这些临期食品并不是过期食品,在食用方面是没有问题的,只是已经接近保质期。为了避免造成巨大浪费,于是出现了一个新的行业,它就是售卖临期食品的生意。据说,这个行业的毛利率甚至达到70%以上。

有关专家对临期食品做了分析研究,最后得出初步的结论:临期食品行业未来会有巨大的发展空间。经过业内人士的运作,这些食品将会得到合理的利用,减少浪费。

二、案例讨论

1. 什么是食品保质期?为什么食品存在保质期?
2. 大家怎么看待这个现象?

练习与思考

1. 练习题

(1) 微生物引起变质的基本条件有哪些?

(2) 食品中各种微生物类群生长的最低 Aw 值范围分别是多少?

(3) 分解蛋白类食品的微生物主要有哪几类?

(4) 请描述蛋白质的腐败变质过程。

(5) 鲜肉变质的过程如何?变质期间细菌繁殖经历哪些菌期?

(6) 生鲜食品低温保藏的原理是什么?

(7) 影响易腐食品物流品质的因素有哪些?

2. 思考题

影响食品货架期的因素有哪些?有哪些方法可以预测食品货架期?

3. 调研

网络调研三鹿奶粉、地沟油等食品质量事件的情况,分析讨论事件发生的原因、产生的严重危害,讨论解决措施,提出诚信法则。

第四章试卷

第五章
生鲜食品的冷链加工与流通

学习目标

理解生鲜食品低温保鲜的原理、生鲜食品冷却的目的；了解生鲜食品在冷却过程中的干耗、冷害、移臭、寒冷收缩等现象，在冻结过程中的物理变化、组织变化、化学变化及生物和微生物的变化；阐述不同冷加工方法的原理和冷加工设备的优缺点；掌握生鲜食品冷加工的各种工艺方法及使用的对象、相应的温度要求；了解生鲜食品流通加工的概念、类型，生鲜食品常用的包装材料及其特性，常用的包装技术；能根据实际需要针对不同的生鲜食品采用不同的冷加工工艺，以及不同的包装材料和包装技法。

京东冷链推出预制菜专属解决方案

近年来，人们的餐饮消费形式和观念日益多元化，"宅经济"的渐兴和冷链技术的完善，让预制菜成为很多人的饮食新选择。据艾媒咨询相关数据显示，2021年中国预制菜市场规模预计为3459亿元，2023年将达到5156亿元；若未来中国预制菜市场增速保持稳定在20%，则在2027年预制菜市场规模将破万亿，市场潜力巨大。

日前，京东物流推出"预制菜专属解决方案"，依托遍布全国的冷链物流体系，发挥干线、仓储、配送、包装、科技等能力优势，为预制菜企业提供从商品生产储存到打包配送，从线上业务到线下场景的全程冷链解决方案。

预制菜行业的发展，离不开稳定高效的供应链支撑，产地预冷、冷藏和配套分拣加工等设施建设直接影响预制菜产品品质，坚实的冷链物流保障才能保持预制菜品的新鲜度，给消费者提供更好的服务体验。

加工、存储是预制菜的第一步，也是保证菜品品质的原点。京东冷链在全国37个城市均有生鲜仓布局,冷链仓库面积超过 61 万平方米,通过多温层、一盘货的服务能力,以及精细化的仓储运营能力,确保预制菜商品在仓库内的安全、新鲜。

预制菜多是冷冻冷藏商品,必须保证特定温度的运输环境,对运输存储要求较高,京东冷链则在产品包装和运输过程方面做了双重保障。在产品包装上,京东冷链针对不同环境温度沉淀了一套从-22 ℃至 15 ℃的商品分温层包装方案,通过差异化的冷媒投放方案,在实现成本最优的同时避免商品化冻问题。而在物流运输中,京东冷链通过全程可视化的温度监控平台和对冷藏车的在途管理系统,全力呵护商品品质。

预制菜行业的发展,不仅与冷链物流息息相关,更离不开稳定高效的供应链支撑。在线上,京东冷链推动多渠道一盘货、全国一盘棋的可视化库存管理,通过对订单进行统一管理,减少库存水位,提升供应链运作效率,并通过数字化沉淀,帮助企业实现准确的销售预测,提升库存周转率。在线下,京东冷链帮助合作伙伴进行仓网优化,扩大市场覆盖范围,提升物流时效和履约能力。

(资料来源:《前端提效、后端服务! 京东冷链推出预制菜专属解决方案》,tech. china. com. cn/roll/20220803/389764. shtml。)

第一节　生鲜食品冷链加工概述

一、生鲜食品冷加工的原理

生鲜食品在常温下贮藏,时间长了会发生腐败变质,其主要原因是由于食品中的酶进行的生化反应和微生物的生命活动而造成的。酶的催化作用和微生物的生命活动,都需要在一定的温度和水分情况下进行。如果降低贮藏温度,酶的活性就会减弱,微生物的生长、繁殖也会减慢,就可以延长生鲜食品的贮藏期。此外,低温下大多数微生物新陈代谢会被破坏,其细胞内积累的有毒物质及其他过氧化物能导致其死亡。当生鲜食品的温度降至-18 ℃以下时,生鲜食品中 90% 以上的水分都会变成冰,所形成的冰晶还可以以机械的方式破坏微生物细胞,细胞或失去养料,或因部分原生质凝固,或因细胞脱水等造成微生物死亡。因此,冻结的生鲜食品可以更长期地贮藏。

为了保持果蔬等植物性食品的鲜活状态,一般都在冷却的状态下进行贮藏。果蔬采摘后仍然是具有生命力的有机体,还在进行呼吸活动,并能控制引起食品变质的酶的作用,对外界微生物的侵入也有抵抗能力。降低贮藏环境的温度,可以减弱其呼吸强度、降低物质的消耗速度,从而延长贮藏期。但是,贮藏温度也不能降得过低,否则会引起果蔬活体的生理病害,以致冻伤。所以,果蔬类食品应放在不发生冷害的低温环境下贮藏。此外,如鲜蛋也是活体食品,当温度低于冻结点,其生命活动也会停止。因此,活体食品一般都是在冷却状态下进行低温贮藏。

鱼、禽、畜等动物性食品在贮藏时,因其细胞都已死亡,其自身不能控制引起食品变质的酶的作用,也无法抵抗微生物的侵袭。因此,贮藏动物性食品时,要求在其冻结点以下的温度保藏,以抑制酶的作用、微生物的繁殖,减慢食品内的化学变化,从而较长时间地维持食品的品质。

二、生鲜食品冷加工工艺

生鲜食品的冷加工工艺主要指生鲜食品的冷却、冻结、冷藏、冰温贮藏、微冻贮藏和解冻的方法,是利用低温保藏生鲜食品和加工生鲜食品的最佳方法。

1. 生鲜食品的冷却

生鲜食品的冷却是指将生鲜食品的温度降低到某一指定的温度,但不低于生鲜食品汁液的冻结点。生鲜食品的冷却温度通常在 10 ℃以下,其下限为 -2~4 ℃。冷却贮藏可延长生鲜食品的贮藏期,并能保持其新鲜状态。但由于在冷却温度下,细菌、霉菌等微生物仍能生长繁殖,特别是冷却的动物性食品只能进行短期贮藏。

2. 生鲜食品的冻结

生鲜食品的冻结是指将生鲜食品的温度降低到其汁液的冻结点以下,使生鲜食品中的大部分水分冻结成冰。冻结温度带国际上推荐为 -18 ℃以下。冻结生鲜食品中微生物的生命活动及酶的生化作用均受到抑制,水分活度下降,因此可进行长期贮藏。几种常见生鲜食品的冻结点如表 5-1 所示,一些生鲜食品的冻结率如表 5-2 所示。

表 5-1 几种常见生鲜食品的冻结点

品种	冻结点(℃)	含水率(%)	品种	冻结点(℃)	含水率(%)
牛肉	-1.7~-0.6	71.6	葡萄	-2.2	81.5
猪肉	-2.8	60	苹果	-2	87.9
鱼肉	-2~-0.6	70~85	青豆	-1.1	73.4
牛奶	-0.5	88.6	橘子	-2.2	88.1
蛋白	-0.45	89	香蕉	-3.4	75.5
蛋黄	-0.65	49.5			

表 5-2 一些生鲜食品的冻结率(%)

品种	温度(℃)											
	-1	-2	-3	-4	-5	-6	-7	-8	-9	-10	-12.5	-15	-18
肉类、禽类	0~25	52~60	67~73	72~77	75~80	77~82	79~84	80~85	81~86	82~87	85~89	87~90	89~91
鱼类	0~45	0~68	32~77	45~82	84	85	87	89	90	91	92	93	95
蛋类、菜类	60	78	84.5	81	89	90.5	91.5	92	93	94	94.5	95	95.5
乳	45	68	77	82	84	85.5	87	88.5	89.5	90.5	92	93.5	95
西红柿	30	60	70	76	80	82	84	85.5	87	88	89	90	91
苹果、梨、土豆	0	0	32	45	53	58	62	65	68	70	74	78	80
大豆、萝卜	0	28	50	58	64.5	68	71	73	75	77	80.5	83	84

续表

品种	温度(℃)											
	-1	-2	-3	-4	-5	-6	-7	-8	-9	-10	-12.5	-15	-18
橙、柠檬、葡萄	0	0	20	32	41	48	54	58.5	62.5	69	72	75	76
葱、豌豆	10	50	65	71	75	77	79	80.5	82	83.5	86	87.5	89
樱桃	0	0	0	20	32	40	47	52	55.5	58	63	67	71

3. 生鲜食品的冷藏

生鲜食品的冷藏是指生鲜食品保持在冷却或冻结终了温度的条件下,将其低温贮藏一定时间。根据生鲜食品冷却或冻结加工温度的不同,冷藏又可分为冷却生鲜食品的冷藏和冻结生鲜食品的冷藏两种。冷却生鲜食品的温度一般在0℃以上,冻结生鲜食品的冷藏温度一般为-18℃以下。对一些多脂鱼类(如鲱鱼、鲐鱼)和冰激凌,欧美国家建议冷藏温度为-30~-25℃,少脂鱼类(如鳕鱼、黑线鳕)为-20℃。日本用来做生鱼片的金枪鱼,为长期保持其红色,防止氧化,采用了-40℃甚至-70℃的低温。生鲜食品的贮藏在同等条件下,温度越低,贮藏时间越长。例如,鳕鱼在15℃时只能贮藏1天,在6℃时可贮藏5~6天,在0℃时可贮藏15天,在-18℃时可贮藏6~8个月,在-23℃时可贮藏8~10个月,在-30~-25℃时可贮藏1年。

4. 生鲜食品的冰温贮藏

生鲜食品的冰温贮藏是将生鲜食品贮藏在0℃以下至各自的冻结点范围内,它属于非冻结冷藏。一些生鲜食品的冰点如表5-3所示。冰温保鲜的原理就是将生鲜食品的温度控制在冰温带内,使组织处于将冻而未冻的状态以保持其鲜活,从而使生鲜食品的后熟过程在一个特定的低温环境下进行,不会出现冻结生鲜食品在解冻过程中产生的冻结损伤,而且各种理化变化极度降低,可以延缓生鲜食品腐败,使固有品质得以保持。同时,还能逐渐积累与鲜度有关的氨基酸。

表5-3　一些生鲜食品的冰点(℃)

食品名称	奶酪	香蕉	柠檬	橙子	奶油	柿子	洋白菜	菜花
冰点	-8.3	-3.4	-2.2	-2.2	-2.2	-2.1	-2.0~-1.3	-1.1
食品名称	鱼肉	牛肉	番茄	草莓	蛋黄	牛奶	蛋白	生菜
冰点	-2.0~-0.6	-1.7~-0.6	-0.9	-0.8	-0.65	-0.5	-0.45	-0.4

作为继冷藏及气调贮藏之后的第三代保鲜技术,生鲜食品的冰温贮藏优势明显。利用冰温贮藏保存的生鲜食品,比0℃以上保存方法的时间长一倍左右,比-8℃保存方法的营养流失率低。冰温贮藏的优点主要有:①不破坏食品细胞;②有害微生物的活动及各种酶的活性受到抑制;③能够降低食品呼吸活性,减少食品营养物质流失,延长食品的保质期;④能够提高水果、蔬菜的品质。其中第④点是冷藏及气调贮藏方法都不具备的优点。但冰温贮藏也有缺点:①可利用的温度范围狭小,一般为-0.5~2.0℃,故温度带的设定十分困难;②配套设施的投资较大。冰温贮藏与冷却冷藏、冷冻的比较如表5-4所示。

表 5-4　冰温贮藏与冷却冷藏、冷冻的比较

类别	冰温贮藏	冷却冷藏	冷冻
温度领域	0 ℃到冻结点的冰温与超冰温领域	0~10 ℃的温度领域	−18 ℃以下
贮藏期限	与冷藏相比可增长 2~10 倍的贮藏期限，并可长期活体保存	生鲜食品的保存期约 7 天，并无法做活体保存	可长期保存，但因结冰冻结，致使生物细胞坏死
品质差异	利用冰温生物科技使生鲜产品更美味、营养增加且使有害微生物下降	美味因冷藏时间增加而降低，有害微生物逐渐增加而致使腐烂	生物细胞冻结破坏，解冻后营养流失，风味降低最多

随着保鲜技术的发展，冰温保鲜技术已经广泛应用于多个领域，如表 5-5 所示。

表 5-5　冰温保鲜技术在食品中的应用情况

果蔬中的应用	目前，冰温技术在果蔬保鲜方面的研究较多。多数试验结果表明，利用冰温技术贮藏果蔬，可以明显降低果蔬细胞组织的新陈代谢，在色、香、味及口感方面都优于普通冷藏，可保持其良好的原有品质，新鲜度几乎与刚采收的果蔬处于同等水平
水产品中的应用	水产品的冰温保鲜技术方面，目前在活鱼和虾蟹流通领域已有相关研究报道。在冰温带贮藏水产品，使其处于活体状态，减缓新陈代谢，可较长时间地保存其原有的色、香、味和口感
禽肉中的应用	冰温保鲜技术在禽肉制品中的应用较少，李建雄提出冰温结合气调包装是进行猪肉保鲜的有效途径，利用气调包装可以强化冰温的保鲜效果。由此看来，冰温气调保鲜技术已具备了一定的技术基础，在肉类保鲜中将具有重要的实际应用价值和良好的发展前景

5. 生鲜食品的微冻贮藏

微冻贮藏又叫部分冷冻或过冷却贮藏，一般用于水产品的贮藏。微冻贮藏是将水产品的温度降低到冰点和冰点以下 1~2 ℃进行保藏。作为水产品的主要腐败微生物，嗜冷菌在 0 ℃生长缓慢，温度继续下降，生长繁殖受到抑制，低于−10 ℃时生长繁殖完全停止。另外，经过微冻鱼体中的水分会发生部分冻结，鱼体中的微生物中水分也会发生部分冻结，从而影响微生物的生理生化反应，抑制了微生物的生长繁殖。因此，水产品微冻保鲜的保鲜期是 4 ℃冷藏的 2.5~5 倍。

6. 生鲜食品的解冻

生鲜食品的解冻是指将冻结的生鲜食品溶解，恢复到冻结前新鲜状态的过程。解冻可以看成是冻结的逆过程，对于作为加工原料的冻结品，一般只需升温至半解冻状态即可。

冰温保鲜技术简介

第二节　生鲜食品冷却方法与装置

一、生鲜食品冷却的目的

冷却是对水果、蔬菜等植物性食品进行冷加工的常用方法。采收后的水果、蔬菜等植物性食品仍是有生命的有机体,在贮藏过程中还在进行呼吸作用,放出的呼吸热如果不能及时排出会使其温度升高而加快衰老过程。因此,水果、蔬菜自采收起就应及时进行冷却,以除去田间热和呼吸热,并降低其呼吸作用,从而延长其贮藏期。例如,对于草莓、葡萄、樱桃、生菜、胡萝卜等品种,采收后早一天冷却处理,往往可以延长储藏期半个月至一个月。但是,马铃薯、洋葱等品种由于收获前生长在地下,收获时容易破皮、碰伤,因此需要在常温下进行愈伤呼吸,养好伤后再进行冷却贮藏。值得注意的是,果蔬类植物性食品的冷却温度不能低于发生冷害的临界温度,否则会破坏果蔬正常的生理机能,出现冷害。

冷却也是短期保存肉类的有效手段。目前受到国内外广泛关注的冷鲜肉,又叫冷却肉、排酸肉、冰鲜肉,准确地说应该叫"冷却排酸肉",就是严格执行兽医检疫制度,对屠宰后的畜胴体迅速进行冷却处理,使胴体温度(以后腿肉中心为测量点)在 24 小时内降为 0~4 ℃,并在后续加工、流通和销售过程中始终保持 0~4 ℃范围内的生鲜肉。由于始终处于低温控制下,酶的活性和大多数微生物的生长繁殖被抑制,肉毒梭菌和金黄色葡萄球菌等病原菌分泌毒素的速度大大降低。另外,冷鲜肉经历了较为充分的成熟过程,质地柔软有弹性,汁液流失少,口感好,滋味鲜美。同时,冷鲜肉在冷却环境下表面形成一层干油膜,不仅能够减少肉体内部水分蒸发,使肉质柔软多汁,而且可阻止微生物的侵入和繁殖,延长肉的保藏期限。冷鲜肉的保质期可达一星期以上,而一般热鲜肉的保质期只有 1~2 天。再者,经过冷却"后熟"以后,冷鲜肉肌肉中肌原纤维的连接结构会变得脆弱并断裂成小片,会使肉的嫩度增加,肉质得到改善。如果想长期贮藏,必须把肉类冻结,使温度降到 −18 ℃或以下,才能有效地抑制酶、非酶及微生物的作用。另外,冷却肉与冻结肉相比较,由于没有经过冻结过程中水变成冰晶和解冻过程中冰晶融化成水的过程,因此在品质各方面更接近于新鲜肉,因而更受消费者的欢迎。发达国家的超级市场里基本上都是冷鲜肉,甚至提出不吃冻结肉的观念。随着消费者对食品安全和质量的重视,我国肉类行业也存在着由低温肉制品和冷鲜肉取代传统生鲜肉的消费趋势。中国少数大型肉类加工企业已经觉醒,如双汇、金锣等已经开设肉类连锁店,大批量生产销售冷鲜肉。冷鲜肉经济、实惠、方便,深受消费者的欢迎,有放心肉之称,市场反应强烈,发展势头迅猛。

二、生鲜食品冷却的方法与装置

生鲜食品的冷却方法有真空冷却、空气冷却、冷水冷却、碎冰冷却等。根据生鲜食品的种类及冷却要求的不同,可以选择合适的冷却方法。表 5-6 所示的是几种冷却方法的一般使用对象。

表 5-6　冷却方法与使用对象

冷却方法 \ 品种	肉	禽	蛋	鱼	水果	蔬菜
真空冷却				●	●	●
空气冷却	●	●	●		●	●
冷水冷却		●		●	●	●
碎冰冷却		●		●	●	●

1. 真空冷却的原理与设备

真空冷却又名减压冷却,是通过制造低压环境强迫水分从食品表面和内部快速蒸发以获取冷量的一种快速制冷技术。它的原理是水在不同压力下有不同的沸点,如在正常的 101.3 kPa 压力下,水在 100 ℃ 沸腾,当压力为 0.66 kPa 时,水在 1 ℃ 就沸腾。生鲜食品中的水在沸腾汽化时会吸收热量,从而达到使之冷却的目的。标准的真空冷却过程为:①把食品放进真空室,关上真空门并开启真空泵;②当压力达到与食品初始温度对应的饱和压力时,水分开始快速蒸发,并吸收大量热量使得食品迅速被冷却,饱和之前的制冷量很小,通常被忽略;③当真空室压力降到终压并维持一段时间之后,食品的最高温部分达到目标温度,真空冷却过程结束。

真空冷却不仅仅适用于生菜、蘑菇、卷心菜、菠菜等蔬菜,也适用于切花、烘焙食品、米饭、小块熟肉、水产品。近年来,茶叶蛋、豆腐、草莓、水果切片、面制品、水煮汤圆等生产商也都尝试着将真空冷却技术作为冷却替代技术之一。收获后的蔬菜经挑选、整理,装入打孔的塑料箱内,然后推入真空槽,关闭槽门,开动真空泵和制冷机。当真空槽内压力下降至 0.66 kPa 时,水在 1 ℃ 下沸腾,需吸收约 2496 kJ/kg 的热量,大量的汽化热使蔬菜本身的温度迅速下降到 1 ℃。因冷却速度快,水分汽化量仅为 2%～4%,不会影响到蔬菜新鲜饱满的外观。真空冷却是蔬菜的各种冷却方式中冷却速度最快的一种。冷却时间虽然因蔬菜的种类不同稍有差异,但一般用真空冷却设备需 20～30 min;差压式冷却装置需 4～6 h;通风冷却装置约需 12 h;冷藏库冷却需 15～24 h。真空冷却设备具有冷却速度快、冷却均匀、品质高、保鲜期长、损耗小、干净卫生、操作方便、可包装后冷却等优点。但也存在设备初次投资大、运行费用高等缺点。

真空冷却设备的核心部件是真空室和真空泵。真空冷却设备需配有冷冻机,这不是用于直接冷却蔬菜的,而是因为常压下 1 mL 的水,当压力变为 599.5 Pa、温度为 0 ℃ 时,体积要增大近 21 万倍,此时就要使用二级真空泵来抽,消耗很多电能,也不能使真空槽内压力快速降下来,用了制冷设备,就可以使大量的水蒸气重新凝结成水,保持了真空槽内稳定的真空度。必要时,也会在真空室上安装喷水装置和渗气装置。对于鱼香肉丝等熟食快餐的快速冷却,必须安装油过滤装置和易更换的快速清洗装置,必要时可以考虑安装紫外线杀菌装置。

2. 空气冷却方式及其装置

真空冷却设备对表面水分容易蒸发的叶菜类,以及部分根菜和水果可发挥较好的作用,但对难以蒸发水分的苹果、胡萝卜等水果、根菜以及禽、蛋等食品就不能发挥作用了。这些食品的冷却就得利用空气冷却及后面介绍的冷水冷却等。空气冷却的方式主要有以下三种。

（1）冷藏间冷却。将需冷却食品放在冷藏库内预冷却，称为室内冷却。这种冷却主要以冷藏为目的，库内由自然对流或小风量风机送风。它的优点是操作简单，但存在冷却速度慢，冷却对象有限的缺点。一般只限于苹果、梨等产品，对易腐和成分变化快的水果、蔬菜不合适。冷藏间冷却生鲜食品时冷却与冷藏同时进行。

（2）通风冷却。又称为空气加压式冷却，它与自然冷却的区别是配置了较大风量、风压的风机，所以又称为强制通风冷却方式。这种冷却方式的冷却速率比冷藏间冷却快，但不及差压式冷却。

（3）差压式冷却。图 5-1 所示的为差压式冷却的装置。将食品放在出风口两侧，并铺上盖布，使高、低压端形成 2~4 kPa 压差。利用这个压差，使 -5~10 ℃ 的冷风以 0.3~0.5 m/s 的速度通过箱体上开设的通风孔，顺利地在箱体内流动，用此冷风进行冷却。根据食品种类不同，差压式冷却一般需 4~6 h，有的可在 2 h 左右完成。一般最大冷却能力为 70 m² 的货物占地面积。若大于该值，可对贮藏空间进行分隔，在每个小空间设出风口。

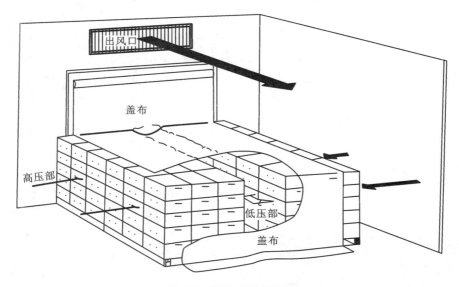

图 5-1 差压式冷却装置

差压式冷却具有能耗小、冷却速度快（相对于其他空气冷却方式）、冷却均匀、可冷却的品种多、易于由强制通风冷却改建的优点。但也有食品干耗较大、货物堆放（通风口要求对齐）麻烦、冷库利用率低等缺点。

3. 冷水冷却及其设备

冷水冷却是用 0~3 ℃ 的低温水作为冷媒，把被冷却食品冷却到要求温度。水与空气相比，热容量大，冷却效果好。冷水冷却设备一般有三种形式：喷水式、浸渍式、混合式。

喷水式冷水冷却设备如图 5-2 所示，它主要由冷却水槽、传送带、冷却隧道、水泵和制冷系统等部件组成。在冷却水槽内设冷却盘管,由压缩机制冷,使盘管周围的水部分结冰,因而冷却水槽中放的是冰水混合物,泵将冷却的水抽到冷却隧道的顶部,被冷却食品则从冷却隧道的传送带上通过。冷却水从上向下喷淋到食品表面,冷却室顶部的冷水喷头根据食品不同而大小不同:对耐压产品,喷头孔较大,为喷淋式;对较柔软的品种,喷头孔较小,为喷塞式,以免由于水的冲击造成食品损坏。

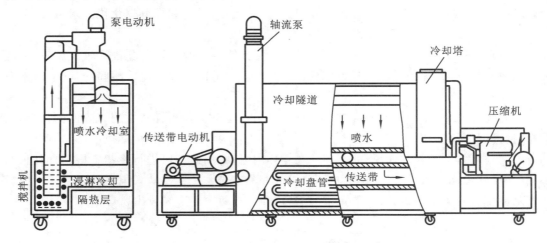

图 5-2 喷水式冷水冷却设备

浸渍式冷却设备中,一般在冷水槽底部有冷却排管,上部有放冷却食品的传达带。将欲冷却食品放入冷却槽中浸没,靠传送带在槽中移动,经冷却后输出。冷水冷却设备适用于家禽、鱼、蔬菜、水果的冷却,冷却速度较快,无干耗。但冷水被污染后,就会通过冷水介质传染给其他食品,影响食品冷却质量。

4. 碎冰冷却

冰是一种很好的冷却介质,冰融化成水,要吸收 334 kJ/kg 的相变潜热。用碎冰冷却生鲜食品时,碎冰与生鲜食品直接接触,冰在融化时从生鲜食品吸收热量而使生鲜食品冷却。碎冰冷却主要用于鱼的冷却,此外它也可以用于水果、蔬菜等的冷却。图 5-3 所示的是蔬菜的冰藏法。鱼类的冰藏法如图 5-4 所示。此方法操作简单,成本低,但冷却速度较慢。为了提高碎冰冷却的效果,应使冰尽量细碎,以增加冰与被冷却食品的接触面积。碎冰冷却中可以用淡水冰,也可以用海水冰,不过用海水冰冷却鱼类比淡水冰的好,因海水冰融点比淡水冰的低,并有较强的抑制酶活性的作用,用海水冰保藏的鱼类可不失去天然色泽和硬度。海水冰可在渔船出海过程中在船上自行产生,有片状、柱状、雪花状等多种。用冰冷却的鱼不能长期保藏,一般为 8~10 天,最多不超过

图 5-3 蔬菜的冰藏法

13~14 天。用防腐冰或抗生素冰可延长冷却鱼的贮藏期。例如,用次氯酸钠冰冷却鱼,可保藏 17~18 天。

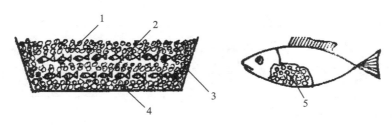

图 5-4　鱼类的冰藏法
1—盖冰；2—添冰；3—堆冰；4—垫冰；5—抱冰

三、生鲜食品冷却时的变化

（一）水分蒸发（干耗）

食品在冷却时，不仅食品的温度下降，而且食品中汁液的浓度会有所增加，食品表面水分蒸发，出现干燥现象。当食品中的水分减少后，不但造成质量损失（俗称干耗），而且使植物性食品失去新鲜饱满的外观。当减重达到5%时，水果、蔬菜会出现明显的凋萎现象。肉类食品在冷却贮藏中也会因水分蒸发而发生干耗，同时肉的表面收缩、硬化，形成干燥皮膜，肉色也有变化。鸡蛋在冷却贮藏中，因水分蒸发而造成气室增大，使蛋内组织挤压在一起而造成质量下降。

为了减少水果、蔬菜类食品在冷却时的水分蒸发量，要根据它们各自的水分蒸发特性，控制其适宜的湿度、温度及风速。表 5-7 所示的是根据水分蒸发特性对果蔬类食品进行的分类。

表 5-7　水果、蔬菜的水分蒸发特性

水分蒸发特性	水果、蔬菜的种类
A 型（蒸发小）	苹果、梨、橘子、柿子、西瓜、葡萄（欧洲种）、马铃薯、洋葱
B 型（蒸发中等）	白桃、李子、无花果、番茄、甜瓜、莴苣、萝卜
C 型（蒸发大）	樱桃、杨梅、葡萄（美国种）、叶菜类、蘑菇、龙须菜

动物性食品如肉类在冷却贮藏中因水分蒸发造成的干耗情况如表 5-8 所示。肉类水分蒸发的量与冷却室内的温度、湿度及流速有密切关系，还与肉的种类、单位质量表面积的大小、表面形状、脂肪含量等有关。

表 5-8　冷却及贮藏中食肉胴体的干耗　　　　　　　　　单位：%（质量分数）

时间	牛	小牛	羊	猪
12 h	2.0	2.0	2.0	1.0
24 h	2.5	2.5	2.5	2.0
36 h	3.0	3.0	3.0	2.5
48 h	3.5	3.5	3.5	3.0

续表

时间	牛	小牛	羊	猪
8 d	4.0	4.0	4.5	4.0
14 d	4.5	4.6	5.0	5.0

环境参数：$\theta=0$ ℃，相对湿度为 80%～90%，$v=0.2$ m/s。

（二）冷害

在冷却贮藏时，有些水果、蔬菜的品温虽然在冻结点以上，但当贮藏温度低于某一界限温度时，果蔬正常的生理机能遇到障碍，失去平衡，这称为冷害。冷害症状随品种的不同而各不相同，最明显的症状是表皮出现软化斑点和核周围肉质变色，像西瓜表面凹斑、鸭梨的黑心病、马铃薯的发甜等。表 5-9 列举了一些水果、蔬菜发生冷害的界限温度与症状。

表 5-9　水果、蔬菜发生冷害的界限温度与症状

种　类	界限温度（℃）	症　状
香蕉	11.7～13.8	果皮发黑，成熟不良
西瓜	4.4	凹斑，风味异常
黄瓜	7.2	凹斑，水浸状斑点，腐败
茄子	7.2	表皮变色，腐败
马铃薯	4.4	发甜，褐变
番茄（熟）	7.2～10	软化，腐烂
番茄（生）	12.3～13.9	催熟果颜色不好，腐烂

另有一些水果、蔬菜，在外观上看不出冷害的症状，但冷藏后再放到常温中，就丧失了正常的促进成熟作用的能力，这也是冷害的一种。例如，香蕉放入低于 11.7 ℃ 的冷藏室内一段时间，拿出冷藏室后表皮变黑成腐烂状，俗称"见风黑"，而生香蕉的成熟作用能力则已完全失去。一般来说，产地在热带、亚热带的果蔬容易发生冷害。必须强调的是，需要在低于界限温度的环境中放置一段时间冷害才能显现，症状出现最早的品种是香蕉，而像黄瓜、茄子一般则需要 10～14 天的时间。

（三）移臭（串味）

有强烈香味或臭味的食品，与其他食品放在一起冷却贮藏，这香味或臭味就会传给其他食品。这样，食品原有的风味就会发生变化，使品质下降。有时，一间冷藏室内放过具有强烈气味的物质后，在室内留下的强烈气味会串给接下来放入的食品。要避免上述两种情况，就要求在管理上做到专库专用，或在一种食品出库后严格消毒和除味。另外，冷藏库还具有一些特有的臭味，俗称冷臭，这种冷臭也会串给冷却食品。

（四）生理作用

水果、蔬菜在收获后仍是有生命的活体，为了运输和贮藏的便利，一般在尚未完全成熟时收获，因此收获后有一个后熟过程。在冷却贮藏过程中，如果条件合适，水果、蔬菜的呼吸

作用使后熟作用仍能继续进行,体内所含的成分也不断发生变化。如淀粉和糖的比例,糖和酸的比例,果胶物质的变化,维生素 C 的减少等,还可看到香味、颜色、硬度的变化。

（五）成熟作用

刚屠宰的动物的肉是柔软的,并具有很高的持水性,经过一段时间放置后,就会进入僵硬阶段,此时肉质变得粗硬,持水性也大大降低。继续延长放置时间,肉就会进入解僵阶段,此时肉质又变软,持水性也有所恢复。进一步放置,肉质就进一步柔软,口味、风味也有极大的改善,达到了最佳食用状态。这一系列变化是体内进行的一系列生物化学变化和物理化学变化的结果。由于这一系列的变化,使肉类变得柔嫩,并具有特殊的鲜、香风味。肉的这种变化过程称为肉的成熟,是一种受人欢迎的变化。由于动物种类的不同,成熟作用的效果也不同。对猪、家禽等肉质原来就较柔嫩的品种来讲,成熟作用不十分重要,但对牛、绵羊、野禽等,成熟作用就十分重要,它对肉质的软化与风味的增加有显著的效果,提高了它们的商品价值。但是,必须指出的是,成熟作用如果进行得过分的话,肉质就会进入腐败阶段,一旦进入腐败阶段,肉类的商品价值就会下降甚至丧失。

（六）脂类的变化

冷却贮藏过程中,食品中所含的油脂会发生水解、脂肪酸的氧化、聚合等复杂的变化,其反应生成的低级醛、酮类物质会使食品的风味变差、味道恶化,使食品出现变色、酸败、发黏等现象。这种变化进行得非常严重时,就被人们称为"油烧"。

（七）淀粉老化

普通淀粉大致由 20% 的直链淀粉和 80% 的支链淀粉构成,这两种成分形成微小的结晶,这种结晶的淀粉称为 β-淀粉。淀粉在适当温度下,在水中溶胀分裂形成均匀的糊状溶液,这种作用称为糊化作用。糊化作用实质上是把淀粉分子间的氢键断开,水分子与淀粉形成氢键,形成胶体溶液。糊化的淀粉又称为 α-淀粉。食品中的淀粉是以 α-淀粉的形式存在的,但是在接近 0 ℃ 的低温范围内,糊化了的 α-淀粉分子又自动排列成序,形成致密的高度晶化的不溶性淀粉分子,迅速出现了淀粉的老化。老化的淀粉不易为淀粉酶作用,所以也不易被人体消化吸收。水分含量在 30%～60% 的淀粉最易老化,含水量在 10% 以下的干燥状态及在大量水中的淀粉都不易老化。

淀粉老化作用的最适温度是 2～4 ℃。例如,面包在冷却贮藏时淀粉迅速老化,味道就变得很不好吃。又如土豆放在冷藏陈列柜中贮存时,也会有淀粉老化的现象发生。当贮存温度低于 -20 ℃ 或高于 60 ℃ 时,均不会发生淀粉老化现象。因为低于 -20 ℃ 时,淀粉分子间的水分急速冻结,形成冰结晶,阻碍了淀粉分子间的相互靠近而不能形成氢键,所以不会发生淀粉老化的现象。

（八）微生物的增殖

食品中的微生物若按温度划分,可分为低温细菌、中温细菌和高温细菌,如表 5-10 所示。在冷却、冷藏状态下,微生物特别是低温微生物,它的繁殖和分解作用并没有被充分抑制,只是速度变得缓慢了一些,但其总量还是增加的,如时间较长,就会使食品发生腐败。

表 5-10　细菌增殖的温度范围(℃)

类别	最低温度	最适温度	最高温度
低温细菌	－5～5	20～30	35～45
中温细菌	10～15	35～40	40～50
高温细菌	35～40	55～60	65～75

低温细菌的繁殖在 0 ℃以下变得缓慢，但如果要它们停止繁殖，一般温度要降低到－10 ℃以下。对于个别低温细菌，在－40 ℃的低温下仍有繁殖现象。

（九）寒冷收缩

宰后的牛肉在短时间内快速冷却，肌肉会发生显著收缩，以后即使经过成熟过程，肉质也不会十分软化，影响品质，这种现象称为寒冷收缩。一般来说，快速冷却容易发生寒冷收缩，以牛、羊肉最为明显。一般来说，宰后 10 h 内，肉温降低到 8 ℃以下，容易发生寒冷收缩现象。但这温度与时间并不固定，成牛与小牛，或者同一头牛的不同部位的肉都有差异。例如，成牛的肉温低于 8 ℃，而小牛的肉温则低于 4 ℃。按照过去的概念，肉类要迅速冷却，但近年来由于冷却肉的销售量不断扩大，为了避免寒冷收缩的发生，国际上正研究不引起寒冷收缩的冷却方法。

果蔬冷库干雾控湿保鲜技术简介

第三节　生鲜食品的冻结方法与装置

一、生鲜食品冻结的目的

生鲜食品冻结的目的是移去生鲜食品中的显热和潜热，在规定的时间内将生鲜食品的温度降低到冻结点以下，使生鲜食品中的可冻水分全部冻结成冰。达到冻结终了温度后，送往冻结物冷藏间贮藏。因为生鲜食品可近似看作溶液，而溶液在冻结的过程中，随着固相冰不断析出，剩余液相溶液的浓度不断提高，冰点不断下降，其完全冻结温度远低于 0 ℃。

对于生鲜食品材料，因含有许多成分，冻结过程从最高冻结温度（或称初始冻结温度）开始，在较宽的温度范围内不断进行，一般至－40 ℃才完全冻结(有的个别生鲜食品到－95 ℃还没完全冻结)。目前，国际上推荐的冻结温度一般为－18 ℃或－40 ℃。冻结生鲜食品中微生物的生命活动及酶的生化作用均受到抑制，水分活度下降，冷冻生鲜食品可以作长期贮藏。

生鲜食品在冻结过程中所含水分要结冰，鱼、肉、禽等动物性食品若不经前处理直接冻结，解冻后的感官品质变化不大，但水果、蔬菜类植物性食品若不经前处理直接冻结，解冻后的感官品质就会明显恶化。所以蔬菜冻前需进行烫漂，水果要进行加糖或糖液等前处理后再去冻结。如何把食品冻结过程中水变成冰结晶及低温造成的影响减小或抑制到最低限度，是冻结工序中必须考虑的技术关键。

二、生鲜食品冻结的方法与装置

(一) 食品的冻结方法

1. 冻结的基本方式

按生鲜食品在冷却、冻结过程中放出的热量被冷却介质(气体、液体或固体)带走的方式进行如下分类。

1) 鼓风式冻结

鼓风式冻结是用空气作冷却介质,使其强制循环以冻结生鲜食品的方法。鼓风式冻结是目前应用最广泛的一种冻结方法。由于空气的表面传热系数较小,在静止空气中冻结的速度很慢,故工业生产中已不大采用。增大风速,能使冻品表面传热系数增大,这样冻结速度可以加快。

2) 接触式冻结

这种冻结方法的特点是将被冻食品放置在两块金属平板之间,依靠导热来传递热量。因为金属的热导率比空气的表面传热系数大数十倍,所以接触式冻结法的冻结速度快。它主要适用于冻结块状或规则形状的食品。

半接触式冻结法主要是指被冻生鲜食品的下部与金属板直接接触,靠导热传热量。上部由空气强制循环,进行对流换热,加快食品冻结。

3) 液化气体喷淋冻结

液化气体喷淋冻结,又称为深冷冻结。这种冻结方法的主要特点是,将液态氮或液态二氧化碳直接喷淋在食品表面进行急速冻结。用液氮或液态二氧化碳冻结生鲜食品时,其冻结速度很快,冻品质量也高,但要注意防止生鲜食品的冻裂。

4) 沉浸式冻结

沉浸式冻结的主要特点是将被冻生鲜食品直接沉浸在不冻液(盐水、乙二醇、丙二醇、酒精溶液或糖溶液)中进行冻结。由于液体的表面传热系数比空气的大好几十倍,故沉浸式冻结法的冻结速度快,但不冻液需要满足食品卫生要求。

2. 快速冻结与慢速冻结

国际制冷学会对食品冻结速度的定义做了如下规定:食品表面至热中心点的最短距离与食品表面温度达到 0 ℃后,食品热中心点的温度降至比冻结点低 10 ℃所需时间之比,称为该食品的冻结速度 v(cm/h)。

① 快速冻结,$v=5\sim20$ cm/h;

② 中速冻结,$v=1\sim5$ cm/h;

③ 慢速冻结,$v=0.1\sim1$ cm/h。

目前国内使用的各种冻结装置,由于性能不同,冻结速度差别很大。一般鼓风式冻结装置的冻结速度为 $0.5\sim3$ cm/h,属中速冻结;流态化冻结装置的冻结速度为 $5\sim10$ cm/h,液氮冻结装置的冻结速度为 $10\sim100$ cm/h,均属快速冻结装置。

(二) 食品的冻结装置

1. 鼓风式冻结装置

鼓风式冻结装置发展很快、应用很广,有间歇式、半连续式、连续式三种基本形式。在气流组织、冻品的输送传递方式上,均有不同的特点与要求,因此就有不同形式的冻结装置。下面介绍几种连续式鼓风冻结装置。

1) 钢带连续式冻结装置

这种冻结装置是在连续式隧道冻结装置的基础上发展起来的,如图 5-5 所示。钢带连续式冻结装置换热效果好。被冻食品的下部与钢带直接接触,进行导热换热,上部为强制空气对流换热,故冻结速度快。在空气温度为 $-35 \sim -30$ ℃时,冻结时间随冻品的种类、厚度不同而异,一般在 8~40 min。为了提高冻结速度,在钢带的下面加设一块铝合金平板蒸发器(与钢带相紧贴),这样换热效果比单独钢带的要好,但安装时必须注意钢带与平板蒸发器的紧密接触。

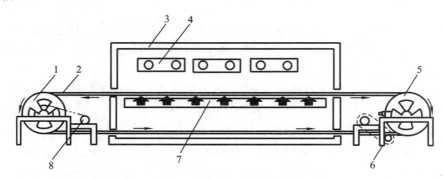

图 5-5 钢带连续式冻结装置
1—主动轮;2—不锈钢传送带;3—隔热外壳;4—空气冷却器;
5—从动轮;6—钢带清洗器;7—平板蒸发器;8—调速装置

另一种结构形式是用不冻液(常用氯化钙水溶液)在钢带下面喷淋冷却,代替平板蒸发器。虽然可起到接触式导热的效果,但是不冻液盐水系统需增加盐水蒸发器、盐水泵、管道、喷嘴等许多设备,同时盐水对设备的腐蚀问题需要很好解决。

由于网带或钢带传动的连续冻结装置占地面积大,进一步研究开发出多层传送带的螺旋式冻结装置。这种传送带的运动方向不是水平的,而是沿圆周方向做螺旋式旋转运动,这就避免了水平方向传动因长度太长而造成占地面积大的缺点。

螺旋冻结装置如图 5-6 所示,主要由转筒、不锈钢网带(传送带)、空气冷却器(蒸发器)、网带(传送带)清洗器、变频调速装置、隔热外壳等部件组成。不锈钢网带的一侧紧靠在转筒上。靠摩擦力和转筒的传送力,使网带随着转筒一起运动。网带需专门设计,它既可直线运行,也可缠绕在转筒的圆周上、在转筒的带动下做圆周运动。当网带脱离转筒后,依靠链轮带动。因此,即使网带很长,网带的张力却很小,动力消耗不大。网带的速度由变频调速装置进行无级调速。冻结时间可在 20~150 min 范围内变化,故可适应多种冻品的要求,从食品原料到各种调理食品,都可在螺旋冻结装置中进行冻结,这是一种发展前途很大的连续冻结装置。

图 5-6 所示的为单螺旋式结构,若不锈钢网带很长,冻结装置将很高、操作不方便,并且冻品出冻时,容易造成机械损伤。因而开发出了图 5-7 所示的双螺旋式结构,使冻品进、出时,均处于相同水平位置,避免了上述缺点。图 5-8 为双螺旋式结构实物图。

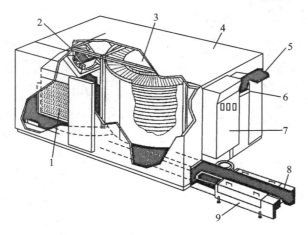

图 5-6　螺旋冻结装置（单螺旋式结构）
1—蒸发器；2—轴流风机；3—转筒；4—隔热外壳；5—出冻口；
6—变频调速装置；7—电器控制箱；8—进冻口；9—网带清洗器

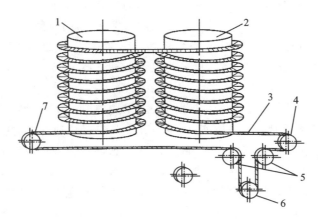

图 5-7　双螺旋式结构
1—上升转筒；2—下降转筒；3—不锈钢网带；4,7—出冻链轮；5—固定轮；6—张紧轮

2）气流上下冲击式冻结装置

气流上下冲击式冻结装置如图 5-9 所示。它是连续式隧道冻结装置的一种最新形式,因其在气流组织上的特点而得名。在这种冻结装置中,由空气冷却器吹出的高速冷空气,分别进入上、下两个静压箱。在静压箱内,气流速度降低,由动压转变为静压,并在出口处装有许多喷嘴,气流经喷嘴后,又产生高速气流(流速在 30 m/s 左右)。此高速气流垂直吹向不锈钢网带上的被冻食品,使其表层很快冷却。被冻食品的上部和下部都能均匀降温,达到快速冻结。这种冻结装置是 20 世纪 90 年代美国约克公司开发出来的。我国目前也有类似产品,并且将静压箱出口处设计为条形风道,不用喷嘴,风道出口处的风速可达 15 m/s。

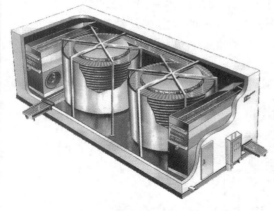

图 5-8 双螺旋式结构实物图

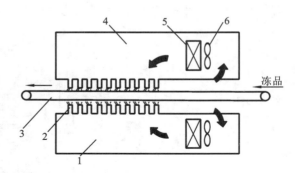

图 5-9 气流上下冲击式冻结装置

1,4—静压箱;2—喷嘴;3—不锈钢网带;
5—蒸发器;6—轴流风机

3) 流态化冻结装置

流态化冻结的主要特点是将被冻食品放在开孔率较小的网带或多孔槽板上,高速冷空气流自下而上流过网带或槽板,将被冻食品吹起呈悬浮状态,使固态被冻食品具有类似于流体的某些表现特性。在这样的条件下进行冻结,称为流态化冻结。

流态化冻结的主要优点为:换热效果好,冻结速度快,冻结时间短;冻品脱水损失少,冻品质量高;可实现单体快速冻结(IQF),冻品相互不黏结;可进行连续化冻结生产。

流态化冻结装置按机械传送方式,可分为以下三种基本形式。

(1) 带式(不锈钢网带或塑料带)流态化冻结装置。

这是一种使用最广泛的流态化冻结装置,大多采用两段式结构,即被冻食品分成两区段进行冻结。第一区段主要为食品表层冻结,使被冻食品进行快速冷却,将表层温度很快降到冻结点并冻结,使颗粒间或颗粒与转送带间呈离散状态,彼此互不黏结;第二区段为冻结段,将被冻食品冻结至热中心温度 $-18 \sim -15 ℃$。带式流态化冻结装置具有变频调速装置,对网带的传递速度进行无级调速。蒸发器多数为铝合金管与铝翅片组成的变片距结构,风机为离心式或轴流式(风压较大,一般在 490 Pa 左右)。这种冻结装置还附有振动滤水器、斗式提升机和布料装置、网带清洗器等设备。带式流态化冻结装置如图 5-10 所示。冻结能力为 1~5 t/h。

不锈钢网带流态化冻结装置中网带上被冻食品吹起呈悬浮状态,如图 5-11 所示。

(2) 振动式流态冻结装置。

这种冻结装置的特点,是被冻食品在冻品槽(底部为多孔不锈钢板)内,由连杆机构带动做水平往复式振动,以增加流化效果。图 5-12 所示的为瑞典某公司生产的 MA 型往复振动式流态冻结装置。它具有气流脉动机构,由电动机带动的旋转式风门组成,按一定的速度旋转,使通过流化床和蒸发器的气流流量不断增减,搅动被冻食品层,从而可更有效地冻结各种软嫩和易碎食品。风门的旋转速度是可调的,可调节至各种被冻食品的最佳脉动旁通气流量。

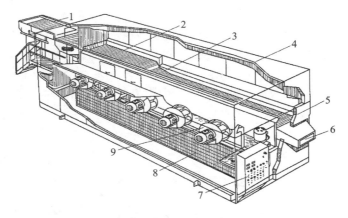

图 5-10 带式流态化冻结装置

1—振动布料进冻口；2—表层冻结段；3—冻结段；4—隔热箱体；
5—网带传动电动机；6—出冻口；7—电控柜及显示器；8—蒸发器；9—离心式风机

图 5-11 不锈钢网带

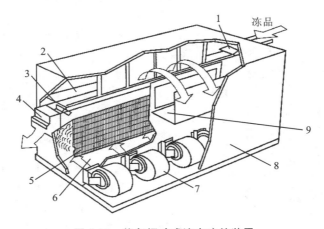

图 5-12 往复振动式流态冻结装置

1—布料振动器；2—冻品槽；3—出料挡板；4—出冻口；5—蒸发器；6—静压箱；7—离心式风机；8—隔热箱体；9—观察台

(3) 斜槽式(固定板式)流态冻结装置。

斜槽式(固定板式)流态冻结装置如图 5-13 所示,其特点是无传送带或振动筛等传动机构,主体部分为一块固定的多孔底板(称为槽),槽的进口稍高于出口,被冻食品在槽内依靠上吹的高速冷气流,使其得到充分流化,并借助于具有一定倾斜角的槽体,向出料口流动。料层高度可由出料口的导流板进行调节,以控制冻结时间和冻结能力,这种冻结装置具有构造简单、成本低、冻结速度快、流化质量好、冻品温度均匀等特点。在蒸发温度为 -40 ℃ 以下,垂直向上风速为 $6\sim8$ m/s、冻品间风速为 $1.5\sim5$ m/s 时,冻结时间为 $5\sim10$ min。这种冻结装置的主要缺点是:风机功率大,风压高(一般在 $980\sim1370$ Pa),冻结能力较小。

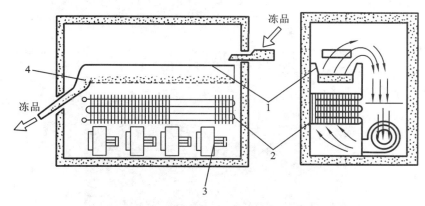

图 5-13　斜槽式(固定板式)流态冻结装置示意图
1—斜槽;2—蒸发器;3—离心式风机;4—出料挡板

2. 接触式冻结装置

平板冻结装置是接触式冻结方法中最典型的一种。它是由多块铝合金为材料的平板蒸发器组成,平板内有制冷剂循环通道。平板进出口接头由耐压不锈钢软管连接。平板间距的变化由油压系统驱动进行调节,将被冻食品紧密压紧。由于食品与平板间接触紧密,且铝合金平板具有良好的导热性能,故其传热系数高。当接触压力为 $7\sim30$ kPa 时,传热系数可达 $98\sim120$ W/(m²·K)。

图 5-14　SKD 铝合金平板冻结机

平板冻结装置按平板放置方向,分为卧式和立式(主要应用于渔轮等冻结作业)两种基本形式。图 5-14 和图 5-15 分别是 SKD 铝合金平板冻结机的实物图和结构图。立式平板冻结装置的结构如图 5-16 所示。

3. 液氮喷淋冻结装置

与一般的冻结装置相比,液氮或液态二氧化碳冻结装置的冻结温度更低,所以常称为低温或深冷冻结装置。这种冻结装置中,没有制冷循环系统,冻结设备简单、操作方便、维修保养费用低,冻结装置功率消耗很小,冻结速度快(比平板冻结装置快 $5\sim6$ 倍),冻品脱水损失少,冻品质量高。液氮喷淋冻结装置如图 5-17 所示。

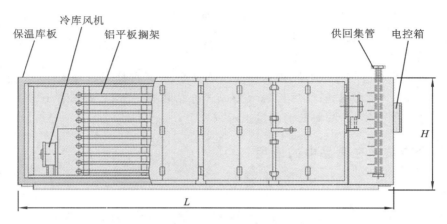

图 5-15　SKD 铝合金平板冻结机结构图

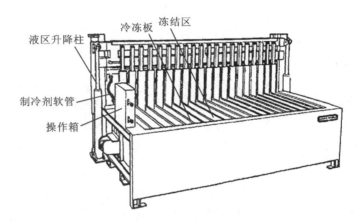

图 5-16　立式平板冻结装置

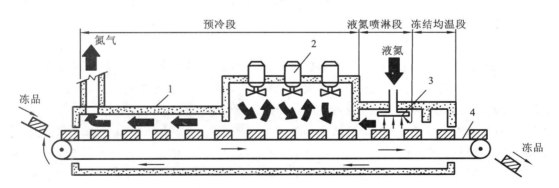

图 5-17　液氮喷淋冻结装置示意图

1—隔热箱体；2—轴流风机；3—液氮喷嘴；4—传送带

它由三个区段组成，即预冷段、液氮喷淋段和冻结均温段。液氮的汽化潜热为 198.9 kJ/kg，定压比热容为 1.034 kJ/(kg·K)，沸点为 −195.8 ℃。从沸点到 −20 ℃ 所吸收的总热量为 383 kJ/kg，其中从 −195.8 ℃ 的氮气升温至 −20 ℃ 时，吸收的热量为 182 kJ/kg，约与汽化潜热相等，这是液氮的一个特点。在实际应用时，这部分冷量不要浪费掉。液氮冻结装置主要缺点是冻结成本高,约比一般鼓风冻结装置的高 4 倍,主要是因为液氮的成本较昂贵。此外,液氮的消耗量大,一般每 1 kg 冻品液氮消耗量为 0.9～2 kg。对 50 mm 厚的食品,经 10～30 min 即可完成冻结。冻结后食品表面温度为 −30 ℃,热中心温度达 −20 ℃。

还有一种液氮喷淋与空气鼓风相结合的冻结装置,被冻食品先经液氮喷淋,使其表层很快冻结,这样可减少脱水损耗;然后再进入鼓风式冻结装置,完成产品冻结过程。这样的冻结装置可使冻结能力增大,液氮的消耗量也可减少。

三、新冷冻技术在食品中的应用

1. 被膜包裹冻结技术

被膜包裹冻结技术,也称为冰壳冻结技术,包括被膜形成、缓慢冷却、快速冷却、冷却保存四个步骤。该方法具有较多的优点:食品冻结时形成的被膜可以抑制食品膨胀变形;限制冷却速度,形成的冰晶细微,不会产生大的冰晶;防止细胞破坏,产品可以自然解冻食用;食品组织口感好,没有老化现象。

2. 超声冷冻技术

超声冷冻技术是利用超声波作用改善食品冷冻过程。其优势在于超声可以强化冷冻过程传热、促进食品冷冻过程的冰结晶、改善冷冻食品品质等方面。超声波作用引发的各种效应,能使边界层减薄,接触面积增大,传热阻滞减弱,有利于提高传热速率,强化传热过程。研究表明,超声波能促进冰结晶的成核和抑制晶体生长。

3. 高压冷冻技术

高压冷冻技术利用压力的改变控制食品中水的相变行为,在高压条件(200～400 MPa)下,将食品冷却到一定温度,此时水仍不结冰,然后迅速解除压力,在食品内部形成粒度小而均匀的冰晶体,而且冰晶体积不会膨胀,能够减少对食品组织内部的损伤,获得能保持原有食品品质的冷冻食品。

4. 冰核活性细菌冻结技术

对生物冰核的研究领域正不断拓宽和深入,已从冰核细菌发展到冰核真菌,目前已报道了 4 属 11 种冰核真菌,除 3 种为地衣真菌外,其余的 8 种均属于镰刀菌属。利用冰核细菌辅助冷冻的优势在于:可以提高食品物料中水的冻结点,缩短冷冻时间,节省能源;促进冰晶的生长,形成较大尺寸的冰晶,在降低冷冻操作成本的同时,使后续的冰晶与浓缩物料的分离变得容易;使食品物料在冰晶上的夹带损失降低,提高了冰晶纯度,减少固形物损失。在待冷冻食品物料中添加冰核细菌的冷冻技术在食品冷冻干燥和果汁冷冻浓缩中已有应用。

5. 生物冷冻蛋白技术

生物冷冻蛋白技术是在食品物料中直接添加胞外生物冷冻蛋白聚体。细菌胞外冷冻蛋白的活性比整个冰核细胞的更高,可获得有序的纤维状薄片结构的冰晶体,有效改善了冷冻食品的质地和提高了冷冻效率。

6. 即时冻结系统

即时冻结系统是由动磁场与静磁场组合,从壁面释放出微小的能量,使食品中的水分子呈细小且均一化状态,然后将食品从过冷却状态立即降温到 −23 ℃ 以下而被冻结。由于最大限度地抑制了冻晶膨胀,食品的细胞组织没有被破坏,解冻后能恢复到食品刚制作时的色、香、味和鲜度,且无液汁流失现象,口感和保水性都得到较好保持。

7. 减压冷冻技术

减压冷冻技术是由真空冷却、低温保存和气体贮藏组成,它具有低温和低氧的特点,抑制了微生物生长和呼吸,减少了氧气和二氧化碳对食品的影响(损害)。因此,减压冷冻保藏不仅有快速冷冻、延长保藏时间和提高贮藏质量的优点,也延长了食品的货架期。

四、食品冻结时的变化

(一)物理变化

1. 体积膨胀、产生内压

水在 4 ℃ 时体积最小,因而密度最大,为 1000 kg/m³。0 ℃ 时水结成冰,食品冻结时,体积约增加 9%,在食品中体积约增加 6%。冰的温度每下降 1 ℃,体积收缩 0.005% ~ 0.01%。两者相比,膨胀比收缩大得多,所以含水分多的食品冻结时体积会膨胀。食品冻结时,首先是表面水分结冰,然后冰层逐渐向内部延伸,产生的内压称为冻结膨胀压,纯理论计算其数值可高达 8.7 MPa。食品越厚,食品的含水量越大,冻结膨胀压越大。当外层受不了这样的压力时就会破裂,逐渐使内压消失。如采用 −196 ℃ 的液氮冻结金枪鱼时,由于厚度较大,冻品发生的龟裂就是由内压造成的。食品厚度大、含水率高、表面温度下降极快时易产生龟裂。另外,在压力作用下可能使内脏的酶类挤出、红细胞崩溃、脂肪向表层移动等,并因红细胞膜破坏,血红蛋白流出,从而加速肉的变色。日本为了防止因冻结内压引起冻品表面的龟裂,采用均温处理的二段冻结方式,即先将鱼体降温至中心温度接近冻结点,取出并放入 −15 ℃ 的空气或盐水中使鱼体各部位温度趋于均匀,然后再用 −40 ℃ 的氯化钙盐水浸渍或喷淋冻结至终点,可防止鱼体表面龟裂现象的发生。此外,冻结过程中水变成冰晶后,体积膨胀使体液中溶解的气体从液相中游离出来,加大了食品内部的压力。冻结鳕鱼肉的海绵花,就是由于鳕鱼肉的体液中含有较多的氮气,随着水分冻结的进行成为游离的氮气,其体积迅速膨胀产生的压力将未冻结的水分挤出细胞外,在细胞外形成冰结晶。这种细胞外的冻结,使细胞内的蛋白质变性而失去保水能力,解冻后不能复原,成为富含水分并有很多小孔的海绵状肉质。严重的时候,其肉的断面像蜂巢,食味变淡。

2. 比热容

比热容是单位质量的物体温度升高或降低 1 K(℃) 所吸收或放出的热量。食品的冻结过程是内部水分转变为冰结晶的过程。构成食品的主要物质的热物理性质如表 5-11 所示。由表 5-11 可以看出,其中水的比热容是最大的,而食品的比热容大小与食品的含水量有关,因此,含水量大的食品比热容大,含脂量大的食品则比热容小。另外,对一定含水量的食品,冰点以上的比热容比冰点以下的大。比热容大的食品冷却和冻结时需要的冷量大,解冻时需要的热量亦大。

3. 热导率

水在生鲜食品中的含量很高,由表 5-11 可见,冰的热导率约为水的 4 倍,其他成分的热导率基本上是一定的。所以当温度下降时,随着冰结晶向食品内部的移动,食品的热导率增大,从而加快了冻结速度。解冻时随着冰结晶由内向外逐渐融化成水,热导率减少,从而减慢了解冻速度。此外,食品的热导率还受含脂量的影响,含脂量高则热导率小。热导率还与热流方向有关,当热的移动方向与肌肉组织垂直时热导率小,平行时则大。

表 5-11 食品的热物理性质

物质	密度(kg/m³)	比热容[kJ/(kg·℃)]	热导率[W/(m·℃)]
水	1000	4.182	0.60
冰	917	2.11	2.21
蛋白质	1380	2.02	0.20
脂肪	930	2.00	0.18
糖类	1550	1.57	0.25
无机物	2400	1.11	0.33
空气	1.24	1.00	0.025

4. 冰结晶的分布

食品冻结时,冰结晶的分布与冻结速度有很密切的关系,冻结速度越快,冰结晶越大。动植物组织是由无数细胞构成,水分存在于细胞和细胞间隙,或结合或游离。细胞内的水分与细胞间隙之间的水分由于其所含盐类等物质的浓度不同,冻结点也有差异。当温度降低时,那些和亲水胶体结合较弱或存在于低浓度部分中的水分,主要是处于细胞间隙内的水分,会首先形成冰晶体。如果快速冻结,细胞内、外几乎同时达到形成冰晶的温度条件,组织内冰层推进的速度也大于水分移动的速度,食品中冰晶的分布接近冻前食品中液态水的分布状况,冰晶呈针状,数量多,体积小,分布均匀。如果缓慢冻结,由于细胞外溶液浓度低,冰晶首先产生,而此时细胞内的水分仍以液相形式存在,而同温度下水的蒸气压大于冰的蒸气压,在蒸气压差作用下,细胞内的水分透过细胞膜向细胞外的冰晶移动,使大部分水冻结于细胞间隙内,这样存在于细胞间隙内的冰晶体就不断增大,形成较大的冰晶且分布不均匀。冻结速度与冰结晶形状之间的关系如表 5-12 所示。由于食品冻结过程中细胞汁液浓缩,引起蛋白质冻结变性,保水能力降低,使细胞膜的透水性增加。缓慢冻结过程中,因晶核形成数量少,冰晶生长速度快,所以生成大冰晶。图 5-18 所示的是不同温度下冻结西红柿细胞的状态。

表 5-12 冻结速度与冰结晶形状之间的关系

冻结速度通过 -5~0 ℃ 的时间	冰结晶				冰层推进速度 I(cm/h) 与冰移动速度 w(cm/h)关系
	位置	形状	直径×长度($\mu m \times \mu m$)	数量	
数秒	细胞内	针状	(1~5)×(5~10)	无数	$I \gg w$
1.5 min	细胞内	杆状	(0~20)×(20~500)	多数	$I > w$
40 min	细胞内	柱状	(50~100)×100 以上	少数	$I < w$
90 min	细胞外	块粒状	(50~200)×200 以上	少数	$I \ll w$

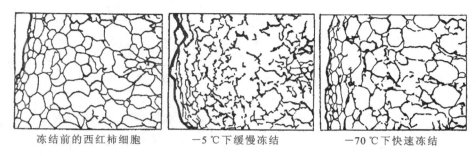

| 冻结前的西红柿细胞 | -5 ℃下缓慢冻结 | -70 ℃下快速冻结 |

图 5-18 冻结西红柿细胞的状态

冰结晶分布会影响食品解冻时流失液的多少。食品解冻时，内部冰结晶融化成水，如果这部分水分不能被组织细胞吸收，就会分离出来成为流失液。体液的流出是因为冻结过程中产生冰结晶使食品组织结构受到机械损伤。一般来说，食品冻结速度快，冻藏温度高且波动大，冷藏时间越长，冰结晶就越大，对组织结构造成的机械损伤就越大。损伤严重时，组织细胞间的间隙大，内部冰晶融化的水通过这些空隙向外流出；机械损伤轻微时，内部冰晶融化的水因毛细管作用被保留在食品组织中，加压时才向外流失。一般来说，食品水分含量越多，流失液就越多。如鱼比肉流失液多，叶菜类比豆类流失液多。经冻结前处理如加盐、糖、磷酸盐则流失液少。食品原料切得越细小，流失液就越多。流失液的成分不仅是水，还包括能溶于水的蛋白质、盐类、维生素等成分。食品一旦发生体液流失现象，食品的质量、营养成分、风味亦会损失，因此，流失液的产生率是评定冻结食品质量的指标之一。

5. 干耗

食品冻结过程中，食品中的水分从表面蒸发，造成食品的质量减少，俗称"干耗"。干耗不仅会造成企业很大的经济损失，还给冻品的品质和外观带来影响。例如，日宰 2000 头猪的肉联厂，干耗以 2% 或 3% 计算，年损失 600 多吨肉，相当于 15000 头猪。影响干耗的因素有：冻结室内空气与食品表面的蒸气压差、食品表面积、冻结时间、冻结室中的温度与风速等。

（二）组织学变化

植物组织一般比动物组织解冻时损伤大。差异的原因：①植物组织有大的液泡，液泡使植物细胞保持高的含水量，含水量高结冰时损伤大；②植物细胞有细胞壁，动物细胞只有细胞膜，壁比膜厚又缺乏弹性，冻结时易胀破；③两者细胞内成分不同，特别是高分子蛋白质、碳水化合物含量不同，它的有机物组成是不一样的。由于这些差异，在同样冻结条件下，冰晶的生成量、位置、形状不同，造成的机械损伤及胶体的损伤程度亦不同。

植物组织缓慢冻结时，最初在细胞间隙及微管束处生成冰晶。同温度下细胞液的蒸气压大于冰的蒸气压，于是细胞内的水向细胞间隙的冰上移动，在细胞外冻结起来。这种在细胞外结冰引起的细胞脱水，植物还能生存，如果冷却速度快，在细胞内形成冰晶，则植物要致死，故植物细胞致死与冰晶在细胞内形成有关，而与冷却温度和冻结时间无关。植物因冻结致死后氧化酶活性增强而出现褐变。故植物性食品如蔬菜在冻结前还须经烫漂工序以破坏酶的活性，防止褐变。动物性食品因是非活性细胞则不需要此工序。

（三）化学变化

1. 蛋白质变性

食品冻结后的蛋白质变化是造成质量、风味下降的原因，这是蛋白质变性所致。造成蛋白质变性的原因有以下几点。

（1）盐类、糖类及磷酸盐的作用。冰结晶生成时无机盐浓缩，使蛋白质变性。盐类中 Ca、Mg 等水溶性盐类能促进蛋白质变性，而磷酸盐等则能减缓蛋白质变性，按此原理将鱼肉搅碎，水洗以除去水溶性的 Ca、Mg 等盐类，然后再加 5％磷酸盐（焦磷酸盐和多聚磷酸钠等量混合）和 5％葡萄糖，调节 pH 值到 6.5～7.2 进行冻结，效果较好。

（2）脱水作用。冰结晶生成使蛋白质分子失去结合水，蛋白质分子受压集中，相互凝集。

（3）脂肪分解氧化产物的作用。脂肪对肌肉蛋白质的变性也有影响。脂肪水解产生游离脂肪酸，很不稳定，氧化效果产生低级醛、酸等产物，促使蛋白质变性。脂肪的氧化水解是在脂肪酶的作用下进行的，这些酶在低温下活性仍很强。

2. 食品的变色

食品在冻结时的变色主要是指水产品的褐变、黑变、褪色等。水产品变色的原因包括自然色泽的分解和产生新的变色物质两方面。自然色泽被破坏，如红色鱼皮的褪色、冷冻金枪鱼等。产生新的变色物质，如虾类的黑变、鳕鱼肉的褐变等。变色不但使水产品的外观变差，有时还会产生异味，影响冻品质量。

（四）生物和微生物的变化

生物是指寄生虫和昆虫之类的小生物，经过冻结都会死亡。牛肉、猪肉中寄生的钩绦虫的胞囊在冻结时会死亡，猪肉中旋毛虫的幼虫在 -15 ℃下 5 天后死亡。因此，冻结对肉类所带的寄生虫有杀死作用。有些国家对肉的冻结状态有规定，如美国对冻结杀死猪肉中旋毛虫规定的温度和时间条件如表 5-13 所示。联合国粮农组织（FAO）和世界卫生组织（WHO）共同建议，肉类寄生虫污染不严重时在 -10 ℃温度下至少存储 10 天。

表 5-13　杀死猪肉旋毛虫的温度和时间

	冻结温度（℃）	-15	-23.3	-29
肉的厚度	15 cm 以内	20 天	10 天	6 天
	15～68 cm 以内	30 天	20 天	16 天

微生物包括细菌、霉菌、酵母菌。对食品腐败影响最大的是细菌，引起食物中毒的一般是中温菌，它们在 10 ℃以下繁殖减慢，4.5 ℃以下不繁殖。鱼类的腐败菌一般是低温菌，它们在 0 ℃以下繁殖减慢，-10 ℃以下则停止繁殖。

冰结晶阻止了细菌的发育、繁殖，但有些细菌产生的酶还有活性，尽管活性很小但还有作用。它使生化过程仍在缓慢进行，降低了品质。所以冻结食品，储藏期仍有一定期限。

冻结食品在冻结状态下储藏，冻结前污染的微生物数随着储藏时间的延长会减少。但各种食品差别很大，有的几个月，有的一年才能消灭，对冻结的抵抗力细菌比霉菌、酵母菌强,这样不能期待利用冻结低温来杀死污染的细菌。所以要求在冻结前尽可能减少污染或杀灭细菌后进行冻结。

食品在-10 ℃时大部分水已经冻结成冰,剩下溶液浓度增高,水分活性降低,细菌不能繁殖。所以-10 ℃对冻结食品是个最高的温度限度。国际制冷学会建议为防止微生物繁殖必须在-12 ℃下储藏,为防止酶及物理变化必须低于-18 ℃。

第四节　生鲜食品的解冻方法

一、生鲜食品解冻的概念

冻结食品在消费或加工前必须解冻,解冻可分为半解冻(-5～-3 ℃)和完全解冻,视解冻后的用途来选择。冻结食品的解冻是将冻品中的冰结晶融化成水,力求恢复到原先未冻结前的状态。解冻是冻结的逆过程。作为食品加工原料的冻结品,通常只需要升温至半解冻状态。

解冻过程虽然是冻结过程的逆过程,但解冻过程的温度控制却比冻结过程困难得多,也很难达到高的复温速率。这是因为在解冻过程中,样品的外层首先被融化,供热过程必须先通过这个已融化的液体层;而在冻结过程中,样品外层首先被冻结,吸热过程通过的是冻结层。由表5-11列出的冰和水的热物理性质的数据可见,冰的比热容只有水的一半,热导率却为水的4倍,导温系数为水的8.6倍。因此,冻结过程的传热条件要比融化过程好得多,在融化过程中,很难达到高的复温速率。此外,在冻结过程中,人们可以将库温降得很低,以增大与食品材料的温度差来加强传热,提高冻结速率。但在融化过程中,外界温度却受到食品材料的限制,否则将导致组织破坏。所以融化过程的热控制要比冻结过程更为困难。

二、生鲜食品的解冻方法

解冻是指将冻结食品中的冰晶融化成水,恢复到冻结前的新鲜状态。解冻也是冻结的逆过程,对于作为加工原料的冻结品,一般只需升温至半解冻状态即可。

解冻是食品冷加工后不可缺少的环节。由于冻品在自然条件下也会解冻,所以解冻这一环节往往不被人们重视。然而,要使冷冻食品经冻结、冷藏以后,尽可能地保持其原有的品质,就必须重视解冻这一环节。这对于需要大量冻品解冻后进行深加工的企业尤为重要。

在解冻的终温方面,作为加工原料的冷冻肉和冷冻水产品,只要求其解冻后适宜下一加工工序(如分割)的需要即可。冻品的中心温度升至-5 ℃左右,即可满足上述要求。此时,冷冻食品内部接近中心的部位,冰晶仍然存在,尚未发生相变,但仍可以认为解冻已经完成。解冻已不单纯是冷冻食品冰晶融化、恢复冻前状态的概念,还包括作为加工原料的冷冻食品,升温到加工工序所需温度的过程。

解冻后,食品的品质主要受两方面的影响:一是食品冻结前的质量;二是冷藏和解冻过程对食品质量的影响。即使冷藏过程相同,也会因解冻方法不同有较大的差异。好的解冻方法,不仅解冻时间短,而且应解冻均匀,以使食品液汁流失少,TBA值(脂肪氧化率)、K值(鲜度)、质地特性、细菌总数等指标均较好。不同食品应考虑选用适合其本身特性的解冻方法,至今还没有一种适用于所有食品的解冻方法。目前已有的解冻方法大致的分类如表 5-14 所示。

表 5-14　解冻方法的分类

序号	空气解冻法	水解冻法	电解冻法	其他解冻法
1	静止空气解冻	静水浸渍解冻	远红外辐射解冻	接触传热解冻
2	流动空气解冻	低温流水浸渍解冻	高频解冻	超高压解冻
3	高湿度空气解冻	水喷淋解冻	微波解冻	喷射声空化场解冻
4	加压空气解冻	水浸渍和喷淋结合解冻	低频解冻	超声波解冻
5		水蒸气减压解冻	高压静电解冻	射频解冻

此外,还有其他分类方法,如按照解冻速度,可分为慢速解冻、快速解冻;按照是否有热源,可分为加热解冻、非热解冻,或称为外部加热解冻、内部加热解冻等。下面介绍几种典型解冻方法。

1. 空气解冻

这是以空气为传热介质的解冻方法,它又分为以下几种类型。

1）静止空气解冻

静止空气解冻,也称为低温微风型空气解冻,是将冷冻食品(如冻肉)放置在冷藏库(通常库温控制在 4 ℃左右)内,利用低温空气的自然对流来解冻。一般冻牛胴体在这样的库内 4～5 天可以完全解冻。

2）流动空气解冻

流动空气解冻法是通过加快低温空气的流速来缩短解冻时间的方法。解冻一般也在冷藏库内进行,用 0～5 ℃、相对湿度 90%左右的湿空气(可另加加湿器),利用冷风机使气体以 1 m/s 左右的速度流过冻品,解冻时间一般 14～24 h。

3）高湿度空气解冻

这是利用高速、高湿的空气进行解冻的方法。该方式采用高效率的空气与水接触装置,让循环空气通过多层水膜,水温与室内空气温度相近,充分加湿,空气湿度可达 98%以上,空气温度可在 −3～20 ℃ 范围调节,并以 2.5～3.0 m/s 的风速在室内循环。这种解冻方法,使解冻过程中的干耗大大减少,而且可以防止解冻后冻品色泽变差。

4）加压空气解冻

在铁制的筒形容器内通入压缩空气,压力一般为 0.2～0.3 MPa,容器内温度为 15～20 ℃,空气流速为 1～1.5 m/s。这种解冻方法的原理是:由于压力升高,使冻品的冰点降低,冰的溶解热和比热容减小,而热导率增加。这样,在同样解冻介质温度条件下,它就易于融化,同时又在容器内槽以上使空气流动,就将加压和流动空气组合起来,因压力和风速,使热交换表面的传热状态改善,使解冻速度得以提高。如对冷冻鱼糜,其解冻速度为室温 25 ℃时的 5 倍。

2. 水解冻

这是以水为传热介质的解冻方法。它与空气相比,解冻速度快,无干耗。水解冻的分类如下。

1) 水浸渍解冻

一种为低温流水浸渍解冻,是将解冻品浸没于流动的低温水中,使其解冻,解冻时间由水温、水的流速决定。另一种为静水浸渍解冻,是将解冻品浸没于静止水中进行解冻,解冻速度与水温、解冻品量和水量有关。

2) 水喷淋解冻

利用喷淋水所具有的冲击力来提高解冻速度。选择对被解冻品最适合的冲击力的喷淋,而不是越猛烈越好。影响解冻速度的因素除喷淋冲击力外,还有喷淋水量、喷淋水温。喷淋解冻具有解冻快(块状鱼解冻时间为 30～60 min)、解冻后品质较好、节水等优点,但这种方法只适合于小型鱼类冻块,不适用于大型鱼类的解冻。

3) 水浸渍和喷淋结合解冻

将水喷淋和浸渍两种解冻形式结合在一起,以提高解冻速度,提高解冻品的质量。

4) 水蒸气减压解冻

水蒸气减压解冻,又称为真空解冻。在低压下,水在低温即会沸腾,产生的水蒸气遇到更低温度的冻品时,就会在其表面凝结成水珠,这个过程会放出凝结潜热。该热量被解冻品吸收,使其温度升高而解冻。这种解冻方法适用的品种多、解冻快、无解冻过热。

3. 电解冻

以空气或水为传热介质进行解冻,是将热量通过传导、对流或辐射的方法,使食品升温,热量是从冷冻食品表面导入的,而电解冻属于内部加热。电解冻适用的种类很多,具有解冻速度快、解冻后品质下降少等优点。

1) 远红外辐射解冻

这种解冻方法目前在肉制品解冻中已有一定的应用,目前多用于家用远红外烤箱中食品解冻。构成物质的分子总以自己的固有频率在运动,当投射的红外辐射频率与分子固有频率相等时,物质就具有最大的吸收红外辐射的能力,要增大红外辐射穿透力,辐射能谱必须偏离冻品主吸收带,以非共振方式吸收辐射能。对冻品深层的加热,主要靠热传导方式。

2) 高频解冻

这种解冻方法是给予冷冻品高频率的电磁波。它与远红外辐射一样,也是将电能转变为热能,但频率不同。当电磁波照射食品时,食品中极性分子在高频电场中高速反复振荡,分子间不断摩擦,使食品内各部位同时产生热量,在极短的时间内完成加热和解冻。电磁波加热使用的频率,一般高频波(1～50 MHz)是 10 MHz 左右,微波(300 MHz～30 GHz)是 2450 MHz 或 915 MHz。实验表明,高频波比微波的解冻速度快,也不会发生如微波解冻那样,使冻品局部过热的现象,高频感应还可以自动控制解冻的终点,因此高频解冻比微波解冻更适用于大块冻品的解冻。

3) 微波解冻

与高频解冻原理一样,微波解冻是靠物质本身的电性质来发热,利用电磁波对冻品中的高分子和低分子极性基团起作用,使其发生高速振荡,同时分子间发生剧烈摩擦,由此产生热量。它的优点是:速度快,效率高,解冻后肉的质量接近新鲜肉;营养流失少,色泽好;操作简单,耗能少,可连续生产。国家标准规定,工业上用较小频率的微波,只有 2450 MHz 和 915 MHz 两个波带。

4) 低频解冻

低频解冻，又称为欧姆加热解冻、电阻加热解冻。这种方法将冻品作为电阻，靠冻品的介电性质产生热量，所用电源为 50~60 Hz 的交流电。欧姆加热解冻是将电能转变为热能，通电使电流贯穿冻品容积时，将容积转化为热量。加热穿透深度不受冻品厚度的影响，这与高频解冻、微波解冻不同，加热量由冻品的电导和解冻时间决定。低频解冻比空气和水解冻速度快 2~3 倍，但只能用于表面平滑的块状冻品解冻，冻品表面必须与上下电极紧密接触，否则解冻不均匀，并且易发生局部过热现象。

5) 高压静电解冻

高压静电（电压 5000~10000 V）强化解冻，是一种有开发应用前景的解冻新技术。据报道，该解冻方法在日本已应用于肉类解冻。这种解冻方法是将冻品放置于高压电场中，电场设置在 -3~0 ℃ 的低温环境中，以食品为负极，利用电场效应，使食品解冻。据报道，在环境温度为 -3~-1 ℃ 下，7 kg 金枪鱼解冻，从中心温度 -20 ℃ 升至中心温度 -4 ℃ 约需 4 h，且一个显著优点是内外解冻均匀。

谢晶等以马铃薯为原料研究了高压静电不同时电场强度对其冻结和解冻的影响，结果表明高压直流电场强度对马铃薯解冻过程的影响随着电场强度变化而变化。目前日本已将高压静电技术应用于肉类解冻上，据报道，该技术在解冻时间和解冻质量上优于空气解冻和水解冻，在解冻产量和解冻控制上优于微波解冻和真空解冻。

4. 其他解冻方法

1) 接触传热解冻

这是将冷冻食品与传热性能优良的铝板紧密接触，铝制中空水平板中流动着温水，冻品夹在上下水平铝板间解冻。接触传热解冻装置的结构与接触冻结装置的结构相似，中空铝板与冻品接触的另一侧带有肋片，以增大传热面积，装置中还设有风机。

2) 超高压解冻

超高压是指范围在 50~1000 MPa 的压力。高压解冻具有解冻速度快的优点，而且不会有加热解冻造成的食品热变性；高压还有杀菌作用，解冻后液汁流失少，色泽、硬度等指标均较好。HHP 过程中影响因素主要是压力大小和处理时间，压力越大，冻肉制品中心部位温度越低，但当温度低于 -24 ℃ 或 -25 ℃ 时，压力再高，冻肉制品也不能解冻。因此从节省能源的角度考虑，完全没必要使用大于 280 MPa 的压力。在解冻过程中，合理的加热是有必要的，用于促进冰的融化，并且防止减压时发生重结晶。

3) 喷射声空化场解冻

喷射声空化场是一种通过压电换能器形成传声介质（溶液）喷柱，在喷柱的前端界面处聚集了大量的空化核，这种聚集现象可认为是空化核因喷射而集中，具有可"空化集中"的效应。叶盛英等以冻结的猪肉为对象，对用喷射声空化场解冻过程的解冻曲线、解冻肉品质进行了初步研究，并进行了解冻方法与空气解冻方法的比较。结果显示，对冻结肉解冻比用 19 ℃ 空气、18 ℃ 解冻水对冻结肉解冻要快。喷射声空化场功率为 34.98 W 解冻时，通过冰晶融化带所用时间最短，解冻肉的肉汁损失率最低，但均比 19 ℃ 空气解冻和 18 ℃ 水解冻的大。喷射声空化场功率为 33.88 W 时解冻肉的色泽保持得最好。

4) 超声波解冻

超声波解冻是利用超声波在冻肉内的衰减而产生的热量来进行解冻的。超声波在冷冻肉中的衰减要高于在未冻肉中的衰减，因此与微波解冻相比表面温度更低。从超声波的衰减温度曲线来看,超声波比微波更适用于快速稳定地解冻。理论计算表明,在食品不超温情况下,超声波解冻后局部最高温度与超声波的加载方向、超声波频率和超声波强度有关。超声波解冻可以与其他解冻技术组合在一起,为冷冻食品的快速解冻提供新的手段。解冻过程中要实现快速而高效的解冻,可以选择合适频率和强度的超声波。

5) 射频解冻

近年来,法国、美国等公司的解冻设备开始使用基于 27.12 MHz 的射频解冻系统,以解决微波解冻、高频解冻、远红外解冻、超声波解冻等存在的解冻不均匀、时间长和其他解冻质量问题。射频解冻效果优于微波解冻和一般常用的解冻方法,具有很好的推广应用前景。由于射频功率较大,需要采用合理的密封屏蔽结构,但目前的结构设计屏蔽效果不是很理想,近场干扰相对较大,需要进一步改进完善。

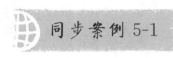
同步案例 5-1

鲜食玉米贮藏保鲜技术

鲜食玉米又称果蔬玉米,目前在国内外市场上十分畅销,它不仅鲜嫩香甜,而且营养价值高,其蛋白质、脂肪、维生素、糖等含量大大超过普通玉米。收获的鲜玉米脱离母体后,籽粒养分含量发生变化,一是呼吸作用消耗籽粒中可溶性糖类,二是可溶性糖类迅速转化为淀粉,使籽粒中可溶性物质迅速下降,失去商品性质。鲜食玉米保鲜方法有以下几种。

(1) 鲜食玉米的真空包装常温贮藏保鲜。

这是一种真空包装高温灭菌常温贮藏的方法,贮存期可达一年。基本工艺流程:原料→去苞衣除须→挑选→水煮→冷却沥干→真空包装→杀菌消毒→常温贮存。首先将鲜玉米穗去苞衣除须,选择无虫口果穗在沸水中煮 8 min,捞出冷却沥干水分,单穗真空包装(真空包装机)。然后高温高压灭菌。灭菌消毒可采用巴氏消毒法,即用蒸锅蒸半小时,隔 2 天后再蒸半小时;也可采用压力蒸气灭菌消毒法,温度 125 ℃,压力 0.14 MPa,用时 10 min。消毒完成后,检查包装有无破漏,将完好无损的包装装箱常温贮藏。食用时也需开水煮 10~15 min。

(2) 鲜食玉米的速冻保藏保鲜。

速冻是将鲜食玉米在−25 ℃条件下快速冻结,包装后冷藏在−18 ℃的条件下,这种方法可保质半年,是延长鲜食玉米供应期最有效的方法。基本工艺流程:原料→去苞衣除须→挑选→漂烫→冷却→速冻→包装→冷藏(−18 ℃)。具体做法是,将鲜玉米穗去苞衣除须,选择无虫口果穗漂烫,漂烫以沸水煮 8 min 为宜(可在漂烫水中加入 50‰的食盐和 2.5‰的柠檬酸,这样风味和色泽更好),然后迅速冷却(用冰水或常温水降温)沥干水分,放入−25 ℃下进行速冻,冻结时间以整个玉米穗冻实为宜。然后用复合膜包装封口(单穗包装或 2~3 穗包装),置于−18 ℃下冻藏,这种方法保质期可达半年。如果不要求长期贮藏,计划 3~4 月内上市销售,从生产成本角度考虑,可省去漂烫程序直接进行速冻贮藏,食用时用沸水煮 20 min 即可。

(3) 鲜食玉米的低温冷藏保鲜。

在常温下,采后的甜糯玉米含糖量迅速下降,试验表明,30 ℃下采后 1 天约有 60%的可溶性糖转化为淀粉；10 ℃下 1 天约有 25% 的糖转化为淀粉，尽管 0 ℃ 低温对糖转化过程有明显的抑制作用，但 1 天里仍有 6% 的可溶性糖转化为淀粉，糖分的损失，会明显影响鲜食玉米的特有风味和鲜嫩品质。所以鲜食玉米不能长时间贮藏，更不宜在常温条件下久放。

鲜食玉米适宜的贮藏温度为 0±0.5 ℃，相对湿度为 95%～98%，要点如下。

（1）适时采收。适时采收对保证鲜食玉米的品质和延长贮藏期都很重要。通常在玉米花丝稍干，玉米穗手握紧实，用指甲掐时玉米粒有丰富乳汁外流，味甜鲜嫩时采收为宜。

（2）快速预冷。预冷是做好贮藏的一个重要环节，对鲜食玉米来说尤其重要。要求在采收后 1～2 h 内将玉米穗迅速预冷至 0 ℃。适宜于鲜食玉米的快速冷却方法是真空预冷和冷水冷却，用真空预冷时要预先把玉米穗加湿，以防止失水；冷水预冷可采用喷淋的方式，冷却水温保持在 0～3 ℃，预冷后将玉米苞叶上的浮水甩干。

（3）贮藏。将预冷后的玉米穗剥去大部分苞叶，仅留一层内皮，装入内衬保鲜袋的箱内，每箱 5～7.5 kg，扎口码垛贮藏。注意码垛时要留出通风道，库温保持恒定，控制在 0±0.5 ℃。这种贮藏方法一般不宜超过 20 天。

【思考】
1. 鲜食玉米低温冷藏保鲜中用到的各种冷加工技术包括哪些？关键点是什么？
2. 简述三种鲜食玉米的贮藏保鲜方法的工艺流程，以及各自的优缺点。

第五节　生鲜食品冷链流通

冷链是在 20 世纪随着科学技术的进步、制冷技术的发展而建立起来的一项系统工程。生鲜食品冷链是建立在食品冷冻工艺学的基础上，以制冷技术为手段，使生鲜食品从生产者到消费者之间的所有环节，即从原料（采摘、捕、收购等环节）、生产、加工、运输、贮藏、销售流通的整个过程中，始终处于保持其品质所需温度环境的物流技术与组织系统。因此，冷链建设要求把所涉及的生产、运输、销售、经济和技术性等各种问题集中起来考虑，协调相互间的关系，以确保生鲜食品的加工、运输和销售。

一、生鲜食品冷链的主要环节

生鲜食品冷链由冷冻加工、冷藏、销售分配和冷藏运输四个环节构成。

1. 冷冻加工

原料前处理、预冷、速冻这三个环节都是生鲜食品冷加工环节，可称其为冷链中的"前端环节"。具体包括肉禽类、鱼类和蛋类的冷却与冻结，以及在低温状态下的加工作业过程；果蔬的预冷；各种速冻食品和奶制品的低温加工等。在此环节主要涉及冷链装备的冷却、冻结装置和速冻装置。

2. 冷藏

冷藏包括生鲜食品的冷却储藏和冻结储藏，以及水果蔬菜等食品的气调贮藏，是保证食品在储存和加工过程中的低温保鲜。此环节是冷链的"中端环节"，主要涉及各类冷藏库/加工间、冷藏柜、冻结柜及家用冰箱等。

3. 销售分配

销售分配包括各种冷链生鲜食品进入批发零售环节的冷冻储藏和销售，它是冷链的"末端环节"，由生产厂家、批发商和零售商共同完成。随着大中城市各类连锁超市的快速发展，各种连锁超市正在成为冷链食品的主要销售渠道，在这些零售终端中，大量使用了冷冻冷藏陈列柜和储藏库，由此逐渐成为完整的食品冷链中不可或缺的重要环节。

4. 冷藏运输

冷藏运输包括生鲜食品的中、长途运输及短途配送等物流环节。它贯穿于冷链的各个环节中，主要涉及铁路冷藏车、冷藏汽车、冷藏船、冷藏集装箱等低温运输工具。在冷藏运输过程中，温度波动是引起食品品质下降的主要原因之一，所以运输工具应具有良好性能，在保持规定低温的同时，更要保持稳定的温度，特别是远途运输，更为重要。

二、生鲜食品冷链主要设备构成

贯穿在整个冷链各个环节中的各种装备、设施，主要有原料前处理设备、预冷设备、速冻设备、冷藏库、冷藏运输设备、冷冻冷藏陈列柜（含冷藏柜）、家用冰柜、电冰箱等，如图 5-19 所示。

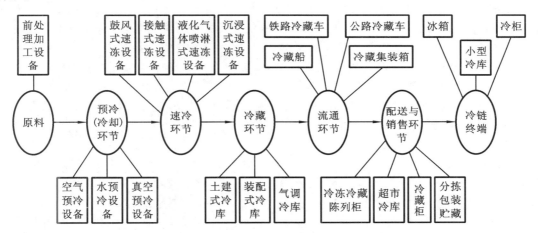

图 5-19　生鲜食品冷链主要设备构成示意图

食品冷链中的主要设备：各种冷却设备（含预冷设备）、冻结设备、冷藏库、冷藏运输设备、冷冻冷藏陈列柜（含冷藏柜）、家用冰柜及电冰箱等。

三、生鲜食品冷链的特点

由于生鲜食品冷链是以保证生鲜食品品质为目的，以保持低温环境为核心要求的供应链系统，所以它比一般常温物流系统的要求更高，也更加复杂。

首先，它比常温物流的建设投资要大很多，是一个庞大的系统工程。其次，生鲜食品的时效性要求冷链各环节具有更高的组织协调性。最后，生鲜食品冷链的运作始终是与能耗成本相关联，有效控制运作成本与生鲜食品冷链的发展密切相关。

所谓保鲜链，是指综合运用各种适宜的保鲜方法与手段，使鲜活易腐食品在生产、加工、贮运和销售的各个环节,最大限度地保持食品的鲜活特性和品质的系统。保鲜链在食品技术及应用上,要比冷藏链更广泛,其内涵也更加丰富。

同步案例 5-2

冷 链 遇 冷

除了高昂的成本之外,中国现有的农产品生产种植方式、消费习惯、消费水平等因素交叠在一起,使冷链备受冷遇。

理想状态下的全程冷链是什么样的?

2015年10月21日,《瞭望东方周刊》记者跟随生鲜电商沱沱工社的物流车辆,近距离观察了一次全程冷链的演示。

上午10点,沱沱工社位于北京平谷区马昌营镇的有机农场里,负责采摘的农场工人将两箱大葱搬进预冷车间,并开始做第一步的产品检查和筛选。因为准备装货,为保证敞开车门的厢内温度也能达到0 ℃左右,停放在门口的冷藏车温度被调至-5 ℃。100多箱冬瓜、油菜等包装好的蔬菜装车完毕之后,就被拉往顺义的仓储配送物流中心。在这里,它们将和其他肉禽蛋奶、海鲜水产、粮油副食一样,经过一系列到货验收流程,然后根据各自温度要求被放置在不同温区。接下来,工作人员会按照系统自动拆分的客户订单,从各个温区内拣选货品,一一扫描出库,在封闭环境下完成装车,然后载往分拨中心。接下来,多温联运的中转车会将产品送至配备冷链设施的各个配送站点,等待生鲜配送员取货,完成最后的送货上门。为了保证产品在最后的配送环节不脱冷,沱沱工社自己改装设计了一款冷藏三轮车,这款特制的电动车厢体内壁可放置最多9个蓄冷剂。借助车辆本身的保温效果和产品包装内的冰袋或蓄冷剂,能为"最后一公里"上个双保险。

1. 高昂的成本

在沱沱工社位于北京顺义的仓储中心,有冷冻、冷藏、恒温、常温4个不同温区,对应的温度分别为:-23~-18 ℃(存放冻肉、水产)、0~4 ℃(存放水果、蔬菜、乳制品)、5~10 ℃(存放蛋类、巧克力等)和25 ℃以下(粮、油等预包装食品)。此外,沱沱工社即将上马"全程新鲜度管理系统",通过网络为顾客提供商品的在途状态及在途温度。全程冷链及其背后的供应链管理系统,使得沱沱工社产品年均损耗率降至5%以内,这接近美国、加拿大、日本等农业发达国家的水平。自建冷库、自营配送、人工、车辆、设备等尽管令沱沱工社每单的物流成本从50多元降至30多元,但这在行业内仍然很高。事实上,巨大的投入让全程冷链成了生鲜电商发展的最大障碍。在业内,实施标准的全程冷链的企业非常少,"断链"往往是中国冷链的常态。北京众德物流研究所所长、中国食品工业协会冷链专家李万秋给本刊记者算了一笔账:仅就路途运输环节,以一辆载重8吨的东风冷藏车为例,冷链运输蔬菜的冷藏车温度需要保持在1~5 ℃,如果全程控温,每100公里比不开冷机多消耗5升汽油,折算成当前油价,为30元左右。如果再加上建设预冷库、购买冷藏及保温车的固定资产投入,就会比普通物流成本高出一倍以上。

中国物流与采购联合会冷链物流专业委员会秘书长秦玉鸣坦言,成本问题更重要的还是中国居民的收入水平不高,民众不愿意为冷链产生的附加成本埋单。"在中国,民众对产品价格的敏感度,要远远高于对质量的敏感度。"秦玉鸣对《瞭望东方周刊》表示。

2. 冷链要不要

也有业内人士认为,不应该完全用西方国家的标准来衡量中国的冷链行业。"一些附加值很低而又对温度不太敏感的商品,短期内很难实现全程冷链。"秦玉鸣表示。

李万秋则认为,中国有很多"土"方法,虽然不及冷藏车,但也能解决一些问题,同时还可以降低运输成本。"比如在果蔬运输的过程中,不一定要用冷藏车。与肉制品、奶制品和冷冻食品不同,果蔬对温度相对不敏感,而且稍有变质,颜色就会发生变化,很容易被消费者察觉,不会造成食品安全隐患。"更重要的是,由于产品附加值低,果蔬的生产地很少有预冷设施。李万秋说:"在源头没有预冷的情况下,后面的运输使用冷藏保温车,反而会导致更多蔬菜更快地变质腐坏。"据他介绍,蔬菜装车时一般都会留有专门的散热通道。这样,车辆从南方一路往北,刚上路时,南方温度高,车辆在行驶中带起的自然风,将蔬菜自身的热量慢慢散尽。到了北方,随着温度的降低,再蒙上帆布、棉被等进行保温。李万秋说:"从上海到北京,大概需要24小时,这种方法可以将蔬菜的温度变化控制在1℃左右。"他还透露,目前北京市场上80%~90%的哈密瓜都是普通车运输过来的。"为了保证哈密瓜不腐坏,一般在其六成熟时就完成采摘,然后运往北京。这也是大部分哈密瓜看着熟了,口感却不十分好的原因。"而冷藏车运输的瓜果一般是九成熟时采摘,口感自然要好一些。当然,同样是从新疆运送20吨的哈密瓜到北京,冷藏保温车运输的成本是3.5万~4万元,而普通车运输只需要1.5万元,节省了一半多。

(资料来源:刘砚青《冷链遇冷》,载《瞭望东方周刊》,2015-11-19。)

【思考】
1. 沱沱工社是如何实现全程冷链的?
2. 你认为生鲜食品需要全程冷链吗?

第六节　生鲜食品流通加工

生鲜食品的流通加工活动是生鲜食品冷链物流活动中的至关重要的环节,它关系到日常生活中人们所食用生鲜食品的新鲜度、营养性、安全性和多样化。生鲜食品主要是通过流通加工来保持并提高食品的保藏性,在提供给消费者时保持新鲜。同时,生鲜食品的流通加工也担负着提高物流系统的服务水平、提高物流效率和使物流活动增值的作用。

一、生鲜食品流通加工的概念

生鲜食品流通加工是指生鲜食品在从生产地到使用地的过程中,根据需要施加包装、分割、计量、分拣、刷标志、拴标签、组装等简单作业的总称。它是发生在生鲜食品流通过程中的加工活动,包括在途加工和配送中心加工,是为了方便生鲜食品流通、运输、贮存、销售、方便顾客以及资源的充分利用和综合利用而进行的加工活动。生鲜食品流通加工以保存产品为主要目的,为适应多样化的需要、方便消费、提高产品利用率、实现配送而进行的。合理的生鲜食品流通加工能显著提高食品附加值、提高物流效率、降低物流损失、衔接不同输送方式,使其物流活动更加合理。同时,生鲜食品的流通加工是生鲜食品物流活动的重要利润源泉,属于增值服务范围。

生鲜食品企业经常采用配送-流通加工一体化的策略来提高食品配送效率和效益。如属于低温保鲜食品范畴的生鲜食品,对新鲜度、营养、安全均有很高要求,因此在物流上可采取"当天加工,当天配送"的原则,设置一条从进货、分割、加工、包装、配送运输直至销售的供应链,使流通加工与配送一体化。这种组织形式无论是对流通加工的有效运转,还是对配送活动的完善与发展,都有积极推动作用。

二、生鲜食品流通加工的类型

生鲜食品流通加工的类型根据不同的目的呈现出多样化。

(一) 为提高生鲜食品的贮藏性

这种加工形式的目的是使生鲜产品的使用价值得到妥善的保存,延长生鲜产品的生产和使用之间的时间。如水产品、蛋、肉的保鲜、保质的冷冻加工、防腐加工,各种干果的防潮、吸湿加工,果蔬的采后冷藏处理,并采用气调贮藏、减压贮藏等各种贮藏方式来提高生鲜产品的贮藏期。

(二) 为适应多样化需要

生产部门为了实现高效率、大批量生产,其产品往往不能完全满足客户所需的要求。为了满足客户对产品多样化的需要,同时又保证高效率的社会化大生产,将生产出来的标准产品进行多样化的改制加工是流通加工中占有重要地位的一种加工形式。例如,蛋类产品的腌制、糟渍加工,肉类产品的腌制、烟熏、蒸煮等加工。

(三) 为方便销售

这种生鲜产品的流通加工形式与上述加工类似,只是在加工的深度上更接近于消费者,使消费者感到更加省时省力、更加方便。如属于牛肉的流通加工活动之一的分割加工过程,是先选取符合分割要求,即无病变、肉质新鲜清洁且修割平整美观的牛肉,将其分割为符合分割规格的牛腱、牛胸、牛柳、牛脯、针扒、尾龙扒、会牛扒、膝圆肉、三角肌肉和牛碎肉等;然后将分割后的牛肉包装成适合家庭购买的小包装,并标上价签;最后储存在超市冷柜中的过程。顾客买回去后即可根据个人口味进行简单的加工后食用。对肉类的其他加工形式,如切碎、斩拌等都具有方便销售和方便消费者的作用。

(四) 为提高生鲜食品的利用率

利用在流通领域的集中加工代替分散在各使用部门的分别加工,可以大大地提高生鲜食品的利用率,有明显的经济效益。集中加工可以减少原材料的消耗、提高加工质量,同时对于加工后的副产品也可得到充分利用。例如,鸡肉产品的分割加工,就是将符合分割要求的鸡分割为翅、腿、爪、头、脖及胸腔架,实行差别定价,消费者可根据个人喜好购买,这就达到了提高生鲜食品的利用率的目的。

(五) 为提高物流效率,降低损失

生鲜食品一般都具有易腐败变质的特点,所以很多生鲜食品在产地即可进行简单的流通加工,以提高物流效率、降低损失。例如,将各种鱼类加工成罐头,既可提高运输工具的运

载效率,又可降低由于鲜鱼易变质导致的损失。另外,有些生鲜食品,由于自身的形状特殊,在流通过程中极易发生损失,效率较低,则应进行适当的流通加工以弥补这些产品的物流缺陷。如肉类产品在消费地的流通加工可防止由于需求信息不足、需求预测不准确导致的库存积压或销售损失,零售商可根据需求情况,灵活调整各种肉制品的加工量。再如椰果采下后将其外形加工成粮仓形,如图 5-20 所示,也可提高其物流效率。

毛椰　　　　　　　　椰青

图 5-20　椰果的加工

(六)为衔接不同运输方式,使物流更加合理

生鲜食品生产的相对集中和消费的相对分散之间的矛盾,可以用适当的流通方式来解决,以衔接不同的运输方式。一般在产地至流通加工环节采用大批量运输的形式,从流通加工地点到消费者则是采用多品种、少批量运输的形式。例如,将大规模散装面粉在中转仓库中进行分装,转化成小规模包装的面粉的流通加工,就衔接了面粉大批量运输和需求的小批量。再如,葡萄酒、果汁类的液体,从产地批量地将原液运至消费地配制、装瓶、贴商标,包装后出售,既可以节约运费,又安全保险,以较低的成本,卖出较高的价格,附加值大幅度增加。

第七节　生鲜食品的包装

一、生鲜食品包装概述

(一)生鲜食品包装的概念

中华人民共和国国家标准《物流术语》(GB/T 18354—2021)对包装(packaging/package)的定义是:指为在流通过程中保护产品、方便储运、促进销售,按一定技术方法而采用的容器、材料和辅助物等的总体名称。也指为了达到上述目的而采用容器、材料和辅助物的过程中施加一定技术方法等的操作活动。

生鲜食品包装就是通过采用适当的包装材料、容器和包装技术,最大限度地保持食品自身具有的鲜度与价值,也就是为了保鲜而采用的包装。

食品包装分类多样,按包装材料分为金属、玻璃、纸质、塑料、复合材料等;按包装型式分为罐、瓶、包、袋、卷、盒、箱等;按包装方式分为罐藏、瓶装、包封、袋装、裹包以及灌注、整集、封口、贴标、喷码等;按产品层次分为内包装、二级包装、三级包装、外包装等;按技法分为防潮包装、防水包装、防霉包装、保鲜包装、速冻包装、透气包装、微波杀菌包装、无菌包装、充气包装、真空包装、脱氧包装、泡罩包装、贴体包装、拉伸包装、蒸煮袋包装等。

中华人民共和国国家标准《冷藏、冷冻食品物流包装、标志、运输和储存》(GB/T

24616—2019)中对冷藏、冷冻食品物流包装的要求是：①应根据冷藏食品、冷冻食品的类型、形状、特性及周围环境的影响合理选择物流包装方案，确保冷藏食品、冷冻食品在物流过程中的质量和卫生安全；②物流包装材料应符合《农产品物流包装材料通用技术要求》（GB/T 34344—2017)的规定；③物流包装尺寸应与周转箱、托盘（优先推荐 1200 mm×1000 mm 尺寸）、货架、叉车及冷藏车、冷藏集装箱、冷藏船（舱）、冷藏列车等设施设备相匹配；④包装不耐压的冷藏食品、冷冻食品时，应在物流包装内加支撑物或衬垫。包装易失水的冷藏食品、冷冻食品时，应在物流包装内加具有吸附能力的衬垫。支撑物和衬垫应符合相关食品安全卫生要求。

（二）生鲜食品包装的功能

科学合理的包装不仅能保护商品，免受或减少其在贮运、销售、消费等流通过程中受到各种不利条件及环境因素的破坏和影响，还能为生产、流通、消费等环节提供诸多方便。同时，包装也是提高商品竞争能力、促进销售的重要手段。

生鲜食品包装的功能与一般包装的功能一样，包括保护功能、方便功能和促销功能，但更主要的是体现在保护功能上。也就是说，生鲜食品包装功能主要在于最大限度地保护食品的寿命和品质，防止天然（自然）因素的破坏，以保护其内容、形态、品质和特性。其次才是实现其方便功能和促销功能。有时生鲜食品包装只能实现其保护功能，达到货架寿命延长或保质；而便利与促销可通过其他包装来实现（如外包装或包装附件等）。

衡量生鲜食品包装功能的量化指标主要有形、质地、色、香、味、营养、污染残毒等。形就是生鲜食品包装到达规定的保质期或保鲜期后，包装对象的外观形状与最初外观形状的差异，这种差异越小就说明其保鲜功能越强。质地则是包装对象（物质）内部的成分所具备的物理特性，如内部密度、硬度、脆度及组织的粗糙度等。质地与前面的形是刚好相反的性能特征表现，一个是外表，一个是内部。色、香、味都是可由感官所能体会到的生鲜食品包装完成保质或保鲜期前后的指标。污染残毒指在进行保鲜包装之后，不能因包装材料或包装辅料导致污染和残留有毒物质。

（三）生鲜食品包装的安全与卫生

提供安全卫生的包装食品是人们对食品厂商的最基本要求。生鲜食品包装材料的安全与卫生问题主要来自包装材料内部的有毒、有害成分对包装食品的迁移和融入，这些有毒有害成分主要包括：材料中的有毒元素，如铅、砷等；合成树脂中的有毒单体、各种有毒添加剂及黏合剂；涂料等辅助包装材料中的有毒成分。

塑料作为食品包装材料已有几十年历史，因具有优异的包装性能而得到广泛应用，但塑料本身所具有的特性和缺陷，用于食品包装时会带来诸如卫生安全等方面的问题。例如，用于包装的大多数塑料树脂是无毒的，但它们的单体分子却大多有毒性，且有的毒性相当大，有明确的致畸致癌作用，当塑料树脂中残留有单体分子时，用于食品包装即构成卫生安全问题。而塑料添加剂（增塑剂、着色剂和油墨、润滑剂、发泡剂、稳定剂等）一般都存在着卫生安全方面的问题，选用无毒或低毒的添加剂是塑料能否用作食品包装的关键。包装材料的安全与卫生直接影响包装食品的安全与卫生，为此世界各国对食品包装的安全与卫生制定了系统的标准和法规，用于解决和控制食品包装的安全卫生及环保问题。

《农产品物流包装材料通用技术要求》（GB/T 34344—2017)对包装材料的安全卫生提

出了相关要求。①包装材料中有毒有害物质含量及其迁移量应符合相关法规和国家强制性标准的规定。②直接接触食用农产品的包装材料用添加剂应符合《食品安全国家标准 食品接触材料及制品用添加剂使用标准》(GB 9685—2016)的规定。③包装材料用涂料、粘合剂和印刷油墨等安全卫生要求如下：a. 应限制使用易挥发，易溶出易散发氟、氯、硫等对人体有毒有害物质的材料；b. 与食用农产品直接接触的材料宜使用水溶性或醇溶性油墨、粘合剂等；c. 溶剂型聚氨酯涂料应符合《溶剂型聚氨酯涂料（双组分）》(HG/T 2454—2014)的规定；如使用环境标志产品，水性涂料应符合《环境标志产品技术要求 水性涂料》(HJ 2537—2014)的规定，白乳胶类粘合剂应符合《环境标志产品技术要求 胶粘剂》(HJ 2541—2016)的规定，胶印油墨以及凹印油墨和柔性油墨应分别符合《环境标志产品技术要求 胶印油墨》(HJ 2542—2016)和《环境标志产品技术要求 凹印油墨和柔印油墨》(HJ 371—2018)的规定。

《农产品物流包装材料通用技术要求》(GB/T 34344—2017)对包装材料的环保也提出了相关要求：①包装材料应便于回收利用，不应对环境造成长期污染；②同一包装容器宜使用单一材料，包装辅助物不应影响主材的品质及回收利用。

二、生鲜食品的包装材料

食品包装在我国包装行业中占有非常重要的地位，是包装业的支柱产业。在《食品包装容器及材料 术语》(GB/T 23508—2009)中，食品包装材料（food packaging article）指直接用于食品包装或制造食品包装容器的制品，如塑料膜、纸板、玻璃、金属等。2021年，全球包装材料销售规模超过1万亿美元，中国是全球最大的包装材料消费国，2021年其销售额超过2500亿美元，食品包装归属于包装产业，且是包装工业中最大的细分市场，占整个包装业市场份额的70%左右。纸、塑料、金属、玻璃、陶瓷及复合材料等是主要的传统包装材料。典型的包装材料和容器类型如表5-15所示。

表5-15 包装按包装材料和容器分类

包装材料	包装材料类型	包装容器类型
纸	1. 纸包装材料按材料分为纸张、纸板。 2. 纸张按材料和功能分为玻璃纸、羊皮纸、牛皮纸、鸡皮纸、茶叶袋滤纸、糖果包装纸、冰棍包装纸、半透明纸等。 3. 纸板按形态可分为白纸板、箱纸板、瓦楞纸板等。 4. 瓦楞纸板按瓦楞形状分为U型、V型和UV型三种；按瓦楞纸板的材料层数分为双层、三层、五层、七层瓦楞纸板等	1. 纸包装容器按形态和功能可分为纸袋、纸箱、纸盒、纸碗、纸杯、纸罐、纸餐具、纸浆模塑制品等。 2. 纸袋按形状分为扁平式纸袋、方底式纸袋、便携式纸袋、阀门式纸袋、M形折式纸袋等；按纸袋层数分为单层纸袋、双层纸袋和多层纸袋。 3. 纸箱按材料分为瓦楞纸箱、硬纸板箱。按照箱型可分为摇盖纸箱、套合型纸箱、折叠型纸箱、滑盖型纸箱、固定型纸箱等。 4. 纸盒按形状分为方形纸盒、三角形纸盒、菱形纸盒、圆形纸盒、屋脊纸盒、异形纸盒、梯形纸盒等。 5. 纸杯按工艺可分为淋膜纸杯和涂蜡纸杯；按形状可分为圆锥形纸杯、圆桶形纸杯等。 6. 纸罐按形状可分为圆形纸罐、椭圆形纸罐、矩形纸罐和多边形纸罐；按工艺分为螺旋式纸罐、平卷式纸罐

续表

包装材料	包装材料类型	包装容器类型
塑料	1. 塑料包装材料按形态可分为塑料膜、塑料片。 2. 塑料膜按结构可分为非复合塑料膜和复合塑料膜。 3. 塑料片按结构可分为单层塑料片和复合塑料片	1. 塑料包装容器按形态可分为塑料箱、塑料袋、塑料瓶、塑料杯、塑料盘、塑料盒、塑料罐、塑料桶、塑料盆、塑料碗、塑料筐、复合易拉罐等。 2. 塑料箱按功能可分为塑料周转箱、钙塑瓦楞箱及其他塑料箱（如塑料保温箱）等。 3. 塑料袋按工艺可分为非复合塑料袋、复合塑料袋等
金属	铝箔根据压延后的热处理程度可分为软质铝箔和硬质铝箔	1. 金属包装容器按材料可分为铝制、钢制等金属容器；按形状可分为金属罐、金属桶、金属盒、金属碗、金属盆等。具有优良的阻隔性能、机械性能、耐高温、耐压、不易破损等。 2. 金属罐按形状可分为圆形罐、矩形罐、异形罐；按结构可分为三片罐、两片罐；按工艺可分为接缝罐、冲压罐；按开启方式可分为罐盖切开罐、罐盖易开罐、罐盖卷开罐；按材质可分为马口铁罐、铝罐等。 3. 金属桶按材料可分为钢桶、铝桶、马口铁、白铁皮桶等；按形状可分为圆形桶、异形桶；按桶口内径可分为小口桶、中口桶、大口桶；按桶口的闭开形式可分为闭口钢桶、开口钢桶。 4. 金属盒按形状可分为方形盒、圆形盒、扁形盒、椭圆形盒和异形盒等；按工艺可分为焊接盒、拉伸盒；按盒盖形式可分为压扣盖盒、折边盖盒、铰链盖盒等
玻璃		1. 玻璃包装容器按容器形状分为玻璃瓶、玻璃罐、玻璃碗、玻璃盘、玻璃缸等。 2. 玻璃瓶按瓶口内径大小分为小口瓶、广口瓶。 3. 玻璃罐按罐口形状分为压盖封口罐和螺旋封口罐
陶瓷	按材料可分为陶器、瓷器、土器等	陶瓷包装容器按容器形状可分为陶瓷瓶、陶瓷罐、陶瓷缸、陶瓷坛、陶瓷盘、陶瓷碗等
复合材料	1. 复合包装材料按材质可分为纸/塑复合材料、铝/塑复合材料、纸/铝/塑复合材料、纸/纸复合材料、塑/塑复合材料等。 2. 纸/塑复合材料按材料可分为纸/PE（聚乙烯）、纸/PET（聚对苯二甲酸乙二醇酯）、纸/PS（聚苯乙烯类）、纸/PP（聚丙烯）等。	1. 复合包装容器按材料可分为纸/塑复合材料容器、铝/塑复合材料容器、纸/铝/塑复合材料容器。具有良好的阻隔性能。 2. 纸/塑复合容器按形状可分为纸/塑复合袋、纸/塑复合杯、纸/塑复合纸碗、纸/塑复合碟和纸/塑餐盒等。

第五章
生鲜食品的冷链加工与流通

续表

包装材料	包装材料类型	包装容器类型
复合材料	3. 铝/塑复合材料按材料可分为铝箔/PE（聚乙烯）、铝箔/PET（聚对苯二甲酸乙二醇酯）、铝箔/PP（聚丙烯）等。 4. 纸/铝/塑复合材料按材料可分为纸/铝箔/PE（聚乙烯）、纸/PE（聚乙烯）/铝箔/PE（聚乙烯）等	3. 铝/塑复合容器按形状可分为铝/塑复合袋、铝/塑复合桶、铝/塑复合盒等。 4. 纸/铝/塑复合容器按形状可分为纸/铝/塑复合袋、纸/铝/塑复合筒、纸/铝/塑复合包
其他	木质包装材料； 竹材包装材料； 搪瓷包装材料； 纤维包装材料	木质包装容器按形状可分为木箱、木桶、木盒等； 竹材包装容器按形状可分为竹篮、竹筐、竹箱、竹筒等； 搪瓷包装容器按形状可分为搪瓷罐、搪瓷缸、搪瓷盘、搪瓷碗、搪瓷碟、搪瓷釜、搪瓷盆、搪瓷杯、搪瓷锅等； 纤维包装容器按材料可分为布袋、麻袋等
辅助材料和辅助物	涂料按材料可分为环氧树脂涂料、有机硅涂料等。 粘合剂按材料可分为水溶型粘合剂、热熔型粘合剂、溶剂型粘合剂、乳液型粘合剂等。 油墨按材料可分为水性型、醇溶型、有机溶剂型、干性油型、树脂油型、石蜡型等油墨。 辅助物按功能可分为封闭器（如密封垫、瓶盖或瓶塞）、缓冲垫、隔离或填充物等	

根据《食品包装容器及材料 分类》（GB/T 23509—2009）整理。

生鲜食品包装材料的类型和传统包装材料一样，具有多种多样的类型，但其基材仍以传统包装材料的基材为主。而作为创新与改进这个方面而言，复合材料与组合材料是生鲜食品包装材料的重点。划分生鲜食品包装材料可以从材料的物理特性来划分：①片材类，包括塑料板材、瓦楞纸板、金属板材及复合板材等；②软材类，包括纸、塑及金属等膜类与箔类柔性材料；③刚性类，包括玻璃、陶瓷及塑料与复合材料；④散材类，包括粉剂、水剂与气体等。

而作为食品保鲜包装材料发展较快的主要是纸包装、塑料包装、金属包装、玻璃及陶瓷包装四大类。木包装主要用于重型产品（如机电产品）包装，木包装有逐渐被纸包装和塑料包装取代的趋势，再加上国际上强调环保与资源的问题，木包装一般情况下不提倡，故木包装用得越来越少，在此也不作研究，而陶瓷包装因制作工艺与速度等问题，用量也较少。

1. 传统包装材料

1）塑料包装材料

塑料是一种高分子聚合物——树脂为基本成分，再加入一些用来改善其性能的各种添加剂制成的高分子材料，分子量通常在 10^4 以上，其大分子具有特殊结构，使其具有一系列特殊性能，如化学惰性、难溶、强韧性等。塑料因其原料来源丰富、成本低廉、性能优良，成为近40年来世界上发展最快、用量巨大的包装材料。塑料包装材料及容器逐步取代了玻璃、金属、纸类等传统包装材料，是食品保鲜包装用得最多的材料与容器。而塑料保鲜膜是食品保鲜包装中最值得关注的方面。其缺点是对某些品种的食品还存在着某些卫生安全方面的问题,以及包装废弃物的回收处理对环境的污染等问题。我国用于食品包装的塑料也多达十五六种,如聚乙烯(PE)、聚丙烯(PP)、聚苯乙烯(PS)、聚酯(PET)、聚氯乙烯(PVC)、聚碳酸酯(PC)、乙烯-醋酸乙烯共聚物(EVA)、聚酰胺(PA)、聚偏二氯乙烯(PVDC)、聚乙烯醇(PVA)、乙烯-乙烯醇共聚物(EVOH)、离子键树脂等。其中高阻氧的有 PET、PA、PVDC、PVA、EVOH 等;高阻湿的有 PE、PP、PVDC 等;耐射线辐照的有 PS 等;耐低温的有 PE、EVA、PA 等;阻油性和机械性能好的有 PET、PA、离子键树脂等;既耐高温灭菌又耐低温的有 PET、PA 等。各种塑料的单体分子结构不同、聚合度不同、添加剂的种类和数量不同,其性能也不同,即使同种塑料但不同牌号,其性质也会有差别。

根据《农产品物流包装材料通用技术要求》(GB/T 34344—2017),塑料包装宜选用 PE、PS 等材料;果蔬包装材料宜选用 PE、PS 等;水产品包装材料,可选用 PS、PVC、PE 等;畜禽产品包装材料可选用不含氟氯烃化物的发泡聚苯乙烯(EPS)、PVC 等;蛋包装材料可选用 PVC、PS 等;食用油包装材料宜选用 PE 等。

同步案例 5-3

PVC 作为食品包装材料的危险性

聚氯乙烯(PVC)是经常使用的一种塑料,它是由聚氯乙烯树脂、增塑剂和防老剂组成的树脂。据了解,聚氯乙烯塑料制品在较高温度下,会慢慢地分解出氯化氢气体,这种气体对人体有害。含铅盐防老剂的聚氯乙烯(PVC)制品和乙醇、乙醚及其他溶剂接触会析出铅,若聚氯乙烯包装容器盛装油条、炸糕、炸鱼、熟肉类制品、蛋糕点心类等食品,铅分子会慢慢扩散到油脂中去,这样对人体健康会产生极大危害,且废旧后的聚氯乙烯燃烧会产生大量的二噁英、卤氢酸、铅等有害物质,对空气、土壤、水质等环境均会造成不同程度污染。因此,聚氯乙烯不宜作为食品包装容器。

【思考】 常用的塑料包装材料哪些是无毒的?哪些是有毒的?

2)纸质包装材料

作为食品保鲜包装材料,纸包装占有相当的比重。其包装容器的结构和形式多种多样,而且随着人们的求新心理与包装产品的不断推陈出新,使得纸包装的种类层出不穷。特别是用于食品包装的纸箱、纸袋、纸盘及纸托盘占了很大的比例,而且其比例正在扩大。

纸具有许多优良的特性,这些特性在食品保鲜包装上发挥了重要作用,主要表现如下。

(1)透气性。这是纸包装最大的保鲜特性。在保鲜包装中,鲜活食品具有呼吸作用,会产生呼吸热,纸包装可以让热气透出,从而防止食品的腐烂。

(2)吸湿性。这又是纸包装的又一大保鲜优点,如超市中的鲜肉托盘包装,其可吸走鲜肉表面析出的少量水分,延缓鲜肉的变质。

(3)加入相关性原料与成分还可提高纸包装的保鲜性。如在纸箱内部加入中草药或抗氧化成分等,可大大提高食品保鲜效果。

(4)韧性与保护性。纸包装表面具有退让性和韧性,同时有一定的厚度对食品特别是鲜活食品会起到保护作用。

3）金属包装材料

金属材料是一种历史悠久的包装材料,用于食品包装已有近200年的历史。金属包装材料及容器是以金属薄板或箔材为原材料,再加工成各种形式的容器来包装食品。目前金属包装材料及制品多用于加工农产品的包装。作为保鲜包装主要用作罐头农产品的包装,也有许多农产品半成品的包装使用金属包装。而最能体现金属保鲜包装的是一些周转箱及活鲜动物(鱼类及禽类)圈养容器(笼等)。另外,金属箔与纸复合包装材料被广泛用于农产品的保鲜包装,还有许多长途贮运的农产品保鲜包装容器就离不开金属包装。

金属包装材料的优良特性如下。

（1）优良的阻隔性能。金属材料具有阻气、隔光、保香等隔离性能。对许多气体(O_2、CO_2及水蒸气等)有阻隔效果,还对包括紫外光在内的许多光线予以阻隔。这些都是对保鲜所必需的性能。

（2）良好的热传导性能。良好的热传导性体现在加热与散热。作为加热所需的特性表现为加热灭菌,使所包装物品不受包装的污染。而散热可使热处理工序提高效率,且合理的结构使鲜活食品得以在包装中散去热量。

（3）卫生安全性能。金属包装的材质不易变质腐烂,也不易产生细菌,同时还可通过加热使表皮得以杀菌,最终使所要包装的物品得到良好卫生条件。

（4）良好的保护性。强度和加工适应性是金属包装良好保护性的体现。金属包装可根据不同的包装物性能要求做成不同结构和厚度,以提高强度来保护包装物。适应性指金属包装对大部分物品的性能要求进行设计、加工和处理,以适应其包装要求。同时还表现在为适应不同大小结构等要求制成相应的结构和大小。这些对于易腐、怕挤压和重压的农产品包装贮藏及运输是十分有意义的。

但是,由于金属包装材料的化学稳定性差、不耐酸碱,特别是用其包装高酸性食物时易被腐蚀,同时金属离子易析出而影响食品风味,这在一定程度上限制了它的使用范围。

4）玻璃包装材料

玻璃是由石英石、纯碱、石灰石、稳定剂为主要原料,加入澄清剂、着色剂、脱色剂等,经调温熔炼再经冷凝而成的一种非晶体材料。玻璃是一种古老的包装材料,用于食品包装已有3000多年的历史。食品罐藏技术就是食品的保鲜包装技术,罐头就是玻璃保鲜的结果。生鲜食品保鲜中能体现玻璃包装材料保鲜应用的是半成品或腌制品的包装,如泡菜类食品就多为玻璃或陶瓷容器包装,还有果汁类也多用玻璃包装。

由于玻璃自身的优点,使其作为包装材料时显示出显著的特点:高阻隔、光亮透明、化学稳定性好、易成型,但玻璃容器重量大且容易破碎,这一性能缺点影响了它在食品包装上的使用与发展,尤其是受到塑料和复合包装材料的冲击。随着玻璃产业生产技术的发展,现在已研制出高强度、轻量化的玻璃材料及其制品,目前我国玻璃使用量占包装材料总量的10%左右,仍是食品包装中的重要材料之一。

2. 新型生鲜食品包装材料

近几年,随着社会经济发展,国民素质逐年提高,人民对于高品质生活的要求逐年提升,绿色、低碳、健康和环保逐步成为新的社会发展格调,"白色污染"等环境问题亟须改善。为缓解"白色污染"的趋势,我国出台了一系列政策,鼓励相关企业使用生物可降解、易重复使用、可再生、可循环、能源资源浪费小和环境污染少的塑料制品,通过添加淀粉等减小石油资源的消耗,同时减少碳排放量,保护环境。以下是目前食品包装中采用的新型包装材料。

1)纳米包装新材料

纳米技术是 21 世纪以来较为尖端的新技术,在功能性、可塑性和力学性能等方面具有明显优势,通过改性能够将分散相尺寸小于或等于 1000 nm 的颗粒与其他包装材料形成一种全新的纳米结构。在包装材料(如塑料及复合材料)中加入纳米微粒,使其产生了除异味、杀菌消毒的作用。现在一些企业就是利用这一技术特性,将纳米微粒加入到冰箱材料(塑料)中,生产出抗菌冰箱,大大延长了冰箱内食物的保存期。同样也可将纳米微粒加入纸、塑料及复合材料中用于包装食品,可延长包装食品的货架期。

2)新型高阻隔包装材料

高阻隔包装材料是食品包装材料的发展趋势,主要有三种包装材料:非结晶性尼龙,阻气性为尼龙 6 倍;SaranHB,其阻气性为 Saran 膜的 10 倍;金属化镀膜。

新型高阻隔性塑料在国外已广泛使用,因为这种包装材料不仅可以提高对食品的保护,而且可以减少塑料的用量,甚至可以重复使用。对于要求高阻隔性保护的加工食品以及真空包装、充气包装等情况一般都要用复合材料包装。而在多层复合材料中必须有一层以上高阻隔性材料。现在国内常用的高阻隔性材料有铝箔、尼龙、聚酯、聚偏二氯乙烯等。随着食品对保护性要求的提高,阻隔性更好的 EVOH(乙烯-乙烯醇共聚物)、聚乙烯醇等也开始应用。EVOH 是一种链状结构的结晶性聚合物,集乙烯聚合物良好的加工性和乙烯醇聚合物极高的气体阻隔性于一体,是一种新型的阻隔材料,其阻气性比 PA(聚酰胺)的高 100 倍,比 PE、PP 的高 10000 倍,比目前常用的高阻隔性材料 PVDC 的高数十倍以上。在食品包装方面,用 EVOH 制成的塑料容器可以完全替代玻璃和金属容器。

目前发达国家开发并有少量应用的 PEN(聚萘二甲酸乙二醇酯)将会给食品包装带来巨大的变化。PEN 的化学结构与 PET(聚对苯二甲酸乙二醇酯)相似,但刚性大大提高,阻氧性、阻水性比 PET 的高数倍,而且紫外线吸收性好、耐水解性好、气体吸附性低,装过食品后不残留异味,可重复使用。

无机高阻隔微波食品包装材料将成为新宠。近几年研发的镀有 SiO_x 材料是在 PET、PA、PP 等材料上镀一层薄的硅氧化物,它不仅有更好的阻隔性,而且有极好的大气环境适应性,它的阻隔几乎不受环境温度和湿度变化的影响。SiO_x 镀膜有高阻隔性、高微波透过性、透明性,可用于高温蒸煮、微波加工等软包装,也可制成饮料和食用油的包装容器。

3)可食性包装薄膜

可食性包装薄膜是由多糖类物质合成的,无毒副作用,既可食用又不影响食感。主要是葡甘露聚糖,它吸水后可膨胀 100 倍,具有高弹性、高黏度、耐热、防水、防潮等特点,食后即可消除饥饿,又不被人体吸收。可食性薄膜既可制成溶于水的薄膜,也可制成溶于温水而不溶于冷水的薄膜,还可制成耐热、可塑封的薄膜,可与食品一块煮烧,方便又卫生,保鲜作用极好。

目前已研制的可食性薄膜有:可食性淀粉包装膜,以玉米淀粉、马铃薯淀粉为主料,辅以可食性添加剂而成的食用薄膜,用于糖果、果脯、蜜饯的内包装,产品的抗机械拉力、韧性、透明度、速溶性都优于目前食品厂使用的糯米纸;可食性蛋白质膜,以动物或植物蛋白为原料制成的蛋白质薄膜可减少抗氧化剂和防腐剂的用量,又能延长货架期。另外,魔芋精粉及改性产物膜、纤维素及改性产物膜、甲壳素可食膜都是新型的可食性包装薄膜。

总之,食品包装材料今后发展主流趋势是功能化、环保化、简便化。无菌包装采用高科技和分子材料,保鲜功能将成为食品包装技术开发重点,无毒包装材料更趋安全,塑料包装将逐步取代玻璃制品;采用纸、铝箔、塑料薄膜等包装材料制造的复合柔性包装袋,将呈现高档化和多功能化。社会生活节奏的加快将使快餐包装面临巨大发展机遇。食品工业是21世纪的朝阳工业,食品包装材料更为飞速发展,食品包装材料领域一定能抓住这个商机发展壮大起来。

三、生鲜食品的包装技术

(一)冷却与冷藏包装技术

冷却与冷藏包装是将物品包装后处于冷却与冷藏温度下进行贮藏的技术,它要考虑包装材料、包装工艺、包装环境等多种因素,特别是包装用的辅料不能在低温状态下降低其性能。冷却与冷藏包装的基本原理是利用鲜活产品在0℃时处于低的呼吸强度,即0~5℃呼吸量很低。

冷却与冷藏包装应使生鲜食品生命代谢过程尽量缓慢进行,使其生物反应速度降低,以保持其新鲜度。这种包装贮藏方法时间不宜太长,不像冷却和冻藏包装处理那样可长时间保存。但在现代包装中,这种方法能满足市场流通的需要。

1. 瓦楞纸箱

冷却与冷藏的大包装多为瓦楞纸箱。考虑冷却与冷藏低温的影响,纸板材料要求高强度,胶黏剂要求在低温条件下不失黏,同时考虑在印刷时会降低强度,因此印刷面积不宜过大。黏箱或钉箱也要求牢固。过去也有的用木箱,但现在已逐渐少用。

2. 塑料类包装材料

一般用于冷却与冷藏的小包装多为塑料包装。
(1)聚乙烯(PE),可制成袋或直接用其软材料对生鲜食品进行捆扎、裹包。
(2)玻璃纸(PT),制成包装袋或直接用软材裹包。
(3)PT加聚苯乙烯(PS)浅盘,主要是用于肉和蔬菜的超市包装冷藏。
(4)PT加纸板浅盘,新鲜净菜类的超市冷藏包装。
(5)收缩膜,主要用于中小包装的扭结袋或热封裹包。

冷却与冷藏包装主要适用于果蔬产品、肉类鲜产品和鲜奶及鲜蛋等生鲜食品。特别是鲜肉的包装,应用冷却与冷藏技术后,使其保鲜期延长,且品质也得到提高,从而大大提高了鲜肉的价值。

(二)物理包装技术

物理包装法的原理主要是利用光、电、运动速度、压力等物理参数对生鲜食品进行作用,使之对环境反应迟缓,改变其原来的生物规律,最终实现保鲜。这里重点介绍高压放电所产生的臭氧保鲜方法和减压保鲜方法。

1. 臭氧保鲜包装技术

臭氧保鲜是当前在冷藏生鲜食品中应用得较多的一种物理方法。臭氧（O_3）是1840年被发现的，是一种氧的元素异型体，性质极为活泼。臭氧的生物学特征表现为强烈的氧化性和消毒效果上，能杀死空气中的病菌和酵母菌等，对果蔬农产品表面病原微生物生长也有一定抑制作用。但是臭氧无穿透作用，无选择特异性。臭氧的保鲜包装特性是利用它极强的氧化能力。臭氧极不稳定，易分解为初生态的氧原子和氧分子，即 $O_3 \rightarrow [O] + O_2$，$[O]$ 称为初生态氧原子，它氧化能力极强。当初生态的氧原子和霉菌等微生物接触时，就会使微生物的细胞氧化并破坏，导致微生物死亡。有人认为，臭氧能抑制酶活性和乙烯的形成，降低乙烯的释放率并可使贮藏环境中的乙烯氧化失活，从而延缓果蔬产品的衰老，降低腐烂率。臭氧对果蔬采后生理的影响还有待研究。

1）臭氧保鲜包装的应用效果

臭氧可作为净化空气和生鲜食品的消毒剂。应当指出，臭氧可以降低空气中的霉菌孢子数量，减轻墙壁和包装物表面的霉菌生长，减少贮藏库内的异味，但它对防止腐烂无效。由于真菌潜伏的位置存在大量的还原性物质，臭氧在损伤组织处迅速失去活性，不可能抑制损伤处病原菌的浸染，阻止病原建立寄生浸染关系，更不能抑制潜藏在表皮下的病菌。因此，实际上臭氧对控制水果和蔬菜腐烂的作用不大，甚至无效。

2）应用中应注意的问题

（1）臭氧配合低温在生鲜食品保鲜包装上具有较好的效果。

（2）臭氧可对冷库中贮藏的生鲜食品进行杀菌，并可把某些腐败的有机物氧化，去除臭味和异味。试验表明，当臭氧浓度达到 $4\sim5\ mg/cm^3$ 时，环境中的霉菌可减少一半。

（3）臭氧难溶于水，且穿透力弱。因此，在生鲜食品的保鲜包装时，应分别对生鲜食品均匀地摊放后，再进行臭氧处理。同时对包装材料与容器的内外进行臭氧处理后，马上进行包装。

（4）最好在生鲜食品的贮藏或货架上定期进行表面臭氧处理。

（5）将臭氧、酶制剂、低温三者相结合会更有效果。

2. 减压保鲜包装技术

减压保鲜包装就是将包装的生鲜食品置于低大气压环境中贮藏保鲜，也可简称减压贮藏，属气调冷藏的进一步发展。具体方法就是将贮藏环境（如贮藏库）中的气压降低，造成一定的真空度，一般是降到 10 kPa 以下。这种减压方法最先在番茄、香蕉等水果类果蔬上试验，取得成效后现已被用于其他生鲜食品的保鲜贮藏。在减压方法处理后的条件下，可使果蔬的保鲜期比常规冷藏的保鲜期延长几倍，是一种具有广阔前景的保鲜包装技术。

1）减压保鲜的原理

减压保鲜的原理是使包装贮藏环境中的气压降低，便于生鲜食品（果蔬）组织中的气体成分向外扩散，使体内或环境中气体更新，从而抑制了微生物生长，最终达到保鲜的目的。

（1）降低气压。减压贮藏的原理是降低气压，使空气中的各种气体组成成分的浓度都相应地降低。例如，气压降至正常的 1/10，空气中的各种气体组成成分也降为原来的 1/10，此时氧浓度仅为 2.1%，这就创造了一个低氧浓度的条件，从而可起到类似气调贮藏的作用。

(2) 组织内气体向外扩散。减压处理能促使植物组织内气体成分向外扩散,这是减压贮藏更重要的作用。组织内气体扩散对保鲜起关键作用的是使乙烯这类有害气体向外扩散。植物组织内气体向外扩散的速度,与该气体在组织内外的分压差及其扩散系数成正比;扩散系数又与外部的压力成反比,所以减压处理能够大大加速组织内乙烯向外扩散,减少内部乙烯的含量。据测定,当气压从 100 kPa 降至 26.7 kPa 时,苹果内部的乙烯含量几乎减少 1/4。在减压条件下,植物组织中其他挥发性代谢产物,如乙醛、乙醇、芳香物质等也都加速向外扩散,这些作用对防止果蔬的后熟衰老都是极为有利的,并且一般是减压越多,作用越明显。减压保鲜贮藏还可从根本上消除二氧化碳中毒的可能性。

(3) 消除气味物质在组织中积累。减压气流法不断更新空气,各种气味物质不会在空气中积累。低压还可以抑制微生物的生长发育和孢子形成,由此而减轻某些浸染性病害。在 13.60 kPa 的气压下,真菌孢子的形成被抑制,气压越低,抑制真菌生长和孢子形成的效果就越明显。减压处理的产品移入正常的空气中,后熟仍然较缓慢,因此可以有较长的货架期。减压贮藏比冷藏更能够延长产品的贮藏期,如表 5-16 所示。

表 5-16　几种蔬菜在冷藏和减压条件下的贮藏期比较

种　类	贮藏期(d)	
	冷藏	减压贮藏
青椒	16～18	50
番茄(绿熟)	14～21	60～100
番茄(红熟)	10～12	28～42
葱(青)	2～3	15
结球莴苣	14	40～50
黄瓜	10～14	41
菜豆(蔓生)	10～13	30

2) 减压保鲜包装中存在的问题

如果在包装容器中减压就变为了减压保鲜包装。目前,减压贮藏也存在着一些不足之处。对生物体来说,减压是一种反常的逆境条件,会因此而产生新的生理障碍,发生新的生理病害,产品对环境压力的急剧改变也会有反应,如急剧减压时青椒等果实会开裂,在减压条件下贮藏的产品,有的后熟不好,有的味道和香气较差。由于减压贮藏要求贮藏室经常处于比大气压低的状态,这就要求贮藏室或贮藏库的结构是耐压建筑,在建筑设计上还要求密闭程度高,否则达不到减压目的,这就使得减压库的造价比较高。

(三) 气调保鲜包装技术

1. 气调包装定义

气调包装(modified atmosphere packaging,MAP)的定义有各种表达形式。国际上共用的气调包装定义为:通过改变包装内气氛,使食品处于不同于空气组分(78.8% N_2,20.96% O_2,0.03% CO_2)的气氛环境中来延长保藏期的包装。

根据上述定义,有很多种包装技术都可认为是气调包装,如真空包装、充气包装、气体气味吸收包装等。但随着技术的深入和演变,这些包装技术已成为独立体系。而更为确切地理解气调包装,则是先将包装内空气抽出后再充入所要求的气体。这种包装才是人们目前所认可的气调包装,即 MAP。

MAP 的英文含义是改善气氛的包装,它比较确切地表达了气调包装技术的定义。CAP 的英文含义是控制气氛的包装,由于软包装材料的透气性和食品与包装内气体相互作用使包装内气氛不可能控制,因而被认为是误称。虽然国际上 MAP 与 CAP 有时通用,但包装业界已逐步统一将气调包装称为 MAP。MAP 有时也称为气体包装(gas packaging),包装内充入单一气体[如氮(N_2)、二氧化碳(CO_2)],也可充入两种气体(如 CO_2/N_2)或两种以上的气体(如 $O_2/CO_2/N_2$)。而气体种类和组分可根据各类食品防腐保鲜要求确定。这种通过充入单一气体或多种混合气体来改变包装内气氛的气调包装是食品气调包装的主要包装形式。

2. 气调包装技术原理

气调包装就是通过对包装中的气体进行置换,使食品得以在改善的气体环境中达到保质保鲜的目的。该包装方法从产生至今已有几十年的历史。20 世纪 70 年代生鲜食品在西欧、日本已经普遍采用此包装。20 世纪 80 年代以来,我国也开始采用此包装技术。由于消费者希望得到少用防腐剂等化学物质的无污染食品,因此在保质的前提下应尽可能保鲜(颜色、味道、硬度),而且生产者、经营者也期望食品能有较长的货架期。

气调包装技术的基本原理是用保护性气体(单一或混合气体)置换包装内的空气,抑制腐败微生物繁殖、降低生物活性、保持产品新鲜色泽以及减缓新鲜果蔬的新陈代谢活动,从而延长产品的货架期或保鲜期。气调包装内保护气体种类和组分要根据不同产品的防腐保鲜要求来确定,才能取得最佳的防腐保鲜效果。

气调包装技术原理的核心就是利用气体对微生物细菌、病菌的抑制,减缓生物反应速度来延长产品货架寿命。

3. 气调包装方法

气调包装方法主要是根据包装产品特性、所用包装容器(材料)和包装后贮运条件进行包装。具体方法是清洁包装和包装产品再配制气调,同时抽出包装容器内空气,紧接着充入配制气调,封口密封,成型,最终进入装箱贮运。其方法的关键在于根据产品特性选择包装材料和包装气体。如果包装已定,则关键就是在于选择和配制气体(比例)。

4. 气调包装材料

气调包装常用材料有以下三大类。

(1) 纸箱类。一般配合冷库,多用瓦楞纸箱包装,主要用五层瓦楞纸板所制纸箱。同时箱内单个实体用纸或聚乙烯塑料薄膜进行裹包。

(2) 塑料类。多为单质的聚乙烯、聚氯乙烯制成的包装袋进行包装,聚氯乙烯主要用作大袋。

(3) 复合材料。以聚乙烯、聚氯乙烯薄膜为基材与纸箱复合纸塑包装,另外也有用聚丙烯作基材进行复合制袋的包装品。另外还有多层聚合物共挤的复合塑料类包装材料,这类复合塑料类包装材料成为应用最多的气调包装材料。其中聚乙烯复合包装在小袋气调包装中应用最广。

为了保持包装内混合气体给定的浓度,对食品气调包装包括新鲜果蔬的包装材料有以下几点要求。

(1)包装材料的机械强度。包装材料有一定的抗撕裂和抗戳破的强度,尤其是包装新鲜的鱼和带骨的肉。

(2)包装材料的气体阻隔性。由于大多数塑料包装材料对CO_2的透气率比对O_2的透气率大3~5倍,所以食品气调包装要求采用对气体高阻隔性的多层塑料复合包装材料,高阻隔性的PVDC和EVOH是塑料复合包装材料的最佳阻隔层。

(3)包装材料的水汽阻隔性。为了避免包装产品因失水而损失重量,食品气调包装的包装材料要求有一定的水汽阻隔性,推荐采用透湿量为$0.1\ g/(m^2 \cdot 24\ h \cdot 38\ ℃)$的包装材料。

(4)包装材料的抗雾性。大多数的气调包装食品都要求冷藏贮藏,包装内外温差使水分在包装膜内产生雾滴而影响产品外观。因此必须采用抗雾性塑料包装材料,使包装内水分不形成雾滴。

(5)包装材料的热封性。为了保持包装内的混合气体,包装袋或盒的封口要求有一定强度,而且完全密封,无微小的泄露。聚乙烯的热封性最可靠。

新鲜果蔬的塑料包装膜用作包装内外的气体交换膜,便于从大气中补充包装内被果蔬需氧呼吸所消耗的O_2和从包装内排出果蔬呼吸所产生的过多的CO_2,因此要求采用透气性的塑料包装材料,而不是阻气性的包装材料。

(四)生物包装技术

生物技术包括传统生物技术和现代生物技术两部分。传统生物技术指已有的制造酱、醋、酒、面包、奶酪、酸奶及其他食品的传统工艺;而现代生物技术则指以现代生物学研究成果为基础、以基因工程为核心的新兴学科。当前学者们谈论的生物技术均指现代生物技术。现代生物技术主要包括:基因工程、细胞工程、酶工程、发酵工程、蛋白质工程。这五项工程中,最有希望用于食品包装领域的是酶工程。

生物酶是一种催化剂,可用于食品包装而产生特殊的保护作用。研究表明,食品(包括很多生鲜食品和农副产品)都是由于生物酶的作用而产生变质霉烂的。将现代生物技术用于食品包装也就是"以酶治酶、以酶攻酶"来实现其包装作用。生物酶用于农产品包装是生物技术在食品包装上的典型应用。生物酶在农产品包装上的应用主要是制造一种有利于农产品保质的环境。它主要根据不同农产品所含酶的种类而选用不同的生物酶,使农产品所含不利于农产品保质的酶受到抑制或降低其反应速度,最终延长农产品的货架期。

生鲜食品的生物酶保鲜包装技术就是将某些生物酶制剂用于生鲜食品的保鲜包装。其技术工艺体现在三个方面:酶钝化处理;生物酶制剂处理;包装装料密封处理。酶钝化处理是利用空气放电的方式产生臭氧和负离子,使生鲜物料表面的酶产生钝化。其作用是使生鲜食品表面酶的活性降低,使之对周围环境失去灵敏性,降低其呼吸强度,以提高其保鲜效果。生物酶制剂处理是配制酶为主要原料的组合体,将这种酶组合体与所要进行保鲜包装的农产品一道装入包装中。包装装料密封处理是将包装材料、包装农产品、酶组合体用密封或非完全密封方式进行包装,又简称为装料密封的包装处理。所谓装料密封的包装处理就是将经过多道工序处理后的生鲜食品(食物、物料)进行包装。其包装是利用包装材料(如包装膜及包装片材、软材等)或包装容器按一定的量包装后再进行密封。其容器由多种材料制成,如聚酯瓶、玻璃瓶、陶瓷瓶等。作为大批量使用包装材料的以密封性薄膜为多。有关包装处理工序中所用到的包装薄膜,可根据密封性要求和材料本身性能加以选择。一般来说,应选择透气性和密封性较好的塑料薄膜或复合薄膜。但还需要有一定的透气性,否则包装成品膨胀得太大而影响包装成型与占体积。

"盒马鲜生"的冷链系统

一、案例背景

2017年1月阿里巴巴"盒马鲜生"诞生,它是电商巨头孵化的生鲜超市,线上线下结合的代表。盒马鲜生对其生鲜产品冷链的良好管理,使其成为目前生鲜电商领域少有的几家能盈利的企业之一。盒马鲜生售卖103个国家超过3000多种商品,其中80%是食品,生鲜产品占到20%,未来将提升到30%。店内零售区域主要分为肉类、水产、蔬果、南北干货、米面油粮、休闲食品、烟酒、饮料、烘焙、冷藏冷冻、熟食、烧烤以及日式料理等各区。

对于生鲜行业,不仅仅是把东西从A点送到B点,而是要确保从A到B到运送过程中的温度、湿度和物理碰撞,物流过程很长。传统B2C电商的冷链物流是从总仓分拣打包后送到配送站,再送到消费者手中,涉及仓储、拣货、打包、配送、支线配送等不同环节。在这一模式下,货物需要一件件分拣后装进泡沫箱,不仅拣货效率低,中间还有很多耗材,如冰块、冰袋等,分拣箱占物流车的空间,对配送站的冷链要求也很高,一单的配送成本在28~30元。盒马鲜生采用从总仓直发门店的B2B模式,到门店后按品类归类储藏。有订单时在各工位的员工接到指令后,在管辖区域捡出相关货品,通过悬挂链系统接力拣货,10分钟完成打包出货,这是一种B2B2C的模式,冷链配送环节少,一单的配送成本只有B2C模式的1/3。冷链成本降低效率提高,这才使得生鲜电商有了盈利的空间。

盒马鲜生的生鲜产品冷链系统主要由原材料、运输、储存、加工、包装等过程组成,核心部分流程如图5-21所示。

1. 原料供应环节

原料供应环节主要通过物流运输单与原料的供应单进行车货同步的信息绑定,该过程采用手机App的扫描功能可以直接实现,前提是物流单据和原料包运单元必须贴有条码标签。

新鲜是消费者对生鲜商家的主诉求,为此,"盒马日日鲜"主打"只卖一天"的概念。日日鲜供应的蔬菜均是当天从蔬菜基地直运过来。这一概念不仅传达的是当天供应,更是当天食用,采用供一家三口食用的小包装,比如蔬菜一盒300多克,根据不同菜品1~4元的定价,每天的包装都采用星期一到星期天的醒目标志。

"日日鲜"的背后比拼的也是供应链的功夫。通常中国的农产品到超市,会经过三五层的中间商,尤其是生鲜基本采用外包模式。外包的好处是没有风险,但是所有的损耗都是由供应商买单,供应商的售价中包括了20%的损耗率,20%左右的毛利以及超市方的毛利,所以价格高是必然。为此,盒马鲜生重构价值链,建立买手制,在全球直采,买断商品,去除额

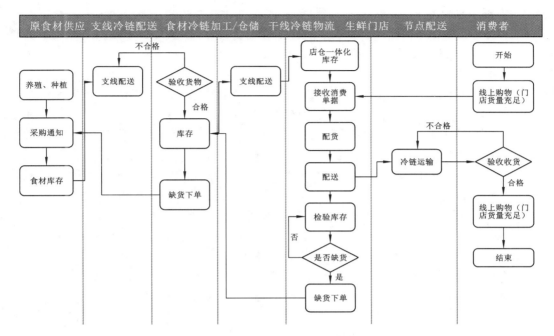

图 5-21 盒马鲜生生鲜产品冷链系统核心部分流程

外的费用,采用成本加 20% 毛利的定价方式,形成盒马鲜生的性价比优势。这一定价方式在海鲜类产品中体现得尤为明显。

另外,生鲜难做的另一个原因是鲜活海鲜的存活率不高,品质难控,季节不同、产地不同,口感也会不同,极大地拉升企业的运营成本。盒马鲜生的海鲜逐步往生产端迁移,比如在阿拉斯加海域找到拥有海域捕捞权的帝王蟹供应商直采,用保温箱保存 12~24 个小时,让帝王蟹休眠。盒马鲜生通过专业的服务商进行全程温度环境控制,到达国内后重新入水散养再分送至各家门店。舟山也是盒马鲜生的海鲜直采点,靠规模优势直接与生产端对接。

2. 加工质检环节

该环节通过生产订单及商品批次作为数据关联要素,形成商品的批次化管理,采用 GS1 的储运包装单元编码体系进行包装批次的追溯信息采集形成商品的生产追溯信息。

3. 成品运输环节

该过程是将生产检验合格后的产品运输至盒马鲜生的门店环节,整个过程主要通过扫描成品物流单据和 SSCC(系列货运包装箱代码)进行车货信息同步,车辆的温湿度、位置等信息通过单据、车号、时间等信息跟商品信息进行关联,形成成品运输冷链数据。

运输环节采用冷链车进行运输,整个过程每隔 5s 定时采集一次,温湿度回传机制进行温湿度及车辆位置传输,该过程采用的设备包括冷链车载设备及温湿度传感器,两者传输信息采用 ZIGBEE 方式,车辆的位置信息采集使用基于北斗导航系统建立的 GIS 系统,车载设备跟系统后台的数据传输依靠 5G 网络,网络不畅通路段,终端设备采用离线方式进行温湿度记录,在有信号时进行续传数据保证整个过程的数据无间断传输,车载设备可以选择温度的上下限,如果环境温湿度超过设定的上下限,后台检测系统会及时提供报警信息,报警信息包括车辆、运输单据、运输公司、商品批次、超温时间段等信息,以便及时跟进处理。

4. 门店环节

商品到达门店后需要进行前店和后仓的不断链温度检测,采用智能空调系统进行环境数据采集,所得数据需要结合消费环节形成重要的温控追溯数据。

5. 消费配送环节

目前盒马鲜生的3公里半小时配送已经达到了冷链"最后一公里"配送不断链的时效要求,配送员通过保温箱进行产品保存,通过配送单据进行门店与消费者的信息关联,形成最后的配送数据,至此整个供应链数据形成一条完整的数据链。盒马鲜生的3公里30分钟配送现在也成为行业的标准。盒马鲜生从接单到装箱开始配送仅需10分钟左右。为此,盒马鲜生门店内采用了全自动物流模式,从前端体验店拣货到后库装箱,都由物流带传送。线上订单具体配送流程为:系统接收到线上订单后,拣货员根据移动手持终端(PDA)显示订单,前往零售区或仓储区拣货,放入专用拣货袋,将拣货袋放至传送起点,通过自动传输系统把商品传送到后台300多平方米的合流区,后台将拣货袋装入专用的配送箱,用垂直升降系统送到一楼出货。拣货袋分为两种,一种是灰色印有盒马鲜生logo的普通布袋,另一种是黑色内含锡箔纸的保温、保湿布袋,以保证生鲜在配送过程中保持新鲜。

(本案例根据以下两篇文章改编:[1]邓涛,陈玲,陈晗曦,等. 以"盒马鲜生"为例基于GS1的生鲜产品冷链供应链研究[J]. 中国自动识别技术,2018(4):69-73. [2]钱丽娜,董枳君. 2018,得生鲜者得天下[J]. 商学院,2018(2):44-49.)

二、案例讨论

1. 说明盒马鲜生的冷链环节。

2. 盒马鲜生冷链系统中哪些重要措施保证了产品的新鲜度?哪些是关于本章学习的冷链技术?

练习与思考

1. 填空题

(1) 食品的冷却方法有_____、_____、_____和_____、_____等几种类型。

(2) 食品的冻结温度带国际上推荐为_____以下;冰温冷藏的温度一般在_____。

(3) 影响冻结食品储藏期和质量的主要因素有_____、_____和_____。

(4) 食品冷藏中的质量变化:_____、_____、_____、_____、_____。

2. 判断题

(1) 食品冻结时,冻结温度不断下降,冰晶体不断形成,含有溶质的溶液也就随之不断冻结,因此未冻结溶液的浓度也越来越小。(   )

(2) 肉类冻藏时,温度上下波动次数越多,品质下降越快。(   )

(3) 当冷藏间的温度下降时,空气中的水蒸气压会下降,所以食品干耗小。(   )

(4) 食品产生干耗的原因是食品表面水蒸气压与冷间内空气的水蒸气压存在着差值。(   )

(5) 食品在冻结时,冻结速度越快,生成的冰晶越大,解冻后汁液流失越多。（   ）
(6) 在果品贮藏过程中,湿度越高效果就越好。（   ）
(7) 低温停止了微生物的活动和繁殖,还能部分杀死微生物。（   ）
(8) 果实冷害与冻害都属于低温伤害,使细胞失去了生物活性。（   ）

3. 简答题

(1) 生鲜食品低温保藏的原理是什么?
(2) 什么是冷却?有哪些冷却方法?有哪些冷却装置?
(3) 冷却和冻结有什么区别?冷藏和冻藏的区别是什么?
(4) 食品冷却时会发生哪些变化?如何避免寒冷收缩?
(5) 什么是淀粉的老化?为什么要防止淀粉的老化?怎样控制淀粉的老化?
(6) 强制通风式冷却装置和差压冷却装置的区别是什么?

第六章
冷链物流中心规划与冷库设计

学习目标

了解冷链物流中心的概念、分类和发展趋势,冷库的分类及特点;理解冷链物流中心的功能,冷链物流中心规划的目标、原则、内容和程序,冷库的基本组成结构;掌握冷链物流中心布局规划方法,土建式冷库、装配式冷库、气调冷库的技术特点,以及冷库设计基本要求和方法。会进行冷链物流中心的作业流程规划,冷库的选址、总平面布置、隔热防潮和节能设计;会用 SLP 法进行冷链物流中心的布局规划;会利用相关公式和查表进行冷库的容量和热计算。

国家三级冷链物流节点建设工程

国务院办公厅 2021 年 11 月发布了《"十四五"冷链物流发展规划》,提出完善国家骨干冷链物流基地布局,加强产销冷链集配中心建设,补齐两端冷链物流设施短板,加快形成"321"冷链物流运行体系,即"三级节点、两大系统、一体化网络"。在国家骨干冷链物流基地建设工程方面,要综合考虑冷链生产、流通、消费空间格局,稳步推进国家骨干冷链物流基地建设,加强与国家物流枢纽联动对接,串联整合存量冷链物流设施资源,加强功能性设施建设,突出产业引领、产地服务、城市服务、中转集散、生产加工、口岸贸易等需求特点,打造冷链物流集群。在产销冷链集配中心建设工程方面,规划建设一批集集货、预冷、分选、加工、冷藏、发货、检测、收储、信息等功能于一体的产地冷链集配中心,建设一批集仓储、分拣、包装、配送、半成品加工等功能于一体的销地冷链集配中心,完善销地城市冷链物流系统,提供区域分拨配送效率。在两端冷链物流设施补短板工程方面,聚焦农产品产地"最先一公里"冷链物流设施短板,在田间地头建设一批具备保鲜、预冷等功能的小型、移动仓储设施。面向城市"最后一公里"消费需求,引导农贸市场、商超、便利店、药店、生鲜电商、快递企业等完善城市末端冷链物流设施。

（资料来源：根据《"十四五"冷链物流发展规划》整理。）

第一节 冷链物流中心概述

一、冷链物流中心概念与分类

（一）冷链物流中心概念

冷链物流中心（cold chain logistics center）是冷链物流网络的节点，也是冷链物流实施过程中一个重要的环节。冷链物流中心可定义为：具有完善的冷链物流设施及信息网络，可便捷地连接外部交通运输网络，物流功能健全，集聚辐射范围大，存储吞吐能力强，为客户提供专业化公共物流服务的场所。冷链物流中心应符合以下基本要求：①主要面向社会服务；②冷链物流功能健全；③库房温度符合不同物品的需求；④具有完善的物流信息网络；⑤辐射范围大；⑥少品种、大批量；⑦存储吞吐能力强；⑧冷链物流业务统一经营管理，具有完善的管理规范和物流设施。

冷链物流中心不但要具有普通物流中心的基本特征，而且还要提供冷链物品所需的环境条件（如温度、湿度、气体等）。冷链物流中心与冷链物流配送中心也是有区别的，冷链物流中心主要面向社会服务，辐射范围大，存储吞吐能力强，而冷链物流配送中心主要为特定客户或末端客户提供配送服务，辐射范围较小。此外，冷链物流中心也不同于冷链物流园区。一般而言，冷链物流园区辐射范围更大，功能更加齐全，是为了实现冷链物流设施集约化和物流运作共同化，或者出于城市物流设施空间布局合理化的目的，而在城市周边等区域集中建设的冷链物流设施群与众多物流业者在地域上的物理集结地。

（二）冷链物流中心分类

1. 按所服务的物品对象分

（1）专业冷链物流中心。这种冷链物流中心专门服务于某品类的物品，如肉类冷链物流中心、水产品冷链物流中心、果蔬冷链物流中心、冷冻饮品冷链物流中心、花卉冷链物流中心、药品冷链物流中心、化学品冷链物流中心等。

（2）综合冷链物流中心。这类冷链物流中心能提供多个品类物品的物流服务。目前大多数冷链物流中心均是综合冷链物流中心。

2. 按温度适用范围分

冷链物流中心按温度适用范围可以分为低温冷链物流中心、高温冷链物流中心、多温冷链物流中心和气调冷链物流中心。

（1）低温冷链物流中心：能提供温度在 $-18\ ℃$ 及以下物流服务的物流中心。

（2）高温冷链物流中心：能提供温度范围在 $0 \sim 15\ ℃$ 物流服务的物流中心。

（3）多温冷链物流中心：能提供一种以上温度范围物流服务的物流中心。

(4) 气调冷链物流中心：具有气调冷库的冷链物流中心。气调冷库储存新鲜水果和蔬菜，温度一般控制在 0~12 ℃。

3. 按运作流向设计分

根据运作流向的不同，冷链物流中心一般分为 I 形、L 形、U 形、环形。

1）I 形冷链物流中心

I 形冷链物流中心（见图 6-1）也称为直线形冷链物流中心，它们的发货站台和收货站台是分布在冷链物流中心的两端，所以 I 形冷链物流中心的发货站台和收货站台相距较远，增加了整体货物的运输路线。但由于它的运作流向是呈直线的，线路简单，且在流向的时候都是呈平行线的方式流动，所以不管是物流还是人流，相互碰撞的机会是最少的。

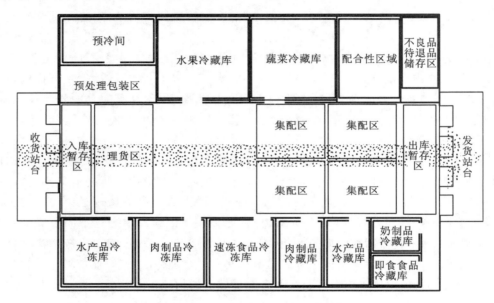

图 6-1　I 形冷链物流中心示意图

2）L 形冷链物流中心

L 形冷链物流中心（见图 6-2）通常应用于需要快速处理的货物。L 形物流中心能够把处理货物的路径缩至最短。L 形冷链物流中心与 I 形冷链物流中心有很多类似的地方，比如它们都有两个独立货台，这样能够减少碰撞交叉点，适合处理快速流转的货物。这种类型的物流中心特别适合进行交叉式作业，或是只会在物流中心停留很短时间的货物。

3）U 形冷链物流中心

U 形冷链物流中心的发货站台与收货站台集中在一起。这种 U 形的设计会导致繁忙时段处理出货入货的混乱，各功能区的运作范围重叠，在运作效率上会有很大程度的降低，适用于冷链物流中心只有一个出入口的情况。不过 U 形冷链物流中心可以设计成图 6-3 所示的形式解决进出货站台在一起的问题。

4）环形冷链物流中心

环形冷链物流中心的外形与 U 形的类似，但它的物流通道长度近似于整个建筑物外围的周长，适用于作业的物料需要返回到作业起点的情况。

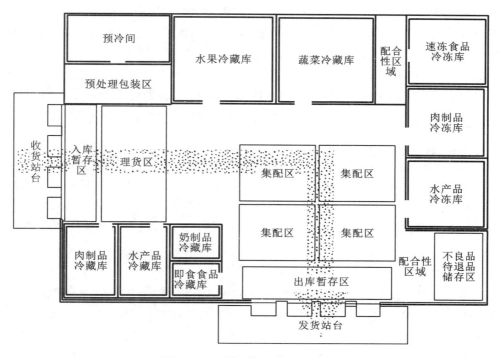

图 6-2　L 形冷链物流中心示意图

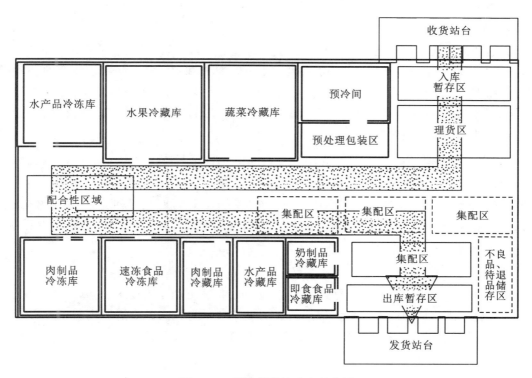

图 6-3　U 形冷链物流中心示意图

现代冷链物流中心与传统物流中心最大的区别是冷链物流中心在内部的功能分区布局上能够更加有效,运作效率更高。因此,冷链物流中心结构模式通常并不是由单一的模式构成,而是由四种基本模式组合而成。

此外,冷链物流中心按服务区域可以分为城市冷链物流中心、区域冷链物流中心和国际冷链物流中心;按作业类型可以分为仓储型冷链物流中心、流通型冷链物流中心、加工配送型冷链物流中心等;按物品的流向可分为产地冷链物流中心、销地冷链物流中心。

二、冷链物流中心的功能

冷库虽然是冷链物流中心的主要设施之一,但冷链物流中心不应仅局限于利用冷库进行低温仓储这样单一的物流业务。冷链物流中心不但应具备低温仓储、流通加工、分拨配送、运输中转、信息处理、车辆管理等基本功能,还应提供展示交易、综合管理、餐饮休闲服务等增值服务。

1. 低温仓储功能

低温仓储是冷链物流中心的主要功能,包括冷链物品的入库、保管、出库、退货等作业。现今的冷链仓储已从单纯地利用冷库进行冷链物品的储存保管,发展到担负冷链物品的验收、分类、计量、储存等多种功能,不但应能满足冷链物品低温储存的要求,还要求能适应现代化生产和商品流通的需要。冷链物流中心在实际运营中,由于冷链物品大多是易腐食品,退货往往不可避免,因此需要在规划设计时考虑设置独立的保存库区及销毁处置区。

2. 流通加工功能

流通加工功能虽然不是每个冷链物流中心都具有,但却是冷链物流中心的特色功能之一,其主要作用就是对冷链物品进行预冷处理、包装、标志和加工等。需特别注意的是,由于冷链物品需在恒定低温环境下进行物流作业,因此流通加工的实施也应处于特定的低温环境中。在规划设计时,需要考虑加工作业区、原料储存区和成品储存区,以及依据加工工艺设计各区域温层及设施配置。

3. 分拨配送功能

分拨配送是利用配送车辆把用户订购的物品从供应商、经销商或冷链物流中心送到用户手中的工作,一般距离较短。车辆调度的职能是对车货进行匹配,按照客户的需求把货物送到目的地,同时还考虑到各个作业环节在车辆的使用上进行合理的分配,完成高峰作业期对运输车辆的分配和调节。

4. 运输中转功能

冷链运输是指使用专门的冷链运输装备,按照冷链物流的基本要求,将易腐货物在适宜的低温条件下从供应地向需求地完好地运送的专门技术与方法。冷链运输距离较长,运输工具装载量大,有时还要在冷链物流中心进行中转作业。

5. 展示交易功能

交易功能是冷链物流中心的增值服务功能之一,主要进行冷链物品的展销与配送信息的发布、客户信息的收集和处理等工作,为众多冷链物品生产加工、销售企业以及相关冷链物流企业提供良好的办公环境、一流的商务服务,为生产、经销企业提供设施完善的商品展示销售服务。

6. 综合管理功能

综合管理是冷链物流中心的信息管理与办公中枢,主要为政府相关部门及物流中心内各进驻企业提供办公场所和信息管理等,同时为货运和货代公司提供物流信息服务。主要实现以下四方面的服务:

(1) 为冷链物流中心管理机构提供舒适、方便的办公环境;
(2) 为入驻的企业提供办公场所及便捷的商务服务;
(3) 构建物流信息平台,为货运和货代公司提供完善的信息服务;
(4) 建立现代化的监控中心,对冷链物流中心进行监控。

冷链物流中心信息服务主要包括电子商务、物流信息管理系统开发及策划、流通信息服务,建立农产品生产、流通、销售和消费的综合性信息数据库和信息服务平台,形成具有信息采集、信息处理、信息查询、信息发布、供求对接等功能的综合平台。信息功能的特点是为政府、企业、农户、农业合作组织、安全监管机构、投资者、消费者等提供公共的信息服务平台,涵盖农产品(食品)信息网络、金融服务、质量安全追溯、价格监测预警等方面。

7. 车辆管理功能

冷链物流中心的车辆管理功能主要指以下四方面:

(1) 为在冷链物流中心进行作业的冷藏运输车辆和冷藏集装箱提供停放场所;
(2) 根据冷链物流中心作业与管理需要制订车辆调度计划;
(3) 为冷链物流中心的冷藏运输车辆和冷藏集装箱进行检查、保养等提供场所;
(4) 由于业务和交流的需要,为外来车辆提供停放场所。

8. 餐饮休闲服务功能

冷链物流中心还需要为在冷链物流中心内部进行交易的人员、工作人员、司机以及基地外来人员提供包括停车、餐饮、住宿、休闲娱乐等方面服务。因此,冷链物流中心的建设和规划,不仅要设计物流作业的区域,同时也要为冷链物流中心内所进驻的企业以及企业的员工提供良好的生活和休息条件。

以上是冷链物流中心应具备的功能,在实际规划建设中不同功能类型的冷链物流中心功能有所侧重。如仓储型的冷链物流中心一般位于大型生鲜产品生产基地附近,其功能应偏向于生鲜产品的预冷处理、包装及储藏,而配送型的冷链物流中心多位于城市近郊,其功能应偏向于对城市大型超市、便利店等进行配送服务。在实际规划项目中,应根据情况对冷链物流中心的功能进行调整与设置。

同步案例 6-1

南沙国际物流中心冷库

广州南沙国际物流中心地处珠三角几何中心,位于珠江出海口,由龙穴岛物流园和万顷沙物流园组成,用地规模约为4949万平方米,规划建设成为国际物流为主、区域物流为辅、功能完善的国际重要物流枢纽。

冷藏库为南沙国际物流中心的南区建设项目,占地20.8万平方米,规划建设46万吨冷库。一期工程总投资19.6亿元,已建成3座冷库(分别为冷藏库1#、2#和3#)、1个冷藏箱堆场、1栋配套楼和1个8万平方米外堆场。冷藏库均为地下一层和地上八层,地下一层用于冷却物冷藏,一至八层用于冻结物冷藏。冷库沿道路南北向布置,空间布置规整高效。项目主要配备包括—23℃低温冷藏间、0℃高温冷藏间和0℃穿堂以及全温区独立隔间冷库,可提供冷冻冷藏、保税查验、加工配送、商品展示交易、供应链金融等一站式服务。南沙国际物流中心经营以优质肉类、水产品、果蔬等大宗民生货类为主,凭借地处珠三角核心经济区的天然优势,冷链货物通过高快速公路向外辐射,1小时覆盖珠三角城市群,通往全国各地。

2021年12月13日,伴随着制冷压缩机、吊顶风机、蒸发冷设备再一次发出律动运转声响,南沙国际物流中心正式打冷降温,标志着22.7万吨"大冰箱"正式进入拉冷阶段。作为全国最大的单体冷库,南沙国际物流中心根据实际应用场景灵活采用制冷系统,—23℃冷冻间采用国际先进环保的"NH_3+CO_2"复叠制冷;0℃冷藏间和穿堂采用乙二醇作为工质,与—15℃氨在板式换热器内换热,通过一、二次泵输送至各层吊顶风机,实现冷藏间和穿堂制冷。为了满足多样的温区需求,冷库采用先进的可变温技术实现不同库间不同温区,同时通过温湿度探头实时监控、管理各库间温度,牢牢把控"温度"这一关键指标。

(资料来源:根据中冷官微相关资料整理。)

【思考】
1. 南沙国际物流中心属于什么类型冷链物流中心?
2. 南沙国际物流中心具备什么功能?
3. 南沙物流中心冷库采用何种制冷系统?

三、冷链物流中心的发展趋势

随着我国国民经济的发展和对食品质量安全的重视,各级政府对冷链物流越来越重视,企业投入也越来越大。统计数据显示,2020年我国冷库总规模已达到1.8亿立方米,但是相对于发达国家,我国冷库不论从人均占有量上还是技术水平上都有很大的差距。未来我国冷链物流中心主要表现为以下几个方面的发展趋势。

(1) 多级冷链物流网络更加完善。基本形成区域性冷链物流中心、地区性冷链物流中心、冷链配送中心(站)、零售终端冷柜和社区自提智能冷柜等为节点的多级冷链物流网络。与大生产、大消费、大流通的基本格局相适应,大型冷链物流企业加紧在全国范围进行冷链物流中心布局,形成以大型农产品批发市场为支撑的冷链物流骨干网络;以地区性或大城市的冷链物流中心为核心,形成地区性冷链物流分配网络;随着生鲜电商的快速发展,将形成冷链配送站(点)、零售终端、家庭冰箱和社区自提智能冷柜为节点的末端配送网络。

（2）规划设计更加重视低碳环保。冷链物流中心的仓储、配送等环节能耗水平较高，在实现碳达峰碳中和目标背景下，面临规模扩张和碳排放控制的突出矛盾，迫切需要优化用能结构，加强绿色节能设施设备、技术工艺研发和推广应用。更加注重冷库的节能环保设计，在整体设计、设备选型和运营管理上采取各种有效措施降低冷库能耗。

（3）更加重视冷链配送功能。生鲜电商食品具有多品种、小批量、多批次出库的特点，因此需要大的分拣作业面积。低温穿堂不仅仅承担搬运和装卸的功能，其作为分拣、理货、配货的功能将明显加强。冷库不只是划分为低温库和高温库，而是根据不同品种的要求进一步细分，向多品种、多温区发展。配送型冷库、低温穿堂、封闭式站台成为设计主流。

（4）冷库的安全性显著加强。近年发生的冷库安全事故使得冷库安全成为社会各界关注的焦点。一方面，液氨作为环保、高效、经济的天然制冷工质，其优越性毋庸置疑，未来氨仍将是主要的制冷工质已达成广泛共识；另一方面，应采用各种新技术、新方法、新设备，减少制冷系统灌氨量，提高液氨使用的安全性，如 NH_4/CO_2 复合型制冷系统已开始得到应用。

（5）智能设备在冷链物流中心得到更为广泛的应用。无人配送车、无人码垛机、智能分拣设备以及条码、射频等信息技术的应用，为冷链物流中心"降本提质增效"创造了条件。直接堆码方式已难以满足冷藏货物的需求，立体高层货架的使用将是必然趋势。通过采用先进的装卸设备、堆码设备、分拣设备、包装设备，以及条码、射频等信息技术，实现冷链物流中心作业的机械化、自动化、智能化。

（6）质量和服务将成为竞争的关键因素。随着我国冷库规模迅速扩大，一些地方已开始出现冷库过剩、租金下降的情况。目前冷库总体不足与局部过剩、高端不足与低端过剩并存，未来冷链物流中心的竞争将更多体现在质量和服务上，而不仅仅是价格的竞争。在提高质量、完善服务、满足客户多样性需求的前提下，更好地控制成本是进一步增强竞争优势的有效途径。

光伏＋冷库，节能减耗新路径

第二节　冷链物流中心规划方法

一、规划目标与原则

冷链物流中心规划设计的最终目标是降低冷链物流成本，提高冷链物流效率和服务水平，增强冷链物流服务的竞争力。冷链物流中心规划目标一般包括以下内容：

（1）提高冷链物流中心的吞吐能力，适应业务增长的要求；

（2）建立一个柔性系统，以适应冷链物品经常变换的状态；

（3）对运行过程中可能出现的各种意外情况和随机变化能及时做出反应；

（4）改善劳动条件，降低工人的劳动强度；

(5)对冷链物流中心内的物品进行实时监控。

冷链物流中心规划应满足以下原则。

1. 内部布局合理化

第一,冷链物流中心要具有与装卸、搬运、加工、保管、运输等作业活动完全相适应的功能区。冷库的总平面布置应满足物流工艺、运输、管理和设备管线合理布置及消防安全等综合要求,库房应靠近铁路专用线、水运码头和冷库运输主出入口布置。第二,必须满足易于管理,能提高物流效益,对作业量的变化和商品形态的变化能灵活适应等要求。第三,运用系统分析的方法进行内部布局整体优化,把定性分析、定量分析和个人经验结合起来,以动态的观点作为布局规划的出发点,并贯穿于布局规划的始终。第四,应减少或消除不必要的作业流程。第五,要重视人的因素,以人为本,人性化布局设计。

2. 内部作业标准化

冷链物流中心只是冷链物流系统的一个节点,且往往是衔接环节,所以在内部作业设计时必须考虑整个冷链物流系统的统一化和标准化。在冷链物流中心内,应尽量使搬运方法、搬运设备、搬运器具和容器标准化。另外,不同类型的冷链物流中心,虽然其作业内容有所不同,但一般来说都执行以下作业流程:进货→验收→入库分类→存放→加工→标示包装→出库检查→装货待运→配送,流程设计尽量标准化。

3. 作业规模经济化

一般不能仅根据规模经济性来选择冷链物流中心规模,而应根据市场容量、发展趋势以及该区域的发展现状,确定目标的份额,来设计该冷链物流中心的规模。总平面布局应做到近远期结合,以近期为主,对库房占地、铁路专用线、水运码头、设备管线、道路、回车场等资源应统筹规划、合理布置,并应兼顾今后扩建的需求。规模设计中应该注意两个方面:第一,要充分了解社会经济发展的大趋势;第二,要充分了解已有市场的状况,包括生产能力、市场占有份额、经营特点、发展规划等。

4. 作业能力弹性化

因为流通相对于生产而言具有一定的波动性,所以在设计冷链物流中心作业能力时,必须要考虑到弹性化问题,要对冷链物流中心的进出能力、加工能力、存储能力、转运能力等做出一定的弹性安排。例如,我国生鲜电商目前还处于快速增长期,未来市场规模、运作模式、经营品类等还具有很大不确定性,所以在设计面向生鲜电商的冷链物流中心时要充分考虑未来的能力需求和可扩展性,使方案具有一定的弹性。

5. 技术设施适用化

冷链物流体现的是"现代物流技术+制冷技术+食品工程",是各种先进技术的集成,技术难度大,投资也大,因此冷链物流中心必须合理配置物流设施设备,以适用的设备、适当的投资规模,实现预定的物流作业活动功能。

二、规划内容与程序

冷链物流中心规划是一项极其复杂的系统工程,其系统规划包括多方面内容。从冷链物流中心的构成角度看,包括物流系统规划、信息系统规划、运营系统规划三大层面。其中物流系统规划包括设施布置设计、物流设备规划设计、作业方法设计,信息系统规划包括信息管理系统、监控系统以及决策支持系统规划;运营系统规划包括组织机构、人员配备、作业标准和规范等的设计。

从功能角度来看,冷链物流中心规划包括设施选址、规模确定、设施布置、设备规划、信息系统规划、配送系统规划、分拣系统规划、组织管理系统规划等内容。

为避免由于规划设计错误而产生投资风险,规划设计过程中必须遵循正确的规划程序。冷链物流中心的规划程序分为五个主要阶段,分别是筹建准备阶段、总体规划阶段、方案评估阶段、详细设计阶段、项目实施阶段。图6-4所示的是冷链物流中心规划的基本程序。

三、作业流程规划

冷链物流中心作业流程规划应有系统工程观念,系统工程的主要精神在于:
(1) 合理化,各项作业流程具有必要性和合理性;
(2) 简单化,整个系统的物流作业简单、明确和易操作,并努力做到作业标准化;
(3) 机械化,力求减少人工作业,尽量采用机械或自动化设备来提高生产效率。

通常,冷链物流中心作业流程设计要点有:
(1) 去掉不合理和不必要的作业,力求剔除冷链物流中心可能出现的不必要的处理程序,尽量减少重复堆放所引起的搬运翻堆和暂存等工作;
(2) 如果储运单位过多,应将各储运单位予以分类合并,避免在内部作业过程中出现过多的储运单位转换,其做法是以标准托盘或储运容器,把体积、外形差别大的物品归类成相同标准的储运单位。

一般情况下,冷链物流中心作业包括冷链仓储、分拣、配送、退货作业(见图6-5)。
(1) 仓储作业,包括冷链物品的收货、预冷、入库、冷库管理、盘点、出库和残损管理等作业环节。
(2) 分拣作业,包括冷链物品的分拣、贴物流标签、拣后暂存等作业环节。
(3) 配送作业,包括出货、装车、送货等作业环节。
(4) 退货作业。

四、区域布置规划

(一) 功能区设置

大型冷链物流中心一般分为作业功能区域和辅助性区域两大部分,其中功能区域有低温仓储区、流通加工区、运输配送区、展示交易区、综合办公区、停车区、生活服务区等,辅助性区域有道路、绿地等,如表6-1所示。

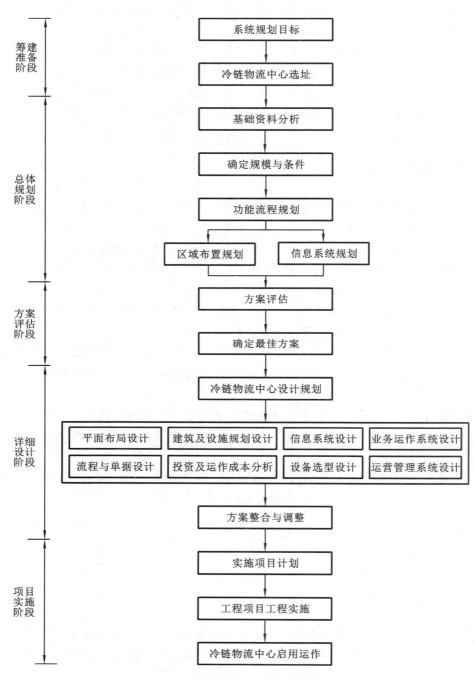

图 6-4 冷链物流中心规划的基本程序

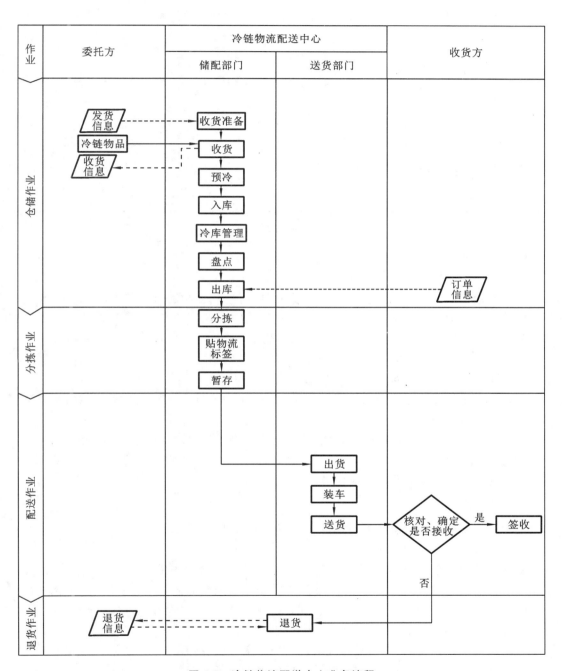

图 6-5 冷链物流配送中心业务流程

表 6-1 冷链物流中心功能区设置

分 类	名 称
功能区域	低温仓储区
	流通加工区
	运输配送区
	展示交易区
	综合办公区
	停车区
	生活服务区
辅助性区域	道路
	绿地
	其他

（二）功能区布局

1. 布局的原则

冷链物流中心布局规划包括合理划分功能分区、确定各功能分区的面积规模以及优化各功能分区的相对位置三个方面的任务。冷链物流中心规划的合理与否,直接决定了冷链物流是否便捷、高效、节约、畅通。通常,冷链物流中心在布局时需要遵循以下原则。

（1）功能分区必须明确、合理、得当,布局紧凑,节约用地。

（2）设施的规划及布局应该留有发展的空间。

（3）与外界保持良好的交通和运输联系,出入口和内部道路符合人流与车流的集散要求,各运动流线保持顺畅、短捷。

（4）最大限度地减少物料搬运,简化作业过程。彼此之间物流量大的设施布置得近一些,而物流量小的设施与设备可布置得远一些,同时尽量避免货物运输的迂回和倒流。

（5）建筑物布置应与周边环境相协调。

2. 布局的方法

冷链物流中心布局规划主要应用的方法有以下几种。

1）摆样法

摆样法利用二维平面比例模拟方法,按一定比例制成的样片在同一比例的平面图上表示设施系统的组成、设施、机器或活动,通过对货物流向关系的分析,调整样片的位置可得到较好的布置方案。这种方法适用于较简单的冷链物流中心布局设计。

2）数学模型法

运用运筹学、现代优化技术等研究最优布局方案,以提高系统布置的精确性和效率。常用的方法有线性规划法、随机规划法以及多目标规划法等。但是当问题的条件过于复杂时,简化的数学模型很难得出符合实际要求的准确结果,而且冷链物流中心布局设计最终希望得到的布局图用数学模型不能直接得到。

3）图解法

图解法有螺线规划法、简化布置规划法及运输行程图等。其优点在于将摆样法与数学模型法结合起来，但在实践中较少应用。

4）SLP 法

系统布置设计（System Layout Planning，SLP）是当前冷链物流中心布局规划的主流方法。其步骤是首先分析冷链物流中心物料流程与作业单位的相关关系，得到作业单位的相关关系图，再通过对冷链物流中心的物流、车流的动线进行分析，将建筑物、运输通道和场地进行合理配置，达到系统内部布局的最优化。SLP 设计程序如图 6-6 所示。

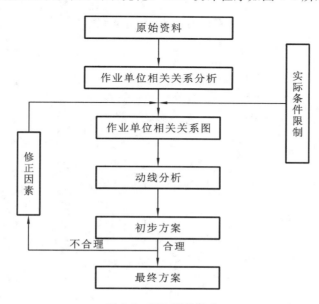

图 6-6　SLP 设计程序

5）计算机仿真设计法

随着计算机技术的发展，把计算机技术引入平面布置及其优化的问题研究中，产生了许多用高级语言编成的平面布置程序，如 CRAFT、CORELAP、ALDEP、COFAD、MULTIPLE 等程序。这些计算机辅助设施设计极大丰富了冷链物流中心布局方法，将各种布局备选方案用逻辑关系或数学关系表示，再经过逻辑推理，或者在模拟计算之后，寻找出最优布局方案。

3. 功能区布局

1）作业单位相关关系分析

在功能区布局中，各个区域除了通过物流联系外，还有工作事务、行政事务等活动，对于这类布局的基本出发点是人员联系、信息联系和生产管理方便，生产环境对人员影响小等。这种联系都可以表示为各种单位之间的联系，通过单位之间活动的频繁程度可以说明单位之间关系是密切或者疏远，再根据单位之间关系的密切程度来布置设施设备。采用"密切程度"代码来反映不同单位之间的密切关系，"密切程度"代码如表 6-2 所示。

表 6-2 作业单位"密切程度"代码

密切程度代码	A	E	I	O	U	X
实际含义	绝对必要	特别重要	重要	一般	不重要	不要靠近

对冷链物流中心内部布局来说，低温仓储区、流通加工区、运输配送区、展示交易区、综合办公区、生活服务区和停车区是主要的功能区块。对以上作业区域进行作业相关性的分析可得到作业单位之间的密切程度，作为冷链物流中心布局规划的基础。如表 6-3 所示，表的左方为需要进行设施布置的各作业单位，表右的每个菱形框表示和左方相对应两个作业单位之间的关系。

表 6-3 作业单位相互关系表

序号	功能区名称
1	低温仓储区
2	运输配送区
3	展示交易区
4	综合办公区
5	流通加工区
6	生活服务区
7	停车区

2）作业单位相关关系图

根据上述作业单位相互关系表，画出作业单位间关系连线图（见图 6-7）。该图比较直观地反映出各作业单位之间的关系密切程度，作业单位间连线越粗表示关系越密切，反之则不密切。

根据各功能区间的关系连线图，考虑到相关作业单位的要求，结合规划布局的原则等，以一定比例关系初步规划出块状区面积相互关系图（见图 6-8）。

3）动线分析

冷链物流中心的平面布局要保证其内部物流流程的连续性，为此应将所有的建筑物、道路、功能区域按物流流程进行联系和组合，应尽量避免各种动线互相交叉干扰，保证分区明确；动线要力求简捷、明确、通畅、不迂回，尽量缩短流动距离；尽量避免车流、人流混杂拥挤，最后根据物流动线及作业流程确定各区域的位置。物流动线分析流程如图 6-9 所示。

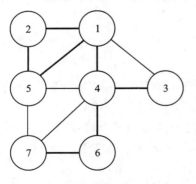

图 6-7 作业单位关系连线图

第六章

冷链物流中心规划与冷库设计

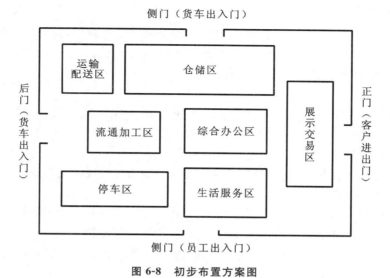

图 6-8　初步布置方案图

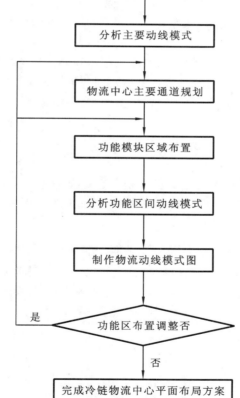

图 6-9　物流动线分析流程图

4. 辅助性区域及设施规划

对冷链物流中心的辅助设施进行合理规划,能够使冷链物流中心的功能区域划分明确,运输管理方便、生产协调、生活方便。同时冷链物流中心的规划风格与城市规划及周围的环境协调统一,也能够树立良好的企业形象。

1) 道路

冷链物流中心内部的道路主要分为货运车辆道路、小型车辆道路及人行道路。在作业区,小型车辆道路应尽量避免与货运车辆道路发生平面交叉,在生活区则避免人行道路与车辆道路发生平面交叉。道路与相邻建筑物的距离应尽量取较小值以节约用地,同时布置道路网时也应考虑防火急救等方面的要求,此外还应考虑工程管线的设置及绿化用地的要求。

2) 防火通道与消防设施

由于冷库的特殊性,需特别注意劳动安全。冷库大多采用氨作为制冷剂,氨在我国国家标准中属于4级轻度危害的有毒物质,当空气中的氨体积分数达到16%~25%时,遇明火即可引起爆炸。因此对冷链物流中心消防安全防范提出更高要求,在规划设计冷链物流中心时必须考虑消防通道的通畅。

冷链物流中心外侧应设有环形消防通道。建筑物与周边建筑物之间应保持足够的防火间距和留有环形车道。消防车道的宽度不应小于 3.5 m,道路上空遇有管架等障碍物时,其净高不应小于 4 m。环形消防车道至少应有两处与其他车道连通,尽头或消防车道应设回车道或面积不小于 12 m×12 m 的回车场,供大型消防车使用的回车场面积不应小于 15 m×15 m。

3) 绿地

随着社会的不断发展进步,人们愈来愈注重工作和整体环境的质量,因而冷链物流中心绿化相当重要。冷链物流中心的设计应从整体空间环境出发,充分发挥绿化的环境效用,与不同功能区内建筑的形态相组合,给人以视觉上的美感,在绿地规划时应符合当地规划部门的相关要求。

(三) 功能区面积计算

决定冷链物流中心规模的设施主要包括综合办公楼、冷库区、流通加工区、停车场、道路、绿化等,其中停车场、冷库和道路都有相应的设计规范或标准。部分设施面积计算方法如下。

1. 冷库区、流通加工区面积

冷库区、流通加工区主要进行货物入库、存储、流通加工、分拣、出库等作业,物流设施主要包括各类库房(收货区、收货暂存区、存储区、流通加工区、拣货区、废弃物集中区、发货区等)。冷链物流中心接收的物料品种繁多,并且特性各异,所以无法通过现行物流中心分类和计算方法来确定具体规模,一般根据货物的密度、保存期限、仓库的利用率等因素计算库房的需求面积,估算公式如下。

$$C = \frac{Q \cdot \alpha \cdot \beta}{m \cdot n} \tag{6-1}$$

式中:C——库房需求面积(m^2);

Q——平均日货处理量(t);

α——货物平均存储天数;

β——每吨货物平均占用面积(m^2);

m——库房利用系数；

n——库房空间利用系数。

2. 停车场面积

冷链物流中心停车场面积可采用如下公式计算：

$$T = k \cdot S \cdot N \tag{6-2}$$

式中：T——停车场面积（m^2）；

k——单位车辆系数（$k=2\sim3$）；

S——单车投影面积（m^2）；

N——停车场容量。

可以通过市场调查或预测的方法来确定停车场容量，单车投影面积根据选取主要车型的投影面积来确定。

3. 内部道路、绿化面积

冷链物流中心内部车流量较大、车型也各式各样，所以对于内部线路的规划一般都要遵循单向车道、分门进出的原则。冷链物流中心内主干道可按企业内部道路标准设计为双向四车道，次干道设计为双车道，辅助道路设计为单车道，每车道 3.50 m，单侧净空 0.50 m。冷链物流中心道路面积一般占总面积的 12%～15%。中心内部道路面积计算公式为

$$S = \sum_{i=1,2,4,6} L_i (n_i \times 3.50 + 1.00) \tag{6-3}$$

式中：S——道路总面积（m^2）；

L_i——i 条车道道路长度（$i=1,2,4,6$）；

n_i——i 条车道道路。

物流中心用地范围周边及各功能区之间应规划绿化带，将各功能区分隔，以满足生产工艺和卫生要求。冷链物流中心属于工业和仓储用地，绿化面积一般控制在总面积的 20% 以内。

4. 其他建筑面积

根据市场调查分析，对可能进入冷链物流中心的企业进行商务办公区的规划。其他辅助生产和生活的设施规模则可依据增值服务功能的不同来确定。

5. 发展预留用地

考虑冷链物流中心会不断变化和发展，所以一般应预留 5%～10% 的空地作为冷链物流中心未来发展的建筑用地。

6. 容积率

容积率是项目用地范围内总建筑面积与项目总用地面积的比值，即容积率＝总建筑面积/总用地面积。当建筑物层高超过 8 m，在计算容积率时该层建筑面积应加倍计算。冷链物流中心用地建筑容积率由政府规划部门根据建筑的用途与性质决定。

第三节 冷库的分类及特点

冷库是用隔热材料建造的低温密闭库房，有结构复杂、造价高，需要防潮、防水、防热气、防湿冷等特点。

一、冷库的分类

1. 按结构形式分类

冷库按建筑结构形式,可分为土建式冷库、装配式冷库、夹套式冷库和气调冷库;此外,还有多功能型冷库、气膜冷库(见图6-10)等。各种冷库的特点如表6-4所示。

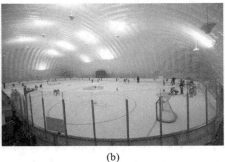

(a)　　　　　　　　　　　　　　　(b)

图6-10　气膜冷库

表6-4　冷库按结构分类及特点

冷库种类	特点
土建式冷库	主体结构和地下荷重结构都用钢筋混凝土,围护结构的墙体都采用砖砌而成,具有坚固、隔热性能好、造价低、建设周期长等特点
装配式冷库	主体结构都采用轻钢结构,围护结构使用预制的聚氨酯或聚苯乙烯芯板材拼装而成
夹套式冷库	在常规冷库的围护结构内增加一个内夹套结构,夹套内装设冷却设备,冷风在夹套内循环制冷
气调冷库	主要用于新鲜果蔬、农作物种子和花卉作较长期贮存,除了要控制库内温度、湿度外,同时要控制库内 O_2、CO_2、N_2 和乙烯含量,抑制果蔬等植物的呼吸
多功能型冷库	土建式和装配式混合形式,适合于多种需求。例如,一层为土建结构、二层为装配式
气膜冷库	节能环保,在膜体的制作和施工过程中均没有建筑垃圾输出;相比较传统冷库,减少了环境污染。施工周期快(基础具备的前提下7～15天即可完成);模块化组配,质量小,可在田间地头移动搬迁

新能源可移动冷库

2. 按使用性质分类

冷库按使用性质,可分为生产型冷库、分配型冷库和零售型冷库。各类冷库的特点和建设地点如表6-5所示。

表 6-5　冷库按使用性质分类及特点

冷库种类	特点	建设地点
生产型冷库	具备大批量、连续性的冷加工能力，加工后的食品必须尽快运走；冷冻能力大，并设有一定容量的周转用冷藏库	主要建在食品原料基地、货源较集中地区或交通便利地区
储备型冷库	具备对肉禽类、食糖、果蔬等大宗民生物资进行战略储备能力；库容大，品种单一，贮存时间较长。一般为国家租赁或有享受专项补贴	通常建在农产品主产区或大城市周边
中转型冷库	承担大批量食品的中转功能；冷库容量大，储存时间较短	通常建设在重要物流枢纽或基地里
分配型冷库	冷藏容量大，冻结能力小，适宜于多种食品的贮存	通常建在大中城市或人口比较集中的地区
零售型冷库	供临时储存零售食品之用，库容量小、储存期短，库温随使用要求不同而不同	通常建在大中城市、人口较多的工矿企业或大型副食品店、菜场内

3. 按容量分类

冷库按容量可以分为大型冷库、大中型冷库、中小型冷库和小型冷库。一般情况下，当冷库容量超过 10000 t 时，可以认为是大型冷库，而小于 500 t 的冷库是小型冷库。另外，各类冷库冷冻能力的要求也不同。冷库容量分类如表 6-6 所示。

表 6-6　冷库容量及冷冻能力

冷库种类	冷库容量(t)	冷冻能力(t/d)	
		生产型冷库	分配型冷库
大型冷库	>10000	120～160	40～80
大中型冷库	5000～10000	80～120	40～60
中小型冷库	500～5000	40～80	20～40
小型冷库	<500	20～40	<20

4. 按温度分类

冷库按温度通常可以分为高温冷库、低温冷库和超低温冷库，其温度和用途如表 6-7 所示。有时还将温度范围在 15～20 ℃ 的冷库称为恒温冷库。

表 6-7　冷库按温度分类及用途

冷库种类	冷库温度(℃)	用途
高温冷库	−2～15	冷却物冷藏
低温冷库	−30～−10	冻结物冷藏
超低温冷库	<−60	金枪鱼等食品冷藏

5. 按冷加工能力分类

冷库按冷加工能力可以分为预冷式冷库、冷却物冷库、冻结物冷库、速冻冷库、贮冰冷库和气调冷库等。

二、冷库的组成结构

冷库由冷间、冷库辅助设施和冷库配套设施等组成(见图 6-11)。

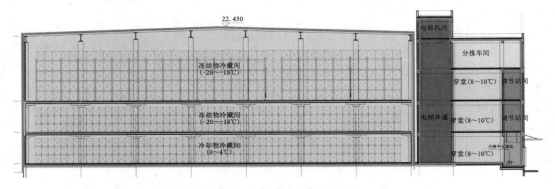

图 6-11 冷库内部平面布置示意图

1. 冷间

冷间是冷库中采用人工制冷降温房间的总称,包括冷藏间、冰库、冷却间、冻结间、控温穿堂和控温封闭站台等。冷藏间分为冷却物冷藏间和冻结物冷藏间,用于贮存高于冰点温度且低于常温的货物的房间叫冷却物冷藏间,而用于贮存冻结货物的房间称为冻结物冷藏间。冰库是用于贮存冰的房间。由于冷链物品容易造成交叉污染、气味容易互串、各类商品所需储藏条件均有所不同,因此冷库按温度应分为相互独立的冷间,分别储存不同类别的物品。

冷间的设计温度和相对湿度应根据各类食品的冷藏工艺要求确定,也可以参照表 6-8 的规定选用。温度波动范围应根据各类食品的冷藏工艺要求确定。没有明确要求时,冷却物冷藏间温度波动范围不宜超过 ±1 ℃,冻结物冷藏间温度波动范围不宜超过 ±1.5 ℃。

表 6-8 冷间的设计温湿度和适用食品范围

序号	冷间名称	室温(℃)	相对湿度(%)	适用食品范围
1	冷却间	0～4	—	肉、蛋等
2	冻结间	−23～−18	—	肉、禽、冰蛋、蔬菜等
		−30～−23	—	鱼、虾等
3	冷却物冷藏间	0	85～90	冷却后的肉、禽
		−2～0	80～85	鲜蛋
		−1～1	90～95	冰鲜鱼
		0～2	85～90	苹果、鸭梨等
		−1～1	90～95	大白菜、洋葱、菠菜胡萝卜、甘蓝、芹菜等
		2～4	85～90	土豆、橘子、荔枝等
		7～13	85～95	菜椒、菜豆、黄瓜、番茄、菠萝、柑橘等
		11～16	85～90	香蕉等

续表

序号	冷间名称	室温(℃)	相对湿度(%)	适用食品范围
4	冻结物冷藏间	−20～−15	85～90	冻肉、禽、副产品、冰蛋、冻蔬菜、冰棒等
		−25～−18	90～95	冻鱼、虾、冷冻饮品等
5	冰库	−6～−4	—	盐水制冰的冰块

2. 冷库辅助设施

1) 制冷机房

制冷机房简称机房,是冷库的心脏,安装有制冷压缩机、中间冷却器、调节器、控制台等。机房必须有独立外开门,氨机房必须设置紧急状态自动开启门和应急风机。

2) 设备间

设备间应靠近机房,安装有冷凝器、储氨器、气液分离器、氨泵等制冷系统。

3) 配电室

配电室要求单独建造,通风良好,防鼠防雀,有高压配电器、变压器、电容器等设备。

4) 锅炉房

锅炉房要求全年处于下风向,尽可能靠近使用气量最大车间,防火等级不低于二级。

5) 水泵房

水泵房包括水泵、水分配调节器等设备。

3. 冷库配套设施

冷库的配套设施主要有冷库门、门帘和门斗、空气幕及货物装卸设施等。

1) 冷库门的设计要求

(1) 具有良好的隔热性能、气密性能,减少冷量损失。

(2) 轻便、启闭灵活,有一定的强度。

(3) 设有防冻结或防结霜设施。

(4) 坚固、耐用和防冲撞。

(5) 设置应急安全灯以及操作人员被误锁库房内的呼救信号设备和自开设备。

(6) 门洞尺寸应满足使用要求,方便装卸作业,同时又减少开门时外界热量和湿气的侵入。

(7) 能有效防止产生"冷桥"。

2) 冷库门的分类及特点

冷库门按冷间的性质可分为高温库冷库门、低温库冷库门和气调库冷库门等。常用冷库门按结构和开启形式可分为卷帘门、滑升门和平移门。

3) 门帘和门斗

减少冷库开门冷量损失,防止外界热湿负荷进入的基本设施是门帘和门斗。冷库门帘一般挂在库门内侧紧贴冷库门。早期多使用棉门帘,现在一般使用PVC软塑料透明门帘。

冷库门斗设在冷库门的内侧,其宽度和深度约3 m。门斗的尺寸既要方便作业,又要少占库容。门斗的制作材料以简易、轻质和容易更换为宜。门斗地坪应设电热设施,以防止结冰。

4) 空气幕

空气幕结构如图6-12所示。空气幕的主要作用是减少库内外热量和湿气的交换,方便装卸作业。此外,空气幕还可以阻止尘埃、昆虫、污染、异味、废气等侵入库内。

5) 货物装卸设施

冷库进出货作业时,要保持冷链不会"断链",必须在装卸口设置保温滑升门、月台高度调节板和密闭接头等,这些设施的组合如图6-13所示。

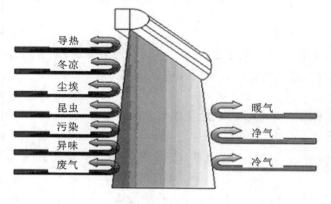

图6-12 空气幕

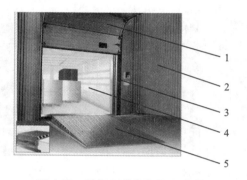

图6-13 装卸口设施组合示意图
1—保温滑升门;2—冷库月台;
3—充气套式密封设施;4—冷藏车;
5—月台高度调节板

月台高度调节板的作用是将封闭式站台和冷藏车连成一个整体,方便叉车的机械化作业。现在常见的调节板有机械式、液压式和气袋式等。

6) 库内搬运和贮存设施

(1) 手推车和输送机。

手推车是冷库或配送中心常用的搬运工具之一,承载量大、灵活轻便。常用的手推车有尼龙轮手推车、小轮胎手推车和液压托盘搬运车等。输送机分为辊子式输送机和电动带式输送机。电动带式输送机由传动带自动传送货物,效率较高。

(2) 冷库搬运机械。

冷库常用搬运机械有平衡重式叉车、前移式起重叉车、伸臂式起重叉车、巷道特高起重铲车、升降拣货型铲车和轻便拣货型起重车等。

(3) 贮存设施。

冷库贮存设施主要有各种货架系统,如标准型托盘货架、双重深贮型货架、巷道型货架、自动存取型货架、叉车驶入型货架、电控移动型货架、托盘自滑动型货架、后推型货架等。表6-9列出了冷库中常用的搬运机械及相应的贮存设施。

表6-9 冷库中常用搬运机械和贮存设施

序号	名称	结构、应用特点	贮存设施
1	平衡重式叉车	采用大轮胎,稳定性好,可适用于室外和适当斜坡上作业,其作业通道的宽度为4 m	适用于多种贮存货架

续表

序号	名称	结构、应用特点	贮存设施
2	前移式起重叉车	设有举重门架、货叉,能进入货架中进行作业,所需通道宽度仅为平衡重式叉车的2/3,能灵活地在平坦的窄道中操作	适用于多种贮存货架
3	伸臂式起重叉车	由具有伸缩功能的货叉、上下滑动的门架及撑脚组成,其货架可深入深贮型货架中存取货物,并具有良好的稳定性	适用双重深贮型或电控移动型货架
4	巷道特高起重铲车	通道比托盘宽度稍宽即可。通常提升高度可达14 m,沿导轨存取货物极为迅速,货物流动量大	适用于巷道型货架
5	电控堆垛型起重机	当货架高度超过14 m时尤为适用。它是在移动货架的塔架上装配伸缩性货叉,通常每一条通道配置一台起重机,但当货物流量较低时,也可转轨而用于多条通道。其控制方式有手动、半自动和全自动操作	适用于巷道型或自动贮存型货架
6	升降拣货型铲车	该铲车有一升降平台,能将操作人员提升到所有的货架面,在一个托盘或一个货格中,对某一商品小批量选取。其移动方式同巷道特高起重铲车	适用于巷道型或自动贮存型货架
7	轻便拣货型起重车	它是一种轻便型电动堆垛起重机,可人工操作达10 m高度。一般固定装置在构架上,故运行操作安全	适用于巷道型或自动贮存型货架

4. 控制系统

冷库制冷系统的运行情况是通过温度、湿度、压力、压差、液位等参数来反映的。如果靠人工去检测温度计、压力表、液位计和显示仪表等,然后再进行人工调节,则需要操作技术很熟练的工人才能完成这项工作,而且不一定能保证及时、准确地进行调节。而如果采用自动调节,则无论贮藏时间的长短或外界条件,均能自动调节制冷工况,既简化了管理,还保证了制冷装置运行的可靠性、安全性和经济性。制冷系统应配

郑明物流数智化管理实现防疫期间高效运作

置自动检测系统和自动控制系统,大型冷库和大型制冷系统宜配置中央级监控管理系统。冷库控制系统分为集中式控制系统和分布式控制系统。

1)冷库的自动控制功能

(1)冷库系统的自动安全保护与报警。具备高、低压力保护,除霜温度保护,电机过载保护,时间延时开机保护等功能。

(2)库房内温度自动调节与设定。具备温度实时采集,温度设定与回差设定,温度核对与补偿修正等功能。

(3)蒸发器自动除霜。具备除霜温度设定、除霜时间及周期设定等功能,既可按温度控制亦可通过时间间隔来控制除霜,以及除霜结束后延时开机保护。

(4) 制冷压缩机自动开、停控制。按程序有序地对冷凝器、蒸发器、压缩机进行开机、延时保护及设定。

(5) 传感器故障诊断与报警。对温度传感器、压力传感器进行故障诊断与报警。

(6) 制冷压缩机系统运行时间累计及显示、查询。

(7) 通过触摸屏对最佳工况进行调节与设定,并对温度、压力、湿度、CO_2浓度实时监控。

穿梭车式货架系统在冷库中的应用

(8) 工作模式设定。自动与手动转换,可进行单机操作调试与维修,并可对冷库进行强制除霜。

(9) 具备与其他层设备通信接口功能,并与远程上位机组成网络监控。

2) 集中式控制系统

集中式控制系统是利用高度集成的中央控制器或上位监控设备,通过直接或间接通信的方式对现场设备进行集中调度与控制。目前应用比较广泛的是采用PLC(可编程逻辑控制器)与监控计算机配套使用的集中监控系统。

当前,国内外大型、自动化程度要求较高的冷库控制系统多采用集中式监控系统。集中式控制系统使得整套制冷系统的控制更加灵活,系统中各设备间的彼此配合更加完善,从而提高整套系统整体的自动化程度,真正做到无人值守的自动运行。典型集中式监控系统如图6-14所示。

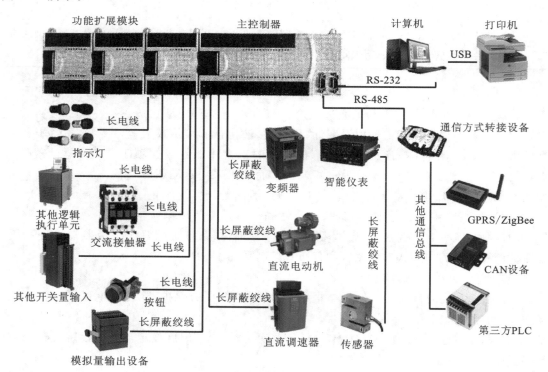

图6-14 冷库典型集中式控制系统

3）分布式控制系统

分布式控制系统是指通过总线形式,与分布在现场的控制器或功能模块进行数据交换,以达到远程测量及控制的目的,是一种分散式的测控技术。分布式控制系统由主机、子站构成。主机是用来与各个控制子站进行通信的,通过通信的方式采集各个子站的现场数据,并且通过主机的统一调度,协调各个子站之间的逻辑动作。分布式控制系统的优点是节约布线、成本低、施工难度小、系统稳定性相对较高,缺点是软硬件灵活性较差,系统整体协调性较差。所以,对于大型或自动化程度要求很高的冷库很少会采用分布式控制系统。冷库典型分布式控制系统如图 6-15 所示。

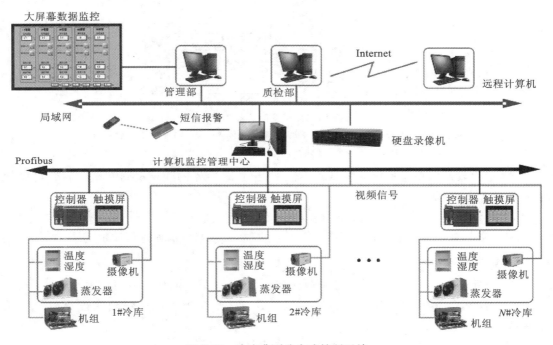

图 6-15　冷库典型分布式控制系统

三、典型冷库技术特点

(一) 土建式冷库

土建式冷库又称建筑式冷库,一般为砖混或钢筋混凝土结构,可以建造成单层或多层。土建式冷库主要由围护结构和承重结构构成。围护结构除起到承受外界风雨侵袭外,还有隔热、防潮的作用。承重结构为地基、基础、梁、柱子、屋面、阁楼和楼板。土建式冷库基本构造如图 6-16 所示。

1. 土建式冷库的特点

土建式冷库有以下优点。

(1) 隔热材料选择范围大。土建式冷库可以适应各种隔热材料,如松散状的稻壳、块状软木、聚苯乙烯、聚氨酯等,其选择范围大,均能因地制宜和充分利用。

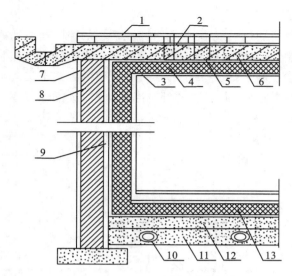

图 6-16 土建冷库的基本构造

1,7,9—架空通风层；2,13—防水层；3—水泥砂浆抹面；4—隔热层；5—隔气层；6—钢筋混凝土层盖；
8—砖外墙；10—地坪防冻胀通风管道；11—砂垫层或炉渣混凝土垫层；12—混凝土基层

(2) 造价较低。在满足技术性能的条件下，土建式冷库的建筑材料和隔热材料可以就地取材，有利于降低造价。

(3) 热惰性值大，冷库温度波动小。

其缺点是：建造周期长，往往需要1年以上的时间，且容易出现建筑质量问题。

2. 土建式冷库隔热材料要求

(1) 热导率小。热导率小可以减薄隔热层厚度，从而减少隔热材料的费用。

(2) 密度小。隔热材料密度小，结构就轻，并且一般情况下隔热材料密度小时热导率也小。

(3) 吸湿性小。通常要求隔热材料的吸湿性不大于5%。

(4) 耐火性好。隔热材料应该不燃或难燃。

(5) 抗冻性好。隔热材料的机械强度应不因材料吸湿受冻而降低，并且其性质不因周期性的冻融循环而变化。

(6) 无毒无臭。防止造成贮藏食品的污染。

(7) 机械强度高，隔热材料应具备一定的抗压能力。

(8) 易于切割加工并且施工方便。

(9) 耐用。隔热材料性能不能随时间的变化而变化，并且不易腐蚀。

常见低温隔热材料及其物理性质如表6-10所示。

表6-10 常见低温隔热材料的物理性质

材料名称	密度 ρ (kg/m³)	导热系数 λ [W/(m·K)]	防火性能	蒸汽渗透系数 μ [g/(m·h·Pa)]	抗压强度 (Pa/cm²)	设计计算时采用的 λ [W/(m·K)]
聚苯乙烯泡沫塑料	20~50	0.029~0.046	易燃，耐热70℃	0.00006	17.64×10^4	0.0465

续表

材料名称	密度 ρ (kg/m³)	导热系数 λ [W/(m·K)]	防火性能	蒸汽渗透系数 μ [g/(m·h·Pa)]	抗压强度 (Pa/cm²)	设计计算时采用的 λ [W/(m·K)]
聚氯乙烯泡沫塑料	45	0.043	离火即灭,耐热80℃	—	$17.64×10^4$	0.0465
聚氨酯烯泡沫塑料	40~50	0.023~0.029	离火即灭,耐热140℃	—	$(1.96~14.7)×10^4$	0.029~0.035
沥青矿渣棉毡	<120	0.044~0.047	可燃	0.00049	—	0.081
矿渣棉(一级)	100	0.044	可燃	0.00049	—	0.081
矿渣棉(二级)	150	0.047	可燃	0.00049	—	0.081
沥青膨胀珍珠岩块	300	0.081	难燃	0.00048	$1.96×10^4$	0.093
泡沫混凝土	<400	0.151	不燃	0.0002	—	0.244
加气混凝土	400	0.093	不燃	0.00023	$1.47×10^4$	0.163

3. 土建式冷库的防潮隔汽材料

土建式冷库的防潮隔汽材料应具有蒸汽渗透率小(即蒸汽渗透阻大)、韧性好、密度小、方便施工等特点,各种防潮隔汽材料的物理性质如表6-11所示。冷库常用防潮隔汽材料有沥青、油毡类和塑料薄膜类。其中,石油沥青性能稳定、黏结力强、防潮性能优良,常和油毡构成一毡二油或二毡三油。

表6-11 冷库常用防潮隔汽材料的物理性质

材料名称	密度 ρ(kg/m³)	厚度 δ(mm)	导热系数 λ[W/(m·K)]	热阻 R(℃/W)	热扩散率 $\alpha(×10^3$ m²/h)	比热容 c[J/(kg·℃)]	蓄热系数 S_{24}[W/(m²·℃)]	蒸汽渗透系数 μ[g/(m·h·Pa)]	蒸汽渗透阻 H[m²·h·Pa/g]
石油沥青油毛毡(350号)	1130	1.5	0.27	0.0050	0.32	1590.98	4.59	$1.35×10^{-6}$	1106.57
石油沥青或玛蹄脂一道一毡二油	980	2.0	0.20	0.0100	0.33	2135.27	5.41	$7.5×10^{-6}$	226.64
一毡二油	—	5.5	—	0.0260	—	—	—	—	1639.86
二毡三油	—	9.0	—	0.0410	—	—	—	—	3013.08

(二) 装配式冷库

装配式冷库是由预制的夹芯隔热板拼装而成的冷藏库,又称组合式冷藏库。小型装配式冷库外形结构以及板块之间的关系分别如图 6-17 和图 6-18 所示。

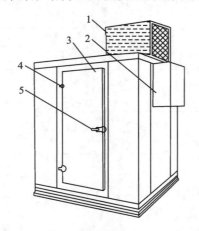

图 6-17　小型装配式冷藏库外形
1—制冷机组;2—控制箱;3—门;
4—门铰链;5—把手

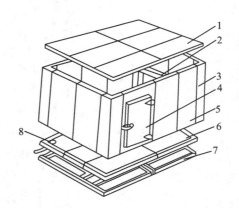

图 6-18　小型装配式冷藏库板块之间的关系图
1—顶板;2—过梁;3—角板;4—门及门框组合;
5—立板;6—底板;7—底托;8—地漏组件

1. 隔热复合板的特点

(1) 隔热防潮性能好。隔热层为聚氨酯泡沫时,导热系数为 $0.023 \sim 0.029$ W/(m·K);隔热层为聚苯乙烯泡沫时,导热系数为 $0.029 \sim 0.046$ W/(m·K)。这类材料防水性能好,吸水率低,外面覆以涂塑面板,使得其蒸汽渗透阻值 $H \to +\infty$。温度使用范围很广,可在 $-50 \sim 100$ ℃调节。

(2) 重量轻,不易燃烧,不易霉烂。

(3) 抗压强度高,抗震性能好。抗压强度为 210 kPa/cm^2。在 2.8 m 的跨度下,具有的板面承载能力为 147 kPa,板的最大挠度可达 7.2 mm。经过试验证明,其弯曲极限为 7.24 kPa,强度安全系数为 4.9。

(4) 弹性好。复合隔热板发生很大变形后仍可以完全恢复。

2. 装配式冷库的建筑特点

(1) 库体组合灵活。

(2) 建设速度快,施工方便。通常情况下,小型装配式冷库整体安装调试完成只需要一周的时间,大型装配式冷库也不会超过 3 个月。

(3) 维护简单方便。由于墙体隔热层都由隔热板围成,复合隔热板隔热防潮性能好,因此不需要翻晒维护等工作。

(4) 可整体供应、拆卸重组。

装配式冷库的性能参数如表 6-12 所示。

表 6-12　装配式冷库的性能参数

装配式冷库分类	库温（℃）	公称比容积（kg/m³）	进货温度（℃）	冻结时间（h）	环境温度（℃）	隔热材料的导热系数[W/(m·K)]
L级保鲜库	−5～5	160～250	≤32	18～24	≤32	≤0.028
D级冷藏库	−20～−5	160～200	热货≤32 冻货≤−10			
J级低温库	−25	−20～23	≤32			

装配式冷库的堆货有效容积为公称容积的69%左右,贮存果蔬时再乘以0.8的修正系数,每天进货量为冷库有效容积的8%～10%。制冷机的工作系数为50%～70%。

3. 室外装配式冷库

室外装配式冷库(见图6-19)为钢结构骨架,辅以隔热墙体、顶盖和底架,要求其防潮、隔热性能与土建式冷库的相似。室外装配式冷库容量通常为500～1000 t,多用于商业、食品加工行业。

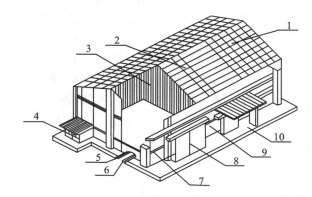

图 6-19　室外装配式冷库结构图

1—库顶;2—库顶隔热板;3—隔墙预制板;4—冷冻机;5—地板防热层;
6—防冻结用通气管;7—墙梁;8—电动双开门;9—预制绝热墙板;10—基台

4. 室内装配式冷库

室内装配式冷库(见图6-20)通常是自承重结构,其地板、墙板和顶板都用隔热板组成,安装时进行积木式组装。室内装配式冷库的容量通常为5～100 t,多用于宾馆、菜场、饭店等食品流通领域。

(三) 气调冷藏库

1. 原理及应用

气调贮藏又称CA贮藏(controlled atmosphere storage),首先由英国科学家凯德(F. Kidd)和韦斯特(C. West)提出,是一种先进的果蔬保鲜贮藏方法。它是在冷藏的基础上,增加气体成分调节,如对贮藏环境中温度、湿度、二氧化碳、氧气和乙烯浓度等条件的控制,抑

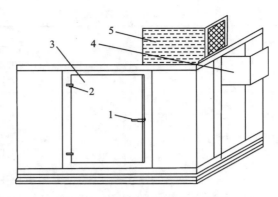

图 6-20　室内装配式冷库外景图
1—把手；2—门铰链；3—门；4—控制箱；5—制冷机组

制其呼吸、蒸发，以及激素、微生物和酶的作用，延缓其新陈代谢，从而推迟果蔬的衰老和防止变质腐烂，达到更好地保持果蔬新鲜度和商品性，延长果蔬贮藏期和销售货架期。通常气调贮藏比普通冷藏可延长贮藏期 2～3 倍。

最初是在不冷藏的条件下，采用仅控制气体成分的方法贮藏水果，虽然贮藏效果比普通贮藏稍好一些，但并不理想，这种方法称为气体贮藏。20 世纪 40 年代，才正式出现了 CA 贮藏。后来又出现了 MA 贮藏，指的是利用包装等方法，使水果通过自身的呼吸作用降低氧气的含量，提高二氧化碳气体的含量，来改变包装内的气体成分。CA 贮藏已有了很大的发展，目前气调贮藏在国外极为普遍(在果蔬库中比例为 1/3 以上)，美国高达 3/4 以上，英国、法国为 2/5。在过去很长一段时期，气调贮藏只限于苹果和梨的贮藏，后来向其他果蔬和花卉发展。

2. 气调贮藏的优缺点

1) 优点

(1) 抑制果蔬中叶绿素的分解，保绿效果显著。

(2) 抑制果蔬中果胶的水解，保持硬度效果好。

(3) 抑制果蔬中的有机酸的减少，能较好地保持果蔬的酸度。

(4) 抑制水果中乙烯的生成和作用，从而抑制水果的后熟。

此外，气调贮藏还有抑制马铃薯发芽、蘑菇开伞等效果。

2) 缺点

(1) 不能适用于所有的果蔬，有一定的局限性。另外，不同种类和品种的果蔬所要求的最适气体的组成是不相同的。部分水果、蔬菜气调贮藏的工艺参数如表 6-13 所示。

表 6-13　部分水果、蔬菜气调贮藏的工艺参数

品　名	气体成分(%)		温度(℃)
	氧气	二氧化碳	
苹果	3	2～8	0～8
洋葱	2～3	0～2	0
香蕉	5～10	5～10	12～14

续表

品名	气体成分(%)		温度(℃)
	氧气	二氧化碳	
柿子	2～3	5～10	0
草莓	3～5	5～10	0
桃子	2	4～5	0
葡萄	0.5～1	1～2	0
柠檬	5～10	5～10	12～14
橘子	3～5	2～4	4～6
番茄	3～10	5～10	6.5～9.0
青豌豆	0～10	0～10	8
鸭儿芹	2～5	2～5	0
葱	3	10	0
黄瓜	3～16	5	13

(2) 气调库对气密性要求很高，又要增加一套调整气体组成的装置，因而建筑和所需设备的费用较高，贮藏成本增加。

3. 调整气体组成的方法

1) 自然降氧法

这种方法利用水果本身的呼吸作用使贮藏环境中的氧气量减少、二氧化碳量增加。当二氧化碳的浓度过大时，可用气体洗涤器（也称为二氧化碳脱除器）除去；当氧气不足时，可吸入新鲜空气来补充。这是一种旧式的气调贮藏法，其气调贮藏库如图6-21所示。

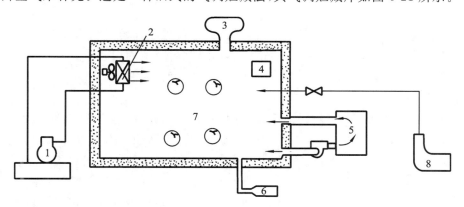

图6-21 旧式气调贮藏库示意图
1—冷冻机；2—冷却器；3—气囊；4—脱臭器；5—气体发生器；
6—气体分析器；7—气调贮藏库；8—鼓风机

此法操作简单、成本低，特别适合于气密性好的库房，且贮藏的水果为整进整出的情况。其缺点是降氧速度慢，一般要20天才能达到合适的气体组成，前期气调效果较差，中途也不能打开库门进出货。

2) 快速降氧法

为了克服自然降氧法降氧速度慢的缺点,可通过丙烷气体的燃烧来迅速减少氧气,增加二氧化碳量。这个燃烧过程通常在气体发生器内进行,燃烧后生成的气体经冷却水冷却后再送入库内。这种气调贮藏库如图 6-22 所示。

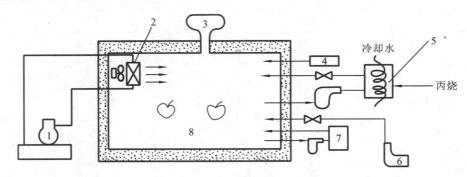

图 6-22 快速降氧的气调贮藏库的示意图
1—冷冻机;2—冷却器;3—气囊;4—气体分析器;5—气体发生器;
6—鼓风机;7—气体洗涤器;8—气调贮藏库

这种方法的优点是降氧速度快,能迅速建立起所需的气体组成,对库房的气密性要求可降低一些,而且中途可打开库门进出货。缺点是成本较高,操作也比较复杂。

3) 混合降氧法

由于用气体发生器降低氧气量和增加二氧化碳量,要不断地供给丙烷等燃料,增加了运行费用。为了降低费用,可在开始时使用气体发生器,使气调贮藏库内的气体组成迅速达到既定要求(例如,将库内空气的含氧量从 21% 迅速降到 10% 左右),然后再用自然降氧法加以运行管理。

4) 充气降氧法

为了尽快达到水果气调贮藏所需的气体组成,可在贮藏开始时利用液氮和液态二氧化碳经过节流阀减压气化,向库内充入氮气和二氧化碳气体,使库内氧气含量迅速减少,然后再用自然降氧法运行管理。

5) 硅窗气调法

硅窗气调法就是在聚乙烯塑料薄膜帐上镶嵌一定比例面积的硅橡胶薄膜,然后将水果箱放在薄膜帐内。硅橡胶是一种有机硅高分子聚合物,其薄膜具有比聚乙烯薄膜大 200 倍的透气性能,而且对气体透过有选择性,氧气和二氧化碳可在膜的两边以不同速度穿过,因此塑料薄膜帐内氧气的浓度可自动维持在 3%~4%,二氧化碳的浓度则维持在 4%~5%,很适合水果气调贮藏的要求。硅窗气调法可在普通的果蔬冷藏室中对水果进行气调贮藏,无需特殊的设备,操作管理也很简单。

4. 气调冷库的组成

气调冷库由库体、温湿度调节系统、气体调节系统三部分组成,其中温湿度调节系统由制冷系统、加湿机及其控制系统组成,气体调节系统由气体发生系统、气体测量系统、二氧化碳脱除机、乙烯脱除机组成。各组成部分之间的关系如图 6-23 所示。

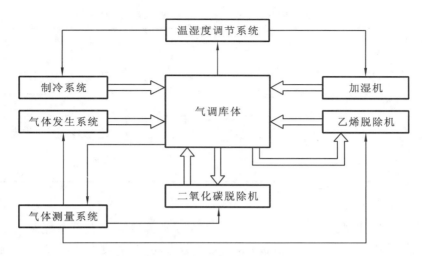

图 6-23 气调冷库组成结构

（四）冰温冷库

冰温技术作为继冷藏、气调贮藏后的第三代保鲜储藏技术，是农产品贮藏的又一次革命。冰温技术的原理是首先认为贮藏品是一个具有生命的活体，当冷却温度临近冻结点时，贮藏产品达到一种近似"冬眠"的状态，这时产品新陈代谢率最小，所消耗的能量最小，可以有效地保存贮藏品的品质和能量。所以，冰温冷库贮藏温度一般在－3～0 ℃。常见食品的冰点如表6-14 所示。大量的实验研究表明，利用冰温技术贮藏水果和蔬菜，可以抑制果蔬的新陈代谢，使之处于活体状态，在色、香、味、口感方面都优于冷藏，几乎和新鲜果蔬处于同等水平。

表 6-14 常见食品的冰点（℃）

食品名称	冰点	食品名称	冰点
生菜	－0.4	番茄	－0.9
菜花	－1.1	洋梨	－2～－1
橙子	－2.2	柿子	－2.1
柠檬	－2.2	香蕉	－3.4
牛肉	－1.7～－0.6	鱼肉	－2～－0.6
牛奶	－0.5	蛋白	－0.45
蛋黄	－0.65	奶酪	－8.3
洋白菜	－2～－1.3	奶油	－2.2

1. 冰温冷库的特点

（1）不破坏细胞。

（2）最大限度地抑制有害微生物的活动。

（3）最大限度地抑制呼吸作用，延长保鲜期。

（4）在一定程度上提高水果、蔬菜的品质。一些果蔬的常温和冰温保鲜期对比如表6-15所示。

表 6-15　各种特色果蔬的常温和冰温保鲜期对比

保鲜方法	常　温	冰温高湿
青椒	1 周	半年以上
竹笋	1~3 周	半年以上
西瓜	1 个月	半年以上
草莓	1 周	半年以上
葡萄	5~7 天	2 个月以上
水蜜桃	1 周	半个月以上

2. 冰温冷库的建造要求

冰温冷库与普通贮藏设备相比，最大的区别在于冰温冷库具有更高控制精度。在食物冰温贮藏过程中，造成一个与冻结点极接近、温度分布均匀、温度变化幅度很小的低温环境是保持食物品质的关键因素。一般情况下，普通装配式冷库最大温度波动 3 ℃ 左右，而冰温冷库温度波动保证在 ±0.5 ℃ 的范围内。

因此，冰温冷库一般采用夹套库方式（见图 6-24），在内层库体外面再建造外层保温库体，以保持冰温冷库的温度恒定。

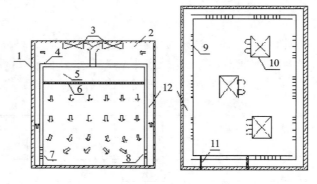

图 6-24　冰温冷库结构剖面及平面示意图
1—外层保温库体；2—回风顶层；3—蒸发器；4—内层库体；5—静压箱层；
6—送风孔板；7,8,9—回风口；10—蒸发器；11—库门；12—内外库体间空气夹层

同步案例 6-2

上海临港国际物流发展有限公司物流园区普菲斯冷库

上海临港国际物流发展有限公司物流园区普菲斯冷库项目，位于上海临港新城仓储转运物流园区内，由上海临港国际物流发展有限公司投资建设，上海市机电设计研究院有限公司负责设计。冷库建成后将出租给普菲斯亿达公司（简称 PFS 公司）使用。冷库项目的主要技术参数及主要制冷及工艺要求由美方提供，并按照美国 PFS 公司已建成的冷库项目为蓝本建设。

普菲斯冷库为 1 幢由冷间、卸货区(穿堂)、办公区、设备区组成的单层建筑物(办公区 3 层、设备区 2 层),总建筑面积为 25750 m²(其中冷间建筑面积为 19390 m²)。冷库中采用货架式仓储,设 8 层货架,建筑物高度为 21.2 m。根据仓储转运的工艺要求,冷库储藏货物为水产品、肉类制品,单层冷库为中转仓库,储存物品的火灾危险等级为丙类 2 项,建筑耐火等级为二级,结构类型为钢结构。冷间设计室温为-20 ℃,卸货区设计室温为 5 ℃。

普菲斯冷库屋面采用檩条结构,镀铝锌彩色压型钢板,上设 3 层:75 mm 厚挤塑聚苯乙烯泡沫保温板,0.4 mm 厚聚乙烯薄膜隔气层,上覆 1.5 mm 厚 TPO 防水卷材(机械连接)。外墙采用 180 mm 厚聚氨酯金属夹芯板。防火墙为 200 mm 厚结构岩棉金属夹芯板。地面构造为钢筋混凝土底板,PE 膜 1 层,2 层 100 mm 厚挤塑聚苯乙烯泡沫板,PE 膜 1 层,250 mm 厚 C30 混凝土,随捣随抹光,干撒矿物耐磨骨料。

(资料来源:《工程建筑与设计》,2013 年第 4 期。)

【思考】
1. 普菲斯冷库是何种类型的冷库?
2. 普菲斯冷库采用了哪些隔热、防潮材料?

第四节 冷库设计基本要求

冷库设计应体现"安全、节能、环保、经济、适用"的原则,遵守《冷库设计标准》(GB 50072—2021)、《室外装配冷库设计规范》(SBJ 17—2009)等有关要求,在库址选择、总平面布置、库容规划、制冷系统选择、电气、给水排水等方面做到安全可靠、节约能源、环境友好、经济合理、先进适用。

一、库址选择

冷库选址不但要满足一般物流仓储设施的基本要求外,还要符合下列规定。
(1) 应符合当地总体规划的要求。
(2) 使用氨制冷系统的冷库库址宜选择在相邻集中居住区全年最大频率风向的下风侧。
(3) 库址周围应有良好的卫生条件,应避开有污染的化工厂、水泥厂、煤厂、传染病院以及其他产生有害气体、烟雾、粉尘、臭气和对地下水有污染的工业企业。
(4) 应结合物流流向和近远期发展等因素,选择在交通运输方便的区域。
(5) 宜具备可靠的水源和电源以及排水条件。冷库耗电量大,需要有一个可靠性较好、电压为 10 千伏或 6 千伏的外部电源。新建高压输电线路至电源接火点的距离应力求缩短。选址时应对当地的电源、供电量做深入了解,并应与当地电力部门联系,取得供电的证明。如果附近没有电源,须另选库址。除边远地区外,一般不考虑自己设发电设备供电。
(6) 应避开洪水和泥石流易发地段以及地质条件不良地段。
(7) 综合考虑各类冷库的特殊要求。

二、总平面布置

(1) 应满足物流工艺、运输、管理和设备管线合理布置及消防安全等综合要求。

(2) 当设置铁路专用线时,库房应沿铁路专用线布置。

(3) 当设置水运码头时,库房应靠近水运码头补助。

(4) 当以公路运输为主时,库房应靠近冷库运输主出入口布置。

(5) 生产加工企业的冷库应布置在厂区的清洁区,并应在其污染区夏季最大频率风向的上风侧。

(6) 食品批发市场内氨制冷系统的冷库应布置在仓储区,并应与交易区分开布置。

(7) 在库区显著位置应设风向标。

(8) 库区内应有良好的雨水排水系统,道路和回车场应有防积水和防滑的技术措施,库房周边不应采用明沟排放污水。

(9) 制冷机房宜靠近冷却设备负荷最大的区域,并应有良好的自然通风条件。

此外,库房布置设计要充分考虑以下消防要求:

(1) 两座一、二级耐火等级的库房贴邻布置时,贴邻布置的库房总长度不应大于150 m,两座库房冷藏间总占地面积不应大于10000 m²,并应设置环形消防车道。

(2) 建筑高度超过24 m的装配式冷库之间及与其他高层建筑的防火间距均不应小于15 m。

(3) 库房占地面积大于1500 m²时,应至少沿库房两个长边设置消防车道。

(4) 库房与氨制冷机房及其控制室或变配电所贴邻布置时,相邻侧的墙体应至少有一面为防火墙,且较低一侧建筑屋顶耐火极限不应低于1.00 h。

(5) 冷藏间与穿堂之间的隔墙应为防火隔墙,该防火隔墙的耐火极限不应低于3.00 h。

(6) 每座冷库库房耐火等级、层数和冷藏间建筑面积应符合表6-16的规定。

表6-16 每座冷库库房耐火等级、层数和冷藏间建筑面积

冷库库房耐火等级	最多允许层数	冷藏间最大允许总占地面积和每个防火分区内冷藏间最大允许建筑面积(m²)			
		单层、多层		高层	
		总占地面积	防火分区内面积	总占地面积	防火分区内面积
一、二级	不限	7000	3500	5000	2500
三级	3	1200	400	—	—

三、冷库容量设计

冷库的设计规模应以冷藏间或冰库的公称容积为计算标准,公称容积按冷藏间或冰库的室内净面积乘以房间净高确定。对于按直接堆码冷藏物冷库的计算容量可按下式计算。

$$G = \frac{\sum_{i=1}^{n} v_i \eta_i \rho_i}{1000} \tag{6-4}$$

式中:G——冷库的计算容量(t);

v_i——各个冷藏间的公称容积(m³);

η_i——各个冷藏间的容积利用系数,可查表6-17;在计算容积利用系数时,冷藏间能够用于堆码的货物体积应扣除通道、设备、柱子等构筑物和货物托盘所占用的空

间,以及货物与设备、构筑物间隔所占用的空间;

ρ_i——各个冷藏间食品的计算密度(kg/m^3),应按实际密度采用,并不应小于表6-18的规定;

n——冷藏间的数量。

表6-17 冷藏间容积利用系数

序 号	公称容积 $v(m^3)$	容积利用系数 η
1	500~1000	0.40
2	1001~2000	0.50
3	2001~10000	0.55
4	10001~15000	0.60
5	>15000	0.62

表6-18 食品计算密度

序 号	食品类别	密度 $\rho(kg/m^3)$
1	冻肉	400
2	冻分割肉	650
3	冻鱼	470
4	篓装、箱装鲜蛋	260
5	鲜蔬菜	230
6	篓装、箱装鲜水果	350
7	冰蛋	700
8	机制冰	750

四、冷库的热计算

冷库制冷系统负荷计算包括冷间冷却设备负荷和制冷系统机械负荷。

(1)冷间冷却设备负荷包括冷间围护结构热流量、冷间内货物热流量、冷间通风换气热流量、冷间内电动机运转热流量和冷间操作热流量,计算公式如下。

$$\varphi_s = \varphi_1 + \varphi_2 + P\varphi_3 + \varphi_4 + \varphi_5 \tag{6-5}$$

式中:φ_s——冷间冷却设备负荷(W);

φ_1——围护结构热流量(W);

φ_2——货物热流量(W);

φ_3——通风换气热流量(W);

φ_4——电动机运转热流量(W);

φ_5——操作热流量(W);

P——货物热流量系数。

冷却间、冻结间的货物不经冷却而直接进入冷却物冷藏间的货物热流量系数 P 取 1.3,其他冷间取 1.0。

(2)制冷系统机械负荷应根据不同蒸发温度分别计算,各蒸发温度的机械负荷包括所有相应冷间的冷间围护结构热流量、冷间内货物热流量、冷间通风换气热流量、冷间内电机运转热流量、冷间操作热流量和所有相应制冷设备与管道的冷损耗,计算公式如下。

$$\phi_j = (n_1\sum\phi_1 + n_2\sum\phi_2 + n_3\sum\phi_3 + n_4\sum\phi_4 + n_5\sum\phi_5)R \tag{6-6}$$

式中:ϕ_j——机械负荷(W);

n_1——围护结构热流量的季节修正系数,宜取1.0;

n_2——货物热流量折减系数;

n_3——同期换气系数,宜取0.5~1.0;

n_4——冷间用的电动机同期运转系数;

n_5——冷间同期操作系数;

R——制冷装置和管道等冷损耗补偿系数,直接冷却系统宜取1.07,间接冷却系统宜取1.12。

另外,小型冷藏库、肉类冷冻加工库、冷藏间、制冰间的制冷负荷也可以分别根据表6-19、表6-20、表6-21进行估算。

表6-19 小型冷藏库单位制冷负荷估算表

序号	冷间名称	冷间温度(℃)	单位制冷负荷(W/t)	
			冷却设备负荷	机械负荷
一、肉、禽、水产品				
1	50 t以下冷藏间	−18~−15	195	160
2	50~100 t冷藏间		150	130
3	100~200 t冷藏间		120	95
4	200~300 t冷藏间		82	70
二、水果、蔬菜				
1	100 t以下冷藏间	0~2	260	230
2	100~300 t冷藏间		230	210
三、鲜蛋				
1	100 t以下冷藏间	0~2	140	110
2	100~300 t冷藏间		115	90

表6-20 肉类冷冻加工单位制冷负荷估算表

序号	冷间温度(℃)	肉内降温情况(℃)		冷冻加工时间(h)	单位制冷负荷(W/t)	
		入冷间时	出冷间时		冷却设备负荷	机械负荷
一、冷却加工						
1	−2	+35	+4	20	3000	2300
2	−7/−2	+35	+4	11	5000	4000
3	−10	+35	+12	8	6200	5000
4	−10	+35	+10	3	13000	10000

续表

序号	冷间温度(℃)	肉内降温情况(℃)		冷冻加工时间(h)	单位制冷负荷(W/t)	
		入冷间时	出冷间时		冷却设备负荷	机械负荷
二、冻结加工						
1	−23	+4	−15	20	5300	4500
2	−23	+12	−15	12	8200	6900
3	−23	+35	−15	20	7600	5800
4	−30	+4	−15	11	9400	7500
5	−30	−10	−18	16	6700	5400

表 6-21 冷藏间、制冰间单位制冷负荷估算表

序号	冷间名称	冷间温度(℃)	单位制冷负荷(W/t)	
			冷却设备负荷	机械负荷
一、冷藏间				
1	一般冷却物冷藏间	0、−2	88	70
2	250 t 以下的冻结物冷藏间	−15、−18	82	70
3	500～1000 t 冻结物冷藏间	−18	53	47
4	1000～3000 t 单层库的冻结物冷藏间	−18、−20	41～47	30～35
5	1500～3500 t 多层库的冻结物冷藏间	−18	41	30～35
6	4500～9000 t 多层库的冻结物冷藏间	−18	30～35	24
7	10000～20000 t 多层库的冻结物冷藏间	−18	28	21
二、制冰间				
1	盐水制冰方式	—	7000	
2	桶式快速制冰	—	7800	
3	冰库	—	420	

五、冷库的隔热与防潮设计

冷库应有合理的结构、良好的隔热,以保证食品贮存的质量。冷库隔热结构的防潮及地坪防冻,可以保证冷库长期可靠地使用。库内的清洁、杀菌及通风换气,保证了食品贮存的卫生品质。

1. 结构要求

冷库主要由围护结构和承重结构组成。围护结构应有良好的隔热、防潮作用,还能承受库外风雨的侵袭;承重结构则起抗震,支承外界风力、积雪、自重、货物及装卸设备重量。冷库结构方面设计要求如下:

地基与基础:冷库基础应有良好的抗潮湿、防冻的性能,应有足够的强度。

柱和梁:冷库的柱子要少,柱网跨度要大,尽量采用小截面以少占空间,提高冷库的容积

利用系数。

墙体:外墙除隔绝风、雨侵袭,防止温度变化和太阳辐射等影响外,还应有较好的隔热、防潮性能;冷库内墙有隔热、不隔热两种。

屋盖与各楼层楼板:应满足防水、防火和经久坚固的要求;屋面应排水良好,满足隔热要求,造型美观。

2. 土建式冷库隔热防潮

土建式冷库隔热、防潮结构,是指冷库外部围护结构的建筑部分和隔热、防潮层的组合。冷库隔热防潮结构要满足以下基本要求。

(1)隔热层有足够的厚度和连续性。

(2)隔热层应有良好的防潮和隔热性能。

(3)隔热层与围护结构应牢固地结合。

(4)隔热防潮结构应防止虫害、鼠害,并符合消防要求。

3. 装配式冷库的隔热防潮

装配式冷库一般均为单层结构,其隔热材料是由专业工厂制造的预制隔热板。冷库围护结构隔热、防潮性能,直接影响到冷库内温度的稳定和食品冷却、冻结贮藏质量。良好的隔热、防潮材料的选择与合理配置,可以有效地降低冷库内温度的波动和冷库使用时间;新建冷库围护结构材料的选择与合理配置,可以降低建造投资,提高冷库的经济性。

六、冷库的节能设计

冷库作为生产性的用电单位,应该按照合理的用电原则,提高冷库节能运行管理效率,采取节能措施,降低能耗。库房冷消耗的来源分为围护结构、冷藏温度、冷藏库门、库房照明和工人热负荷。冷库设计时主要采取以下节能措施。

(1)减少围护结构冷消耗。围护结构传热量占冷库总热负荷的20%～35%,因此保证冷库围护结构的性能是节能的主要方面。

(2)采用合适的冷藏温度。当需要的低温储藏时间不超过半年时,通常采用的储藏温度为-18～-15 ℃;对于某些产品,特别是短期储藏的产品,可适当提高储藏温度,从而提高制冷系统的蒸发温度,提高制冷量。

(3)减小冷藏库门的冷损耗。开门损失的热负荷是很大的,通常库门开启时间延长一倍,冷损耗会增加数倍,而且如果开门时间过长,会使库外的高湿空气入侵,在门洞处结霜(或结露)而破坏库体结构。解决冷藏库门即时开关的最好办法是自动控制。此外,库门面积(尤其是库门高度)对冷损耗的影响相当大。研究表明,对于冷气外泄,冷藏库门的高度比其宽度影响大得多,因此应尽量降低其高度。为了减少门洞所造成的能量损失和结构破坏,还可以在门洞处设置门厅或风幕,减少库外高温、高湿空气的入侵,减小冷负荷,提高系统效益。

(4)尽量使用机械作业。使用电动叉车等机械化工具作业,可以提高作业效率,缩短冷库库门开关频率和时间。

(5)采用封闭式月台。封闭式月台和穿堂可以减少冷库的冷消耗,保持易腐货物装卸、搬运等作业所需的低温,因此是现代冷库的设计要求之一。

(6) 应用新技术节能。目前,节能新技术有 NH_3/CO_2 复叠式制冷、变频技术和超冰温技术。NH_3/CO_2 复叠式制冷系统能明显降低氨的充注量。根据国际氨制冷学会的数据,一个 6.5 万平方米的冷藏库,传统的氨二级制冷系统需要氨的量大约为 30 t,而 NH_3/CO_2 复叠式制冷系统的氨的充注量仅为 3.6 t。从美国宾夕法尼亚州某冷藏库的运行情况来看,NH_3/CO_2 复叠式制冷系统节能效果显著,满载情况下 -31.7 ℃时,NH_3/CO_2 复叠制冷系统比氨单级制冷系统节能 25%,比氨双级制冷系统节能 7%,且温度越低节能效果越明显。变频技术是对用电器在电压不变的情况下改变电频率,从而达到用电器的最大功效的发挥和节能的目的。我国使用的电压一般是两相 220 V 和三相 380 V 电压,其电频率是 50 Hz,通过变频器对电频率进行改变和控制,达到满负荷时频率高功率因数也相应提高,负荷低时频率调低,达到节能目的。超冰温技术是通过调节冷却速率等特殊技法,使生物体在冰点以下也可以不冻结的技术。

冷库设计除满足以上要求外,冷库制冷系统还应选择节能型制冷设备,不得采用对臭氧层有破坏作用的制冷剂,制冷机房应装有事故排风装置,氨制冷机房事故排风装置应采用防爆型。当制冷系统发生事故而被切断电源时,应保证事故排风装置供电可靠,库内应设置环境监测控制系统,可远程检测贮藏环境,并根据库内环境变化,自动开启制冷、加湿等设备。

同步案例 6-3

广州拜尔空港冷链物流中心逐级降温系统

广州拜尔空港冷链物流中心占地面积 33000 m^2,建筑面积 20000 m^2,前期已运行的冷藏冷库面积达 10000 m^2,可以冷藏冷冻各类货物,主要服务范围包括水产类、速冻肉类、红酒、鲜花、乳制品、生物医药等,具备低温($-35 \sim -20$ ℃)、高温($0 \sim 8$ ℃)、恒温恒湿($10 \sim 20$ ℃)、超低温($-60 \sim -45$ ℃)等各种冷链物流条件下的仓储保管、运输配送、分拣包装等冷链物流服务功能,可以满足不同货物对各种温度的要求。

拜尔空港冷链物流中心注重冷链各环节温度的控制。在生鲜食品从月台、经穿堂、到冷库的过程中,合理设置库门、门斗、穿堂、封闭式月台等环节,减少外气对流带来的冷热交换。首先利用封闭式月台有效阻止热空气进入,控温 $10 \sim 15$ ℃,脱除水分;其次穿堂温度控制在 5 ℃左右,进一步脱除空气中的水分;最后利用"门斗+软门帘"有效阻止冷库内外空气的对流传导,并保证充分凝霜脱水。门斗除了减缓气体进入冷库的量,更重要的是在门斗内达到充分凝霜和降温的效果,有效除去空气中的水分,避免湿热空气带入库内。通过逐级降温和除湿,可以保持冷库内空气干燥清爽、制冷系统结霜量大幅降低和减少除霜次数,最终达到高效节能的目的。

(资料来源:http://www.gzbaier.com。)

【思考】

1. 拜尔空港冷链物流中心逐级降温系统由哪些环节组成?
2. 冷库门斗的作用是什么?

第五节　冷库运营管理

一、冷库的操作管理

通常,冷库使用过程中要注意以下问题:
(1) 防止水、汽渗入隔热层;
(2) 防止因冻融循环把冷库建筑结构冻酥;
(3) 防止地坪(楼板)冻臌和损坏;
(4) 保持货位堆垛与墙、顶、排管和通道的距离要求,冷库内货位的间距要求如表 6-22 所示;
(5) 冷库门要经常进行检查,尽量减少库门的开启;
(6) 库内排管扫霜时,严禁用钢件等硬物敲击排管。

表 6-22　商品货位的堆垛与墙、顶、排管和通道的距离要求

建筑物名称	货物应保持的距离(mm)	建筑物名称	货物应保持的距离(mm)
高温库顶棚	≥300	低温库顶棚	≥200
顶排管	≥300	墙	≥200
墙排管	≥400	风道底部	≥200
冷风机周围	≥1500	手推车通道	≥1000
铲车通道	≥1200		

另外,还要做好冷库温湿度控制。
(1) 在库内外适当地点设立"干湿球温度计",一般可在每个库房内的中部悬挂一个,悬挂的高度离地面不低于 1.8 m。建筑面积不少于 100 m^2 的冷库,温度传感器不少于 2 个。
(2) 自动或指定专人每天按时观察和记录温湿度。
(3) 按月、季、年分析记录统计该时期内最高、最低和平均温湿度。
(4) 当发现库内温湿度超过要求时,应立即采取相应措施,以达到安全储存的目的。

二、冷库的卫生管理

1. 冷库的卫生和消毒

冷库内应保持良好的环境卫生,防止食品受到污染。保持库房和工具设施的卫生。常用的消毒方法有漂白粉消毒、次氯酸钠消毒、乳酸消毒、粉刷方法、紫外线消毒。

2. 工作人员的个人卫生

冷库工作人员经常接触多种食品,如不注意卫生,本身患有传染病,就会成为微生物和病原菌的传播者。因此,对冷库工作人员的健康状况和个人卫生应有严格的要求。

3. 食品冷加工过程中的卫生管理

(1) 具有强烈气味的食品,如鱼、葱、蒜、乳酪等和贮藏温度不一致的食品,严格禁止混存在一个冷藏间内。

(2) 对冷藏中的食品,应经常进行质量检查。

(3) 食品全部取出后,库房应通风换气。

4. 除异味

库房中发生异味一般是由于贮藏了具有强烈气味或腐烂变质的食品所致。臭氧具有清除异味的性能。用甲醛水溶液(即福尔马林溶液)或5%～10%的醋酸与5%～20%的漂白粉水溶液,也具有良好的除异味和消毒作用。

5. 灭鼠

冷库的灭鼠工作应着重放在预防鼠类进入。消灭鼠类的方法很多,可用机械捕捉、毒性饵料诱捕、气体灭鼠等方法,用CO_2气体灭鼠效果较好。

三、冷库安全管理

冷库安全管理包括:①防止冻伤;②防止人员缺氧窒息;③避免人员被封闭库内;④妥善使用设备;⑤防火,防氨泄漏。

因此,从制度建设方面,冷库管理机构应当:①建立冷库安全管理制度,并设有专门的安全管理人员;②制定有漏氨事故的紧急处置预案,当制冷系统发生漏氨事故时,能及时应对,妥善处理。

冷库安全管理紧急预案主要包括:

(1) 报警。紧急通知企业管理、维修、应急抢险等相关人员到达现场处置。拨打"119""120",向消防等部门报警。

(2) 事故排风及紧急停机。当发生漏氨事故时,应迅速启动事故排风及紧急停机装置。

(3) 关阀。关闭相关阀门,切断事故源头。

冷库安全事故
及预防措施

(4) 人员疏散。根据地形、风向、风速、事故漏氨程度等组织好人员疏散,必要时实施交通管制和交通疏导。

(5) 泄压排空。以漏氨点为中心,及时有效地对储罐或容器进行泄压排空,同时用喷雾水枪进行稀释降毒。

(6) 器具堵漏。可用专门的堵漏工具和管夹或盲板封堵。

(7) 现场洗消处理。根据液氨的理化性质和受污染的程度,采用不同的方法进行洗消,减少对环境的污染。

四、冷库的库存管理

冷库的库存管理包括安全库存管理、储备库存管理和进出货量管理。应用RFID等信息技术可以建立数字化的库存管理系统。

RFID系统的软硬件可以与库存管理和自动控制实现集成,顺畅地实现数据识别、数据采集、数据交换及存储,保证了仓储环节对整个冷链的支撑。由 RFID 系统实现数据录入的自动化,可以减少大量的人力物力消耗,同时还可以对冷库库存实现动态实时的控制。

入库、出库及移库的操作:当贴有 RFID 标签的货物进出仓库时,出入口处的读写器将自动识读标签,不需人工扫描。根据得到的信息,管理系统会自动更新存货清单,实现自动操作。结合库管人员的手持终端设备与计算机及货物 RFID 标签的数据交互,可以实现货物与库位的精确对应,从而实现完整的出入库和移库控制。

库存盘点:盘点库存时不需要进行人工检查或扫描条形码,因此库存盘点时的工作量和不必要损耗大大减少,而且通过 RFID 技术的跟踪操作,使得确定货物的位置更为精确具体。

实时监控货物温度变化:将温度传感器采集的温度定时写入 RFID 标签的芯片中,当 RFID 标签接到 RFID 读写器天线信号时,将 RFID 芯片内的温度数据上传给 RFID 读写器,交由后端系统处理。

综合案例

面向生鲜电商的冷库内部设计

一、案例背景

随着近年来人们生活品质的大幅提升,人们对生鲜产品的需求越来越旺盛,要求也越来越高,生鲜电商成为一个新的"蓝海",加之国家"互联网+"战略助推,大量资本涌入生鲜电商,2015 年也被称为生鲜电商元年。上海郑明现代物流公司作为一家专注于冷链物流服务的企业,在目前生鲜电商行业发展的格局下,公司高度重视在全国范围内的库网建设,尤其是冷库建设。

(一)设计要求

1. 设计注意事项

(1)冷库容积。主要依据存储生鲜产品的最大量来计算,不仅考虑产品所占容积,还要考虑过道和间距等。

(2)仓库位置。冷库设计时,不仅要考虑进出入口,还要考虑工作间、包装平台、分拣平台等布局以及排水条件等,这些都与仓库位置息息相关。

(3)冷库保温材质的选择。既要经济实用,又要有良好的隔热性能,其选择必须因地制宜。

(4)冷库制冷系统的选择。应结合各制冷系统的优缺点和仓储产品需求来选择,也包括安装及管理的便利性方面。在冷库制冷装置中,制冷压缩机设备的容量及数量是根据生产规模的最大负荷,并考虑制冷参数的前提下配置的。

2. 仓库建设条件

(1)仓库占地面积 1 万平方米,长 200 m,宽 50 m,高 9 m;

(2)依托某公路而建,该位置排水等性能良好(见图 6-25)。

(二)生鲜电商冷库规划需求

仓储部老刘自荐制作设计方案并得到许可。经老刘申请,仓储部组织了一次调研会议,主要针对生鲜电商类产品,设计一个超越时代的生鲜产品仓库。以下是老刘的发言要点。

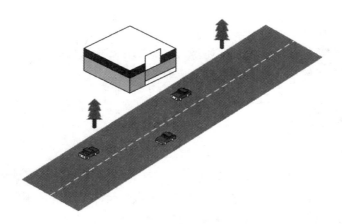

图 6-25 仓库的建设位置

未来智能冷库应该是高科技、智能化的。如今,仓库已经开始尝试使用谷歌眼镜、自动行驶机器人等智能设备,以提高接到用户订单后的拣货速度,而提高拣货速度是提高发货速度的重要环节。智能可穿戴设备和机器人参与到电商库房的工作流程中,最大的好处就是能提高订单的拣货速度,同时降低员工的劳动强度。现在已有不少企业实现了冷库实时远程监控系统的研制和应用。该系统可以提供稳定可靠的制冷系统实时监控、集中控制、自动化管理,可实现自动巡测、故障报警、故障定位、自动寻呼、自动记录、历史数据导出/打印、自动在线检测、节能控制、自动化管理、远程调试等功能。冷库视频监控及远程综合管理平台系统实现了集中管理,确保不仅看得见,还能看得清,提高了系统的智能化、管理的科学化,提升风险管控能力和应对突发事件的处理能力。

合理应用制冷新技术。目前与冷库息息相关的制冷技术也有了新的突破,如氨制冷技术、二氧化碳制冷技术、半导体制冷技术,以及磁制冷技术等都可能对冷库的设计产生一定的影响。比如,已有企业正在实施的 $R404A/CO_2$ 复叠制冷系统以及 CO_2 临界制冷技术,可有效解决以"氨"为制冷剂泄露对人身和食品的危害,以及以"氟-R22"为制冷剂泄露对大气层的破坏等问题,超越 NH_3/CO_2 复叠制冷,真正体现安全、环保、节能、高效。另外,以前都是用排管制冷技术,该技术比较成熟,温度控制均匀,长期运用也很节约,但前期投入大,危险性高,要求严格,所以很多公司都不再使用。公司现在用的是风冷技术,调温快,但氟利昂和噪声污染、温度不均匀、易结霜问题突出。这些技术在冷库设计时的合理应用不仅能提高冷库设计的质量,而且也使设计出来的冷库具有质的提高。

迎合公司战略布局,采用新技术、新手段等设计出一个示范性三温库。

(1) 高技术含量。这个方案设计不仅涉及仓库本身具有的制冷、温控、条码等先进的冷链技术,在以后的方案解决过程中,还可能应用到各种软件技术,如仿真技术等。

(2) 大工作量。在方案设计时,要定量与定性相结合,在解决的过程中,处理情况也不单一,若要能够很好地解决,必须经过大量的分析处理。

(3) 切合实际。以上所提及的所有问题,基本上都与现实操作相结合。若能应用学术的手段解决诸如此类问题,将改善我们公司运作过程,使其简化操作、节约成本。

(摘自《"郑明杯"第五届全国大学生物流设计大赛案例》,有删减。)

二、案例讨论

1. 生鲜电商冷库规划需求有哪些？
2. 生鲜电商冷库与传统冷库在设计需求方面有什么区别？
3. 老刘接下来如何设计出具有示范意义的冷库呢？

练习与思考

1. 练习题

（1）冷链物流中心的基本要求有哪些？

（2）冷链物流中心与冷链物流配送中心、冷链物流园区有哪些区别？

（3）冷链物流中心的功能主要有哪些？

（4）冷链物流中心规划的原则是什么？有哪些规划内容和程序？

（5）按建筑结构形式不同，冷库可分为哪几类？各有什么特点？

（6）冷库的组成结构主要有哪些？

（7）气调冷库的工作原理以及优缺点是什么？

（8）冷库的运营管理要注意哪些内容？

（9）某冷库需要贮藏一批冻猪肉 1000 t，试计算所需的冷藏间容量（已知冻猪肉密度为 400 kg/m³，冷藏间利用系数为 0.6）。如堆货高度为 6 m，需要多少面积？

（10）某冷藏库容量为 3100 t，请查表估算冷库制冷系统设备负荷和机械负荷。

2. 思考题

某公司拟投资建设一处生鲜农产品冷链物流中心，经营品类包括粮油及其制品、生鲜蔬菜和生鲜水果，具备物流、综合服务、交易、展览等功能。

项目地块如图 6-26 所示。占地面积为 80000 m²，南北两面都有公路通过，可以方便重型卡车进出。

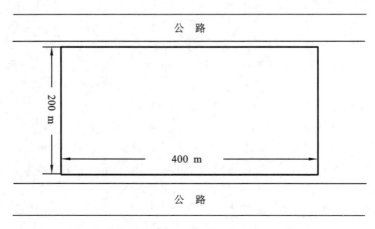

图 6-26 项目地块

该生鲜农产品物流中心预计年吞吐量为 150 万吨，分品类数据如表 6-23 所示。

表 6-23 生鲜农产品物流中心年吞吐量数据

货物品类	年吞吐量(万吨)	冷藏率(%)	年周转次数
粮油及制品	80	20	20
生鲜蔬菜	40	20	75
生鲜水果	30	50	36

设计内容如下：

(1) 规划该冷链物流中心的功能分区，并详细计算各分区的面积；

(2) 合理规划冷链物流中心布局，并绘出物流中心的布局规划图。

第七章
冷链运输与装备

学习目标

了解冷链运输的基本状况,冷链运输的主要装备,包括陆运、海运和空运的主要装备,冷链运输的耗能计算方法、节能管理等;掌握冷链运输装备的基本要求及分类,冷链运输装备的技术参数及测试方法和要求,冷链运输装备的基本结构,了解冷链运输装备的研究现状、发展趋势等,并掌握冷链运输的节能方法及配送。

案 例

运出小白杏,拉回冻海鲜

"我们村在南山深处30多公里,现在一个电话,快递员就会上门收寄农产品,让身处大山的我们和城里人一样有了发展机会。"家住新疆维吾尔自治区乌鲁木齐市甘沟乡天山村的郭珊通过直播卖苹果、杏干等,年收入超过10万元。在新疆各部门和物流企业的共同努力下,绝大多数乡村物流"微循环"已像天山村那样畅通起来。近年来,新疆不断提升物流行业细分水平,电商快递和农产品冷链物流的快速发展,食品双向流动,有力支撑全疆产业发展。

以习近平新时代中国特色社会主义思想为指导,深入贯彻党的十九大和十九届二中、三中、四中、五中、六中全会精神,增强"四个意识"、坚定"四个自信"、做到"两个维护",立足新发展阶段,完整、准确、全面贯彻新发展理念,以推动高质量发展为主题,以深化供给侧结构性改革为主线,以改革创新为根本动力,以满足人民日益增长的美好生活需要为根本目的,统筹发展和安全,结合我国国情和冷链产品生产、流通、消费实际,聚焦制约冷链物流发展的突出瓶颈和痛点难点卡点,补齐基础设施短板,畅通通道运行网络,提升技术装备水平,健全监管保障机制,加快建立畅通高效、安全绿色、智慧便捷、保障有力的现代冷链物流体系,提高冷链物流服务质量效率,有效减少农产品产后损失和食品流通浪费,扩大高品质市场供给,保障食品和医药产品安全,改善城乡居民生活质量,为构建以国内大循环为主体、国内国

第七章

冷链运输与装备

际双循环相互促进的新发展格局提供有力支撑。

冷链物流是利用温控、保鲜等技术工艺和冷库、冷藏车、冷藏箱等设施设备，确保冷链产品在初加工、储存、运输、流通加工、销售、配送等全过程始终处于规定温度环境下的专业物流。推动冷链物流高质量发展，是减少农产品产后损失和食品流通浪费，扩大高品质市场供给，更好满足人民日益增长美好生活需要的重要手段；是支撑农业规模化产业化发展，促进农业转型和农民增收，助力乡村振兴的重要基础；是满足城乡居民个性化、品质化、差异化消费需求，推动消费升级和培育新增长点，深入实施扩大内需战略和促进形成强大国内市场的重要途径；是健全"从农田到餐桌、从枝头到舌尖"的生鲜农产品质量安全体系，提高医药产品物流全过程品质管控能力，支撑实施食品安全战略和建设健康中国的重要保障。

1. 冷链集疏运体系加快构建

因库车小白杏陆续上市，阿克苏优能农业科技股份有限公司总经理王俊博忙个不停。"公司在阿克苏地区冷藏车数量最多，冷藏车常年往返阿克苏和江浙沪，将库车小白杏、红旗坡苹果等高品质新鲜水果运出，返回时拉运冷冻海鲜和南方时令水果，货源不断。"王俊博说，经保鲜冷藏运输的水果在浙江等地卖得特别火。

随着生鲜电商等新业态的出现与快速增长，我国的冷藏车市场发展迅速。2015—2019年，我国冷藏车保有量几乎保持着20%以上的增速。即便有新冠疫情造成的影响，冷藏车销售市场依然保持着38%的增幅。

从农村农产品运输到城市配送，冷链物流市场呈现出旺盛需求。"新疆物流以传统运输为主，冷链物流因运距长、企业投资收益低，普及率仅为20%～30%。"作为新疆最大的冷链物流基地负责人，新疆海鸿实业投资有限公司总经理严林龙对行业发展情况了然于胸。

随着新疆综合立体交通运输体系逐步完善，进出疆和国际物流能力的提升，冷链物流产业链有望更快更好发展。新疆正围绕特色农产品出疆、生鲜产品进疆、进出口冷链需求，打造"331"冷链物流运行体系，推进冷链集疏运体系建设，优化冷链物流运输模式。

据国务院办公厅印发的《"十四五"冷链物流发展规划》提出，要打造"321"冷链物流运行体系，中央一号文件连续15年提及冷链物流发展，并提出加快互联网等信息技术在物流行业的深度应用等。完善国家骨干冷链物流基地布局，加强产销冷链集配中心建设，补齐两端冷链物流设施短板，夯实冷链物流运行体系基础，加快形成高效衔接的三级冷链物流节点；依托国家综合立体交通网，结合冷链产品国内国际流向流量，构建服务国内产销、国际进出口的两大冷链物流系统；推进干支线物流和两端配送协同运作，建设设施集约、运输高效、服务优质、安全可靠的国内国际一体化冷链物流网络。"三级节点、两大系统、一体化网络"融合联动，形成"321"冷链物流运行体系。国家层面和相关部门密集出台政策支持冷链物流产业、互联网技术在物流领域的深度融合发展。整体来看，国家政策层面、行业技术发展等因素为冷链物流发展带来重大发展机遇。

"这是给冷链物流产业发展按下了快进键，我们联合了另外两家冷链物流企业一同申报国家骨干冷链物流基地，准备实施冷链物流信息化建设等产业提升项目，希望能够引领带动新疆冷链物流高质量发展。"严林龙说。

2. 新型冷链物流网络正在形成

《"十四五"冷链物流发展规划》提出，到2025年，我国将初步形成衔接产地销地、覆盖城市乡村、联通国内国际的冷链物流网络，基本建成符合我国国情和产业结构特点、适应经济社会发展需要的冷链物流体系,调节农产品跨季节供需、支撑冷链产品跨区域流通的能力和效率显著提高。

围绕现代冷链物流体系总体布局,建设北部、鲁陕藏、长江、南部等"四横"冷链物流大通道,以及西部、二广、京鄂闽、东部沿海等"四纵"冷链物流大通道,形成内外联通的"四横四纵"国家冷链物流骨干通道网络。

近年来,作为中欧班列的重要节点,新疆大力培育跨境电商新业态,乌鲁木齐市、阿拉山口市和喀什市获批国家跨境电商综合试验区,跨境电商产业蓬勃发展,成为新疆外贸高质量发展的一大亮点。2022年4月20日,乌鲁木齐综合保税区与中国邮政集团新疆分公司达成战略合作协议,共同打造"中国邮政中亚—中欧海外仓枢纽站";5月1日,霍尔果斯口岸首批跨境电商货物在霍尔果斯综合保税区集结,搭乘中欧班列发往波兰马拉舍维奇,标志着霍尔果斯跨境电商货物实现了在本地启运,搭载中欧班列西行直达欧洲。随着新疆各地跨境电商的蓬勃发展,一个覆盖周边国家、面向欧洲、延伸至"一带一路"沿线国家的新型外贸物流网络正在形成。

目前,新疆霍尔果斯、阿拉山口口岸通行中欧(中亚)班列固定线路达57条,通达18个国家和地区,运输货物品类涵盖服装百货、电子产品、机械配件等200余种。

(资料来源:赵悦,见 https://www.mot.gov.cn/jiaotongyaowen/202206/t20220616_3659462.html,有增改。)

第一节 冷链运输概述

一、冷链运输方式及其选择

(一)冷链运输方式

目前,普通货物的运输有五种基本的运输方式,即公路运输、铁路运输、水路运输、航空运输和管道运输。对于冷藏货物来说,除了管道运输外,其他四种运输方式都有广泛的应用。

1. 公路冷链运输

1)公路运输的特点

公路运输的主要特点是机动、灵活,可实现"门到门"运输,较适合运输中短途货物,并且公路运输有速度较快、可靠性高和对产品损伤较小的特点。汽车承运人具有灵活性,他们能够在各种类型的公路上进行运输,不像铁路那样要受到铁轨和站点的限制,所以公路运输比其他运输方式的市场覆盖面都要广。

2)公路运输的应用

公路运输的特点使得它特别适合于配送短距离、高价值的产品。公路运输不仅可进行直达运输,而且是其他运输方式的接运工具,并可减少运输过程中的中转环节及装卸次数。由于递送的灵活性,公路运输在中间产品和轻工产品的运输方面也有较大的竞争优势。总的来说,公路运输在物流作业中起着骨干作用。

3）公路冷链运输装备

公路运输是目前冷链运输中最普遍、最常见的重要方式。公路冷链运输通常采用两种运输设备：一种是装有小型制冷设备的冷藏汽车；另一种是仅用隔热材料使车厢保温的保冷车。在长途运输中，机械制冷是最常用的方法，因为从它的重量、所占空间和所需费用来说都是有利的。不采用干冰或液氮的冷藏汽车的原因是操作费用较高，所需制冷剂沿途再补充有一定困难。

长距离的运输，热量平衡取决于渗透过车内壁的热量以及渗透过地板由路面反射的热量。如果车壁气密性良好，则空气渗透的影响很小。在短距离运输冻结食品时，一般采用小型车辆，市区分配常用2～5吨/辆。这种车辆的热负荷主要来自经常开门造成的空气渗漏。对距离较短的运输来说，如果中途不开门，则可以采用无制冷装置的隔热保冷车，在这种情况下，应根据室外温度、隔热层的隔热效果和运输距离等因素将货物预冷，使温度在运输途中保持在所需的安全范围内。运输冷冻食品的冷藏汽车必须使食品的温度保持在$-18\ ℃$以下，所以应采用有制冷设备的冷藏汽车。国内因条件限制，目前还有相当数量的冷藏食品采用保冷车运输，很难实现维持在$-18\ ℃$。尤其是高温季节时，对于不再储藏、尽快消费的产品，温度管理目标也可规定在3小时内不超过$-15\ ℃$。

2. 铁路冷链运输

1）铁路运输的特点

铁路运输的一个主要优势是以相对较低的运价长距离运输大批量货物。尤其在我国，幅员辽阔，铁路是货物运输的主要方式。现在世界上几乎所有大都市都通有铁路，铁路在国际运输中也占有相当大的市场份额。

2）铁路运输的应用

铁路覆盖面广，适应性强，可全天候不停运营，具有较高的连续性、可靠性和安全性。但是因受到铁轨、站点等的限制，铁路运输的灵活性不高。铁路一般是按照规定的时间表进行运营的，发货的频率要比公路运输的低。

3）铁路冷链运输装备

由铁路运输冻结食品时都采用良好隔热的冷藏列车。目前我国使用的冷藏列车主要有机械保温车，在其车厢上装有小型制冷设备，车厢温度可保持为$-24\sim-18\ ℃$。国外还有采用干冰、液氮等冷却方式的冷藏列车。利用平板车运送拖车和冷藏集装箱的方法，可从发货地点直接运到收货地点，中途可避免多次装卸，不仅降低了成本，而且保证了货物的质量，越来越多地被广泛采用。

3. 水路冷链运输

1）水路运输的特点

水路运输是最古老的运输方式。远洋航运是国际货物运输的主要方式，其主要优点是能够运输数量巨大的货物，适合于进行长距离、低价值、高密度、便于机械设备搬运的货物运输，如谷物、钢铁矿石、煤炭、石油等。水路运输的主要缺点是运营范围和运输速度受到限制。另外，水路运输的可靠性与可接近性较差。除非其起始地和目的地都接近水道，否则必须由铁路和公路补充运输。水运的最大优势是低成本。因此，水路是大宗货物长距离运输的理想选择。

2）水路运输的应用

水路运输方式中的远洋运输是目前国际贸易的主要运输方式，国际运输80%的货物是通过水路运输方式来完成的。尤其是国际集装箱运输，以其高效、方便的特点在海运中占重要的地位。

3）水路冷链运输装备

水路冷链运输的主要工具为冷藏船和冷藏集装箱。冷藏船上都装有制冷设备，船舱隔热保温，常用冷藏货仓来装运放在托盘上或举棋的货物。在许多航线上，常规的冷藏货物运输舱已大部分被冷藏集装箱取代。冷藏集装箱一律采用机械制冷，隔热保温要求严格，能在一定的时间适度地保护预冷货物而不用制冷。但对较长时间暴露在大气温度下的集装箱则设有快捷式制冷机组，由内燃机驱动，或采用液氮制冷。在等待装货时，可由固定的制冷装置提供冷风，使之在箱内循环，这种供冷方式可由一台或几台机械制冷机组完成，也可向空气循环系统不断地注入少量液氮，还可一次注入液体二氧化碳或液氮。

4. 航空冷链运输

1）航空运输的特点

航空运输的最大优点在于运输速度快，对于高价货物，易腐烂、变质货物等是一种必要的运输方式。但货运的高成本使得空运并不适用于大众化的产品，通常航空用来运输高价值产品或时间要求比成本更为重要的产品。另外，航空运输由于受天气影响较大，使得可靠性降低。

2）航空运输的应用

航空运输在近年来得到了飞速发展，尤其是在国际运输领域，航空运输的发展速度是最快的。目前，一些重量较轻的样品、包裹、文件一般都是通过航空快递来完成的。

3）航空冷链运输

飞机作为现代速度最快的交通工具，是冷链运输中的理想选择，特别适用于远距离的快速运输。随着国民经济的发展和人民生活水平的提高，航空冷链运输得到了快速发展。随着冷链运输工具、冷藏技术的发展和普及程度的提高，冷藏集装箱联运组织系统的完善，运输时间大大缩短。在时间和食物的鲜度就是金钱的今天，人们对航空冷链运输的需求量越来越大。如疫苗、生物制剂、高级酒店的生鲜山珍海味、特种水产养殖的苗种、跨国的花卉业、观赏鱼等，经常采用航空冷链运输的方式。因此，航空冷链运输无疑是一项很有发展前途的行业。航空运输的发展为虾蟹类和高档水产品的长距离运输提供了条件，这种运输方式速度快、时间短、食品损伤极小。国内餐厅中的一些高档"生猛海鲜"大多采用航空运输。然而飞机往往只能运行于机场与机场之间，冷藏货物的进出机场还要有其他冷链运输方式来配合。

航空冷链运输是通过装载冷藏集装箱进行的，除了使用标准的集装箱外，小尺寸集装箱和为一些专门行业采用的非国际标准的小型冷藏集装箱更适合于航空运输。因为它们既可以减少起重装卸的困难，又可以提高机舱的利用率，对空运的前后衔接都带来方便。

由于飞机上动力电源和制冷能力有限，不能向冷藏集装箱提供电源或冷源，因此空运集装箱的冷却方式一般是采用液氮和干冰。在航程不太远、飞行时间不太长的情况下，可以采取对货物适当预冷，进行保冷运输。

（二）冷链运输方式的选择

以上介绍了冷链运输的四种基本运输方式。在某一个具体的冷链运输项目中，采用哪一种运输方式，需要综合考虑运输物品的种类、运输量、运输距离和运输费用。

在运输物品种类方面，物品的形状、单件重量容积、危险性、变质性等都成为选择运输方式的制约因素。比如冷冻肉、冷冻禽类，既可采用冷藏汽车运输，也可采用铁路冷链运输，但液体奶一般只能采用冷藏汽车运输，水产品多采用冷藏船运输。

在运输量方面，一次运输的批量不同，选择的运输方式也不同。一般来说，原材料等大批量的货物运输适合铁路运输或水运。

货物运输距离的长短直接影响到运输方式的选择。一般来说，中短距离的运输比较适合于公路运输。货物运输时间长短与交货时间有关，应该根据交货期来选择适合的运输方式。总体来说，国际之间的冷藏货物大多采用冷藏集装箱或航空冷链运输。

运输费用的高低是选择运输方式时要重点考虑的内容，但在考虑运输费用时，不能仅从运输费用本身出发，还必须从物流总成本的角度联系物流的其他费用综合考虑。除了运输费用外，还有包装费用、保管费用、库存费用、装卸费用以及保险费用等。在选择最为适宜的运输方式的时候，应该保证总成本最低。

物品价格的高低关系到承担运费的能力，也成为选择运输方式的重要考虑因素。

当然，在具体选择运输方式的时候，往往要受到当时特定的运输环境的制约，因而必须根据运输货物的各种条件，通过综合判断来加以确定。

《联合国国际货物多式联运公约》

二、冷链运输的要求及管理

冷藏货物由于受地理分布、气候条件以及其他许多条件因素的影响，原料产地、加工基地与消费中心往往相距很远，为了供应各地消费需要，维持市场供应均衡，必须进行调度运输。尤其对于易腐食品来说，在自然条件下很快腐烂变质，失去食用价值，其运输必须处在最适合的温度和相对湿度条件下，这对运输工具及其运输管理提出了一定的要求，并在运输组织过程中，要使各个环节都合理化。

（一）冷链运输的要求

不同的冷藏货物都有一定的储藏温度、湿度条件的要求。在冷链运输中应满足这些条件的要求，并保持其稳定性。因此，在冷链运输中必须进行控温运输，车内温度应保持与所运易腐食品的最佳储藏温度一致，各处温度分布要均匀，并尽量避免温度波动。如果不可避免地出现了温度波动，也应当控制波动幅度和减少波动持续时间。为了维持所运食品的原有品质，保持车内温度稳定，冷链运输过程中可从以下两个方面考虑。

（1）温度要求：易腐食品在低温运输前应将食品预冷到适宜的储藏温度。如果将生鲜易腐食品在冷链运输工具上进行预冷，则存在许多缺点：一方面预冷成本成倍上升；另一方面运输工具上所提供的制冷能力有限，不能用来降低产品的温度，只能有效地平衡环境传入的热负荷,维持产品的温度不超过所要求的最高温度。因而在多数情况下不能保证冷却均匀,而且冷却时间长、品质损耗大。因此,易腐食品在运输前应当采用专门的冷却设备和冻结设备,将温度降低到最佳存储温度以下,然后再进行冷链运输,这样更有利于保持储运食品的质量。

(2) 湿度要求:运输过程中,冷藏食品的水分在食品和冷空气处于热平衡的状态下进行蒸发,特别是用能透过蒸汽的保护膜包装的或表面上并无任何保护膜包装的食品,其表面不但有热量散发出来,同时还有水分向外蒸发,造成失水干燥。水果、蔬菜中水分蒸发,导致其失去新鲜的外观,当减重达到5%时,会出现明显的凋萎现象,影响其柔嫩性和抗病性。肉类食品除导致重量减轻外,其表面还会出现收缩、硬化,形成干燥皮膜,肉色也会发生变化。鸡蛋中水分蒸发会造成气室增大、重量减轻、蛋品品质下降。因此,只有控制车厢内的相对湿度大于食品的水分活度,才是合理的。但是各种食品都有一定的环境相对湿度要求,过高或者过低对食品的质量及其稳定性都是不利的。在运输过程中,含水量充足、水分活度高的新鲜食品应在相对湿度较大的车厢环境中储运,以防止水分散失;含水量少、水分活度低的干燥食品可在相对湿度低的车厢环境中储运,以防止吸附水分。

(二) 运输工具的要求

运输工具是冷链运输环节中最重要的设施,运输工具的质量直接影响到运输质量,也就直接影响到冷藏货物的质量。对于不同的运输方式,有不同的运输工具,但它们应该满足以下几方面的要求。

(1) 冷源。运输工具上应当具有冷源,如干冰、冰盐混合物、碎冰、液氮或机械制冷系统等,能产生并维持一定的低温环境,保持食品的品温,利用冷源的冷量来平衡外界传入的热量和货物本身散出的热量。如蔬类在运输过程中,为防止车内温度上升,应及时排除呼吸热,而且要有合理的空气循环,使得冷量分布均匀,保证各点的温度均匀一致并保持稳定,最大温差不超过3 ℃。有些冷藏货物对温度要求较高,如速冻食品,在冷链运输中运输工具必须要有机械制冷系统以提供冷源。

(2) 良好的隔热性能。冷链运输工具应当具有良好的隔热性能,总的传热系数 K 要求小于 $0.4\ W/(m^2 \cdot K)$,甚至小于 $0.2\ W/(m^2 \cdot K)$,能够有效地减少外界传入的热量,同时保持机械制冷所产生的冷源,避免车内温度的波动和防止设备过早地老化。一般来说,K 值平均每年要递增5%左右。车辆或集装箱的隔热板外侧应采用反射性材料,并且保持其表面清洁,以降低对辐射热的吸收。在车辆或集装箱的整个使用期间应避免箱体结构部分的损坏,特别是箱体的边和角,以保持隔热层的气密性,并且应该定期对冷藏门的密封条、跨式制冷机组的密封、排水洞和其他孔洞等进行检查,以防止因空气渗透而影响隔热性能。

(3) 温度检测和控制设备。运输工具的货物间必须具有温度检测和控制设备,温度检测仪必须能准确连续地记录货物间内的温度,温度控制器的精度要求高,为 ± 0.25 ℃,以满足易腐食品在运输过程中的冷藏工艺要求,防止食品温度过分波动。

(4) 车厢的卫生与安全。车厢内有可能接触食品的所有内壁必须采用对食品味道和气味无影响的安全材料。箱体内壁包括顶板和地板,必须光滑、防腐蚀、不受清洁剂影响,不渗透、不腐烂,便于清洁和消毒。除了内部设备需要和固定货物的设施外,箱体内壁不应有凸起部分,箱内设备不应有尖角和褶皱,使货物进出困难,脏物和水分不易清除。在使用中,车辆和集装箱内的碎渣屑应及时清扫干净,防止产生异味,污染货物并阻碍空气循环。对冷板所采用的低温共溶液的成分及其在渗透时的毒性程度应予以足够的重视。对于汽车运输来说,冷藏车的清洗频率应该是比较高的,每一个运次回场后都应该清洗冷藏车厢。

(三)冷链运输管理

冷链运输的组织管理工作是一项复杂细致而又责任重大的工作,必须对各种冷链运输工具的特性、易腐货物的冷藏条件、货源的组织、装车方法、调度工作等问题十分熟悉,加强运输过程中各个环节的管理工作,保证易腐货物高品质而又快速地到达目的地。

1. 运输管理原则

无论采用何种冷链运输方式,运输管理都必须坚持"及时、准确、经济、安全"的基本原则。

(1)及时。按时把货物送到指定地点是最重要的,同时也是最难做到的。在实际运输中,经常出现货物迟到的现象,这对于企业的销售影响很大,甚至因此失去客户。对于冷链运输来说,不及时送到,对于货物的质量有很大的影响。尤其是没有机械制冷装置的运输工具,较保温汽车,路上运输的时间越长,对货物的影响就越大。

(2)准确。在运输的整个过程中,要防止各种差错的出现,如货物多发、少发、漏发等。另外,在冷链运输开始之前承运人应该掌握准确的装卸货点,核对联系人的姓名、电话等,防止冷藏货物长时间存放在运输工具上。

(3)经济。这主要是运输成本的问题。在运输方式和路线的选择、运量和运价的确定等各个环节都要考虑运输成本。冷链运输的运价都比较高,尤其是在高温季节,冷链运输往往供不应求,价格很高,所以应该从运输组织的角度,合理地组织货源、采用正确的包装、提高装卸效率、选用正确的运输方式等。

(4)安全。安全就是要顺利地把货物送到客户手中,包括车辆的运行安全和货物的安全等内容。对于车辆的安全来说,应该保持运输车辆良好的性能,选用驾驶技术好、经验丰富的司机;对于货物的安全来说,要做好防盗、防损等措施。

2. 承运人的选择

在冷链运输中,有一部分企业还是采用第三方冷藏物流公司进行运输的。在采用第三方运输时,最重要、最核心的工作就是承运人的选择。

承运人选择可以分为以下四步。

(1)问题识别。问题识别要考虑的因素有客户要求、现有模式的不足之处以及企业的分销模式的改变。通常最重要的是与服务相关的一些因素。

(2)承运人分析。分析中要考虑的信息有过去的经验、企业的运输记录、客户意见等。
①运输能力,包括车辆数、仓库数、运输网点、管理能力;
②门到门运输服务费用合理、低廉;
③能够及时提供运输车辆和运输状况等业务的查询、咨询服务;
④货物丢失时,能够及时处理有关索赔事项;
⑤正确填制提单、货票等运输凭证;
⑥与企业保持长期真诚合作的关系。

(3)选择决策。根据企业的实际要求,可采用各种方式向多家运输企业发出合作意向,进行招标。在决策的过程中,选择一家最好的运输企业作为今后的承运人。

(4) 选择后评价。一旦企业作出选择之后,还必须制定评估机制来评价运输方式及承运人的表现。

三、冷链运输的现状、影响因素及发展趋势

(一) 冷链运输的现状

目前,我国已经形成了公路、铁路、水运、航空等多元化冷链运输发展格局,但冷链运输市场仍以公路运输为主。近年来公路冷链运输始终保持快速增长势头。原因是,一方面在于冷链需求规模和冷库基础设施不断扩大,直接带动了冷链运输的发展;另一方面在于不断完善的高速网络使公路干线运输时间大大缩短,使运输效率得到明显提升,进而间接促进了公路冷链运输的发展。在市场需求和政策利好刺激下,线上电商生鲜采购需求爆发带来的热度正在向上游冷藏车设备端传导。根据前瞻产业研究院发布的数据,2020年全年和2021年上半年,国内冷藏车销量均实现了40%以上的增长,分别达到47.0%和44.8%。新能源冷藏车也正迎来新一轮的政策机遇期。国务院发布的《"十四五"冷链物流规划》提出,加快淘汰高排放冷藏车,鼓励新增或更新的冷藏车采用新能源车型,有计划、分步骤淘汰非标准化冷藏车。根据《"十四五"冷链物流规划》公布的数据,在生鲜电商市场加速崛起的背景下,2020年,国内冷链物流市场规模超过3800亿元,冷藏车保有量约28.7万辆。

(二) 中国冷链运输发展的影响因素

中国冷链运输目前面临的最大的问题是产品物流成本高,从而导致产品品质无保障,很难实现优质优价。国家农产品现代物流工程技术的产学研创新团队通过对国内外,特别是中美两国冷链物流的现状进行比较思考后,认为出现这个问题的深层次原因有以下几点。一是中国人饮食结构和饮食习惯的问题。欧美发达国家年人均摄入动物性食品肉类100kg,饮食结构以动物性食品为主。我国人均摄入动物性食品肉类仅为美国的30%,饮食结构均以谷类为主,物流对冷链的需求相对较少。中国多吃烹饪食品,过火后食用,在食品安全角度对冷链的要求相对低。而国外如美欧和日本等国家和地区生食食品相对较多,对冷链的要求标准高得多。二是中国目前百姓收入还是偏低,对价格敏感的人多,对品质敏感的人相对少。消费者不接受冷链成本造成的价格提升,果蔬类产品尤为突出。三是诚信缺失的问题。比如"冷链"使用者不能更多获利,真假冷链难辨,导致供给者不"诚",消费者自然不信。食品产业信用体系的欠缺,直接导致物流交易成本的不透明,将直接影响物流产业的发展。我国冷链物流的标准存在重叠、重复、交叉、矛盾、多余等问题,需要加强标准的完善和科学化,规范行业发展。

未来,影响中国冷链物流进一步发展的因素主要有以下几个方面。

一是中国经济发展形势,特别是中国的城镇化进程是影响冷链物流发展的重要因素。2012年以来,受国内外多方面因素影响,中国经济增长明显放缓,且预计未来很长时间中国经济增速难以再度显著回升。尽管经济增长有所放缓,但未来中国城镇化潜力仍然巨大。我国2012年城镇化率仅为53%,部分专家学者甚至认为我国实际城镇化率不足35%,离发

达国家80%以上的城镇化率相差甚远,因此,未来城镇化发展空间巨大。随着城镇化水平不断提高,城镇人口也将保持快速增长势头。由于城镇居民对冷链物流的需求水平明显高于农村居民,因此,未来随着城镇化的不断推进,城镇人口规模将不断扩大,未来冷链物流需求规模将不断提升。

二是城乡居民冷链物流观念是影响冷链物流发展的另一重要因素。虽然随着经济不断发展和人民生活水平的不断提升,城乡居民的冷链物流观念已经有所加强,但是由于区域间经济发展差距较大,城乡经济发展差距较大,居民的冷链物流观念整体仍然不是太强。目前,多数居民选购低温冷鲜食品首先看重的仍然是价格,对这些食品在整个物流过程中是否采用全程冷链并不是特别注重。未来,随着政府及相关企业冷链宣传的进一步深入,以及城乡居民消费水平和消费观念的进一步提升,消费者对冷链物流的认识和冷链物流观念将不断加强,冷链物流发展的基础将更加牢固。

三是政府冷链物流政策和对冷链物流的扶持力度也是影响冷链物流发展的重要因素。近年来,为了增加农民收入、减少农产品在物流环节的损耗、改善整个农产品的物流环境,各级政府对冷链物流基础设施和冷链物流体系建设的支持力度不断加大。未来,政府对冷链物流体系建设的支持还会持续,在政策不断支持下,冷链物流体系也将逐步趋于完善,最终促使冷链物流水平不断提高。另外,城市通行限制的改进也会在一定程度上促进冷链物流的发展。

四是冷链物流效率和物流成本也会影响冷链物流的进一步发展。毫无疑问,由于第三方物流发展滞后等种种原因,目前冷链物流配送整体效率不高,物流配送成本较高,从而在一定程度上抬高了低温冷鲜食品的终端销售价格,进而抑制了低温冷鲜食品消费。未来,随着政府支持力度的不断加强,以及第三方物流规模的不断提升,再加上低温冷鲜食品消费规模的不断扩大,冷链物流配送效率会逐步提升,而物流成本反而会逐步下降。物流效率的提升和成本的下降反过来势必会促进冷链物流的进一步发展。

五是冷链复合型人才培养机制也是影响冷链健康发展的一大因素。农产品冷链物流涉及冷链装备工程、品控安全工艺、信息技术和物流供应链管理各方面,由于该领域具有交叉性、复合型、边缘性等特点,当前农产品物流的基础研究和工程技术体系构建大大落后于产业技术发展。科教界目前没有一个完整系统的研究架构和专家队伍;学术界没有一本权威的理论专著;大专院校没有一套复合型人才培养的系统教材;产业迅猛发展,而人才供给断层或不适用的问题相当严重。目前高校里普遍没有专门设置冷链物流专业,冷链物流企业的人才成长模式大多是"师傅带徒弟",很多企业的员工都是边学边实践。

(三)冷链运输的发展趋势

随着食品冷藏业的迅速发展,冷链运输的各个方面也得到了普遍发展,其发展趋势主要表现在以下几个方面。

1. 新材料、新技术广泛运用于冷链运输

采用新材料、新技术,提高冷链运输设备的技术性能,保持冷链运输食品原有的质量;同时,降低其设备的造价和运输成本,如车体隔热层采用新型隔热材料(如聚氨酯、真空绝热板等);具有良好的隔热性能、化学稳定性能和机械性能。广泛采用如自动化技术、计算机技术、数字控制技术等新技术，优化冷链运输设备结构，提高设备可靠性和自动化水平，强化运输管理工作。

2. 采用新的制冷方法

积极应用新的制冷方法，利用不同的冷源。目前在冷链运输中除了机械制冷外，还利用液化气体（如液氮、液化二氧化碳、液化空气等）来制冷。车内采用液氮制冷系统，冷藏温度范围为-25~15 ℃，并保持温度稳定，温差不超过 1 ℃。液化二氧化碳制冷的方法是以直接喷射-20~-18 ℃的液化二氧化碳为基础的。利用液化空气制冷的方法是向货物喷射液化空气，以吸热而降低温度。这些新的制冷方法的引入，使得冷链运输过程中温度的控制更为迅速和稳定。

3. 广泛采用冷藏集装箱

冷藏集装箱的迅速发展，实现了冷链运输货物的联运网络。冷藏集装箱广泛应用于铁路、公路、水路和空中运输，是一种经济合理的运输方式。近几年来，冷藏集装箱的发展速度已超过其他冷链运输工具的发展速度。它具有装卸效率高，人工费用低，调度方便，周转速度快，运输能力大，简化理货手续，大大减小了运输货损和货差等优点，可在世界范围内流通使用，并具有冷链运输通用性和国际标准化。冷藏集装箱的尺寸和性能正日趋标准化、完善化。

总之，随着食品冷藏链的地位与日俱增，作为冷藏链的一个重要环节的冷链运输，目前正处在一个围绕保持食品品质和提高效率为中心的迅速发展阶段。为了保持食品在运输流通过程中具有良好的品质，冷链运输的方方面面将日趋完善。

同步案例 7-1

广西推进多式联运 2025 年海铁联运班列将突破 1 万列

广西《推进多式联运高质量发展优化调整运输结构实施方案（2022—2025 年）》已出台，全区将加快推进多式联运高质量发展，不断优化调整运输结构，基本形成大宗货物及集装箱中长距离运输以铁路和水路为主的发展格局。

近日，广西壮族自治区政府办公厅发布《推进多式联运高质量发展优化调整运输结构实施方案（2022—2025 年）》（以下简称《方案》），《方案》提出，到 2025 年，全区多式联运发展水平将得到明显提升，运输结构显著优化，基本形成大宗货物及集装箱中长距离运输以铁路和水路为主的发展格局，全区铁路和水路货运量将比 2020 年分别增长 18％和 37％左右，铁路和水路货运量占货运总量比重将达到 30％，集装箱铁水联运量年均增长超过 17％，西部陆海新通道海铁联运班列突破 1 万列，中越跨境集装箱班列开行 600 列以上，打造 15~20 个（条）多式联运服务品牌和精品线路。

围绕这一工作目标，广西交通部门将会同自治区各有关单位和各市人民政府完善多式联运网络体系，创新多式联运组织模式，优化调整运输结构，提升技术装备水平，优化市场营商环境，强化政策保障。其中具有突破性和创新性的工作包括畅通农村公路、多式联运和产业发展融合、高铁货运等六个方面。

在畅通农村公路"毛细血管"方面，推动农村公路连接城乡、遍布农村，实现与高等级公路有效衔接,打通农产品上行、工业品下行的"最后一公里"。在推动多式联运与产业融合发展方面,将以水果、蔗糖、木材等广西特色产品和铝、碳酸钙、钢铁、工业机械、汽车等广西特色产业为重点,围绕重点地区,提升多式联运服务产业、产品能力。推动发展广西快递服务现代农业金牌项目。持续发展"百色一号"公铁联运、西部陆海新通道海铁联运品牌。

同时,广西将打造高铁货运新品牌,积极推进高铁货运基地建设,加快建设南宁、柳州等10个高铁货运基地。鼓励电子商务、邮政快递、铁路快运等企业开展战略合作,完善高铁货运接取送达和仓储配送网络。到2025年,力争全区高铁货运发到量超过150万件。

为降低多式联运经营成本,广西将完善高速公路差异化收费政策。继续实施广西北部湾经济区、珠江—西江经济带国际标准集装箱运输车辆通行费减半政策。对整车合法装载运输全国统一《鲜活农产品品种目录》内产品的ETC车辆免收车辆通行费。落实鲜活农产品运输车辆"绿色通道"政策,优化鲜活农产品查验流程。

此外,广西还将统筹自治区财政资金加大对多式联运高质量发展的支持,通过"以奖代补"的方式对多式联运服务品牌和精品线路给予最高1000万元的补助资金,加快培育一批多式联运龙头骨干企业、一批多式联运服务品牌和精品线路,到2025年,打造15~20个(条)多式联运服务品牌和精品线路。

(资料来源:https://baijiahao.baidu.com/s? id=17393856197306397l8&wfr=spider&for=pc。)

【思考】 广西推进的多式联运中采取了哪些在模式和措施?有何借鉴意义?

第二节 冷链运输主要装备

一、冷链运输装备技术要求

冷藏链中的运输装备,主要是指铁路冷藏(保温)车、公路冷藏汽车、冷藏船(舱)、冷藏集装箱以及相应的转运、贮存、换装等设施。在技术上,应满足以下基本要求:

(1) 具有良好的制冷、通风及必要的加热设备,以保证食品运输条件;

(2) 运输冷冻、冷却食品的车、箱体,具有良好的隔热性能,以减少外界环境对运输过程条件的"干扰";

(3) 冷链运输的车、船、箱等,应具有一定的通风换气设备,并配备一定的装卸器具,以实现合理装卸,保证良好的贮运环境;

(4) 冷链运输设备应配有可靠、准确且方便操作的检测、监视、记录设备,并进行故障预报和事故报警;

(5) 冷链运输设备应具有承重大、有效容积大、自重小的特点,以及具有良好的适用性。

二、公路冷链运输技术及装备

(一)公路冷藏车的类型及应用

公路冷藏汽车具有使用灵活,建造投资少,操作管理与调度方便的特点,是食品冷藏链中重要的、不可缺少的运输工具之一。它既可以单独进行易腐食品的短途运输,也可以配合铁路冷藏车、水路冷藏船进行短途转运。

1. 公路冷藏汽车的类型

冷藏汽车实际上称为冷藏保温汽车,可分为冷藏汽车和保温汽车两大类。保温汽车是指具有隔热车厢,适用于食品短途保温运输的汽车;冷藏汽车是指具有隔热车厢,并设有制冷装置的汽车。冷藏汽车可以按以下方式分类。

(1) 按制冷装置的制冷方式,可分为机械冷藏汽车、冷冻板冷藏汽车、液氮冷藏汽车、干冰冷藏汽车和冰冷藏汽车等。其中机械冷藏汽车是冷藏汽车中的主型车。

(2) 按专用设备的功能,根据《关于易腐货物的国际运输及使用的专用设备的国际协议》(简称 ATP),冷藏汽车分类如下:

①按隔热汽车体传热系数,分为普通隔热型,$0.40\ \mathrm{W/(m^2 \cdot K)} < K \leqslant 0.70\ \mathrm{W/(m^2 \cdot K)}$;强化隔热型,$K \leqslant 0.40\ \mathrm{W/(m^2 \cdot K)}$。

我国最新标准 GB/T 5600—2018 和 GB/T 5601—2018 规定:$K \leqslant 0.27\ \mathrm{W/(m^2 \cdot K)}$,其中冷藏车 A 类应 $K \leqslant 0.23\ \mathrm{W/(m^2 \cdot K)}$,B 类应 $0.23\ \mathrm{W/(m^2 \cdot K)} < K \leqslant 0.27\ \mathrm{W/(m^2 \cdot K)}$;保温车 A 类应 $K \leqslant 0.21\ \mathrm{W/(m^2 \cdot K)}$,B 类应 $0.21\ \mathrm{W/(m^2 \cdot K)} < K \leqslant 0.25\ \mathrm{W/(m^2 \cdot K)}$。

②机械冷藏汽车按外温(t_w)为 30 ℃时,车内温度(t_n)可持续保持的温度范围分为:A 级,$t_n = 0 \sim 12$ ℃之间任意给定;B 级,$t_n = -10 \sim 12$ ℃之间任意给定;C 级,$t_n = -20 \sim 12$ ℃之间任意给定;D 级,$t_n \leqslant 2$ ℃;E 级,$t_n \leqslant -10$ ℃;F 级,$t_n \leqslant -20$ ℃。

③非机械冷藏汽车按外温(t_w)为 30 ℃时,车内温度(t_n)可持续保持的温度范围分为:A 级,$t_n \leqslant 7$ ℃;B 级,$t_n \leqslant -10$ ℃;C 级,$t_n \leqslant -20$ ℃。

④装有加热装置的冷藏汽车,按车内温度可升至 12 ℃以上,维持某一温度 12 h,其允许的外温条件分:A 级,允许外界平均温度为 -10 ℃;B 级,允许外界平均温度为 -20 ℃。

2. 对冷藏汽车的使用要求

作为冷藏链的一个中间环节,冷藏汽车的任务是:当没有铁路时,长途运输冷冻食品,作为分配性交通工具作短途运输。

虽然冷藏汽车可采用不同的制冷方法,但设计时都应考虑如下因素:车厢内应保持的温度及允许的偏差;运输过程所需要的最长时间;历时最长的环境温度;运输的食品种类;开门次数。

(二) 机械冷藏汽车

机械冷藏汽车车内装有蒸汽压缩式制冷机组,采用直接吹风冷却,车内温度实现自动控制,很适合短、中、长途或特殊冷藏货物的运输。

机械冷藏汽车基本结构及制冷系统如图 7-1 所示。该冷藏汽车属分装机组式,由汽车发动机通过传动带带动制冷压缩机,通过管路与车顶的冷凝器和车内的蒸发器,以及有关阀件组成制冷循环系统,向车内供冷。制冷机的工作和车厢内的温度由驾驶员直接通过控制盒操作。这种由发动机直接驱动的汽车制冷装置,适用于中、小型冷藏汽车,其结构比较简单,使用灵活。

由于分装式制冷机组管路长、接头多,在振动条件下容易松动,制冷剂泄漏的可能性大,

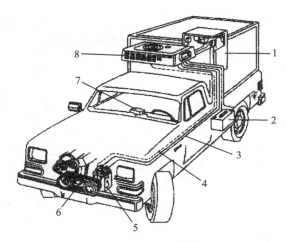

图 7-1　机械冷藏汽车的基本结构及制冷系统（Carrier 型）

1—冷风机（蒸发器＋风机）；2—蓄电池箱；3—制冷管路；4—电器线路；
5—制冷压缩机；6—传动带；7—控制盒；8—风冷冷凝器

设备故障较多，所以对大、中型冷藏汽车，更适合采用机组式制冷装置。

（三）机械式冷藏挂车

机械式冷藏挂车，又称为冷藏拖车，具有如同机械冷藏车的隔热厢体、制冷机组，并有较大承载能力的后轮和一定支承力的小前轮。冷藏挂车的制冷设备由车下电源供电，通常采用机组式制冷系统，并整体安装。

冷藏挂车使用灵活，往往一个动力牵引车可以为多台冷藏挂车服务，进行短途调运。图 7-2 所示为典型机械式冷藏挂车的结构和冷风吹送循环原理。

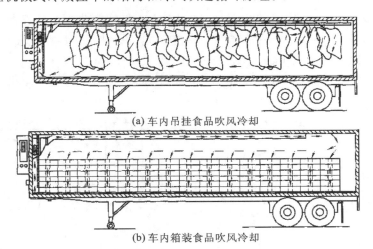

(a) 车内吊挂食品吹风冷却

(b) 车内箱装食品吹风冷却

图 7-2　典型机械式冷藏挂车的结构和冷风吹送循环原理

此外，制冷机组可以以单独机组控制多间冷藏半挂车或冷藏车的不同温度，使一辆冷藏车能装载数种不同温度要求的货物，其典型结构及原理如图 7-3 所示。

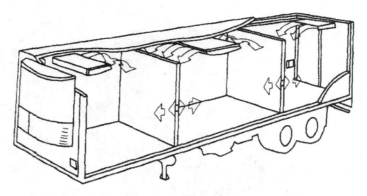

图 7-3　开利大凤凰系列制冷机组多间冷藏半挂车结构布置及工作原理图

（四）冷冻板式冷藏汽车

冷冻板式冷藏汽车简称冷板冷藏汽车，是利用有一定蓄冷能力的冻结板进行制冷。冷冻板式冷藏汽车已在一些短途公路运输中采用。

冷藏汽车用的冷冻板有 100～150 mm 厚的钢板壳体，壳体内充注有特殊的溶液——共晶液，并布置有制冷蒸发盘管。它利用制冷机与冷冻板相连，且向冷冻板充冷，使板内的共晶液在一定温度下冻结。冷冻板依靠冻结的共晶液融解时向周围吸热的原理，对汽车货箱起制冷降温作用，实现制冷。选用不同性质的共晶液体就会有不同的冻结温度，进而可以得到不同的汽车制冷温度。通常冷冻板式冷藏汽车使用的共晶液的冻结温度为 $-40 \sim -25$ ℃。采用冷冻板式的蓄冷器不仅用于冷藏汽车，还可以用于铁路冷藏车、冷藏集装箱、小型冷库等。

冷冻板式冷藏汽车在外温为 35 ℃、货件温度为 -20 ℃ 时，要求其蓄冷时间为 8～12 h。有特殊要求的冷冻板式冷藏汽车可蓄冷 2～3 d。冷冻板式冷藏汽车的保冷时间，除取决于冷冻板共晶液容量外，还取决于汽车车体的隔热性能。一种采用厚 100 mm 的聚氨酯泡沫塑料作隔热的冷冻板式冷藏车，其车体传热系数约为 0.29 W/(m²·K)。冷冻板式冷藏汽车的冷冻板大多布置在图 7-4 所示的车厢两侧或车顶，但也有的布置在车端，通过冷风机向车内送风。

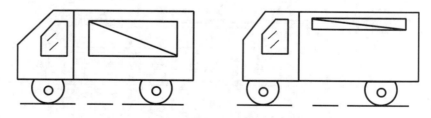

图 7-4　冷冻板式冷藏汽车冷冻板布置方式示例

应用中的冷冻板式冷藏车，进场停用后，使用外接制冷机组向冷冻板充冷。一般 8～12 h 即可充冷结束，板内共晶液全部冻结，等待出车装货使用。小型冷板式冷藏车可直接取下冷冻板，送至车下充冷站充冷，使用时重新装上已冻结的冷冻板于车上供使用。若暂时不出车，则已充冷的冷冻板可存放在低温库内备用。另一种自带冷冻机式冷冻板冷藏车，在进场停用时,可借地面电源启动制冷机完成自身充冷。

冷冻板式冷藏汽车具有车内温度稳定,制冷时无噪声,故障少,结构简单,投资费用较低等特点。但其制冷的时间有限,仅适用于中、短途公路运输。对长途运输用的冷冻板式冷藏车,可安装发电机组,在汽车行驶中可随时开启冷冻机使其晶液冻结,进行自动蓄冷。冷藏汽车用的冷冻板,往往被应用于航空集装箱等运送珍贵水果、新鲜海珍等各类保鲜食品。

冷冻板式冷藏汽车结构如图 7-5 所示。液氮-冷冻板组合制冷冷藏车结构如图 7-6 所示。

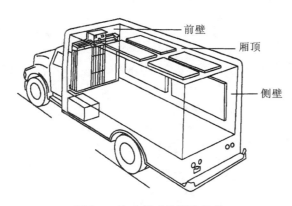
图 7-5　冷冻板式冷藏车结构

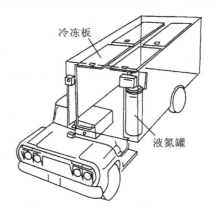
图 7-6　液氮-冷冻板组合制冷冷藏车结构

(五) 液氮/干冰制冷式冷藏汽车

液氮或干冰制冷方式的制冷剂是一次性使用的,或称消耗性的。常用的制冷剂包括液氮、干冰等。

液氮制冷式冷藏汽车主要由汽车底盘、隔热车厢和液氮制冷装置构成。液氮制冷式冷藏车是利用液氮气化吸热的原理,使液氮从 $-196\ ℃$ 气化并升温到 $-20\ ℃$ 左右,吸收车厢内的热量,实现制冷并达到给定的低温。

图 7-7 所示为一种液氮制冷式冷藏汽车基本结构。安装在驾驶室内的温度控制器 3,用来调节车内温度。电控调节阀为低温电磁阀,接受温度控制器 3 的信号,控制液氮喷淋系统的开、关。紧急关闭阀 8 的作用是在车厢开门时,关闭喷淋系统,停止喷淋。它可以自动,也可以手动。

图 7-8 所示为冷藏汽车中使用的液氮制冷式冷藏汽车。它主要由液氮罐、喷嘴及温度控制器组成。冷藏汽车装好货物后,通过控制器设定车厢内要保持的温度,而感温器则把测得的实际温度传回温度控制器。当实际温度高于设定温度时,自动打开液氮管道上的电磁阀,液氮从喷嘴喷出降温;当实际温度降到设定温度后,电磁阀自动关闭,液氮由喷嘴喷出后,立即吸热气化,体积膨胀高达 650 倍,即使货堆密实,没有通风设施,氮气也能进入货堆内。冷的氮气下沉时,在车厢内形成自然对流,使温度更加均匀。为了防止液氮气化时引起车厢内压力过高,车厢上部装有安全排气阀,有的还装有安全排气门。

液氮制冷时,车厢内的空气被氮气置换。而氮气是一种惰性气体,长途运输果蔬类食品时,不但可减缓其呼吸作用,还可防止食品被氧化。

液氮制冷式冷藏汽车的优点是:装置简单,初期投资少;降温速度快,可较好地保持食品

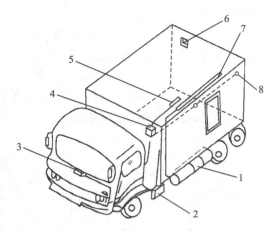

图 7-7　液氮制冷式冷藏汽车基本结构(一)
1—液氮罐；2—气体控制箱；3—温度控制器；4—温度控制箱；
5—温度传感元件；6—安全通气窗；7—液氮喷淋管；8—紧急关闭阀

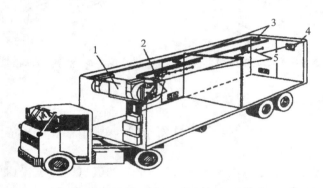

图 7-8　液氮制冷式冷藏汽车基本结构(二)
1—液氮罐；2—液氮喷嘴；3—门开关；4—安全开关；5—安全通气窗

质量；无噪声；与机械制冷装置相比，重量大大减小。缺点是：液氮成本较高；运输途中液氮补给困难，长途运输时必须装备大的液氮容器，减少了有效载货量。

用干冰制冷时，先使空气与干冰换热，然后借助通风使冷却后的空气在车厢内循环，吸热升华后的二氧化碳由排气管排出车外。有的干冰冷藏汽车在车厢中装置四壁隔热的干冰容器。干冰容器中装有氟利昂盘管，车厢内装备氟利昂换热器。在车厢内吸热气化的氟利昂蒸气进入干冰容器中的盘管，被盘管外的干冰冷却，重新凝结为氟利昂液体后，再进入车厢内的蒸发器，使车厢内保持规定的温度。干冰制冷冷藏汽车的优点是：设备简单，投资少；故障率低，维修费用小；无噪声。缺点是：车厢内温度不够均匀，冷却速度慢；干冰的成本高。

（六）冷藏车的管理

1. 用冷藏车应注意的问题

（1）在装运货物前，要事先对货物和车厢内部进行预冷。将温度较高的货物或在车厢内部温度较高的情况下直接将货物放入车厢内，会增加车厢内温度降低到预定温度的难度，所以在装运货物前,务必对货物和车厢内部进行预冷。

(2) 装货时保持车厢内部冷气循环流动。为了保持车厢内部温度均衡,必须充分注意货物的码放位置,不能将货物一直装至车厢顶部,也不能让货物堵住冷气的出口和入口。

(3) 装卸货物要迅速。冷藏车车厢的门打开后,外部气流会进入厢体内部,将导致厢体内部温度升高,因此装卸货物要迅速,并应使冷冻机组停止工作。

(4) 装运绿色蔬菜水果要特别小心。如果厢体内部冷气循环不好,货物中央的温度会上升,则容易使绿色蔬菜、水果等物品的质量受到损害,因此要特别注意使冷气循环流动均衡。此外,靠近冷气出口的物品很容易因冷气而冻伤,因此必须事先用被单等物品将货物遮挡起来。

(5) 始终保持厢体内部清洁。如果货物中的盐分、脂肪及其他化学物质附在厢体内壁或门缝外,不仅不卫生,而且还会腐蚀厢体,缩短车厢的使用寿命,所以务必始终保持厢体内部清洁。

(6) 对系统坚持正确维护与保养。对车辆制冷系统,应认真按照说明书的要求给予正确的维护和保养。另外,车辆一般不宜挪作他用(如用于一般货物的运输)。

2. 冷藏车运行时的注意事项

(1) 冷藏车的制冷系统是用来保持货厢内部货物温度的,而不是冷却热货的。

(2) 制冷机组的操作与维护应严格按照制冷机组使用说明书执行。

(3) 由于厢体比较高大,整车重心有所提高,故在行驶时应注意稳定性,车辆拐弯时应减慢车速。

(4) 运输途中尽量减少开门次数,以减少冷量损失。

(5) 为了防止交叉感染、串味,每次用过后应冲洗车辆,消除异味,以保证产品的运输质量。清洗时,最好停在斜坡上,以便污水流出。

(6) 每次出车前要检查厢体与底盘连接情况,保证运输安全。

(7) 车辆应存放在防雨、防晒、防潮且具有消防设施的库房内,并定期进行保养。

(8) 运输冷藏车辆时,以自驶或拖曳方式上、下车船。必须吊装时,应使用专门吊具,以免损伤车辆。

(9) 严禁锐利物器撞击厢体,以防损坏厢板蒙皮。若不慎撞破,则小洞可以用硅酮胶(玻璃胶)修补,大洞要及时与厂家联系修理。

3. 冷藏保温车厢体常见的损伤及维修

1) 常见损伤

国内冷藏保温车厢体内外蒙皮大多是玻璃钢板,中间夹层(即保温层)基本上都是聚氨酯保温材料,因此国内冷藏保温车厢体常见的损伤有:厢体内、外蒙皮划伤及裂纹;厢体保温层破损;厢体内、外蒙皮小面积剥离。

2) 修复措施

(1) 厢体内、外蒙皮划伤及裂纹的修复。

厢体外蒙皮划伤及裂纹直接影响厢体的外观,而对于厢体内蒙皮的深度划伤及裂纹,有可能影响保温厢体的保温性能。其修复方法常采用"打磨喷漆处理法",即先将划伤及裂纹打磨成毛面,然后将调拌好的原子灰均匀地涂抹在上面,待原子灰干透后修磨光平,最后喷漆处理。

(2) 厢体保温层破损的修复。

由于撞击或其他原因造成保温层破损,这是对冷藏保温车厢体最大的损伤,它极有可能使冷藏保护厢体丧失保温性能。其修复方法大多采用"切块补偿法",即将保温层破损部分以最小面积切掉,并制作同样大小的聚氨酯保温材料及玻璃钢板,用玻璃纤维毡将保温材料覆盖并涂上不饱和聚酯胶,贴上玻璃钢板,放置在切割好的厢板孔洞处,用外力将其与整块厢板固定在一起,1~2 h 待胶固化后,修磨喷漆处理。

(3) 厢体内、外蒙皮小面积剥离的修复。

厢体内、外蒙皮小面积剥离俗称"鼓泡",是由于在厢板制作过程中,蒙皮与保温层之间有少量气体未能及时排出,致使蒙皮与保温层不能完全黏结,这种现象易造成整块蒙皮完全剥离,严重影响保温效果。其修复方法多采用"注胶法",即在厢板剥离处中间位置钻一个 8 mm 的小孔,用胶枪将不饱和聚酯胶注入其中,利用外力将其压紧,待胶完全固化后,修磨喷漆处理。

(七) 冷藏汽车的发展趋势

1. 向功能化、技术含量高的方向发展

在冷藏汽车功能方面,市场越来越需要高技术含量、高附加值的产品。制冷装置、制热装置、液压举升装置、厢体隔仓装置、侧拉门装置、计量测量装置等,以及各种厢体的车身结构器材,都有广泛的市场前景。

2. 向环保方向发展

目前环保是世界性的课题,中、重型冷藏车由于其独立式制冷机组的噪声和排放的污染,发展将受到限制。应采用对大气环境污染小的制冷剂,冷藏车聚氨酯材料的发泡剂都必须由无氟材料来取代。目前,冷藏车的车厢内壁普遍采用玻璃钢材料,其中的玻璃纤维、树脂类等含苯类物质均对人体有害,都可能对所运食品产生二次污染。国际卫生组织规定,运输食品车辆的车厢内壁必须为不锈钢材料制造。向新型冷藏车发展,大大减少环境与食品污染是冷藏保温车发展的必然选择。

3. 向节能方向发展

目前使用的冷藏车车体隔热性能较差,热负荷较大,造成了能源浪费。新研制的冷藏车应在提高车体隔热性能方面下功夫,通过采用整体发泡技术或三明治夹心预制板结构,提高车门的气密性,采用合理的隔热结构设计,使隔热性能及气密性能提高。车厢的隔热性能越好,冷藏汽车的经济效益和社会效益就越佳。

4. 向自动化与检测方向发展

冷藏车应具有不间断连续性温度监视功能,使温度控制系统保持在最佳工作状态,从而可以极大地减少燃料消耗,并大幅度降低部件出现故障的概率。冷藏车还应具有自动检查功能,在每天执行运输任务之前,自动检查制冷系统的性能是否处于良好状态,侦测出任何可能存在的功能故障。驾驶室内部应具有监视或外部远程监视功能,可以让驾驶员即时了解和控制温度。

随着高等级公路和高速公路的不断增多,车辆的行驶速度提高,同时社会对冷藏车需求量的增加,我国冷藏汽车近年来发展速度很快,已成为国家易腐产品的主要运输工具。可以预计,我国冷藏车市场仍将会继续保持一定的增长速度。

三、铁路冷藏运输技术与装备

在食品冷藏运输中,铁路冷藏车具有运输量大、速度快的特点,它在食品冷藏运输中占有非常重要的地位。铁路冷藏车应具有良好的隔热、气密性能,并设有制冷、通风和加热装置,它能适应铁路沿线各个地区的气候条件变化,保持车内食品必要的贮运条件,迅速地完成食品运送任务。它是我国食品冷藏运输的主要承担者,也是食品"冷藏链"的主要一环。

(一)铁路冷藏车的主要类型及应用

机械冷藏车是以机械式制冷装置为冷源的冷藏车,它是目前铁路冷藏运输的主要工具之一。

机械冷藏车具有制冷温度低、温度调节范围大、车内温度分布均匀、运送速度快的特点。另外,机械冷藏车适用性强,更实现了制冷、加温、通风换气以及融霜的自动化。同时,它设有运输过程的自动检测、记录及安全报警。但与加冰冷藏车相比,其车辆造价高、维修复杂、使用技术要求高。

机械冷藏车在我国是以车组的形式使用(有时也可作单节车使用)的。机械冷藏车运输易腐食品时的工况要求是:对没有预冷的果蔬能从 25～30 ℃冷却到 4～6 ℃;在 0～6 ℃运送冷却货物;在 -18 ℃运送深度冷冻货物;在 11～13 ℃运送香蕉等货物。

(二)铁路冷藏货物运输操作与管理

铁路冷藏货物运输操作主要包括冷藏货物的托运、装车与卸车、冷藏车辆运行组织三个环节。本书只重点讲述托运与装卸环节,因为这两个环节都涉及托运人(货主),而冷藏车辆运行组织环节一般只与铁路部门有关,这里不作讲述。

1. 铁路冷藏货物的托运

(1)运输期限的规定:易腐货物容许运输期限的长短,与货物质量、性质、品种、采收季节、成熟度、环境气候、加工处理方法等一系列的因素有关,必须依据科学实验和实际经验以及有关的专业知识来确定。对上述专业知识和经验,托运人了解和掌握得比铁路有关人员更好,特别是对某些新产品更是如此。所以易腐货物的"容许运输期限"应由托运人提报,并在货物运单"托运人记载事项"栏内加以注明。如果易腐货物的容许运输期限小于铁路规定的货物运到期限时,这就表明此货物在运达目的地之前,有可能腐烂变质。为了防止社会财富的浪费,使易腐货物质量有更为可靠的保证,铁路部门规定易腐货物的容许运输期限必须至少大于货物运到期限三日,发站方可承运。

(2)冷藏货物的规定:托运人托运易腐货物时,货物的质量、温度、包装和选用的车辆,均须符合"易腐货物运输条件表"和"易腐货物包装表"的规定。易腐货物的初始质量和包装是优质运输易腐货物的重要前提。如不能满足运输要求或不适于提交运输而予以承运,必然造成货物损失,浪费了运输能力。货物的质量和包装由托运人负责。铁路在运输过程中除对合同规定的义务应承担责任外,同时也应负责监督托运人、收货人承担合同规定的义务。

为了划分铁路部门与托运人之间的责任,发站在装车前应按照要求对货物进行检查。考虑到人力上的限制,可只对货物进行抽查。抽查的货物件数可以根据具体情况确定。装载货物的防护用品是否符合规定,发站也应认真检查或抽查,具体做法可由发站根据实际情况自行决定。但绝不能以定员不足为理由放弃检查或抽查。总的精神是要求发站对易腐货物的承运工作做到认真负责,防患于未然。

(3) 托运要求的办理:使用冷藏车运输易腐货物时,托运人应在货物运单"托运人记载事项"栏内具体注明"途中制冷""途中加温""途中不加冰""途中不制冷""途中不加温""不加冰运输"等字样。

"途中制冷"是指使用机械冷藏车时,要求在运输途中按规定的运输温度控制车内温度。

"途中加温"是指在寒冷季节运输怕冷、怕冻的易腐货物时,为使货物不因外界气温过低而造成冷害、冻害所采取的技术措施。目前铁路运输仅采用开启机械冷藏车的电热器使车内温度升至规定范围的加温方法。

"途中不加冰"是指加冰冷藏车在装车地进行始发加冰后,沿途各加冰所不再加冰的运输方法。主要是在发站外温较高而沿途各站气温逐渐下降的地带采用这种运输方法。

"途中不制冷"是指使用机械冷藏车时,沿途不用开启制冷系统制冷降温,这实际上是将机械冷藏车当作无冷源车(隔热车)进行保温运输。

"途中不加温"是指用冷藏车装运易腐货物时,沿途不用开启机械冷藏车的电热器。这也是用冷藏车当作隔热车使用。

"不加冰运输"是指将加冰冷藏车用于装运易腐货物时,无论在发站还是在途中加冰所都不加冰的运输方法。这也是一种保温运输方法。

2. 铁路冷藏货物的装车与卸车

1) 冷藏车的预冷

冷藏车的预冷,是指在装车前将车内温度冷却到规定的温度。使用冷藏车冷藏运输易腐货物时,对车辆进行预冷,是保证易腐货物质量的一项重要技术作业。装车前如有足够的时间对冷藏车进行预冷,使车内温度达到所装货物的适温范围则最为理想。这样就可以大大减少运输途中的冷消耗,有利于货物降温和保持合适的运输温度,有利于提高冻结或冷却货物的质量,这在热季显得尤为重要。

考虑到目前我国铁路冷藏运输的技术水平及运输组织工作的实际情况,铁路运输部门对加冰冷藏车和机械冷藏车的预冷作了不同的规定。

加冰冷藏车装运冻结货物,车内应预冷到 6 ℃以下,达不到时可预冷 6 h;装运冷却或未冷却货物,车内应预冷到 12 ℃以下,达不到时可预冷 3 h。

机械冷藏车车内预冷温度:冻结货物为 $-3 \sim 0$ ℃;香蕉为 $12 \sim 15$ ℃;菠萝、柑橘为 $9 \sim 12$ ℃;其他易腐货物为 $0 \sim 3$ ℃。

由于外温高低、车种车型不同,以及所运易腐货物种类的差异,冷藏车的预冷温度和时间差别很大。因此,发站对使用冷藏车装运易腐货物的有关技术作业过程,应进行完善的计划和安排,合理确定洗车、加冰、预冷、装车等项作业的时间标准,做好上、下班间的交接工作,不应强求所有作业都在本班内完成,避免盲目求快而使操作不合要求。

2) 冷藏货物的装载

（1）装车时间。发站和托运人、收货人应加强装（卸）车的组织工作，缩短装（卸）车时间。加冰冷藏车每辆装（卸）车作业时间（不包括洗车和预冷时间）不得超过 3 h。机械冷藏车：装货车为 8 辆以上的，每组装（卸）车时间不得超过 12 h；装货车为 4 辆以上的，每组装（卸）车时间不得超过 6 h。其中每一车的装（卸）车时间不得超过 3 h。由于托运人（收货人）的责任导致超过规定的装（卸）时间，应核收货车使用费。

（2）装车要求。经过预冷的冷藏车装车时，应采取如下措施：保持车内温度；货物装车完毕，机械冷藏车乘务员应检查车门关闭是否严密；及时记录车内温度，并开机调温。使用加冰冷藏车冷藏运输易腐货物时，装车单必须填写"加冰冷藏车作业单"；使用机械冷藏车运输易腐货物时，填写"机械冷藏车作业单"。

3) 冷藏货物的卸车

（1）卸车和交付。冷藏货物的卸车和交付是运输过程的终结环节，必须认真做好这一工作，以免因卸车作业失误而尽失前功。

运输质量的好坏不但在卸车时方可认定，而且卸车和交付作业本身，也会直接影响货物的最终质量。如卸车时由于场地不符合卫生要求而使货物发生污染，卸车作业不当损坏货物或包装，缺少防护措施导致对低温敏感货物的冷害或冻害或使冻结货物软化等，都是在卸车时容易发生的问题。在如何防止发生这些问题时做了明确的规定，其基本要求是：作业迅速，场地卫生，防护妥当，搬出及时。

为了具体掌握卸车实况，便于划清责任和有针对性地改进工作，车站对本站负责的冷藏车卸车作业必须派货运员监卸，对收货人负责卸车的也应派人检查，确认货物质量，并对照运单、货票和冷藏车作业单填好"到站作业记录"的各项内容，重点是货物质量的正确判定和交接温度的确认。

对冻结货物卸车温度的检测，可在卸完车门部位的货物时（刚从车门部位卸下的货物温度一般偏高，没有代表性，不宜用作测温货件），在车内抽查 2~3 件货物（操作方法与装车时相同），以所测货件的平均温度值作为交接温度记入作业单有关栏目内。对机械冷藏车所装货物质量的检测，以及货物温度的测定，车站应会同机械冷藏车机械长及收货人共同进行。收货人要求直接卸车时，应由收货人自卸，并要求不中断卸车作业，缩短车辆待卸时间。严禁以车代库。

（2）车辆清洁。车辆的清扫、洗刷和消毒，是保持卫生状态良好，防止货物受到污染的必要措施，也是保护车体结构和车内设备不受损坏的重要手段。

近些年来，不少单位对这项工作做得不认真，对装过易腐货物的冷藏车特别是对加冰冷藏车，卸后的清扫工作十分草率，甚至根本未进行清扫。有的车内残留不少货物碎屑，如碎肉渣、猪内脏、烂鱼虾、烂菜、烂水果等，致使车内生霉、长蛆、发恶臭，产生严重的污染源和滋长大量的病原菌。有的加冰冷藏车，地板上的防水层被微生物侵蚀分解糜烂，使防水层遭受破坏而失去功能，引起污水渗入车底隔热层内，进一步使车体隔热性能恶化。

四、船舶冷链运输技术及装备

船舶冷藏装备包括海上渔船、商业冷藏船、海上运输船的冷藏货舱和船舶伙食冷库，此外还包括海洋工程船舶的制冷及液化天然气的储运槽船等。

(一) 船舶冷藏运输的分类及特点

1. 船舶冷藏运输的分类

冷藏运输船舶可分为三种:冷冻母船、冷冻渔船和冷冻运输船。冷冻母船是万吨以上的大型船,它配备冷却、冻结装置,可进行冷藏运输。冷冻渔船一般是指备有低温装置的远洋捕鱼船或船队中较大型的船。冷冻运输船包括集装箱船,它的隔热保温要求很严格,温度波动不超过±5 ℃。冷藏运输船又有以下四种基本类型。

(1) 专业冷藏运输船　主要用于城市之间或城市所属区域范围冷藏运输易腐食品。用于渔船船队,收集和储运渔的冷藏船及鱼品加工母船也属于此类。

(2) 商业冷藏运输船　商业冷藏运输船即运输一般货船的冷藏船。商业冷藏货船主要用于运输冷藏货,但也可用于装运非冷藏货。

(3) 冷藏集装箱运输船　这类船上设有专门的制冷装置与送、回风设备,为外置式冷藏集装箱供冷。

(4) 特殊货物冷藏运输船　典型的货物冷藏运输船有液化天然气运输船、化学品或危险品运输船等。

2. 船舶冷藏运输的特点

(1) 保温绝热。具有隔热结构良好且气密的冷藏舱船体结构,必须通过隔热性能试验鉴定或满足平均传热系数不超过规定值的要求。其传热系数一般为 0.4~0.7 W/(m²·K),具有足够的制冷量,且运行可靠的制冷装置与设备,以满足在各种条件下为货物的冷却或冷冻提供制冷量。

(2) 结构灵活。冷藏运输船舶冷藏舱结构上应适应货物装卸及堆码要求,设有舱高2.0~2.5 m 的冷舱 2~3 层,并在保证气密或启、闭灵活的条件下,选择大舱口及舱口盖。

(3) 自动控制。船舶冷藏的制冷系统有良好的自动控制功能,保证制冷装置的正常工作,为冷藏货物提供一定的温度、湿度和通风换气条件。水路冷藏的制冷系统及其自动控制器、阀件技术等比陆用制冷系统要求更高。

3. 船舶冷藏运输用制冷装置的注意事项

冷藏运输船上一般都装有制冷装置,船舱隔热保温。船上条件与陆用制冷设备的工作条件大不相同,因此船用制冷装置的设计、制造和安装,需要具备专门的实际经验。在设计过程中,一般应注意以下几个方面的问题。

(1) 船上的机房较狭小,所以制冷装置要尽可能紧凑,但又要为修理留足够的空间。考虑到生产的经济性和在船上安装的快速性问题,为了适应船上快速安装的要求,已越来越多地采用系列化组装部件,其中包括若干特殊结构。

(2) 设计船用制冷装置时,要注意船舶的摆动问题。在长时间横倾 15°和纵倾达 5°的情况下,制冷装置必须能保持工作正常。

(3) 与海水接触的部件(如冷凝器、泵及水管等)必须由耐海水腐蚀的材料制成。

(4) 船下水后,环境温度变化较大,对于高速行驶的冷藏船,水温可能每几个小时就发生较大变化,而冷凝温度也要相应地改变,船用制冷装置需按最高冷凝温度设计。

（5）环境温度的变化会引起渗入冷却货舱内的热量的变化，因此必须控制制冷装置的负荷波动，所以，船用制冷装置上一般都装有自动能量调节器，以保持货舱温度恒定不变。

运输过程中，为了确保制冷装置连续工作，必须装备备用机器和机组。船用制冷压缩机的结构形式与陆用的并无多大差别，但由于负荷波动强烈，压缩机必须具有良好的可调性能。因此，螺杆式制冷压缩机特别适于船上使用。

4. 船舶冷藏制冷设备与陆用冷藏设备的区别

船舶冷藏制冷设备应具有更高的使用安全可靠性，较高的耐压、抗湿、抗震性能及耐冲击性；具有一定的抗倾性能，在航行时能抗风浪及在一定的倾斜条件下能保证压缩机正常润滑、安全工作；船用制冷装置的用材应有较好的耐腐蚀性能；船用制冷装置的安装、连接应具有更高的气密性及运行可靠性；船用制冷装置选用的制冷剂应不燃、不爆、无毒，对人体无刺激，不影响健康；船用制冷装置应具有更好的适应性，安全控制、运行调节及监视、记录系统更加完备。船用制冷设备及备用机的主要要求应以我国《钢质海船入级与建造规范》、渔船应以我国《钢质海洋渔船建造规范》为依据，所有设备配套件均应经船舶检验部门检验并认可后才能装船。

（二）船舶冷藏货舱及制冷方式

我国海上冷藏运输任务主要由冷藏货船承担。为了适应运输的要求，提高船舶的通用性，海上冷藏运输大部分由设置冷藏货舱的一般杂货船完成，其吨位从几百吨到千吨以上。

冷藏货轮既可用于装载冷藏货，也可用于装载杂货。冷藏船所采用的制冷装置有氨制冷装置和氟利昂制冷装置。专业冷藏船和渔船以氨制冷机为主，而一般冷藏船或冷藏货舱多采用氟利昂制冷机。制冷压缩机目前仍以活塞式为主。冷却方式有盘管冷却和吹风冷却两种。采用氟利昂制冷剂时，较多选用吹风冷却。冷藏船的供冷方式有干式直接供液、重力供液、氨泵供液及满液式直接供液等。

图 7-9 为船舶典型冷藏货舱的布置图。该船及冷藏货舱均符合我国《海船建造规范》及国际造船通用技术要求：该船的冷藏货舱分 A、B、C、D 四层，划分成 A、B 和 C/D 三个冷藏分舱，总舱容积为 2400 m^3。

五、船舶冷藏集装箱运输技术及装备

（一）冷藏集装箱的类型及应用

1. 冷藏集装箱的定义

集装箱是一种标准化的运输工具，根据国际标准化组织的定义，它应具备下列条件：
（1）具有足够的强度，可长期反复使用；
（2）适用于一种或多种运输方式运送，途中转运时，箱内货物不需换装；
（3）具有快速装卸和搬运的装置，特别便于从一种运输方式转移到另一种运输方式；
（4）便于货物装满和卸空；
（5）具有 1 m^3 及以上的容积。

凡具有隔热的箱壁（包括端壁和侧壁）、箱门、箱底和箱顶，能阻止内外热交换的集装箱

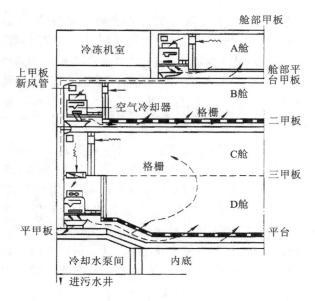

图 7-9　船舶典型冷藏货舱的布置图

称为保温集装箱(thermal container)。保温集装箱是一个总称,根据中华人民共和国国家标准《系列1:集装箱的技术要求和试验方法　保温集装箱》(GB/T 7392—1998)的分类,保温集装箱中常见的冷藏集装箱分类和定义如表7-1所示。

表 7-1　冷藏集装箱的分类及定义

代码	冷藏集装箱种类	定　义
30	耗用制冷剂式冷藏集装箱	指采用液态之类作制冷剂的带有或不带有蒸发控制的集装箱。此类集装箱泛指各种无须外接电源或燃料供应的保温集装箱
31	机械式冷藏集装箱	设有制冷装置(如制冷压缩机组、吸收式制冷机组等)的保温集装箱
32	制冷/加热集装箱	设有制冷装置(机械式制冷或耗用制冷剂制冷)和加热装置的保温集装箱
45	隔热集装箱	不设任何固定的临时附加的制冷和/或加热设备的保温集装箱
46	气调或调气装置的冷藏和加热式集装箱	设有冷藏和加热装置并固装有一种调气设备,可以产生和/或维持一种修饰过的空气成分的保温集装箱

2. 冷藏集装箱的类型

1) 耗用制冷剂式冷藏集装箱

耗用制冷剂式冷藏集装箱(expendable refrigerated container)主要包括冷冻板冷藏集装箱、干冰冷藏集装箱和液氮冷藏集装箱。

冷冻板冷藏集装箱是指采用冷冻板,利用低温共晶液进行储冷和供冷的集装箱。

干冰冷藏集装箱和液氮冷藏集装箱是利用干冰或液氮在大气压力下气化温度低的特点,用干冰或液氮在气化时所吸收的潜热和升温显热,达到制冷效果。采用干冰或液氮制冷所用设备简单,无运动部件,降温快,制冷过程中无须动力电源供应。

耗用制冷剂式冷藏集装箱的特点是在运输过程中,不需要外接电源或燃料供应等,无任何运动部件,维修保养要求低。主要缺点是无法实现连续制冷;制冷剂放冷或消耗后必须重新充冷或补充;较难实现精确温度控制;制冷设备占用空间较大。耗用制冷剂式冷藏集装箱只能适应小型冷藏集装箱的短距离运输。目前耗用制冷剂式冷藏集装箱只有在区域性短途冷藏运输中尚有使用,而在国际冷藏运输中已有逐步淘汰的趋势。

2) 机械式冷藏集装箱

根据 GB/T 7392—1998 的分类,机械式冷藏集装箱(mechanically refrigerated container)是指"设有制冷装置(如制冷压缩机组、吸收式制冷机组等)的保温集装箱箱"。制冷/加热集装箱是指"设有制冷装置(机械式制冷或耗用制冷剂制冷)和加热装置的保温集装箱"。在实际应用中,通常把这两类保温集装箱通称为"机械式冷藏集装箱"。

机械式冷藏集装箱不仅有制冷装置,而且同时具有加热装置,可以根据需要采用制冷或加热手段,使冷藏集装箱的箱内温度控制在所设定的温度范围内:一般机械式冷藏集装箱的箱内控制温度范围为 $-18 \sim 38$ ℃。

机械式冷藏集装箱以压缩式制冷为主。当机械式冷藏集装箱在船上运输或集装箱堆场时,由船上或陆上电网供电;而当机械式冷藏集装箱在陆上集装箱专用拖车运输时,一般由车载柴油发电机供电。

机械式冷藏集装箱是当前技术最为成熟,应用最为广泛的一种冷藏运输工具。

3) 隔热集装箱

隔热集装箱(isolated container)是指不设任何固定的、临时附加的制冷或加热设备的保温集装箱。隔热集装箱是一种具有良好隔热性能的集装箱。为实现其保温功能,必须要有外接制冷或加热设备,向箱内输送冷风或热风以达到保温目的。

隔热集装箱的特点是箱体本身结构简单,箱体货物有效装载容积率高,造价便宜。隔热集装箱适合大批量、同品种冷冻或冷藏货物在固定航线上运输。缺点是缺少灵活性,对整个运输线路上的相关配套设施要求高。

隔热集装箱在 20 世纪 70 年代前曾经是国际之间冷藏保鲜货物的主要运输工具之一,随着 80 年代之后机械式冷藏集装箱的大量使用,目前隔热集装箱已逐步被更为灵活的机械式冷藏集装箱所取代,但在某些具有稳定货源的航线上仍有使用。

4) 气调冷藏集装箱

气调冷藏集装箱(CA refrigerated container)具有一般机械式冷藏制冷或加热功能,同时气调冷藏集装箱装有一种调气设备,可以产生和维持一种处理过的空气成分,以减弱新鲜果蔬的呼吸量和新陈代谢强度,从而减缓果蔬的成熟进程,达到保鲜的目的。

气调保鲜的关键是调节和控制货物贮存环境中的各种气体的含量。目前最常见的是充氮降氧方法来降低环境中的氧气含量,控制乙烯含量,减缓果蔬成熟。气调冷藏集装箱的气密性要求较高,一般要求漏气率不超过 $2 \ m^3/h$。

采用气调冷藏运输具有保鲜效果好、贮藏损失少、保鲜期长和对果蔬无任何污染的优点。但由于采用气调设备后,技术要求高、冷藏箱价格高,并且气调在大批量货物的贮存和运输中更有优势,因此目前使用还不普遍。

由于目前实际应用中主要以机械式冷藏集装箱和隔热集装箱为主,因此本章主要介绍隔热集装箱和机械式冷藏集装箱,尤其以机械式冷藏集装箱为主。

3. 冷藏集装箱的尺寸和计量单位

国际通用冷藏集装箱作为一种标准化的运输工具,其外观尺寸必须符合《系列 1 集装箱分类、尺寸和额定质量》(GB/T 1413—2023)的有关规定,而冷藏集装箱内部尺寸则由于制造厂家的不同而有所变化,但冷藏集装箱的最小内部高度为集装箱外部高度减 241 mm,最小内部宽度为 2330 mm,最小门框开口宽度为 2286 mm。冷藏集装箱最小内部长度和门框开口高度可参见《系列 1 集装箱　分类、尺寸和额定质量》(GB/T 1413—2023)的有关规定。

从表 7-2 所列冷藏集装箱的外形尺寸中可以看出,各种型号冷藏集装箱的宽度均为 2438 mm;长度有 12192 mm、9125 mm、6058 mm 及 2991 mm 四种。箱高为 2438 mm 的集装箱的型号为 1A、1B、1C 及 1D;箱高为 2591 mm 的集装箱为高箱,其型号为 1AA、1BB 及 1CC;箱高为 2896 mm 的集装箱为超高箱,其型号为 1AAA 和 1BBB。

表 7-2　冷藏集装箱的外形尺寸和允许公差

集装箱型号	长度 L				宽度 W				高度 H				额定质量 R（总质量）	
	(mm)	公差(mm)	(ft)	公差(in)	(mm)	公差(mm)	(ft)	公差(in)	(mm)	公差(mm)	(ft)	公差(in)	(kg)	(lb)
1AAA									2896	0~5	9ft6in	0~3/16		
1AA	12192	0~10	40	0~3/8	2438	0~5	8	0~3/16	2591	0~5	8ft6in	0~3/16	30480①	67200
1A									2438	0~5	8ft	0~3/16		
1AX									<2438		<8ft			
1BBB									2896	0~5	9ft6in	0~3/16		
1BB	9125	0~10	29	0~3/16	2438	0~5	8	0~3/16	2591	0~5	8ft6in	0~3/16	25400①	56000
1B									2438	0~5	8ft	0~3/16		
1BX									<2438		<8ft			
1CC									2591	0~5	8ft6in	0~3/16		
1C	6058	0~6	19	0~1/4	2438	0~5	8	0~3/16	2438	0~5	8ft	0~3/16	24000①	52900
1CX									<2438					

续表

集装箱型号	长度 L				宽度 W				高度 H				额定质量 R（总质量）	
	(mm)	公差(mm)	(ft)	公差(in)	(mm)	公差(mm)	(ft)	公差(in)	(mm)	公差(mm)	(ft)	公差(in)	(kg)	(lb)
1D	2991	0~5	9	0~3/16	2438	0~5	8	0~3/16	2438	0~5	8ft	0~3/16	10160[①]	22400
1DX									<2438		<8ft			

注：某些国家对车辆和装载货物的总质量有法规限制。

国际上集装箱的计量单位用 TEU(twenty feet equivalent units)来表示，TEU 又称20 ft 换算单位，是计算集装箱箱数的换算单位。目前各国大部分集装箱运输，都采用 20 ft 和 40 ft 两种集装箱。为使集装箱箱数计算统一化，20 ft 集装箱作为一个计算单位，40 ft 集装箱作为两个计算单位，以便于统一计算集装箱的营运量。

（二）冷藏集装箱的工作原理

1. 隔热冷藏集装箱

隔热冷藏集装箱(isolated refrigerated container)本身是一种具有良好隔热性能的集装箱，所有箱壁均采用热导率低的隔热材料制成。如图 7-10 所示，在箱子的一端有两个风口，下部为送风口，上部为回风口，风口可通过专用接头与制冷装置的供风系统相连。从隔热冷藏集装箱上部回风口抽回的回风，经制冷装置冷却降温后，再分别送入集装箱的下部送风口。低温空气从送风口进入箱内后，先进入箱底风轨，再向上经过货物后，从回风口抽回到制冷装置，以达到对冷藏货物的降温、保温作用。

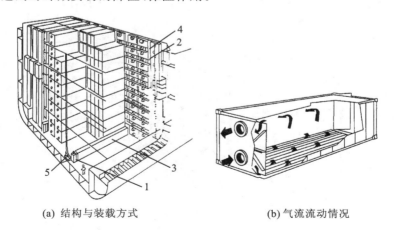

(a) 结构与装载方式　　(b) 气流流动情况

图 7-10　隔热型冷藏集装箱

1,3—风管；2—送风机；4—空气冷却器；5—排风机

由于隔热冷藏集装箱必须依赖于其外部的制冷与送风装置进行工作，因此在使用中有

明显的局限性。

隔热冷藏集装箱由于本身无任何制冷能力,必须依赖外部制冷装置与系统来维持其正常的工作。当集装箱处于船舶运输途中时,采用船舶集中式制冷系统向冷藏箱供冷,但货舱中必须有隔热冷藏集装箱专用设施,且冷藏箱只能装载在船舶货舱内。由于船舶制冷装置不可能提供太多种送风温度,且各冷藏箱的回风经汇合后返回到集中式制冷装置处,即各箱的回风存在混合问题,因此隔热冷藏集装箱较适合运送同品种的冷藏货物。另一方面,只有当冷藏箱的数量足够多时,集中式制冷装置才能显示其经济性。因此,隔热冷藏集装箱只有在用于运送大批量、同品种的冷藏货物时,其经济性才能得到充分体现。

当隔热冷藏箱处于集装箱堆场时,可采用集装箱堆场的集中式制冷系统向冷藏箱供冷,以维持冷藏箱的正常工作。因此,保证隔热冷藏箱正常工作的必要条件是,集装箱所途经的堆场必须要有能维持冷藏箱正常工作的集中式供冷装置和设施。

当隔热冷藏箱处于车辆运输途中时,一般采用壁挂式制冷装置向冷藏箱供冷,以保证隔热冷藏箱的正常工作。

目前,国际上隔热冷藏箱的主要航线是澳大利亚与欧洲及美国之间、欧洲与南美之间的肉类和季节性水果的运输航线。隔热冷藏箱的制造在20世纪70年代达到顶峰,但由于隔热冷藏集装箱在使用上的局限性,目前除在具有稳定的大批量货源的部分航线上仍有使用外,隔热冷藏集装箱已逐步被使用上更具灵活性的机械式冷藏集装箱所取代。

2. 机械式冷藏集装箱

机械式冷藏集装箱(mechanically refrigerated containers)由具有良好隔热结构的集装箱和与箱体构成一体的机械制冷装置组成。机械式冷藏集装箱的外形尺寸是标准的 20 ft 或 40 ft。制冷装置藏在箱体的一端,因此机械式冷藏集装箱有时也称为内藏式冷藏集装箱。

1) 工作原理

机械式冷藏集装箱的工作原理如图 7-11 所示,冷藏箱由箱体和制冷装置两部分组成。制冷装置的蒸发器离心风机将冷藏箱的回气经回风格栅后抽到制冷装置,回风经蒸发器降温后,被送入送风道并进入送风压力室;冷却降温后的送风从送风压力室经 T 形风轨送入冷

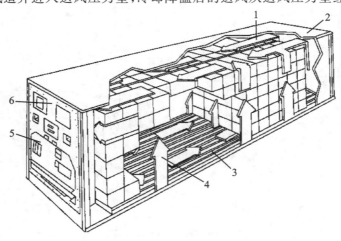

图 7-11 冷藏集装箱结构及冷风吹送方式

1—回风气流;2—箱体;3—通风轨道;4—送风气流;5—制冷机组;6—冷风机位置

藏箱,冷风在冷藏箱内从下往上经过货物后,回到回风格栅进入下一次循环。在机械式冷藏箱正常工作过程中,冷藏箱内部的热量由循环空气不断带回到制冷装置;制冷装置中的制冷剂则不断地将热量从蒸发器带到冷凝器,并经冷凝器将热量排至周围环境中。

2) 运行模式

冷藏集装箱根据设定温度,可分为冷藏工况和冷冻工况两种。当设定温度为 $-9.9\ ℃$ 及以上时,为冷藏工况;当设定温度为 $-10\ ℃$ 及以下时,为冷冻工况。

在冷藏工况下,机组的运行模式有"制冷""加热""融霜"三种;在冷冻工况下,机组的运行模式有"制冷""空运行""融霜"三种。

所谓"空运行"模式,是指在冷冻工况下,当回风温度降至低于设定温度 $1\ ℃$(不同机组可以有不同值)以下时,冷藏集装箱机组控制器要求进入"空运行"模式。在"空运行"模式下,控制器停止压缩机和冷凝器风机运转;切断供液电磁阀供电;蒸发器风机继续运转(除非在"经济运行"模式);压缩机至少停机 5 min。

为达到节能效果,机组可以选择在"经济运行"模式或"正常运行"模式运行。通常蒸发器风机为双速风机,控制器根据设定温度和是否为经济运行模式来决定蒸发器风机的转速。

当机组处于"正常运行模式"运行时,在冷藏工况下,蒸发器风机持续高速运转;在冷冻工况下,蒸发器风机低速运转,低速转速为高速时的一半。

当机组处于"经济运行模式"运行时,在冷藏工况下,当温度达到设定温度范围时,控制器使蒸发器风机低速运行,节省耗功;在冷冻工况下,当回风温度降至低于设定温度 $1\ ℃$ 以下时,机组从"制冷"模式转入"空运行"模式。控制器控制压缩机和冷凝器风机停止工作,蒸发器风机从低速变为停止,以达到节能目的。

3. 气调集装箱

1) 气调运输的发展及其优点

20 世纪 70 年代末 80 年代初,国外开始利用气调集装箱进行海上或陆上长途运输。经过不断的努力和完善,目前各水果出口大国已经利用气调集装箱把本国水果运输到全球更多的地方,从而占据更大的市场份额。例如,把香蕉从拉丁美洲运至欧洲和亚洲,把新西兰的猕猴桃、油桃运到美国等。此外,许多名贵果蔬和热带水果采摘后仅能存放 7~14 天,以往只能空运,现在则可以实现海运或陆运。实践证明,气调运输可以选择成熟度较高、风味更好的果实,无须担心到达目的地时会"熟过头";它还能减少果实内部生理紊乱和各类病害的出现,降低损耗率;与传统冷藏运输相比,果实到岸状态均匀、货架期长,更受销售商欢迎。

2) 气调集装箱的要求和类型

(1) 对气调集装箱的要求。

水果的大规模气调运输离不开气调集装箱的发展,不管在海上还是在陆上的运输过程中,各种设备的工作环境远比气调库中的恶劣,所以对气调集装箱及其内部设备要求有很高的坚固性(能经受途中摇晃、颠簸)、可靠性(无须在途中进行维修)和方便性(操作人员往往并非专业人士)。

与气调库一样,气调集装箱的使用效果和运行费用受气密程度的影响,所以要求它具有良好的气密性。早期,由于技术不成熟,甚至只是在冷藏集装箱内加装一套气调设备,却没有采取密封措施,漏气率往往达到 $5\ m^3/h$ 或更多。针对泄漏主要发生在箱门这一现象,制造商们采取的措施有:靠磁力将一层塑料帘吸在门框内部(意大利 Isocell 公司);将双扇门改为特制的单扇门(美国 Freshtainer 公司)等。现在,经过良好设计和安装的集装箱漏气率低于 1 m³/h。

气调集装箱是在冷藏集装箱的基础上发展而来的。目前有些产品即为原来生产冷藏集装箱的公司生产的,有些则是与气调设备生产商合作的产物。与冷藏集装箱一样,气调集装箱的外形尺寸是标准化的,但是气调设备往往会占据一定的储藏空间,所以各生产商的一大任务就是在保证使用效果的前提下,尽量缩小气调设备的外形尺寸,使整套设备紧凑。

(2)气调集装箱的类型。

装备完整的气调集装箱非常类似于一座小型气调库,除制冷系统外,配备了膜分离制氮机、碳分子筛 CO_2 脱除机、催化氧化除乙烯机、加湿设备、减湿设备、计算机控制记录系统等。

按照降氧方法的不同,气调集装箱分成以下两类。

①采用充气法的气调集装箱。装满货物后,用 N_2 和 CO_2 的混合气体冲洗箱内,迅速降低 O_2 浓度,提高 CO_2 浓度。早期产品是在码头装满货物后,直接向箱内充注预先配制好的混合气体。此后的运输过程中,依靠气体成分测控装置,O_2 浓度降低时通入新风,CO_2 浓度升高时进行脱除。但如果箱体密封性能差,渗进的 O_2 会多于果蔬呼吸耗氧量,O_2 浓度就无法维持在所需的低水平上,同样 CO_2 也无法维持在一定的高水平上。为此,有些产品改为携带液氮钢瓶和干冰,在运输过程中,根据箱内气体环境的变化情况,自动进行充氮降氧、通风增氧、充入或脱除 CO_2 等操作。这类集装箱的早期代表产品是美国加州 Transfresh 公司于 20 世纪 90 年代末推出的 Tectrol CA 系统。该系统的主要优点是初期投资少,每只集装箱的配备费用约为 700 美元,包括:充注气体入口;箱门内框加装铝质门轨(用于安装硬塑料密封帘);安装储藏参数控制记录仪所需的支架及电线(该仪器用完拆下);安装生石灰 CO_2 脱除机及其附属设备。它的缺点是运行费用高,并且需要依赖果蔬的呼吸作用,不是一个完全独立的系统,故有人认为不能称其为 CA(controlled atmosphere)集装箱,而只能称为 MA(modified atmosphere)集装箱。

②依靠制氮机来降氧的气调集装箱。由于此类集装箱的制造商很多,不同公司生产的气调设备配置情况各不相同,同一公司的产品也可能分几个档次供顾客选择,所以价格差别很大。另外,英国的 Cronos Containers 公司推出的 Cronos 气调系统可以把标准冷藏集装箱临时性或永久性地改装成气调集装箱。该系统外形尺寸为 2 m×2 m×0.2 m,所有气调及控制设备均安装在铝质外壳内。它可以很容易地安装在大多数冷藏集装箱的地板和内壁上,仅占据 0.8 m² 的空间。它由制冷系统的电源驱动,可以将 O_2、CO_2 相对湿度维持在预先设定的水平上,并能脱除乙烯。

4. 干冰为冷源的冷藏集装箱

1) 干冰作为冷源的冷藏集装箱的优点

(1)制冷量大,降温速度快。

干冰的制冷量较大,常压下干冰的温度为 −78.9 ℃,蒸发热为 573 kJ/kg。1 kg 干冰变为 25 ℃时 CO_2 气体能吸收 653 kJ 的热量,而 1 kg 的液氮(−196 ℃)转化成 25 ℃的氮气时吸收的热量为 411 kJ,只有干冰的 60%,可见,使用干冰作冷源需要的干冰量仅是液氮的 60%。

另外,由于干冰制冷是利用干冰升华制冷,制冷过程快,而且还可以方便地通过箱内温度调节系统调节干冰的气化量,因而能在较短的时间内使冷藏集装箱箱内温度达到要求温度。而机械制冷冷藏集装箱从制冷系统启动到系统输出最大制冷量有一个较长的工作过程,最大制冷量的输出还受到制冷机组的限制,因而其降温速度较之干冰制冷要慢得多。

(2) 结构简单,运行可靠,成本低廉。

干冰为冷源的非机械制冷冷藏集装箱系统利用干冰升华时较大的气化热和较低的蒸发温度来实现制冷目的,它除了干冰储存及温度控制装置外,没有其他任何运动部件,这样就大大地减少了故障出现的可能,提高了运行的可靠性,同时也降低了维修费用。比较而言,机械制冷冷藏集装箱的制冷系统结构复杂,零部件多,而且工作压力高(一般为 114 MPa 左右),非常容易出现设备故障和系统泄露,维修工作量大,费用高。有关统计资料显示,机械式制冷系统的折旧费大约是非机械制冷的 218 倍,维修费约为 514 倍。而且,干冰为冷源的冷藏集装箱没有制冷机组,制造成本相对也要低。

另外,与液氮制冷集装箱相比,干冰冷藏集装箱有两大成本优势:第一是干冰每升的价格比液氮的价格低得多;第二是干冰制冷集装箱的结构简单,它在使用前通过外置减压装置将高压液态 CO_2 转化为常压雪花状干冰,充灌到集装箱的冷源存储室,集装箱自身不带减压装置,这比液氮制冷集装箱少了一套喷淋装置,同时也进一步提高了其运行可靠性。

(3) 充灌速度快,使用方便。

在冷源存储室内的雪花状干冰是由高压液态 CO_2 经减压装置减压后形成的,其充灌速度较快,可以达 60~100 kg/min。以 20 ft 冷藏集装箱为例,一天干冰的消耗量为 500 kg,如一次要充灌 5 天使用的干冰,即 2500 kg,充灌时间仅为 25~42 min,这比冷板式冷藏集装箱的冷板蓄冷时间要短得多,而且充灌方便、操作简单,无须冷源的搬运,也无须专业人员操作。

(4) 应用领域广阔。

干冰气化温室低,常压为 −78.9 ℃,以干冰作冷源的冷藏集装箱只要通过温度控制装置的调节,就可以将箱内温度调节到 −78.9~25 ℃,满足不同冷藏货物对冷藏温度的要求。而机械式制冷集装箱由于受到所用制冷剂以及制冷系统的限制,一般蒸发温度不低于 −30 ℃,而且蒸发温度越低,冷机的运行工况就越恶劣,制冷系统的效率也会急剧下降。机械制冷由于用电量大,需要额外电源,供电问题制约了它在铁路、公路运输中的广泛应用。而干冰制冷集装箱不存在这方面的问题,它只需少量的电量来提供自动控制和循环风扇的用电,而这可以通过蓄电池来提供,无须外加电源,因此干冰制冷集装箱的应用领域更为广阔。

(5) 兼有冷藏运输和气调运输双重功能。

干冰制冷的降温速度快,降温时对食品组织的细胞破坏较小,而且低温的 CO_2 气体从箱体顶部导入箱内,并加以一定量的通风量,箱内温度很容易达到均匀,食品能够很快地整体处于冷的储存环境,有效地防止了食品变质。另外,CO_2 气体无色、无味、无毒,是一种化学性质稳定的惰性气体,可以遏制果蔬的氧化呼吸过程,是一种理想的气调保鲜气体,目前广泛应用于气调保鲜中。因此,干冰制冷集装箱可以引入气化了的 CO_2,提高箱内 CO_2 的浓度,起到气调保鲜作用;同时,由于果蔬呼吸作用受到遏制,呼吸热减少,减少了箱内热负荷,使干冰消耗量减少很多;当然,必须通过引入一定的新鲜空气来调节集装箱内空气的成分,

因为过高的 CO_2 含量反而会引起水果腐烂。

2) 发展干冰为冷源的非机械制冷集装箱所存在的问题及解决办法

虽然以干冰为冷源的冷藏集装箱优势众多,但现在各国仍处于实验开发阶段,要投入实际应用还存在以下几个方面的问题。

(1) 冷藏集装箱箱体设计。

目前,我国冷藏集装箱的箱体结构和制冷设备应符合《系列1:集装箱的技术要求和试验方法 保温集装箱》(GB/T 7392—1998)的有关规定,冷藏集装箱的传热系数应小于 0.4 $W/(m^2 \cdot K)$。考虑到生产成本,生产厂家一般采用 50 mm 的硬质聚氨酯为隔热材料,其隔热性能就可以满足要求。但干冰气化温度低。在相同的隔热性能情况下,其漏热量是机械制冷集装箱的 2 倍左右,而干冰制冷式集装箱的隔热性能直接决定了干冰的消耗量和箱体容积利用率。这就要求更好的隔热性能。

改进方法之一是提高隔热层的隔热性,可以通过加厚隔热层或采用先进隔热材料来实现。有研究表明,如使用 VIPs(真空绝热板),在减少或避免冷桥的基础上,可以大幅度提高箱体的隔热性能。

另外,干冰升华会产生大量气体,使箱内处于正压状态。箱体内气体的泄漏量也会大大提高,同时会带走大量的冷量,使干冰消耗量增加,这就要求此类集装箱要有更高的气密性。

(2) 箱内温度的控制。

每种食品都有特定的冷藏温度,在运输过程中应满足食品的冷藏条件,并能维持稳定。由于循环风量较小,箱内垂直截面上有一定的温度差。这对于冷冻食品和对冷藏温室范围大的果蔬(如菠萝、青椒)的运输能符合要求,而对一些冷藏温度范围小且易变质的果蔬,就无法满足要求,因此必须研究新的解决措施。

(3) 箱内食品污染。

虽然对于大多数食品来说,CO_2 是无害气体,但研究表明,部分食品并不适合存放在高浓度的 CO_2 环境中,如香蕉、卷心菜等,它们在高浓度的 CO_2 环境中表面会发黑,影响外观。

所以干冰为冷源的冷藏集装箱必须设计成两种冷却方式:一种是直接冷却,即 CO_2 气体与食品直接接触冷却;另一种是间接冷却,即 CO_2 气体不与食品接触,而是先冷却空气,再冷却食品。这样可以满足运输不同食品的需要。

(4) 箱内容积的利用率。

由于集装箱运输过程中所需的干冰是以雪花状存储在冷藏集装箱的存储室内,而干冰的消耗量又大,以 20 ft 冷藏集装箱为例,每天干冰的消耗量约 500 kg,转化为雪花状干冰的体积约为 0.64 m^3,如果计划长途运输,以 10 天为例,就需要约 6.4 m^3 的存储空间,而标准 20 ft 冷藏集装箱的有效内部容积为 32.1 m^3,这样干冰的存储室就要占用 1/5 的容积。另外,运输路程不同,其所需的干冰量也不同。如果按最大消耗量设计存储室体积,当干冰存储量减少时就会出现冷藏集装箱体积利用率低的现象。解决的办法是将干冰存储室设计成可伸缩的容器,能够根据实际的干冰存储量自动调节,以提高集装箱的容积利用率,同时这个可伸缩容器必须有一定的承压能力,以满足不同的蒸发压力要求。

相变蓄能材料

（三）冷藏集装箱的应用

1. 冷藏集装箱使用的一般要求

（1）冷藏集装箱装货后应检查冷藏或冷冻货的原有质量，并在货单上加以说明。

（2）在装箱过程中，应严格装货堆码原则，避免冷风短路造成降温不平衡，降低制冷装置的制冷效率。

（3）冷冻货长距离运输时，箱内设定的温度与实际的温度误差不能超过3 ℃；若运送冷却货，其温度误差应不大于0.5 ℃，最好不大于0.25 ℃。

（4）集装箱运送新鲜水果、蔬菜等，应及时打开通风口进行通风换气，但运送冷冻货时应关闭通风口。

（5）在运送纸盒包装的冷却货时，应根据室外气温及湿度情况及时进行通风，保持箱内空气的干燥，防止包装箱外表面结露。

2. 冷藏集装箱的降温、保温性能要求和箱内温度分布

1）冷藏箱降温、保温性能

冷藏集装箱运送冻结货物时通常使用温度不高于－18 ℃。一般地，20 ft(610 cm)冷冻集装箱的平均降温速度（空箱）为31 ℃/h。但装货后，由于货物热容量较大，降温速度会大大减慢，有时达到设定温度要求需要15～16 h。若进货温度较高，则达到设定温度需要2～3天。

冷藏冷冻集装箱箱内的温度升、降速度与箱内装载货物有关，当达到设定温度范围－18±3 ℃后，应维持其箱内温度的稳定。但在计算冷藏箱不制冷时的箱内温升时，可采用如下经验公式作为标准值计算：

$$冷却货（不通风时）＝00054\times(t_1-t_0)（℃/h）$$
$$冷冻货＝00067\times(t_1-t_0)（℃/h）$$

式中：t_1，t_0——外界温度和箱内温度（℃）。

2）集装箱箱内温度分布

目前，国内、外广泛采用的冷藏集装箱的冷风循环均采用"上送下回式"，即冷风从制冷装置的下部吹出。冷风从箱内底部通风轨吹出，经过货物、箱内侧板、门板，吸收热量再上升到箱体上部，最后为冷风机吸入，进而经蒸发器吸收热量，降温后再从下部吹出，如此冷风循环实现箱内的降温。为了保持箱内温度的均匀，箱内强制循环的风机除在融霜期外，需要不停地转动运行；为了保持箱内的低温，蒸发器进、出口的空气必须有一定的温差；蒸发器吸收箱内回风的热量，使其降温，再以更低的温度向箱内吹送。

冷藏集装箱至少有两个温度传感元件（传感器）：一个装在蒸发器下部冷风出口处，感应送风温度，这也是箱内最低温度；另一个装在回风口，感应箱内回风温度，即箱内最高温度。通常以回风温度代表箱内实际温度。但在运送水果、蔬菜时，为防止货物冻坏，把送风温度作为箱内实际温度，以保证运输货物的质量。

事实上，冷藏集装箱运送冷却货时，为防止货物发生"冻伤"或腐烂变质，对运送过程的温度控制精度要求更高。相对而言，运送冷冻货时，其温度控制精度较低一些。此外，为提高运送冷却货的温度控制精度，在制冷装置的制冷系统中装有热气旁通阀、吸气调节阀等能

量控制装置,以实现制冷装置按制冷实际要求调节制冷量的供给。

冷藏集装箱装载之后,由于堆码的原因可能会造成箱内温度的不均匀。通常箱底送风口温度最低,而回风口和箱门端的下部温度最高。运送冷却货时,由于水果、蔬菜呼吸热的作用,可能使货物中心部位温度偏高。

3) 冷藏集装箱货物运送温度和换气

(1) 货物运送温度。冷藏集装箱运送食品时,为保证运送质量必须维持一定的箱内温度。在冷藏集装箱使用过程中,承运人员应确保冷藏箱在设定温度下,使之稳定运行。实际上冷藏集装箱的运送温度,既是冷藏货质量的保证温度,也是制冷机经济运行温度。不过在冷藏集装箱的使用中,对箱内温度原则上按货主要求确定。

目前,国外在运输冷冻食品时,一般都以1960年美国食品医药协会所推荐的运输温度(-18 ℃)为标准,这一标准也为世界大部分国家所接受。在欧洲,对冷冻食品的温度要求多采用-20 ℃为标准。

(2) 箱内送风温度与回风温度。冷藏集装箱既能装运冷却货,又能装运冷冻货,故在温度控制上必须兼顾两者不同的要求。装运冷却货,如蔬菜类产品,货物比较娇嫩,既需要冷却,又怕"冻伤",故其温度不能过低;但装运冻货时,则在允许的范围内,其温度越低越好。

实际使用的冷藏集装箱的箱内温度也是不均匀的。一般在制冷机启动时送风温度较低,回风温度因冷风在箱内吸热,使回风温度较高,在制冷机停止运行时,其送、回风温差仅为2 ℃左右。

由于冷藏集装箱送风温度变化范围大,而冷却货物对温室敏感性高,因此,在冷藏箱设计时必须予以考虑。通常冷藏集装箱制冷装置均设定有一个温度临界点(-5 ℃或-10 ℃)。

在临界点以上为冷却运行模式,采用送风温度控制的方式,用来运送果蔬、花卉类货物,以防止"冻伤";在临界温度以上时为冻结运行模式,采用回风温度控制方式,控制冷藏集装箱冷冻货物的最高运送温度,保证运送质量。

由于冷却货物对箱内温度变化的敏感性高,因此,在现代新型集装箱制冷装置中采用了不同形式的能量控制调节装置,在冷藏集装箱使用中随时调节制冷量的供给,防止冷却货"冻伤"。因此,在运送冷却货时,当送风温度接近设定温度时,能量调节装置自动地减少能量(制冷量)的供给。越接近设定温度,能量供给越少。最终箱内达到设定温度时,制冷机组供给的制冷量仅用来平衡箱体漏热。这种控制方式有效地避免了箱内温度产生过大的波动。

(3) 冷藏集装箱的通风换气。冷藏集装箱进行通风换气的基本目的是运送冷却货时,控制箱内 CO_2 和乙烯等气体的含量。一般冷藏集装箱的通风口全部打开时,最大换气量可达 280 m^3/h。

冷藏集装箱的冷风由蒸发器风机压入,而冷藏集装箱通风换气的通风器的吸入口与蒸发器风机吸入端相通。风机运转时,借助于负压把箱外空气不断地引入箱内,通风器的排出口与外界相通,排气压力把箱内空气排出箱外,实现了冷藏集装箱的通风换气。

从控制箱内 CO_2 浓度的角度上看,通风换气是必要的,但从制冷效果的角度看,通风又是不利的。因为通风换气,不但把箱外的热量带入箱内,而且把空气中的水蒸气也带入箱内,进而导致蒸发器的结霜(多次频繁除霜,会降低制冷装置的制冷效果)。因此,冷藏集装箱运送无"生命"的冷冻货时,必须关闭通风换气口,甚至连排水口也要关闭。当然,在运送冷却货时,通风换气口虽然应该打开,但从制冷效果考虑,换气口不能开得过大。关于冷藏集装箱的换气量,一般均以美国森基斯特·格罗尔(Sunkist Grower)公司的推荐值作为标准,即通常控制 CO_2 的体积分数在 0.1% 以下(短时间允许达到 5%)。若控制 CO_2 的体积分数在 0.1% 以下时,以 40 ft 冷冻集装箱计算,每 1000 个纸盒需要 0.8 m^3/h 的换气量;若 CO_2 的体积分数达到 5% 时,则每 1000 个纸盒需要 1.6 m^3/h 的换气量。冷风循环量一般为 4000~5000 m^3/h。

通风型冷藏集装箱在装运冷冻货时,应有较高的制冷量,而在装运冷却货时,应有较大的冷风循环量。为此,目前冷藏集装箱的蒸发器风机多为双速风机,即在装运 -6 ℃ 以上冷却货时,风机高速运转,提高冷风循环量,以满足冷风循环的要求;达到 -6 ℃ 左右时,风机低速运转,以满足制冷量的需求。

在我国食品冷藏运输中,冷藏集装箱作为"冷链"的重要一环受到重视。它随着我国食品工业和国际航运业的发展及冷藏集装箱自身技术的提高,将得到更广泛的应用。

3. 冷藏货物拼箱混装

对于低温深冷货物拼箱运输,除了制成食品与食品原料由于卫生原因及不同种类货物串味影响外,一般不存在其他重大影响。一般货物在比其推荐设置温度更低的温度下冻藏,更有利于保证质量。一般应避免多种保鲜水果和蔬菜拼箱混装,由于承运货量、品种和成本等因素需要拼箱装运时,应注意下述问题。

(1)温度。温度是水果和蔬菜拼箱混装的主要条件,拼箱混装的水果和蔬菜冷藏温度越接近越好。因水果和蔬菜对温度变化特别敏感,低温可以降低呼吸强度,但温度过低会造成冻害;高温不仅增加呼吸强度,加快成熟,而且会降低抗腐能力,还可能产生斑点和变色等。

(2)相对湿度。相对湿度是水果和蔬菜拼箱混装的重要条件。相对湿度过高则水果和蔬菜易腐败,相对湿度低则会脱水、变色,失去鲜度。大部分水果和蔬菜对相对湿度的要求为 85%~90%。

(3)呼吸作用。呼吸作用也是水果和蔬菜拼箱混装的重要因素。水果和蔬菜呼吸可产生少量乙烯(一种催熟剂),可使某些水果和蔬菜早熟、腐烂。产生较多乙烯气体的水果和蔬菜不能与对乙烯敏感的水果和蔬菜拼箱混装。

(4)气味。有些水果和蔬菜能发出强烈的气味,而有些又能吸收异味,因此,这两类水果和蔬菜不能混装。

4. 冷藏集装箱的装箱及运输管理

1)不同冷藏货物的装箱要求

根据冷冻货物、保鲜货物、一般冷藏货物及危险品等特性的不同,其在冷箱内的堆装方式也不同。

(1)冷冻货物。一般冷藏货物及危险品等由于货物自身不会发出热量,而且在装箱前已预冷到设定的运输温度,其堆装方法非常简单,仅需将货物紧密堆装成一个整体即可。在货物外包装之间、货物与箱壁之间不应留有空隙。但所装货物应低于红色装载线,这样冷空气才能均匀地流过货物,保证货物达到要求的温度。

(2)保鲜货物。因有呼吸作用而产生 CO_2、水汽、少量乙烯及其他微量气体和热量。堆装方式应当使冷空气能在包装材料和整个货物之间循环流动,带走因呼吸产生的热量,补充新鲜空气。这种堆装方式有两种标准装箱方式。

①无间隙积木式堆装。货物应像堆积木那样堆装成一个整体,货物与箱壁之间不留任何空隙。如果装入的货物无法占满整个冷箱底面,应使用厚纸板或类似材料覆盖剩余面积,这样可以防止空气循环"短路",致使货物冷却不足,箱内堆装的货物应低于红色装载线和不超出T形槽的垂直面,以保证冷空气良好循环,不能用塑料薄膜等材料覆盖货物。

②货盘堆装法。除遵守积木堆装方式要求外,还应使货盘上堆装箱子的四个角上下对齐,以便质量均匀分布;箱子顶部和底部的通气孔应上下对齐,使冷空气循环畅通。

2) 外包装

包装是冷藏货物运输的重要组成部分,是防止货物损坏和污染的基础。适当的设计和高质量的包装材料应能承受冷冻和运输全过程。包装应能够防止货物积压损坏;承受运输途中发生的冲击;标准的外形尺寸适于货盘或直接装入冷箱;防止货物脱水或减低水汽散失速度;在低温和潮湿情况下保持强度,防止串味;经得住$-30\ ℃$或更低的温度;能支持堆放高度为2.3 m的货物。

3) 装箱须知

(1) 货物预冷。对货物应进行预冷处理,并预冷到运输要求的温度。因冷箱设计的制冷能力有限,仅能用于保持货物的温度。如果货物温度过高,将使制冷系统超负荷工作,导致该系统出现故障,影响货物安全。

(2) 冷藏集装箱预冷。一般情况下冷箱不应预冷,因为预冷过的冷箱一打开门,外界热空气进入冷藏集装箱遇冷将产生水汽凝结,水滴会损坏货物外包装和标签;在蒸发器表面凝结的水滴影响制冷量。但在冷库的温度与冷藏集装箱内温室一致,并采用"冷风通道"装货时,可以预冷冷藏集装箱。

当装运温度敏感货物时,冷藏集装箱应预冷。预冷时,应关紧箱门。如果冷藏集装箱未预冷,可能造成货物温度波动,影响货物质量。

4) 预检测试

每个冷箱在交付使用前应对箱体、制冷系统等进行全面检查,保证冷藏集装箱清洁、无损坏,制冷系统处于最佳状态。经检查合格的冷藏集装箱应贴有检查合格标签。

5) 装箱前的准备工作

(1) 不同易腐货物的注意事项:最佳温度设定;新鲜空气换气量设定;相对湿度设定;运输总时间;货物体积;采用的包装材料和包装尺寸;所需的文件和单证,等等。

(2) 装箱前及装货时的注意事项:设定的温度应正确;设定的新鲜空气换气量应正确;设定的相对湿度应正确;装箱时,制冷系统应停止工作;箱内堆装的货物应低于红色装载线和不超出T形槽的垂直面;箱内堆装的货物应牢固、稳妥;箱内堆装货物的总质量应不超过冷箱最大允许载质量;冷箱装货后总质量(包括附属设备的质量);在运输途中不应超过任一途经国的限重。

6) 脱离制冷时间

由于各种运输方式之间的交接,可能出现制冷系统故障,造成停止制冷。对冷冻和冷藏保鲜货物短时间地停止制冷状态是允许的。许多货物出现几小时的停止制冷可以接受,但并非所有货物都如此。对任何冷藏货均不允许出现长时间的停止制冷;对于特种货物和温度敏感货物,应保持制冷系统连续工作,避免任何温度波动造成货物质量下降。

冷藏货物运输的技术要求高、风险大,对任何冷藏货物的运输均应做好详细的计划,并认真做好每一环节的工作才能保质保量地将冷藏货物安全运抵目的地,为货主提供优质服务。

六、航空冷藏运输技术

(一)航空物流体系及其构成

航空货运业在探索如何满足货主的物流及供应链管理需求的战略问题上,融入物流产业的发展过程,航空物流产业逐渐演变产生出来;航空物流体系作为航空物流的综合体,由航空物流网络系统、航空物流生产服务系统、航空物流组织管理和协调系统组成。

(1)航空物流网络系统是基础层,由以航空运输为主的运输线路基础设施、场站基础设施、通信信息基础设施、仓库基础设施等构成。其中相当部分由政府投资兴建,具有社会公益性的特点。完善的物流基础设施是航空物流发展的基本保障。

(2)航空物流生产服务系统是业务层,由具体的航空物流业务构成,主要是指航空物流企业的经营行为。它是航空物流业发展的核心。

(3)航空物流组织管理和协调系统是管理调控层,由相关的物流管理组织机构、产业政策、法规体系、标准化体系、产业发展战略规划等构成,承担着航空物流业的规划、指导、调控、管理等功能,是航空物流业发展的关键。

这三个方面是航空物流体系生产能力的主要因素。要发展和完善航空物流体系,也主要在这三个方面下功夫,同时要注意三个层次之间的分工协作、合理配置问题,以及航空物流体系与整个物流体系及与国民经济之间的协调发展问题,以保证整个物流体系与社会经济发展的适应性,促进社会经济持续稳定地发展。

(二)航空冷藏运输的特点

航空冷藏运输是现代冷链的组成部分,是市场贸易国际化的产物。航空运输是所有运输方式中速度最快的一种,但是运量小、运价高,往往只用于急需物品、珍贵食品、生化制品、药品、苗种、观赏鱼、花卉、军需物品等的运输。航空冷藏运输作为航空运输的一种方式,具有以下特点。

(1)运输速度快。飞机作为现代速度最快的交通工具,是冷藏运输中的理想选择,特别适用于远距离的快速运输。然而飞机往往只能运行于机场与机场之间,冷藏货物进出机场还要有其他方式的冷藏运输来配合。因此,航空冷藏运输一般是综合性的,采用冷藏集装箱,通过汽车、火车、船舶、飞机等联合连续运输。这种运输方式称为横跨集装箱运输,不需要开箱倒货,实现"门到门"快速不间断冷环境下的高质量运输。据资料介绍,这种横跨运输费用在美国港口内已经降低到集装箱水路运输费用的1/30,港口停留时间从7天降低到15小时。

(2)可广泛应用冷藏集装箱。航空冷藏运输是通过冷藏集装箱进行的,除了使用标准的集装箱外,小尺寸的集装箱和一些针对专门行业的非国际标准的小型冷藏集装箱更适合于航空运输,因为它们既可以减少起重装卸的困难,又可以提高机舱的利用率,为空运的前后衔接都带来方便。

(3)液氮、干冰作为冷源。由于飞机上动力电源困难、制冷能力有限,不能向冷藏集装箱提供电源或冷源,因此空运冷藏集装箱的冷却方式一般采用液氮和干冰。在航程不太远,飞行时间不太长的情况下,可以适当对货物预冷后保冷运输。由于飞机飞行的高空温度低,飞行时间短,货物能够较好地保持原有品质。

(三)航空冷藏运输的发展前景

ATP 协议

随着国民经济的发展和人民生活水平的提高,航空冷藏得到了快速发展。随着冷藏运输工具、冷藏技术的发展和普及程度的提高,冷藏集装箱联运组织系统的改善,横跨集装箱运输的费用大幅下降,运输时间大大缩短。人们对航空冷藏运输的需求量越来越大,如高级宾馆的生鲜山珍海味、特种水产养殖的苗种、跨国的花卉业、观赏鱼等,经常采用航空冷藏运输的方式,因此,航空冷藏运输是一项很有发展前途的行业。

同步案例 7-2

巨头沃尔玛的冷藏箱运输

沃尔玛在 2012 年前扩大投资 4 亿~5 亿美元建立公司内部拼箱冷藏集装箱设备。

由于分布于美国和世界各地超市大卖场食品杂货销售量逐年快速增长,水产品、肉制品、乳制品和速冻食品等日常保鲜食品份额的不断扩大,时刻紧盯全球食品市场动态变化的沃尔玛立即因势利导,扩大投资,沃尔玛在 2012 年前再扩大投资 4 亿~5 亿美元进一步扩充公司内部冷藏集装箱拼箱设备;在优化其干货集装箱运输业务的同时,加快速度延伸其经营管理的冷藏拼箱运输业务在全球覆盖面,其冷藏集装箱拼箱运输模式涉及范围包括远洋货轮、拖轮、集装箱卡车和航空运输。分布于美国和世界各地的沃尔玛社区超市商场中的食品杂货销售区域面积通常不少于 8000 平方英尺(1 平方英尺=0.092903 平方米)。

沃尔玛拥有公司内部交叉配送综合商品的丰富经营管理经验,其中尤其突出的是被业内人士称为"拼箱"的沃尔玛零担货物集装箱卡车运输做得相当优秀,即集装箱运输卡车从多元货物始发地把货物装运到单元目的地,为客户提供"零库存"、"实时"和"门到门"的拼箱货运服务,而其拼箱运输的货物通常是销售量特别巨大的快速消费品,包括冷藏食品在内的食品杂货。

采用冷藏或者干货拼箱运输模式的食品杂货和其他货物不分项目种类多少和数量大小,而各个地区配送中心集装箱卡车运输车队、供应商、仓储经营商、批发零售商等供应链合伙人的经营管理通过信息技术网络和信息共享系统而实现一体化,或者相互密切配合弥补冷藏集装箱运输功能的一时不足,最大化利用美国和世界各地集装箱卡车运输队运能,把集装箱卡车运输空载率降低到最低水平,同时又严格控制配送中心和超市大卖场等各个环节的存货水平,促使货物流向更加精准,避免市场资源浪费和产品成本扩大,从而进一步提高沃尔玛的经济效益。

值得注意的是,善于节约冷库投资成本的沃尔玛常常利用第三方物流的冷库,再让多家供货商参与,把各种冷藏品单项专送集装箱尽可能整合成拼箱运输模式,把不同始发地的各种货物集中到沃尔玛指定的配送中心。而从沃尔玛配送中心到各个沃尔玛商场的冷藏货运业务通常由沃尔玛公司内部冷藏车队自己承包。

其实沃尔玛特别起劲地发展拼箱冷藏箱运输服务的关键原因是美国各地公路冷藏集装箱运力不足,目前美国拥有专业冷藏集装箱的大型规模卡车运输公司总共才50家,而冷藏集装箱设备投资规模相当于同尺寸干货集装箱设备的两倍多,而且还需要温度独立控制的设备配套。冷藏集装箱卡车货运风险大,专业性强,维修保养成本高,万一温度失去控制,造成货损货差,卡车公司就要被赔光破产,因此不少卡车运输公司并不乐意做冷藏集装箱卡车货运业务,宁可少赚钱,仍然做干货集装箱运输。

而本身就带有挑战性质的拼箱冷藏运输的经营管理相当复杂,必须首先建立必要的定班冷藏集装箱车队运输网络,同时与其他地区的其他冷藏集装箱卡车运输公司保持密切合作。冷藏食品不仅小包装多,批量多少不一,停点装卸站多,而且需要日夜控制温度,成本高,零售利润不高,其风险远远超过食品干货杂品。只有采用多货源拼箱冷藏箱运输方式,才能提高效率,解决冷藏集装箱卡车运力缺口,最大化降低冷藏食品杂货的运输风险成本。沃尔玛拼箱冷藏箱卡车运输车队主要负责以最快速度把食品杂货运送到沃尔玛经营的各个超市和大卖场网点。由于业务量大,尤其遇到冷藏食品杂货运输高峰季节,沃尔玛也及时实施拼箱冷藏箱运输的外包业务,但是沃尔玛始终坚持与大型冷藏集装箱运输公司签订合同,毫不犹豫地终止与规模小、设备差和经营管理不到位的集装箱卡车运输公司的合同关系。这是因为拼箱冷藏箱运输货物与干货不同,需要专人呵护,因此必须特别严格控制不断上涨的燃料费、保险费、设备和劳动力等方面的成本。

【思考】
1. 沃尔玛冷藏箱运输设计了哪些运输模式?在运行过程中遇到了哪些困难?其解决方案是什么?
2. 冷藏集装箱运输的主要问题是什么?沃尔玛采取了哪些措施来应对这些问题?

第三节 冷链运输节能管理

一、冷链运输工具热计算

冷链运输工具的热计算是设计冷却设备、加温设备和空气循环设备的基础工作,在日常组织工作中也经常需要运用热计算。在热计算中最重要的是计算冷藏车各项冷消耗和冷却器的散冷量。把这两方面根据具体情况加以灵活运用,就可以找出一系列生产上所必需的数据。下面讨论冷藏车(含冷藏集装箱)热计算的基本原理。

(一)冷消耗的计算

对于通用冷链运输工具来说,在各种情况下可能遇到的冷消耗因素共有八项,各项因素计算方法如下。

1. 漏热的冷消耗(Q_1)

$$Q_1 = 3.6 F_{车} K_{车} (t_{外} - t_{内}) Z \tag{7-1}$$

式中:$F_{车}$,$K_{车}$——车体的外表面积(m^2)和传热系数[$W/(m^2 \cdot K)$];

$t_外, t_内$——在 Z 时间内外界阴面的平均气温和车内平均温度(℃);

Z——传热的时间(h)。

$$K_车 = \frac{1}{\frac{1}{A_w} + \sum \frac{\delta_i}{\lambda_i} + \frac{1}{A_n}} \quad (7\text{-}2)$$

式中:A_n, A_w——内外表面热交换系数[W/(m²·K)];

δ_i——第 i 层材料厚度(m);

λ_i——第 i 层材料的导热系数[W/(m·K)]。

式(7-1)中的 $F_车$ 是用车体的外表面积,即按车体外部六面的尺寸计算出的六个面积之和。由于车墙很厚,外表面积比内表面积大得多,传热实际上是通过平均表面积进行,那么为什么这里可以用外表面积计算呢?这主要是为了测量和计算方便。在测定传热系数时,就可按照外表面积计算,这样计算出来的 $K_车$ 已经考虑了 $F_外$ 与 $F_均$ 的差别,而且是对应于 $F_外$ 的。当试验时,$K_车$ 是按照车体的平均表面积计算的,则在使用公式(7-1)时,$F_车$ 应相应地采用平均表面积,$F_车 = \sqrt{F_外 \cdot F_内}$。车体的传热系数是不断变化的,新出厂时最小,在使用中逐渐增大,维修后又减小,以后又增大。我国目前还没有一套这种变化的试验资料,在做比较精确的试验时,每次都应对所选车辆重新测定 $K_车$ 值。

式(7-1)中的 $t_外$ 是车辆附近阴面的空气温度,阳面由于太阳辐射而增加的传热量另在 Q_3 中计算,$t_内$ 是车内各点的平均温度。$t_外$、$t_内$ 应该是在 Z 时间内定时测定的若干读数(每个读数是几个温度的读数的平均值)的总平均值。

2. 漏气的冷消耗(Q_2)

当车内外有温度差时,通过车门、通风口等不严密处会发生漏气。漏气量的大小与缝隙的大小、温差的大小、外界的气候条件(如风速、风向、下雨等)有关。同一型的车或者同一辆车在不同的场合和时期,漏气的冷消耗可能有很大差别。因此,Q_2 是很难用计算的方法正确确定的,只能根据计算传热系数用试验方法确定。在一般情况下,可简化认为 $Q_2 = 0.1Q_1$。

3. 太阳辐射的冷消耗(Q_3)

车体被太阳照射的部分因温度升高,传热温差也有所提高。计算公式如下:

$$Q_3 = 3.6\gamma F_车 K_车 (t_阳 - t_内) z_阳 - 3.6\gamma F_车 K_车 (t_外 - t_内) z_阳 \quad (7\text{-}3)$$
$$= 3.6\gamma F_车 K_车 (t_阳 - t_外) z_阳$$

式中:γ——车体被太阳照射面积占总面积的百分比(%);

$t_阳$——车体被太阳照射面的温度(℃);

$z_阳$——车体被太阳照射的时间(h)。

根据对单辆车的试验观测,车辆经常有三面(顶、端、侧)被太阳照射,只有短暂的时间可能是两面(顶端或顶侧或端侧)被照。因此,可以近似地把单辆车的被照面积取为 50%。通常车顶部比端侧墙温度高,端侧墙的温度也不相同,计算时应取测定各点的平均值,在粗略计算时,可取 $t_阳$ 比 $t_外$ 高 10~12 ℃。太阳照射的时间,在具体进行试验中可按测定值计算,在计划性的计算中,可按当时当地平均的日照时间折合计算。

4. 通风的冷消耗(Q_4)

运送某些货物(如未冷却的蔬菜、水果、鲜蛋以及熏制品等)时需要通风,通风时把外界的热空气带入车内,一方面需要降温(在计算时假定降到车内温度),另一方面可能有一部分水蒸气凝结(假定降到车内原有湿度水平),这两部分热量之和就是通风的冷消耗,计算公式如下:

$$Q_4 = V_{通}[C_{空}(t_{外} - t_{内}) + q(f_1 p_1 - f_2 p_2)] \tag{7-4}$$

式中:$V_{通}$——计算期间的通风容积(m^3);

$C_{空}$——空气的容积比热,即 $1.297\ kJ/(m^3 \cdot K)$;

q——水蒸气的凝结热或凝固热,车内零上温度时为凝结热,可取 $2.51\ kJ/g$,车内零下温度时为凝固热,可取 $2.845\ kJ/g$;

f_1,f_2——通风时外界和车内空气的相对湿度(%);

p_1,p_2——空气在外界与车内温度时的饱和绝对湿度(g/m^3)。

5. 货物降温的冷消耗(Q_5)

$$Q_5 = (m_{货} C_{货} + m_{容} C_{容}) \Delta t \tag{7-5}$$

式中:$m_{货},m_{容}$——货物及包装容器的质量(kg);

$C_{货},C_{容}$——货物及包装容器的比热容[$kJ/(kg \cdot K)$];

Δt——计算期内货物降温度数(K)。

6. 车体降温的冷消耗(Q_6)

车体在冷却以前,可以把车体温度看作与环境温度相同,冷却后,外壁与外界空气温度一致,内壁与车内温度相同,计算公式如下:

$$Q_6 = m_{车} C_{车}\left(t_{初} - \frac{t'_{外} + t'_{内}}{2}\right) \tag{7-6}$$

式中:$m_{车}$——车体需要冷却部分的质量(kg);

$C_{车}$——车体需要冷却部分的比热容[$kJ/(kg \cdot K)$];

$t_{初}$——车体初始温度(℃);

$t'_{内},t'_{外}$——计算终了时车体内、外表面温度(℃)。

7. 货物呼吸的冷消耗(Q_7)

$$Q_7 = m_{货} q_{货} z_{货} \tag{7-7}$$

式中:$q_{货}$——货物在车内温度下的呼吸热[$kJ/(h \cdot kg)$];

$z_{货}$——货物在车内时间(h)。

8. 循环风机的冷消耗(Q_8)

$$Q_8 = 3600 N_{风机} z_{风机} \tag{7-8}$$

式中:$N_{风机}$——循环风机功率(kW);

$z_{风机}$——循环风机开动时间(h)。

(二)装运货物时的实际冷消耗

在装运某种具体货物时,其冷消耗因素并不总是八项,各类货物制约因素互有差别,有些货物即使冷消耗的因素相同,但数据却有差别。举例如下。

(1)冻货。运送冻货时,车体需要预冷,传热、漏热、太阳辐射热、风机散热都有,但货物不需要冷却和通风,也无呼吸。因此,冻货的冷消耗如下:

$$Q = Q_1 + Q_2 + Q_3 + Q_6 + Q_8 \tag{7-9}$$

（2）冷却的水果、蔬菜和鲜蛋。这类货物在运送中除传热、漏热、太阳辐射、车体降温、风机散热等项冷消耗外，还多一项呼吸的冷消耗。果蔬和鲜蛋在冷却后的运送一般不需通风。因此，冷却的水果、蔬菜和鲜蛋的冷消耗如下：

$$Q = Q_1 + Q_2 + Q_3 + Q_6 + Q_7 + Q_8 \tag{7-10}$$

（3）未冷却的水果、蔬菜和鲜蛋。这类货物八项冷消耗俱全，即

$$Q = Q_1 + Q_2 + Q_3 + Q_4 + Q_5 + Q_6 + Q_7 + Q_8 \tag{7-11}$$

【例 7-1】 设一个 20 ft 冷藏集装箱将 10 t 香蕉通过海运从深圳运往上海，船舱温度为 30 ℃，运输时间为 5 天，集装箱漏热率为 25 W/℃，漏气率为 5 m³/h，若集装箱内温度为 11 ℃，请计算全程耗冷量。

解 （1）解题思路：冷消耗因素分析。

香蕉：水果类，有呼吸热，有 Q_7；货物已预冷，无降温热 Q_5；已预冷的货物运输途中一般不通风，无 Q_4；箱体已预冷，无箱体降温热 Q_6；箱内的循环风机功率没有数据，可不计，也可查相关冷藏集装箱的参数表。因此，

$$Q = Q_1 + Q_2 + Q_3 + Q_7$$

（2）参数确定。

20 ft 箱的尺寸：6058 mm×2438 mm×2438 mm。

其他参数：$K=0.4$ W/(m²·K)；$t_外=30$ ℃，$t_{内1}=11$ ℃；货物重量 10 t(10000 kg)；青香蕉呼吸热：11 ℃时为 8452 千焦/(吨·天)；$\gamma=0.5$，$z_阳=10$ h/d，$t_阳-t_外=10$ ℃。

（3）计算。

$$Q_1 = 3.6 F_车 K_车 (t_外 - t_内) Z$$
$$= 3.6 \times 2 \times (6.058 \times 2.438 + 2.438 \times 2.438 + 6.058 \times 2.438) \times 0.4$$
$$\times (30-11) \times 120 \text{ kJ} = 232994 \text{ kJ}$$

$$Q_2 = 0.1 Q_1 = 23299.4 \text{ kJ}$$

$$Q_3 = 3.6 \gamma F_车 K_车 (t_阳 - t_内) z_阳 - 3.6 \gamma F_车 K_车 (t_外 - t_内) z_阳$$
$$= 3.6 \gamma F_车 K_车 (t_阳 - t_外) z_阳$$
$$= 3.6 \times 0.5 \times 2 \times (6.058 \times 2.438 + 2.438 \times 2.438 + 6.058 \times 2.438) \times 0.4$$
$$\times 10 \times 10 \times 5 \text{ kJ} = 25548 \text{ kJ}$$

$$Q_7 = m_货 q_货 z_货 = 10 \times 8452 \times 5 \text{ kJ} = 422600 \text{ kJ}$$

$$总耗冷量 = 耗能量 Q = Q_1 + Q_2 + Q_3 + Q_7$$
$$= 704441.4 \text{ kJ}$$
$$= 195.7 \text{ kW·h}$$

答：在车内温度为 11 ℃ 时的全程耗能为 195.7 kW·h。

二、冷链运输装备节能

（一）影响能耗的主要因素及措施

1. 漏热量的影响

冷链运输装备之所以能控制食品温度，除了有效的制冷手段外，良好的隔热性能也是十

分重要的。以冰激凌等需要低温运输的食品为例,车内常在 $-18\ ℃$ 以下,而考虑到太阳辐射的影响,车外综合温度超过 $60\ ℃$ 也十分常见,此时,若冷链运输装备的隔热性能好[设传热系数为 $0.2\ W/(m^2·K)$],则热负荷为 $1.2\ kW$ 左右,但如果传热系数为 $0.5\ W/(m^2·K)$,则热负荷将接近 $3\ kW$。值得注意的是,传热系数为 $0.5\ W/(m^2·K)$ 的冷藏车在现实生活中比比皆是,尤其是使用过很长一段时间的车辆,漏热量的增加造成能耗激增。此外,因一般 40 ft 冷藏集装箱在箱内 $-20\ ℃$、箱外 $30\ ℃$ 的工况条件下制冷量仅为 $6\sim10\ kW$,因此,车体漏热量大不仅影响能耗,还有可能使得车辆无法满足食品品质保证的需要,造成更大的影响。

由此可见,对于冷链运输装备,一方面,在最初选择时,应采用隔热性能好的设备;另一方面,要注意使用过程中的维护,及时维修,以达到保证装备隔热性能的作用。但在实际操作中仍存在一定的误区。

一是过于注重车辆传热系数 K 值,而忽略了厢体热桥效应。目前我国在进行冷藏车隔热性能测试时,多采用传热系数 K 为分析、比较的基础。若从传热系数 K 的物理意义的源头出发,K 反映了厢体材料绝热效果、厢板的保温材料种类以及厚度等因素,但无法反映因厢体几何尺寸的不同、不同位置材质不同(车厢部分位置需采用钢质加强筋进行强化)所造成的整体传热和车厢隔热薄弱环节(热桥效应)。在冷藏车使用一段时间之后,由于车辆的振动、车厢各接口的开裂等,这些薄弱环节的漏热量也将越来越大,为此,必须引入漏热率 L (W/m^2) 来表征车厢漏热效果。漏热率 L 是北美国家为表征冷藏车单位面积传热量而引入的传热单位,能更好地分析整车隔热效果,因此运输商在选择冷藏车时综合考虑 K 和 L,将能对车辆隔热效果做出更全面的评价。

二是忽略车辆老化率。目前,国际上通常采用聚氨酯泡沫制作隔热材料阻止外界热量传入车厢内,由于这种方法具有高绝热、易加工、整体成型的特点,因而被大规模使用。在制作时,首先将混合好的聚氨酯泡沫注入车壁内外夹层间,待其固化后形成模块化整体。可见,这种制作发泡过程实际上是一种化学反应,气体在泡沫中膨胀并保留在聚氨酯的微小空隙结构中。

随着厢体的老化,这些气流会从微小空隙逃逸,而外界的空气和水便会渗入这些空隙,从而严重降低其隔热性能。研究表明,车辆隔热性能下降率约为每年 5%,5 年即为 25%。在欧美,冷链运输公司一般 $3\sim5$ 年会对冷藏车厢进行全面更换,而国内车辆常常从车辆购买到报废,很少对车厢进行维护或更换,使得车辆在使用后期性能严重下降,大大增加了能耗。

2. 漏气量的影响

冷链运输中所采用的运输装备,如冷藏集装箱的气密性并不是非常完好,在运输过程中必定有气体渗透进或者渗透出集装箱,从而改变冷链运输内部单元的温湿度和气体成分,最终可能会导致运输食品腐败变质,也会影响到运输装备的运输总能耗。冷藏集装箱在运输货物过程中,由于围护结构缝隙逐渐增大也会使得其整体气密性下降。

在冷链运输过程中,若运输货物状态确定,运输装备渗风能耗则主要取决于装备内外温差和装备的渗透漏气量,运输装备的内外温差则主要由外部自然环境条件所决定。冷链运输装备的性能与设计标准、制作工艺水平和装备的老化率、使用期都有很大关系。我国铁路冷藏箱的气密性要求仅为 50 Pa 压差下漏气量小于 40～60 m³（远低于冷藏集装箱和冷藏汽车的相关要求）；在使用年限方面，我国现存铁路冷藏车九成以上使用期超过 10 年，超过 20 年的占到六成；据统计，在运输一线使用的冷藏装备就因以上这些原因导致渗透漏气量高达 100 m³/h 以上，能耗浪费巨大。

随着车速的提高，渗风量越来越大，因此在列车运行速度越来越快的今天，不论从节能，还是食品品质安全的角度考虑，均应对装备气密性给予重视。

目前，在发泡工艺上常用三明治发泡（先将每个车壁做好后拼装为一个整体）或整体式发泡（将车厢外表面整体成型后一次性充注发泡料），由于三明治发泡在各壁面间存在接口，所以气密性常存在先天不足，且随着使用时限的增长漏气量也会不断增加，因此应尽量淘汰。此外，车辆老化导致气密性下降是难以避免的，为此，必须定期对车辆进行检修和维护。

车门渗风同样是能耗的主要来源。在车门关闭时，门封是阻止漏气的重要装置，因此门封应具有良好的密闭效果并且容易更换，因为随着密封条的老化，漏气现象会越来越严重，建议一年一换；此外，目前的密封条材料一般是 PVC（聚氯乙烯），但它的低温耐疲劳性能差，特别是温差较大时易损坏，而 EPDM（三元乙丙橡胶）具有大温差下耐疲劳的特点，建议采用其作为密封条材料。

此外，在车辆装载和卸货时，车门须长时间开启，若不采取保护措施，车外热湿空气渗入车内，一方面增加热负荷，另一方面还会导致蒸发器结霜影响车辆制冷，因此建议采用塑料门帘进行隔热。在塑料门帘选材上，应选用满足食品安全需要的食品级 PVC 材质门帘，同时应有足够的耐低温性能；在安装方式上，应从门顶到门底完全遮盖，且门帘叶片皆相互重叠，保证隔热、隔气的有效性。

3. 田间热与呼吸热的影响

新鲜产品在采摘后运输时仍然具有生命力，在呼吸的同时不断产生水、二氧化碳和热量。呼吸作用消耗了果蔬养分，缩短贮存时间，对食品保存是极为不利的。而不同果蔬所产生的呼吸热也是有区别的，这与货物温度以及周围氧气和二氧化碳的浓度密切相关。为控制货物周围气体成分，对于某些呼吸作用强的果蔬，出于品质的考虑，在运输过程中必须强制通风，如《铁路鲜活货物运输规则》中明确要求未冷却水果、蔬菜和其他需要通风运输的货物每昼夜需要通风 2 次以上。这就需要运输方在通风过程中严格控制通风量，减少内外空气交换带来的热损失，同时，在车辆制造时考虑将通风口由手动操作改为电控操作，优化设计。

另外，研究表明食品呼吸作用随温度的升高而升高，温度每升高 10 K，食品的呼吸作用会增强 2～3 倍，因此在冷链运输开始之前通过预冷措施将货温降到适宜的区间对降低能耗具有重大意义。应该看到，冷链运输装备是维持适当低温的设施而不是强制降温的装置（大型地面冷库的制冷成本只有机械冷藏车制冷成本的 1/8 左右），若生鲜食品不预冷处理，车辆不得不减少食品装载量，降低了使用效率。同时，由于温度达不到设定要求，制冷压缩机长时间运行又增加了油耗。据统计，运输同样的货物，预冷和未预冷的单位能耗相差 50%。此外，未经预冷的水果、蔬菜在运输中的腐烂率高达 25% 左右，而预冷后腐烂率在 5% 以下，其经济效益和社会效益是不言而喻的。可见，冷链的操作贯穿于农田到餐桌的整个流程，冷链运输作为冷链中极为重要的一环，其效果的好坏与生产、加工、预冷、冷藏、零售等环节是密切相关的。但从现场调查来看,目前我国冷链运输预冷率不高,绝大部分果蔬在运输前都没有进行预冷处理,而冻肉、冰激凌等冻结货物往往在运输前的冷冻不充分。据统计,90%以上的果蔬在运输前并未预冷,需-18 ℃以下运输的冻肉承运时多为-12~-6 ℃,而冰激凌也经常达不到-18 ℃的规定承运温度。

(二)影响能耗的其他因素

1. 大门空气幕的设立

空气幕又称风幕机、风帘机、风闸,如图 7-12 所示。空气幕产品广泛应用于工厂、商店、餐厅、药店、冷库、宾馆、医院、机场、车站等环境的出入口上及一切装有空调器的场所,有效地保持了室内外的空气环境,能有效保持室内空气清洁,阻止冷热空气对流,减小空调能耗,防止灰尘、昆虫及有害气体的侵入,提供一个舒适的工作、购物、休闲环境。

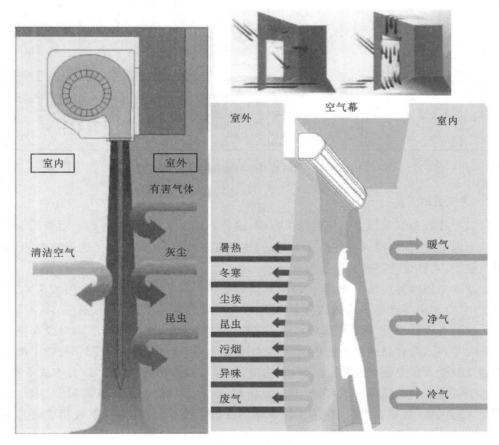

图 7-12 风幕机原理示意图

在冷链运输中,由于配货及其他原因,实际装货时间较长,在此期间大门的开敞极易导致货物温升,品质下降,因此,在冷链运输装备车门处安置风幕设备将能有效改善车内温度分布,节约能源。由图 7-13 可知,对于冷链运输装备,大门高度在 3 m 以内,因此,选用初始风速为 7~9 m/s 的风幕即可。

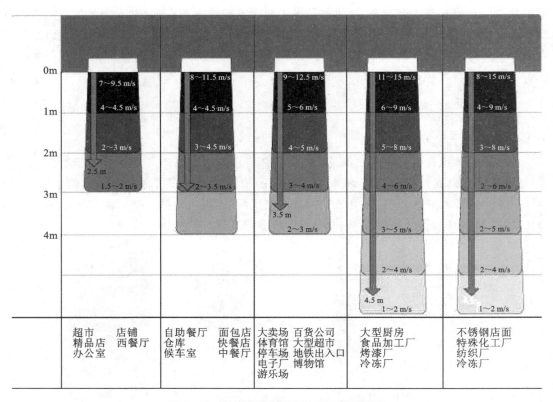

图 7-13 门高与风幕初始风速匹配关系图

2. 送风方式

目前冷藏装备多采用上出风的送风方式,这种方式技术成熟,但存在一定缺陷。首先是强制从上向下送风时,冷风吸热后是上升的,这就形成冲突;其次为保证送风速度的均匀性,风道不能太小,这也使得车厢装货容积减小。

为改善车厢内温度场分布,国外冷链运输装备生产商开始采用下送上回的送风方式,在该方法中,空气由蒸发器风扇驱动为主,冷空气受热上升这一原理为辅进行循环。冷空气在冷链运输装备底部通过 T 形槽和离水格子之间的空隙流动,由货物间空隙以及车壁的凹形风道吸收外界以及食品内部的散热量,冷空气受热上升,通过车厢内顶部和货物上部形成的回风通道被吸入蒸发器,经过蒸发器时吸入冷量,降温后由车底部送出,以此方式不断循环。

对于下送上回的送风方式,由于车内自然对流和强制循环一致,气流稳定性好,同时由于不设大送风道,装货容积大,获得了越来越广泛的应用。目前,冷藏集装箱中已基本采用下送上回的送风方式。

3. 制冷机组的选择

制冷机组的优劣直接影响到冷链运输装备能耗的高低,因此,在冷藏车设计中,可以考虑使用新型制冷机组,如具有新型涡旋式压缩机的制冷机组、具有一定气调功能的制冷机组(美国开利公司发明了 Ever Flash 气调装置,利用一个小型空气压缩机压缩空气使其通过氮气分子筛过滤后氮气进入,实现气调;美国冷藏公司利用水果、蔬菜在运输中不断消耗氧气产生二氧化碳气体的原理,配以计算机控制的新鲜空气通风控制系统,把两者结合起来,巧妙地控制箱内气体成分,实现了气调运输)等。

冷链运输装备制冷装置的数字化控制也是必需的。目前西方发达国家已实现由人工操作的 PTI 检查向自动 PTI 检查的转变。电子温度记录可记录多达 80 天的温度信息。

如果出现故障,不必像以前靠经验来判断,故障信息会自动出现在显示屏上,只需按图索骥就可以了。依靠解码器,运输装备内部温度信息可以直接通过电源线传到监控箱,方便操作。

制冷机组技术的提高将能大幅提高运输食品的品质,在节能方面,它也是最为直接的。制冷机组性能每提高 1%,节能效率也将直接提高 1%,因此,制冷机组的选型是冷链运输装备设计的重中之重。一方面,应引入国际先进技术提高制冷系统效率;另一方面,在冷链运输装备设计时,可有针对性地设计为适用于冷却货物运输的冷链运输装备和适用于冷冻货物运输的冷链运输装备,通过整个运输装备的最优化设计,提高运行效率和节能效果。

4. 通风换气

在冷链运输中,因货物的需要,有时必须采用自然通风的方式对车内空气进行置换。此时,若内外温差大,则会导致货物温升显著,在影响食品品质的同时还将大量消耗制冷系统冷量。因此,若在通风换气系统加设空气-空气换热器,则能有效解决上述问题。所谓空气-空气换热器即指在通风过程中通过换热器,使内外空气进行能量交换的设备。

目前,空气-空气换热器有以下三种类型:采用全热转轮式热回收装置的空气-空气换热器;采用板式热回收装置的空气-空气换热器;采用通道轮式热回收装置的空气-空气换热器。

根据上述三种类型设备的特点,对其在设计、应用中的通风换气效果进行对比、分析如下。

1) 全热转轮式热回收空气-空气换热器

它是传统的新风处理设备,具有热回收效率高、结构简单等优点。但体积大,阻力损失在 200~300 Pa,且存在二次污染、装置再生等问题。

2) 板式热回收空气-空气换热器

板式热回收装置也是传统的热回收设备,如图 7-14 所示。目前我国常见的新风换气机采用板式显热换热器。板式换热器一般采用金属板制成。板间距 3~8 mm、阻力在 200~400 Pa、热回收效率一般在 40%~60%。采用板式热回收装置的新风换气机受板式换热器的结构限制,体积大、阻力大。当一侧气流温度低于另一侧气流的露点温度时,会产生凝结

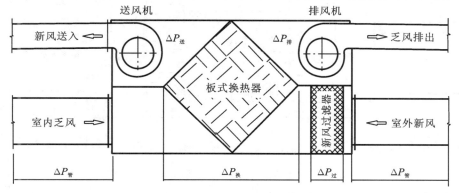

图 7-14 板式热回收空气-空气换热器工作原理图

水,甚至发生结冰现象,引起阻力剧增,影响使用寿命。板式热回收式新风换气机采用双风机实现通风换气,在通风系统中使用时,系统阻力损失大,造成通风换气效率低。

目前国内采用板式热回收装置的板式热回收空气-空气换热器的产品结构大致相同,其主要技术参数(全压或机外余压)一般以风机参数为准,并没有指出板式换热器的阻力,极易造成设计上的失误。仍以图 7-14 为例加以说明。

（1）当新风换气机安装在通风换气系统中时,由于换热器、新风过滤器的存在,新风换气机内阻极大。

（2）风机首先要克服换热器阻力 $\Delta P_{换}$、新风过滤器阻力 $\Delta P_{过}$ 和新风风管阻力 $\Delta P_{管}$。这些阻力将达到 300~500 Pa,严重影响风机的送风量和送风带载能力。

（3）风机除需要克服室内换风风管的阻力 $\Delta P_{管}$ 外,还要克服换热器阻力 $\Delta P_{换}$,影响新风机的排风能力。

（4）在实际使用时,表现为新风送入量小、排风能力低,使得整个系统的通风换气效率降低。

3）通道轮式热回收空气-空气换热器

食品冷链物流中的制冷技术

通道轮式换热器是近几年开发成功的新型换热装置,如图 7-15 所示。它集换热装置和双向风机于一身,具有结构简单、体积小、换热效率高等特点。通道轮式换热器一般采用金属薄板作为换热通道。新风和换风通道相临且相互隔离,并由单电动机拖动处于高速旋转状态。当气流进入各自的换热通道时,气流无法在通道表面形成层流界面,增加气体分子与通道器壁的碰撞机会,大大提高能量转换效率。因而在相同风量情况下,换热器体积和内阻要小很多。另外,由于换热器工作时处于旋转状态,当一侧气流温度低于另一侧气流的露点温度时,也会产生凝结水。但凝结水会在离心力的作用下甩出换热器,不会发生结冰现象从而影响使用寿命。通道轮式热回收空气-空气换热器在单电动机驱动下可实现双向通风换气,在通风系统中使用时,换气机产生的排风负压、出风正压可全部用于克服系统风管阻力,通风换气效率可达 70％左右。

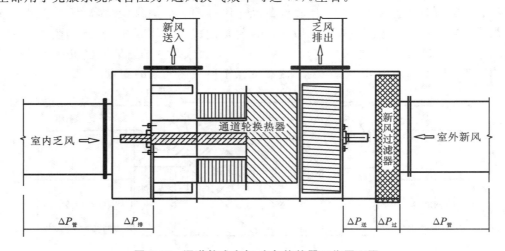

图 7-15　通道轮式空气-空气换热器工作原理图

在空调领域,上述技术已较为成熟,并已得到广泛应用。技术完全可以应用于冷藏车,从而达到节能降耗、保证食品品质的目的。

同步案例 7-3

相变蓄能：从节能减排中"淘金"

现代冷链物流技术中，一种不使用冷藏车的新型冷链物流模式正在逐渐兴起。

"这种利用相变蓄能技术而进行的冷链运输新方式，改变了以往以冷藏车为主的高能耗冷链物流方式，成为当前冷链物流转变经济增长方式、向节能环保方向发展的一种探索。"

冷链快运新思路冷链，是指为了保持药品、食品等产品的品质，从生产到消费的过程中，始终使其处于恒定低温状态的一系列整体冷藏解决方案、专门的物流网络和供应链体系。作为现代物流的重要代表，冷链物流主要面向生物、医药、食品这些直接关系生命安全和人体健康的行业。近年来，随着对药品质量和食品安全问题的日益重视，物流市场对于冷藏运输的需求也日益扩大。据了解，仅食品行业冷链物流的年需求量就在 1 亿吨左右，年增长率达 8% 以上。而目前我国已有的冷链物流能力仅占社会需求量的 20%~30%，远远不能满足社会冷链物流市场的强劲需求。

就冷链物流业体系而言，以冷藏车为主体的配送模式是无法完成在运达后的销售过程中依旧能够让商品保持指定温度范围。而相变蓄能技术恰恰填补了这方面的市场空白。据了解，德国通过航空蓄能冷藏箱已经成功实现恒温 24~96 h 的冷藏效果，并已用于从事开展航空冷链快递服务。而国内知名的中铁快运公司也据此开展了蓄能冷藏箱的铁路冷链快运服务。可见，相变蓄能对于冷链物流业发展而言确实是一条新的发展思路。

相变蓄能技术一跨入冷链物流业的"门槛"，便打起了"节能"牌，也因此备受客户青睐。通过提供小批量、多批次，保温、准时的全程冷链物流服务，相变蓄能从根本上满足了一些药品和食品企业对恒定低温状态下冷藏运输的需求。

人们一提到冷链物流，常常会想到制冷。但实际上，很多时候制冷和保温是个相对的概念。比如一些地方近年来出台了快餐配送行业要求，即食品离开操作间到消费者食用时，温度须在 60 ℃ 以上，这样在配送过程中就需要有热源来保证其温度。一些生物制品公司生产的制剂、疫苗等生物制品需要在严格的温区才能存活。如 2~8 ℃ 这个温区，每年冬季室外温度经常会在 0 ℃ 以下，有时更是达到了 −20 ℃，这对疫苗的活性作用是非常有害的，极易造成疫苗的免疫缺失，所以就需要有蓄热剂来给 −20 ℃ 环境下的保温箱内增温以达 2~8 ℃ 的恒温要求。这些应用都是相变蓄能技术所能解决的问题。

【思考】 在冷链物流过程中，相变蓄冷有哪些优势？

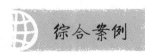

京东物流：践行高标准助推冷链物流发展

一、案例背景

随着消费升级的不断深化，整个冷链物流行业已经进入整合洗牌的关键期，能够满足消费者更为精准化、个性化、高品质的商品及服务需求是冷链物流企业能否取胜的关键。针对冷链物流源头难把控、品类杂多、标准化程度低等诸多难点,京东物流凭借强大的供应链优势、商流优势及科技优势,构建起了"全链条、网络化、严标准、高效率"的生鲜供应链一站式服务平台,逐步发展壮大成了一个冷链仓储网、冷链运输网、冷链配送网"三位一体"的综合型冷链服务供应商。

截至2020年,京东物流已经在全国10个主要城市拥有18个生鲜冷库,生鲜冷链配送覆盖全国300个城市,库内日均订单处理能力达到100万件;陆续推出了冷链卡班、冷链城配等系列标准化产品;依托自主研发的智能温度监控平台,实现了全程"0断链""0腐损",打造行业内"快"和"鲜"的双重标准,确保全程温度可控、品质可控。在全面开放的大格局下,京东冷链不断以高标准提升自身服务水平,以为商家、冷链行业以及全社会创造更加全面的价值。

1. 高标准冷库建设及布局

京东物流自有冷库均按照高标准建设,覆盖深冷层(−30 ℃)、冷冻层(−18 ℃)、冷藏层(0~4 ℃)、控温层(16~25 ℃)以及常温层五大温层,可以满足不同生鲜产品对温度的要求,各温区通过温湿度实时监控管理,全面保障商品品质。

京东物流还通过整合生鲜产地闲置仓储资源,输出自有技术、标准和品牌,有效地提升产地商家的仓储标准化水平,提高了当地商家的仓储利用效率,实现集约化、规模化发展。其中,输出的标准主要包括三个方面:一是,输出标准化的产品:比如冷链卡班,通过固定班次、固定线路、多种保价模式,提供标准化的产品服务;二是,输出标准化的管理系统:例如先进的WMS仓库管理系统,全程在线可视的信息管理系统,24小时监控异常的智能温控平台等,实现流程的一体化、可视化、标准化;三是,输出标准化的智能设备:如"货到人"拣选系统、自动分拣中心,一方面将员工从寒冷的工作环境中解放出来,另一方面利用智能设备完成标准再造,提高流转效率,减低损耗。

通过智能物流装备的应用来升级冷库也是京东物流高标准建冷库的重要体现:例如,京东物流上线了全国首个电商冷库"货到人"拣选系统,打破了自动化设备无法应用到冷库环境的制约,通过先进技术,让员工不再需要到−18 ℃的环境中作业,而是在5 ℃的独立空间内,等待商品像"回转寿司"一样被直接输送过来,极大改善了生鲜仓工作人员在冷库中的操作环境,拣货效率也提升了3倍以上;上线了全国首个冷链自动有了这套"货到人"拣选系统,员工不需要再到−18 ℃的环境里工作武汉亚一生鲜仓"货到人"拣选系统化分拣中心,该中心在零度以下的环境里,通过人机的配合,极大地加速了冷链订单的流转,减少损耗,生产效率也提升了2.5倍,让消费者可以在更短的时间内收到新鲜的商品,也让部分员工回到了温暖的办公室进行设备的监控和管理工作,使冷链分拣的员工体验得到了升级。

2. 打造冷链物流标准化产品

过去,针对生鲜品类多杂、难标准化等问题,商家需要对不同商品在线上各电商平台、线下各渠道,设置不同的运输解决方案,这种粗放型的运输模式,不仅流通成本会增加,生鲜商品的品质也极易受到影响;随着生鲜冷链发展,干线运输正在逐渐从整车运输向多频次小批量的零担补货模式发展。京东生鲜的B2C链条以往更多的是服务"最后一公里"终端消费者,如今商家或工厂到城市DC的B端客户需要B2B服务延伸。基于以上内外驱动力,京东冷链推出了冷链卡班产品,通过集拼或分拨的模式,进行点到点固定班次运输服务,以满足商家多批次小批量不足整车的冷链运输需求;同时,京东冷链卡班还进一步发挥供应链管理优势,充分整合上下游资源,满足商家"最后一公里"向上游延伸的运输服务需求,提供电商入仓、进口商贸、工业分销、餐饮零售、产地直发等全场景、一站式的生鲜商品运输方案,从而实现供应链效益的最大化,助力商家降本提效。

冷链卡班目前已经覆盖北京、上海、广东、四川、湖北、陕西、辽宁、河南、浙江、江苏十个省份,通过千余条线路实现十省互联。未来还将打通支线线路扩充骨干网,整合行业资源,连接生鲜供应链上游产地、品牌商工厂、进口港口等,下游终端餐饮店铺、便利店、消费者等。冷链卡班作为京东冷链的核心产品之一,也标志着京东冷链 B2B 核心骨干网的正式对外开放。

在千亿级冷链物流市场规模背后,冷链市场存在网络覆盖不足、标准不统一等问题,商家往往需要寻找多家冷链企业来承接不同区域、不同城市的业务,这就导致商家的管理成本高昂、运营效率低下。

对此,京东冷链推出了冷链城配这一核心产品,该产品最大特点就是网络化、一体化、个性化与可视化。借助京东冷链仓储网络及冷链卡班构成的 B2B 核心骨干网络,冷链城配一方面可以支持多城入仓,解决商家全国业务需求,并可以通过智能补货、仓间调拨,实现多城库存共享;另一方面,还可以整合供应链上下游资源,打造基于共配的标准服务产品,实现最少1件可送货。

在运营模式上,京东冷链为商家提供同城仓配或纯配的运输服务,同时提供保价、签单返还、专属包装、分选加工、上门提货等多种增值服务,满足客户点到点、点到多点等个性化冷链运输需求。此外,冷链城配产品还依托京东冷链行业领先的订单管理系统与智能温度监控平台,实现订单全流程在线可视,确保全程温度可控、品质可控。

3. 智能温控体系保驾护航

冷链物流离不开温控系统的应用。在商家最为关心的品控环节,京东搭建起了冷链全流程智能温控体系,实现了对生鲜商品在仓运配各环节的温度变化、运输速度、配送时效等进行全面监控。尤其是在温度控制上,通过智能温控硬件设备,采集仓库、冷藏车、保温箱的温湿度信息,与生鲜产品要求的温湿度进行比对,出现异常可以及时预警,进行处理,全面提升了冷链全程管理能力,有效降低了生鲜产品的损耗,实现了"0断链""0腐损",保证了生鲜食品安全,创建并引领了中国冷链物流市场标准。

未来,京东物流还将发布冷链专车、冷链仓储等标准化产品。将持续以技术驱动创新,以产品化助推行业标准化,以平台化整合行业资源,通过搭建全流程、全场景的 F2B2C 一站式生鲜供应链服务网络,提升整个产业链条的服务品质,推动中国生鲜冷链行业提质升级。

(资料来源:王玉. 京东物流:践行高标准助推冷链物流发展[J]. 物流技术与应用,2019,24(S1):47-49.)

二、案例讨论

1. 京东冷链卡班的优点体现在哪里?
2. 京东采用了哪些先进技术提升了服务品质,推动了生鲜冷链行业发展?

练习与思考

1. 思考题

(1)冷链运输装备主要有哪些?目前又有哪些新技术?

(2) 低碳背景下,多联式的优化方式和举措有哪些?

(3) 影响冷链运输能耗的主要因素有哪些?应如何处理?

(4) 国家政策和电商平台对冷链物流装备的发展起到的重要促进作用是什么?"十四五"规划中有哪些新举措?

2. 练习题

设一个 40 ft 冷藏集装箱将 20 t 香蕉通过海运从海南运往上海,船舱温度为 25 ℃,运输时间为 3 天,集装箱漏热率为 25 W/℃,若集装箱内温度分别为 11 ℃ 和 15 ℃,请计算该全程能耗量。

第八章
生鲜食品电子商务及销售物流

学习目标

理解生鲜食品、生鲜电子商务等基本相关概念,了解我国电子商务的发展历程以及我国生鲜电商行业市场特征,生鲜电商物流配送新模式;掌握生鲜电商的物流模式、物流运作流程、生鲜电商物流配送新模式以及消费者食品质量管理基础知识等。

案 例

近几年综合电商平台强势介入,生鲜电子商务已经步入加速发展的时期,基本形成了"两超—多强—小众"的电商格局:"两超"是指阿里系、京东系综合性电商平台的生鲜业务;"多强"是指具有较强竞争力的垂直生鲜电商,如每日优鲜;"小众"是指具有成长性的特色生鲜电商平台。新冠疫情突袭中国,对社会经济生活带来了极大的影响。在抗击疫情过程中,以"无接触配送"为特征的生鲜电商,在疫情中快速增长,在保障社会基本生活、避免社会恐慌等方面发挥了巨大作用。

我国生鲜电商的市场空间非常大。近几年来生鲜电商增长率一直高于电商整体增长率。而疫情期间,大量新用户开始使用生鲜电商,这很好地教育了消费者,从而为生鲜电商发展提供了非常良好的基础。例如,2020年1月24—31日,福州地区永辉生活到家交易额同比增长了600%;而每日优鲜小程序在此期间的交易额则同比增长了465%。疫情期间,原来的外卖平台等积极将生鲜配送作为新卖点,饿了么口碑疫情期间有10万家新增门店。春节期间,其北京外卖买菜订单量同比增长9倍,商超订单也同比增长超2倍。其他平台生鲜订单也都有2倍以上的增长。京东到家等原有电商平台也吸纳更多的商超入驻,提供更丰富的即时配送服务,生鲜品类增长率超过了300%。

后疫情时代生鲜电商迎来了难得的发展机遇,生鲜电商平台或企业应抓住机遇,克服生鲜电商发展过程中的困难和问题,从而实现生鲜电商的快速健康发展。

(资料来源:中国智能科技网,2020-04-16。)

第一节　生鲜电商概述

一、生鲜食品及供应链特点

（一）生鲜食品的界定

1. 生鲜食品的定义

"生鲜食品"的概念起源于外资公司，英文为 perishables 或者 fresh food，又称为易腐食品，即易腐坏变质且不易保存的商品。在狭义上，生鲜品是指种植或养殖形成的，没有加工或者只是简单地加工，然后供应给消费者的产品，包括瓜果蔬菜、畜禽水产等。在广义上，生鲜品内容比较广泛，品类繁多。生鲜食品的定义可以大致概括为未经过烹调等深加工过程，在简单的保鲜以及必要的整理之后即可上架出售的食品。

2. 生鲜食品的分类

对生鲜品的分类比较明确，但具有多种分类的标准。生鲜食品按照加工程度，可以分为初级生鲜品、冷冻冷藏生鲜品、加工生鲜品，具体又可以分为肉类、禽类、水产类、果蔬类等。市场上流行的两种说法是"生鲜三品""生鲜五品"。"生鲜五品"指的是果蔬、肉类、水产、面包、熟食，前三项并称为"生鲜三品"，这是理论上生鲜品的范围。而在日常生活中会发现很多并不是在这个范围内的商品，如乳制品、寿司等，与生鲜品一起陈列出售，那是因为这些商品同样具有生鲜品的一些特点，方便企业统一管理经营。

3. 生鲜食品的特点

与普通商品相比，生鲜食品具有其特殊性，在市场中占据了很重要的地位。虽然生鲜食品的价格相比于普通商品的高，但属于居民日常生活不可缺少的食品。

生鲜食品与其他消费品有显著的区别：首先，作为一类食品，生鲜食品有着极高的安全性要求；其次，生鲜食品的品种往往具有多样性；第三，生鲜食品含水量较高、易变质、保鲜期相对短——因此要求运输和存储都要有更高的时效性。怎样使生鲜食品通过最少的流通环节进入消费，并且消耗最短的时间，这是生鲜食品流通管理中最重要的问题。在这个过程中，商家不但要力争向市场提供新鲜、安全、品种繁多的产品，还要在保证可负担物流成本的基础上，努力稳定或提升生鲜食品的自身品质。

（二）生鲜食品供应链的特点

在具体的供应链物流技术方面，由于生鲜食品容易腐烂，不宜采用通常配送干货的方式来配送生鲜食品——必须要求有合格的保鲜条件，不仅专业性强，而且投入较高。生鲜食品供应链的主要特点如下。

（1）生鲜食品来源广泛，性质各异。有产地直供的，有经过初级或深度加工的，有成品、半成品的，其性质差异明显，保鲜技术也大不相同。

（2）生鲜食品物流要求严格。由于生鲜食品具有易变质、易受天气温度湿度等外界环境的影响,保鲜期短等特点,使得它不同于一般的工业品,也与其他食品存在相对明显的差别。因此,生鲜食品的流通过程不仅有着非常高的安全性要求,同时在运输和存储过程中必须采取一系列的技术措施(如干燥、防潮、低温保存等),用以控制生鲜食品的变质率,保持生鲜食品的品质。而这些措施的实施要求供应链系统提供相匹配的软硬件设施,这势必会增加供应链系统的质量控制成本。

(3)各环节协调工作难度大。生鲜食品的新鲜度等质量特征与时间紧密相关,在进行生鲜食品的供应链协调和质量控制时,要充分考虑质量的时变情况,保证各环节的协调配合。

(4)生鲜食品的质量特征会很大程度上影响消费者的购买选择。与一般工业品不同,生鲜食品的种类众多,且新鲜度等特征容易区别。因此,生鲜食品的需求是由市场逆向拉动的,正的消费者效用是市场需求的源泉。

二、生鲜电商的发展历程

所谓生鲜电商,即生鲜产品电子商务,是指利用电子商务的模式在互联网上销售生鲜产品的一种销售方式。

我国生鲜电商的发展划分为五个阶段。

第一阶段(2005—2012年)。2005年,易果网率先成立。三年后,专做有机食品的沱沱工社出现了,这些企业起初都是覆盖某个极小区域的垂直生鲜电商。而在2009—2012年,由于人们食品安全意识的增强,生鲜优质食品市场急速升温,一大批生鲜电商应运而生。当然,很多小而散并且照搬普通电商模式的生鲜电商最终倒闭了。

第二阶段(2012—2013年)。2012年被誉为生鲜电商元年,新生的垂直生鲜电商本来生活网,凭营销事件"褚橙进京"一炮而红,随后的"柳桃""京城荔枝大战",天猫网上预售从美国进口的樱桃的成功,极大地促进了生鲜电商的发展,使生鲜电商再次进入人们的视线。

第三阶段(2013—2016年)。随着生鲜电商市场的发展,带动了新一轮的投资热点,生鲜电商进入高速发展期。以一号店、顺丰优选、本来生活、沱沱工社以及甫田等代表性电商进入快速发展,由此开始从小而美转变为大而全。生鲜电商领域开始了新一轮洗牌。

第四阶段(2016—2020年)。综合性大型电商企业基本进入成熟期,垂直电商仍有待于向成熟期发展,电商企业应在满足消费者体验的同时,挖掘潜在体验需求或创造需求,形成客户强黏性并构建竞争优势。国家标准化体系建设规划对生鲜农产品市场的利好政策,成熟期的生鲜电商在商业模式、盈利模式、品牌美誉度、资本实力等方面都将具有一定的优势。

第五阶段(2020年至今)。自新冠疫情暴发以来,"拼购""社区团购""社群团购"等无接触配送成为人们消费的重要方式,以美团优选、橙心优选、拼多多及十荟团等为代表的社区生鲜电商迅速发展,搭乘"十四五"冷链物流规划的利好政策,生鲜电商进入了新的发展时期。

电子商务的定义

三、我国生鲜电商的模式分析

由于电商平台、传统线下超市、物流企业以及其他企业跨界纷纷都参与到生鲜电商的分割战中,因而形成多种模式,总的来说大致有以下八种模式,如表8-1所示。

表8-1 生鲜电商的八大模式

模式	优点	缺点	举例
综合电商平台	入口上的优势;培养了用户良好的购物习惯;信任度高;拥有完善的支付系统;强大的品牌优势,拥有众多忠诚的用户	商品标准不统一;生鲜产品质量无法把控;商品损耗无法避免;送货时间没有保证;物流费用昂贵	天猫、京东、苏宁易购、1号店、亚马逊等
物流电商	拥有国内最庞大的快递大军;拥有大量的仓储中心	前期的推广成本非常高;在供应链管理方面不完善	顺丰优选
食品供应商	食品供应链优势突出;食品仓储上能力相当强大;在安全上很容易获得用户的信赖;价格优势明显	物流跟不上,损耗率比较高;与综合电商相比,前期运营上需要更多的人力、财力	中粮我买网、光明菜管家
垂直电商	更关注细分领域;更懂用户	前期食品的供应商不足;物流配送困难重重;缺乏品牌知名度;食品冷仓储链建设滞后	莆田网、优菜网、本来生活网
农场直销	食品安全性好,生态果蔬有消费市场;供应链优势——自产自销	远距离配送——麻烦、耗时;无法满足具有多样化需求的用户;有一定的风险性——季节、雨水等影响产品的供应量	多利农庄、沱沱工社
线下超市电商	近距离配送、冷链仓储、供应链管理等方面都有着较为明显的优势	配送人工成本高,网上运营成本高	华润万家、永辉超市、麦德龙
社区O2O	送货上门十分方便,并且能够保证菜品的新鲜,减少损耗率;拥有线下到付款的方式;保证送货时间很短;不需要大量的冷链仓储	投入大,回收期长,成本高	微商、淘宝、京东、顺丰优选、垂直电商等都涉及
社区团购	社区熟人的信任交易,较低获客成本;社区集中采配,降低配送成本;模式轻,无开店成本,易于快速下沉;损耗低	生鲜供应链较分散,难以支撑品类需求;品项多时,成本将增加,配送效率低;过度依赖团长	橙心优选、多多买菜、十荟团、美团优选

第一种是综合电商平台模式。以天猫、京东、1号店、苏宁易购、亚马逊等为代表的综合电商平台模式,相对于其他生鲜电商,综合电商平台首先在入口上拥有更强大的流量优势;其次,用户大多习惯去天猫、京东、淘宝等网站上购物,这种用户习惯也会让顾客更多地选择在这些网站上购买生鲜产品。

第二种是物流电商模式。典型的代表就是依托快递起家的顺丰。生鲜电商对于物流和仓储都有很严格的要求,而恰好顺丰拥有庞大的快递大军和大量的仓储中心,同时顺丰在全国70个城市拥有的500多家顺丰嘿店也为顺丰优选进行O2O模式提供了极大的优势与便利。

第三种是食品供应商模式。食品供应商模式以中粮我买网和光明菜管家为代表。食品公司来做生鲜电商,自己就是供应商。首先它们在食品安全问题上就可以有保证,这是消费者选择购买的第一步。再者,中粮和光明的仓储能力也很强并在价格战上有着明显的优势。

第四种是垂直电商模式。这种模式下发展的生鲜电商有本来生活网、莆田网、优菜网等,它们可以说是生鲜电商的先驱。因为做得更专注,所以垂直电商在品类的划分上就会更细,更懂得用户的需求。但由于垂直电商没有前期的供应商积累,所以在供应链管理上很容易出现问题。并且,垂直电商不像顺丰优选那样拥有自己的物流体系,更多的是依靠第三方物流平台,在知名度上的影响力也不够。

第五种是农场直销模式。沱沱工社,以及黑龙江农垦闫家岗农场对哈尔滨市的蔬菜直销模式就属于这种模式。该模式在食品安全上是有保证的,这类商家的产品备受消费者青睐。它们的优势在于不用担心供应突然会出问题,而且产品都是新鲜采摘,对于近距离配送产品的质量也有保证。相对于远距离配送就成了这类直销模式的短板,快递的取货送货就费时费力。同时,由于是自产自销,品类的变更上显然缺少了灵活性。

第六种是线下超市电商模式。相对来说,这种模式面临的经营压力更大。从华润万家、麦德龙到永辉超市等生鲜平台的相继倒闭来看,其失败原因在于它们不仅把顾客本来自行购买的路程变成自己一项没必要的配送开支,还要在原来的运营模式上增加网上运营成本,这样下来,这种线下运营的商家将会付出更多额外的开销。

第七种是社区O2O模式。这是生鲜电商发展的突破模式,衔接线下和线上的流量,增强消费者购买体验。有不少生鲜电商都在运用此种模式,包括淘宝、京东等。这种模式下最具代表性的就是微商,通过线上选购,线下取货,使消费者在家门口就能取到自己想要的食品。而且最重要的是配送速度快,不仅节省时间,还能保证产品的新鲜度。不过前期的建设与扩张成了这种模式的重大困难。

第八种是社区团购模式。以多多买菜、十荟团、美团优选等为代表的社区团购,采用"社群预售+次日门店自提"这种新模式,即当日23:00前线上下单,次日16:00前线下门店提货,本质上属于数字化零售,货物所有权不属于团购平台,而属于供应商,是一种轻资产模式,电商平台负责营销和引流,供应商负责库存运营和管理。

四、我国生鲜电商行业市场特征

1. 产品特征

首先,由于我国农业现代化水平的局限性,小农经济态势未能彻底摆脱,食品生产分散,产品品质参差不齐。其次,生鲜食品具有易腐性、货架期短的特点,在存储及运输过程中容易发生损耗。再次,消费者对购买的生鲜产品品质要求较高,如有机产品、绿色产品等,重复购买率高,毛利高。最后,生鲜产品的标准化程度须持续推进。

2. 物流特征

首先,生鲜电商物流与其他电商物流的最大区别就是需要全程冷链物流,产品从生产到消费过程中都有保鲜要求。其次,物流周转效率要求高,若生鲜产品出现大量库存,会造成产品难保鲜,成本上升,产品也会迅速损耗。最后,物流建设成本高,建设工期长,因而,冷链的覆盖范围主要集中在一线大城市。

3. 营销特征

在高端产品市场,产品的单价相对普通生鲜食品较高。宣传推广包括推广企业知名度和产品知名度,以网络宣传为主。品牌建设上已有企业进行了有益的尝试,如本来生活网依托其媒体基因打造的名牌橙子"褚橙",将流行的励志元素注入产品中,塑造了"励志橙"的品牌形象。

第二节 生鲜电商物流模式

一、生鲜电商的物流组织模式

(一) 自营物流模式

自营物流模式通常是从事生鲜业务的电商企业自身开展生鲜产品配送活动,电商企业拥有自己的配送队伍。

电商企业自营物流,能有效控制物流活动,可对其物流活动进行灵活调节,从而避免交易的不确定性,降低交易风险与交易费用。同时,电商企业自营物流能更好地控制营销活动:一方面,通过为顾客提供优质物流服务,能提高在顾客心目中的形象;另一方面,能快速掌握顾客信息和市场动向,根据顾客需求及市场信息及时进行战略调整,提高市场竞争力。

电商企业规模较大或物流对自身发展重要程度很高,以及电商企业发展战略与冷链物流密切相关时,通常会选择自营物流模式。例如,顺丰优选借助顺丰在物流、资金、业务资源等方面的优势积极推动自己的生鲜业务。

(二) 第三方物流模式

基于使用第三方物流供应商,供应商通常专门从事库存、仓库和运输管理等综合服务,这些服务可以根据客户及其产品的特定需求定制,第三方物流供应商提供增值服务,在他们自己和客户之间创造互利,第三方配送模式的专业化程度较高、经验丰富、分销渠道广泛等优势,能有效帮助企业节约物流投资成本,降低潜在风险。但企业与第三方物流公司合作也可能导致物流配送中的一些潜在问题。首先,分销管理信息系统存在不能够帮助客户跟踪其订单的实时信息的可能,例如,我国部分第三方配送企业尚未建立物流管理信息系统,无法完成物流信息管理的全过程。其次,可能缺乏成熟完整的物流配送系统,从而与大量企业的合作将使管理电子商务活动、统一企业形象和保持一致的服务级别变得困难。

第八章

生鲜食品电子商务及销售物流

同步案例 8-1

京东自营物流模式

京东是中国最大的自营电商企业,2013年的京东销售额占据了自营电商销售50%以上的份额。京东的业务主要分为两大块,分别是自营业务和pop平台。京东业务还包括金融、物流等围绕京东商城主题的服务型生态圈。京东商城以电子商务模式经营,减少中间环节,旨在给消费者最优质、最快捷的网上购物体验。京东为了在竞争激烈的电子商务领域赢得先机,在北京、上海、广州、武汉等7个城市投入巨资,兴建与京东发展匹配的大型物流中心,逐渐解决一线、二线城市消费者"最后一公里"的难题,让消费者在网上购物更加快捷。

京东物流采取了两种方式:一是在全国重要区域实现自营物流;二是对地处偏远、人口密度较低的三线、四线城市,则与第三方物流公司互动合作。

京东70%资金投资于物流体系建设。2009年,京东在上海投资2000万成立了快递公司,用来缓解重要地区的第三方物流速度慢、服务差等问题,扭转线上顾客购物体验差的现状。京东物流逐步布局全国,建立7个大型物流中心,并且在用户最多的三个城市北京、上海、广州开办三个大型的物流中心,每日可以配送2.5万个订单。

2010年4月,京东自营配送模式在全国首推"211限时达"服务,每天11点以前下单,晚上11点以前客户收到购买的商品,这一服务大大缩短了商品的送达时间,服务快捷,提高了消费者在京东商城上购物的信任感,使京东的客户大量增加。

京东年销售额已经突破1000亿元,京东业务也不再局限于北京、上海、广东这些发达地区,逐渐向全国拓展,且以每年200%的速度高速增长。京东随着业务的扩张,进入人口密度低、范围广、不好布局自营物流的三线和四线城市。仅以全国二线城市为例,假如在每个城市布局自己的快递公司,建设成本高达数百亿,且物流的投资回报时间长,短期利润不足以支撑或维系所有二线、三线城市物流中心的生存发展。但业务的发展需求分析表明,京东业务增长点在二线与三线城市。所以在这些自营物流滞障地区,京东选择了与第三方快递合作的方式,完成货物配送,目前京东主要的合作快递公司是宅急送与中国邮政。在配送大物品件时,京东选择的是与供应厂商直接合作,因为各个大型的供应厂商在各个城市都有售后服务点与自建物流体系,方便了大件配送。

【思考】
1. 京东自营物流的优劣势在哪里?
2. 是不是所有的生鲜电商都适合建自营物流?

二、生鲜电商物流的运作流程

由于商品的特殊性,生鲜食品加工配送是物流系统中复杂程度最高、管理最难、服务水平要求最高的业务。生鲜商品按其秤重包装属性,可分为定量商品、秤重商品和散装商品;按物流类型,可分为储存型、中转型、加工型和直送型;按储存运输属性,可分为常温品、低温品和冷冻品;按商品的用途,可分为原料、辅料、半成品、产成品和通常商品。生鲜商品大部分需要冷藏,保质期很短,客户对其色泽等要求很高,所以在物流过程中需要快速流转。生鲜电商物流的运作流程见图8-1。

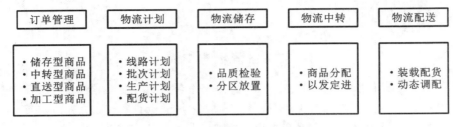

图 8-1　生鲜电商物流的运作流程

（一）订单管理

门店的要货订单通过数据通信平台，实时传输到生鲜配送中心，在订单上制订各商品的数量和相应的到货日期。生鲜配送中心接收到门店的要货数据后，立即在系统中生成门店要货订单，此时可对订单进行综合查询，在生成完成后对订单按到货日期进行汇总处理，系统按不同的商品物流类型进行不同的处理。

储存型的商品：系统计算当前的有效库存，比对门店的要货需求以及日均配货量和相应的供应商送货周期自动生成各储存型商品的建议补货订单，采购人员根据此订单的实际情况做一些修改即可形成正式的供应商订单。

中转型商品：这种商品没有库存，直进直出，系统根据门店的需求汇总按到货日期直接生成供应商的订单。

直送型商品：根据到货日期，分配各门店直送经营的供应商，直接生成供应商直送订单，并通过 EDI 系统直接发送到供应商。

加工型商品：系统按日期汇总门店要货，根据各产成品/半成品计算物料耗用，比对当前有效的库存，系统生成加工原料的建议订单，生产计划员根据实际需求做调整，发送采购部生成供应商原料订单。

各种不同的订单在创建后，通过系统中的供应商服务系统自动发送给各供应商。供应商收到订单后，会立即组织货源，安排生产或做其他物流计划。

（二）物流计划

在得到门店的订单并汇总后，物流计划部根据第二天的收货、配送和生产任务制订物流计划，计划包括人员安排、车辆安排、批次计划、线路计划、生产计划、配货计划等。

线路计划：根据各线路上门店的订货数量和品种，做线路的调整，保证运输效率。

批次计划：根据总量和车辆人员情况设定加工和配送的批次，将各线路分别分配到各批次中。

生产计划：根据批次计划，制订生产计划，将量大的商品分批投料加工，设定各线路商品的加工顺序，保证和配送运输协调。

配货计划：根据批次计划，结合场地及物流设备的情况，做配货的安排。

物流计划设定完成后，各部门需按照物流计划安排人员设备等，所有的业务运作都按该计划执行。在产生特殊需求时，系统安排新的物流计划，新的计划和老的计划并行执行，互不影响。

第八章
生鲜食品电子商务及销售物流

（三）储存型物流运作

商品进货时先要接受订单的品种和数量的预检，预检通过方可验货，验货时须进行不同要求的品质检验，终端系统检验商品条码和记录数量。在商品进货数量上，定量的商品的进货数量不允许大于订单的数量，不定量的商品提供一个超值范围。对于需要按重量计量的进货，系统和电子秤系统连接，自动记录。

拣货采用播种方式，根据汇总取货，汇总单标志从各个仓位取货的数量，取货数量为本批配货的总量，取货完成后系统预扣库存，被取商品从仓库拉到待发区。在待发区配货人员根据各路线各门店配货数量进行播种配货，并检查总量是否正确，如不正确，向上校核。如果商品的数量不足或其他原因造成门店的实配量小于应配量，配货人员通过手持终端调整实发数量，配货检验无误后使用手持终端确认配货数据。

在配货时，冷藏和常温商品被分置在不同的待发区。

（四）中转型物流运作

供应商送货后进行预检，预检通过后方可进行验货配货；供应商把中转商品卸货到中转配货区，中转商品配货员使用中转配货系统先按商品再按路线再按门店的顺序分配商品，数量根据系统配货指令执行。将配完的商品采用播种的方式放到指定的线路门店位置上，配货完成统计单个商品的总数量/总重量，根据配货的总数量生成进货单。中转商品以定定进，没有库存，多余的部分由供应商带回。如果中转商品不足可在门店间进行调剂。

不同类型的中转商品的物流处理方式如下。

不定量需称重的商品：设定包装物皮重，由供应商将单件商品上秤，配货人员负责系统分配及其他控制性的操作，电子秤称重，每箱商品上贴物流标签。设定门店配货的总件数，汇总打印一张标签，贴于其中一件商品上。

定量的小件商品（通常需要冷藏）：在供应商送货之前先进行虚拟配货，将标签贴于周转箱上。

（五）配送型物流运作

供应商送货进行预检，预检通过后方可进行验货配货，供应商把需要配送的商品卸货到配货区，配货员使用配货系统先按商品再路线再按门店的顺序分配商品，数量根据系统配货指令执行。将配完的商品采用播种的方式配送至指定的线路门店位置，配货完成后统计单个商品的总数量/总重量，根据配货的总数量生成进货单。商品已定定进，配货过程中多余的部分由供应商带回，若商品不足可在门店间进行调配。

第三节　生鲜食品销售经营中的物流管理

一、生鲜食品销售物流链及经营管理

（一）生鲜食品销售物流链管理

从作业流程的角度考察，生鲜食品销售物流链由一系列操作环节构成。以零售商为主

导的生鲜食品销售物流包括采购决策、零售商自购体系下的验货、供应商与零售商之间的运输、零售商的收货与验货、入库、流通加工、上架陈列、卖场保鲜处理、消费者拣选、报损或再加工、消费者的运输、消费者对食品的保鲜和储藏、丢弃或食用等环节。在实际操作中,经营者会根据食品特性、处理能力、技术环境等因素,对销售物流流程进行微调,以适应市场竞争。例如,在超市接受供应商送货上门时,其食品验货和收货环节发生在超市采购区域,而不是像大部分的肉菜市场生鲜食品经营者那样发生在供应商处。

生鲜食品进入市场后的食品安全控制主要集中在事后检验检测环节,但是从食品物流角度控制食品安全风险的体系仍然没有健全,应严格按类似于 HACCP 体系的全程预防性管理机制来完善物流流程并加强监管,从而降低或消除生鲜食品销售物流安全风险。

供应商、零售商对销售物流的管理决定了销售物流安全的风险和绩效。目前,大型超市均有完善的食品管理制度、卫生管理制度,但是管理绩效的差异使食品物流安全风险也有所不同。调查显示,这主要与超市的绩效考核方式、管理侧重点、员工素质等因素有关。而供应商以及肉菜市场经营者的商品知识、卫生意识、食品安全意识、自我管理能力决定了引发食品安全风险的概率。

(二)生鲜食品的经营模式及比较

经营模式主要包括三个类型:一是无加工生鲜食品;二是现场加工经营;三是连锁加工配送。三种经营模式的比较如表 8-2 所示。

表 8-2 生鲜食品的经营模式

类型	无加工生鲜食品	现场加工经营	连锁加工配送
特点	初级经营方式;生鲜商品全部由供应商供货,布局以陈列区为主	大型单店经营;以生鲜商品现场加工制作,加工区较大	连锁超市;生鲜品再加工成产品,再配送到各相关超市,加工区相对较节省
优点	场地节约,品质监控,投资少,人员配制少	生鲜购物体验好、毛利高、品种变化多、整体经营能力发挥空间大	投资合理、资源共享和有效监控、对外配送
缺点	生鲜购物体验差、价格空间和毛利有限、整体经营能力差	占地较大、投资大	保鲜运输,需要一定数量的支持

(三)生鲜食品的经营管理

完整的生鲜食品经营管理一般包括三部分:一是管理标准,主要包括商品验收标准、产品质量标准、商品陈列标准、生鲜营业标准、卫生标准、设备维护标准;二是管理制度,主要包括库存控制技术、常规工作流程、产品加工流程、岗位责任制、管理督导机制、预算管理系统、生鲜单品管理、损耗索赔管理;三是管理培训,主要包括商品保鲜知识、加工技术培训、生鲜管理培训、培训考核体系。

二、生鲜食品销售物流安全风险及品质控制

（一）生鲜食品销售物流安全风险

生鲜食品在销售物流中出现的食品安全问题从形态上可分为突变型和渐变型，从性质上可分为生物性、化学性和物理性。但是无论是哪种形式的食品物流安全问题，只有注重细节的管理，才能预防食品物流安全风险转变为食品物流安全问题。

突变型的食品安全问题主要来源于野蛮的物流作业和操作不当，如粗暴搬运装卸、冷藏设备温度设置不当等。渐变型的食品安全问题主要来源于管理的疏忽和作业方式选择不当，如对在库食品不及时进行盘点，导致食品过期和腐烂变质。

（二）销售过程中的品质控制

1. 销售人员的卫生管理

操作过程中保持一双清洁的手，是防止食品受到污染的重要防护手段之一。曾有人检查过 207 名劳动者的手，其中 97 人手上查出大肠杆菌。在调查 94 名卖熟肉、糕点和豆制品的售货员时，发现 23 人手上查出有副溶血性弧菌，20 人手上有金黄色葡萄球菌。洗一次手可以洗去 85% 的细菌。若用肥皂水洗手，可以洗掉 95% 的微生物。用热水加肥皂水洗手，可以提高杀菌能力 8~10 倍。

2. 销售中的温度管理

销售中的温度管理是关键。目前除了超市之外，许多家禽、肉、蛋、果蔬往往在常温下销售，难以保证安全性。冷冻食品更难以保证安全性。冷冻食品应始终保持在 $-18\ ℃$ 以下保存，这是温度管理的前提条件。

3. 冷柜贮藏中食品的质量变化

日本学者小屿秩夫对开式、半开式、闭式陈列柜中食品的品质变化实验表明：冷藏陈列柜中的食品更换周期要快，不能长期贮放，不能把陈列柜作贮藏柜使用。一般要求，陈列柜放在有空调的场所，夜间要加盖（开式），避免照明灯的辐射热；白天不要冲霜；灯光不能直射陈列柜；食品要加包装。

三、生鲜食品的货架期

库存（Inventory）是指储存作为今后按预定的目的使用而处于闲置或非生产状态的物品，包括原材料、燃料、半成品、产成品等。在企业的经营过程中，库存是普遍存在的，是企业保证正常生产、应对未知状况和需求所必需的。库存是把响应客户需求，缓冲供需波动，降低成本，最终提高客户满意度作为目标所建立的存储体系。现代库存观念认为：库存是一切闲置的用于未来的资源，是企业资源的储备。广义的库存还包括处于制造加工状态和运输状态的物品。从另一方面来看，库存也有不利的一面。物品存放会占用流动资金，产生库存维持费用，占用库存存储空间，并增大储存中有形损耗、无形损耗、产品减值的风险。此外，库存还会掩盖生产经营中的各种矛盾和问题。因此，既要利用库存加快企业物流各环节的

快速衔接,又要防止库存过量。

生鲜食品是不耐储的,其储存主要体现在货架期管理。主要体现人们希望所购得的食品不仅是安全的,而且食品的感官及营养价值特征不变。

(一) 生鲜食品的货架期概念及内涵

食品货架期有几种概念,但本质相同。

根据 IFST(英国食品科学与技术学会)的定义,食品货架期是指食品自出厂之日起,经过各流通环节直到到达消费者手中,它所能保持质量不变的时间段。这个概念包含多层含义:

①食品是安全的;
②在此期间,该食品的物化指标、感官特性、微生物含量必须在一个可接受的范围内;
③这个时间段应与商品标签上所标明的保质期吻合。

《中华人民共和国食品安全法》规定的食品保质期是指食品在标明的贮存条件下保持品质的期限。

食品保质期,又称为食品的最佳食用期。我国卫生部 2011 年 5 月 13 日发布《食品安全国家标准 预包装食品标签通则》(GB 7718—2011),其中对保质期的定义是,预包装食品在标签指明的贮存条件下,保持品质的期限。在此期限内,产品完全适于销售,并保持标签中不必说明或已经说明的特有品质。保质期是厂家向消费者作出的保证,保证在标注时间内产品的质量是最佳的,但并不意味着过了时限,产品就一定会发生质的变化。超过保质期的食品,如果色、香、味没有改变,仍然可以食用。

食品保存期是指在标注条件下,食品可食用的最终日期。超过了这个期限,食品质量会发生变化,不再适合食用,更不能出售。

食品在架期(on-shelf-life),也称为销售主体的货架期,指货物在架销售的最长时间期限。生鲜食品的货架期指货物从摆放上架到因变质而不再具有不必说明或已经说明的特有品质的一段时间。对于生鲜食品来说,如果产品没有具体的保质期说明,消费者在选购生鲜食品时往往是通过外形、颜色、味道等确定食品的好坏,因此生鲜食品的可食用期限大多指的是保存期。

(二) 生鲜食品保存期、货架期及各时间段之间的关系

生鲜食品保存期、货架期及各时间段之间的关系如图 8-2 所示。

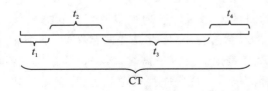

图 8-2 食品保存期、货架期及各时间段之间的关系

由图 8-2 可知,食品保存期 CT 是食品可供食用的最长期限,该段时间可分为四部分时间:t_1 和 t_2 分别表示的是生鲜食品从农户或生产基地到达超市前各环节花费的运输和储存

的时间；t_3 表示的是食品的货架期，在该段时间内食品可以在标签指明的贮存条件下保持最佳的食用品质；t_4 表示的是食品因质量下降不再具有特有品质而不适合销售的时间，在该段时间内，食品按原价格售出的概率很小。t_4 的取值可由两种途径获得：一种方法是通过有关食品的品质预测模型来完成；另一种方法是由经验数据获得。不同的食品具有不同的货架期，即使同一种食品，在不同的供应链及不同的销售环境中，也会有不同的货架期，因此货架期的确定需要根据具体情况具体分析。

以某生鲜食品生产销售的具体时间说明该食品的货架期。设食品生产日期为 9 月 3 日，可食用时长为 21 天，则食品过期时间为 9 月 24 日。已知在一般情况下，该食品在 9 月 5 日即可上架销售，因变质不适合销售的时间为 3 天，那么该食品的货架期从 9 月 5 日开始到 21 日结束，共 16 天。若消费者在 9 月 6 日去选购该食品，此时消费者的购买欲望会比较大。如若消费者在 9 月 21 日去选购该产品，此时产品虽然并未发生变质，但消费者的购买欲望也会很低。超过货架期，即使食品降价销售，往往售出的数量也不是很大。

在经营过程中，货架期是评价食品是否适于原价销售的重要指标。货架期的长短关系到食品的销售策略。若运输和储藏时间过长，用于销售的时间就会缩短，不利于食品的销售和库存管理。在食品保质期内，应尽量延长食品的货架期，缩短食品在途运输时间和售前储藏时间，使经销商有更多的时间来应对市场的各种突发事件。

（三）货架期基础上的销售库存及安全库存管理

在不缺货的前提下，保持最小库存是销售的经营目标。

（1）在生鲜收货后，尽量减少暴露在常温下的时间，要求在收完货与进入冷库之间的时间不能超过 10 分钟。必须用正确的方法处理商品，如冷冻品要及时入冷冻库，冷藏品要及时入冷藏库。

（2）所有商品必须要明示保质期和进货期。

（3）储存要严格遵守先进先出的原则。

（4）要封箱或用带盖的器具储存。

（5）所有商品必须离地离墙储存，无论冷库还是常温库。

（6）严格控制冷库的温度。

（7）维持生鲜食品储存区域的清洁卫生标准。

在经营中保持供、加工或者销售之间的动态平衡，这是生鲜经营管理的关键。

首先，货架期内加快生鲜产品的周转，一定要规范库存的一般天数，靠质量取得信誉是关键。国内超市一般冷冻冷藏品 15 天、熟食类 3 天、鱼类 15 天、蔬果 10 天、面包 3 天、肉类 7 天，生鲜产品 7 天。要实行周转快的商品分散保管、周转慢的商品尽量集中保管的原则，以压缩流通环节库存，有效利用保管面积，简化库存管理。

其次，应用 ABC 分类方法，进行库存量控制。根据商品销售额与品种数之间的不均衡性，将生鲜食品分为 A、B、C 三类。通常在配送中心，A 类商品的销售额占总销售额的 70%～75%，品种数占总品种数的 5%～10%；B 类商品的销售额则占总销售额的 10%～20%；而 C 类商品的销售额占总销售额的 5%～10%，品种数占总品种数的 5%～10%。对于 A 类商品，应重点精心管理和养护以保证其质量，尤其要经常检查其库存；对 C 类商品，一般应尽可能减少日常管理工作，以减少管理成本，但可适当增大订购量和库存量；对 B 类商品的库存管理,原则上介于 A、C 两者之间。采用此种管理方法,能突出重点,兼顾一般,减少管理成本和库存量,消除库存积压和断货现象,提高经济效益和服务水平。

(四) 到期产品处理

市场上生鲜产品经营中到期食品处理有两种方法。一种是由销售者退回生产企业,由生产企业自行销毁处理。《中华人民共和国食品安全法》自 2015 年 10 月 1 日起施行,其中第三十四条禁止生产经营超过保质期的食品,第五十四条食品经营者应当按照保证食品安全的要求贮存食品,定期检查库存食品,及时清理变质或者超过保质期的食品。第三十五条国家对食品生产经营实行许可制度。从事食品生产、食品销售、餐饮服务,应当依法取得许可。但是,销售食用农产品,不需要取得许可。第四十二条国家建立食品安全全程追溯制度。食品生产经营者应当依照本法的规定,建立食品安全追溯体系,保证食品可追溯。国家鼓励食品生产经营者采用信息化手段采集、留存生产经营信息,建立食品安全追溯体系。国务院食品药品监督管理部门会同国务院农业行政等有关部门建立食品安全全程追溯协作机制。

因此,关于生鲜到期食品,最好的办法是将过期、不合格食品不退回供货商就地进行销毁,关于监管,按法规执行,通过追溯体系和信息化手段完成。比如,完善食品台账制度,使食品台账能充分发挥记录食品来源及问题食品流向的功能;或者建立食品销毁记录电子信息化档案,也可以建立地方"问题食品"集中处理机制。

四、商用食品冷藏柜及应用

(一) 冷藏柜的分类

根据贮存食品的种类和用途不同,冷柜结构和功能亦不相同,常见的分类形式有以下几种。

(1) 按冷柜的用途分类。根据冷柜的用途及贮存食品的不同,冷柜可分为冷藏柜和冷冻柜,以及组合式冷柜(冷藏冷冻柜如图 8-3 所示)。冷藏柜的柜内温度通常在 0~8 ℃,冷冻柜通常在 −18 ℃ 以下,国产冷柜的柜内温度也有设计成 −15~0 ℃ 的。

图 8-3　冷藏冷冻柜

（2）按柜体陈列部位的结构分类。陈列柜可分为封闭型和敞开型两种。封闭型陈列柜四周全封闭，但有多层玻璃做成门或盖，以展示食品或顾客拿取食品之用，如图8-4所示。封闭型陈列柜内的物品与外界隔离，冷藏条件好，适合于陈列对贮藏温度条件要求高、对温度波动较敏感的食品，如冰激凌、奶油蛋糕等，也用于陈列对存放环境的卫生要求较为严格的医药品。封闭型陈列柜能耗较低，用于客流量较小的店铺时，可起到陈列和贮藏的双重作用。封闭型陈列柜通常比敞开型生产成本低，而且在较恶劣的环境（设置场所的温度、湿度）中也能使用，但从商品销售角度来说，敞开型陈列柜效果更好。

图 8-4　封闭型冷柜

敞开型陈列柜（见图8-5）取货部位敞开，顾客能自由地接触或拿取货物，为顾客营造一个随意、轻松的购物环境，促进商品销售，所以特别适合于客流量较大、顾客频繁取用商品的大型超市。敞开型陈列柜的敞开部位一般靠风幕将柜内食品与外界隔开，风幕可以是一层、两层或三层，但与封闭式陈列柜相比，它的能耗较大。

图 8-5　敞开型陈列柜

（3）按制冷机组的布置方式分类。陈列柜的制冷机组可分为内置式和分离式两种形式，由于大型陈列柜所使用的制冷机组大，在柜内安装时对商品的陈列和收藏容积影响较大，同时处理机组产生的废热、噪声和振动比较困难，所以将制冷机组设置在专设的机房内，称为分离式机组。

分离式机组陈列柜的制冷压缩机、冷凝器和电控柜与柜体分开设置，即将压缩机、电控柜放在机房内，冷凝器放在室外通风良好的地方，其特点是噪声低，购物环境好；易于实现多压缩机、多蒸发器的组合式制冷系统，有助于降低设备费用和运行费用。但其性能好坏与施工质量密切相关，需要有专业施工队安装方能使用，而且一旦定位，再要移动就很困难，所以它特别适合于大型超级市场使用。

内置式制冷机组与陈列柜柜体做成一体（一般置于柜体底部或顶部），其特点是：结构紧凑、安装方便、布置灵活，不足之处是制冷机组的冷凝器靠店内空气冷却，增大了店内空调系统的冷负荷，且噪声较大，适合于中、小型便利店和小规模改建或是扩建的店铺使用。

（4）按冷柜的使用条件分类。根据冷柜使用地区的不同，冷柜可设计成温度型和热带型两种形式，分别使用不同的工作条件。《冷柜》(JB/T 7244—2018)，规定了冷柜气候类型的环境温、湿度条件及相应的工作条件，如表 8-3 所示。

表 8-3 按气候类型的冷柜工作条件

气候类型代号	温度环境、湿度条件		工作条件	
	干球温度（℃）	相对湿度（%）	干球温度（℃）	相对湿度（%）
1	16	80	10～19	≤90
2	22	65	10～25	
3	25	60	10～28	
4	30	5	10～33	
5	40	40	10～43	

（5）按结构形式分类。冷柜可分为立式冷柜和卧式冷柜。两种冷柜不但在结构形式上差别较大，而且在功能种类上也有所不同。立式冷柜的箱内温度一般为 －10 ℃左右，且外形成柜式，故简称冷藏柜；而卧式冷柜的外形呈箱式，故简称冷藏箱。其冷却方式除用空气直接冷却外也可采用载冷剂间接冷却。卧式冷柜存贮食品易于堆积，但不如立式冷柜存取方便；采用上开门方式冷量损失较小；结构较立式冷柜简单，价格便宜。

（6）按内容积大小分类。冷柜的内容积通常在 0.4～3 m³，一般内容积小于 0.4 m³ 的冷柜通常列入家用冷柜，大于 3 m³ 的冷柜通常制成组合式冷库。

（7）按陈列柜柜内冷却方式分类。陈列柜柜内冷却方式有自然对流、强制对流和冷水式三种冷却方式。自然对流式多用在比较小型的陈列柜和封闭陈列柜中；大型陈列柜和敞开式陈列柜多用强制对流式；在销售瓶装果汁、啤酒、豆腐等售货用陈列柜中使用水冷式。

此外，冷柜的门可以由单门或是多门组成，冷柜的贮藏室也可由单个或多个贮藏室组成；玻璃形状可分为圆弧和平口两种，而根据圆弧玻璃固定方式又分为固定式、上掀式、下掀式和断开式四种；按服务方式可分为服务式和自选式两种；热柜按加热方式分为干热式和水热式两种。

（二）冷藏柜的使用要求

（1）防止柜体外表面结露。由于柜内温度较低，柜外壁面各部位温度有可能低于周围空气的温度，因此要防止陈列柜壁面温度低于外界环境空气的露点温度，以免结露。

陈列柜外壁面容易结霜的位置有：机组分离型陈列柜底部和背部；封闭型陈列柜的玻璃门、门面、门框；强制对流式陈列柜冷空气的出风口和回风口的附近等处。

防止机组分离式陈列柜结露的方法：在地面处加装空气流通孔板，在背部加装 U 形通风结构，增加两部分的通风散热，降低这两处的表面温度。

防止封闭型陈列柜结露的方法：在冷柜门内表面加装防漏电加热器，提高门框内部的温度，通过装饰板连同内外壁面，降低外壁面的温度。

对于强制对流式陈列柜来说,在送回风口附近加装防漏电加热器。防止结露用的电加热器为软电线加热器,在实际应用时,必须用实验对其功率进行确定。冷柜式陈列柜的门、玻璃面等处也使用加热器防止结露;冷藏冰激凌用的陈列柜柜门为三层玻璃门面。

(2) 除霜水和清洗水的排放。陈列柜必须有引导除霜水和清洗水的排出管,排出管经常容易堵塞,所以排出管管径应尽量大些,同时在孔口可以安装过滤网以防止管道堵塞。内藏机组的陈列柜,为了方便移动,通常采用蒸发接水盘,利用冷凝器排除的热量、压缩机排气管的散热和电加热器来加热蒸发接到的水。

(3) 风机的配置。用强制对流冷却的陈列柜,柜内冷空气循环一般使用功率为4~30 W的小型轴流风机。在小型陈列柜中一般使用一台风机,而在机组分离式的多层开放型陈列柜中风机的数量可多达7~9台。

(4) 玻璃门面的要求。为了提高陈列柜的展示效果,多在展示部位或在门上装有玻璃。根据柜内温度的不同,玻璃门分为单层、双层和三层,以保证陈列柜重要的展示面不会结霜结露。一般高温陈列柜使用单层玻璃门面,低温陈列柜则需要安装双层或是三层玻璃门,并在玻璃之间抽真空或是填充惰性气体,如氖和氢气。除玻璃门以外,也可以使用丙烯树脂等透明的塑料,由于塑料随温度变化膨胀系数大,要特别注意防止其变形。

(5) 柜内照明要求。陈列柜的主要功能之一就是展示和销售商品,只有看得清陈列柜内陈列商品,销售效果才会好,因此陈列柜照明就显得特别重要。陈列柜照明一般采用的都是荧光灯。照度与温度上升的关系如图8-6所示。

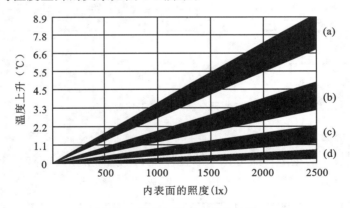

图 8-6　照度与温度上升的关系

(a) 白炽灯;(b) 除热白炽灯;(c) 水银灯;(d) 荧光灯

第四节　生鲜食品的冷链配送

一、生鲜食品冷链配送的特点和流程

(一) 生鲜食品冷链配送的特点

与一般的产品配送相比,生鲜食品冷链配送具有技术要求高、时效性强、配送范围限制

性大等特点,具体表现有以下几点。

（1）技术要求高。生鲜食品易腐易损,要保证其质量,在流通过程中必须采取相应的技术措施。一般来说,生鲜食品冷链配送企业的发展需要一定数量的冷藏库、冷藏车、加工车间等冷藏设备,在流通环节需要分类、整理和加工等作业。

（2）时效性强。与常温食品配送相比,生鲜食品冷链配送对时间要求非常高。另外,生鲜食品种类繁多,需求又多,并且是小批量,这就决定了其物流配送工作多品种、小批量、多批次等特点。

（3）配送范围限制性大。由于生鲜食品的冷链配送需要较高的标准,导致其配送的范围受到一定限制,配送的距离越远,时间越长,相对应的损耗就越多,所以生鲜食品的流通半径就会比一般货物的要小。

（二）生鲜冷链配送的流程

生鲜食品种类繁多,根据不同种类,其保质期长短不同、冷藏要求各异。现有的生鲜冷链配送主要有以下三个流程。

1. 无存储和无加工作业流程

通常,禽类、畜类产品和水产品保质期较短并且保鲜要求高,集货作业完成后,一般不再进行存放,直接进行分拣装配等作业,然后快速送货,如图 8-7 所示。

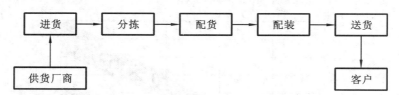

图 8-7　无存储和无加工作业流程

2. 有存储和无加工作业流程

通常,保质期较长的生鲜食品可以采取此流程,在分拣作业之前有一个存储工序,当有订单需求时,再进行分拣、配货、配装等后续工作,接着向顾客送货,如图 8-8 所示。

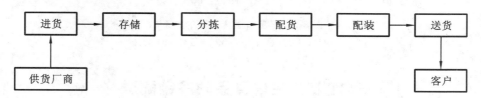

图 8-8　有存储和无加工作业流程

3. 有存储和有加工作业流程

生鲜蔬菜水果、冷鲜肉、水产品、面包点心和热加工后处理过的熟食等其他生鲜食品都可以采取此种作业流程。当大量货物集中到仓库或指定场地以后,先进行初加工,然后依次进行后续作业,如图 8-9 所示。

第八章

生鲜食品电子商务及销售物流

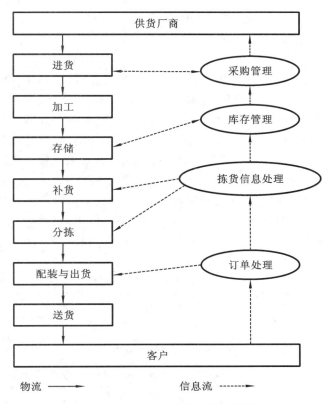

图 8-9 有存储和有加工作业流程

二、影响生鲜食品配送效率因素

1. 配送路径的选择

针对生鲜食品"最后一公里"的配送,配送路径的选择直接影响生鲜食品的鲜度。在我国现存配送模式的基础上,由于生鲜食品各方面设施设备不够完善,导致生鲜食品在途时间较长,在最终送往顾客手中时,快速配送显得尤为重要。选择适合、快速的配送路径,可以有效降低配送成本,提高生鲜食品的鲜度。

2. 各类配送产品规模

配送企业向同一地区配送规模的大小也直接影响生鲜食品的鲜度。对于不同类型的生鲜食品,对保障鲜度的温度和湿度等要求不同。如果该类产品规模较小,企业觉得使用冷藏冷冻类型的车辆不划算,就会放弃对其配送所需车辆的配置,造成到达顾客手中的产品鲜度下降,致使产品销量下降。

3. 配送信息共享程度

在生鲜食品配送过程中,信息共享也对其产生影响。比如,在城市的早上,各类生鲜食品的经营门店外,聚集着各个厂家的配送车辆,导致路面严重拥堵。如果各企业间可以实现信息共享,那么可以使用同一辆车向同一需求地配送不同种类的生鲜食品,不仅提高了产品鲜度,节省了社会资源,而且降低各企业的配送成本。

三、生鲜食品的配送模式

随着人们的饮食习惯倾向于快速化、多样化、绿色化发展,水产品、果蔬、鲜肉等生鲜产品的市场需求在不断增加,同时人们对生鲜食品品质、购买便捷性也提出了更高要求。在这样的时代背景下,食品企业、快递企业、电商企业等均开始着眼于生鲜产品销售市场的开拓,生鲜食品"C2B+O2O"时代已经到来。供应链末端需求量的膨胀,需要合理有效的配送方式来支撑。城市化进程的加速导致城市交通条件恶化,结合生鲜食品的易腐性特征,更加剧了生鲜食品的配送难度。作为冷链物流核心环节,生鲜食品的物流配送模式主要有四种,即以批发商为主体的配送模式、以生产基地为主体的配送模式、以连锁超市为主体的配送模式、以第三方物流为主体的配送模式,如表8-4所示。

生鲜食品物流配送中心的类型和特点

表8-4 生鲜食品物流配送模式

销售组织能力	货源组织能力	
	低	高
低	以批发商为主体的配送模式	以生产基地为主体的配送模式
高	以连锁超市为主体的配送模式	以第三方物流为主体的配送模式

1. 以批发商为主体的配送模式

在我国,生鲜食品主要以家庭为主体进行自主生产,同时由于物流业在我国起步晚,造成了我国生鲜食品的配送效率还远不及西方发达国家,多数生鲜食品经历"生产者—生鲜食品的贩销商—批发市场—农贸市场—消费者"这样一个流程,该模式在未来很长一段时间都不会淡出市场。

同时,随着社会经济的发展,人们消费观念、水平和方式都在改变,导致生鲜食品的购买场所形成多元化的态势。但风俗文化和传统的购买习惯等这些非正式制度明显影响着人们对购买场所的选择。就现阶段来看,批发市场仍是生鲜食品进行交易的主要场所。据统计,目前我国水果、蔬菜、肉类和奶类等生鲜食品中的67.5%都是经由批发市场进行销售的。

在该配送模式下的配送中心主要是以销地批发市场中的批发商为主体建立的,下游交易对象包括两类:一类是农贸市场中的零售商,包含两部分客户,一部分是一些零售商到批发商这里直接批发,属于不固定型,另一部分是一些零售商由批发商直接进行配送,相对固定;另一类是餐饮业和企业食堂等,这些客户较为固定。

2. 以生产基地为主体的配送模式

该模式配送的生鲜食品主要来源有两个:一是自有生产基地,约占总货源量的80%;二是与周边农户签订产品协议,约占总货源量的20%。主要的配送对象有两类:一类是紧密型的客户,约占总配送量的40%,如大型连锁超市、餐饮业、学校或机关食堂、自有专卖店分别占总配送量的20%、5%、5%和10%;另一类是随机型的客户,约占总配送量的60%,如批发市场。

3. 以连锁超市为主体的配送模式

从 20 世纪 90 年代开始,超市以一个新型的零售业态在中国迅速发展。据 1996 年统计数据显示,当时全国只有 700 家连锁企业,总门店大约 10000 个,商品销售总额 300 亿元,占全国零售额的 1.21%。近年来,连锁超市的发展越来越快,原因主要有三个。一是消费者更加注重食品安全问题。消费者鉴别安全食品的能力有限,对安全食品的选择主要依赖于购买场所。连锁超市大多树立"安全、放心"的理念,其销售的生鲜食品的宣传都具有"绿色、无公害"的认证,这也是其区别于农贸市场的关键。受食品安全观念的影响,连锁超市变成消费者购买质量安全的生鲜食品的主要场所。二是超市的购物环境舒适宜人。三是便于消费者购买。超市经营的物品丰富多样,消费者购买生鲜品的同时可以购齐其所需的其他物品,方便且快捷。因此,以连锁超市为主体的生鲜食品配送模式主要有自营配送、供应商配送和第三方配送三种。

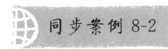

同步案例 8-2

随着互联网的发展,团购逐步在互联网上兴起,社区团购利用微信平台得以快速蓬勃发展,社区团购未来的市场规模巨大,社区团购模式定义为 S2B2C 模式,即由一个社区团购平台(S)服务于多个团长(B),再由团长最终服务于社区消费者(C)。相比于传统的生鲜商店,社区团购采用了先下单后提货的方式,节约了储存成本,避免了储存损耗。

2020 年以来,社区团购增长迅速,京东、美团、拼多多等互联网巨头也纷纷涉足社区团购领域,致使行业竞争激烈。新鲜的水果、蔬菜、奶制品等是人们日常生活的必需品,成了社区团购的热销品,约占社区团购产品总量的 70%。但生鲜产品保存时间短,易腐烂,对储存和运输的要求都较高,生鲜产品从产地到达消费者手中,其中供应链的每个环节参与者众多,涉及多个行业和领域,存在着一定的食品安全风险。生鲜产品的市场需求具有不确定性,易损耗,随着运输物流的发展,生鲜产品不再只局限于原产地进行交易,从而对物流的要求高,在整个交易过程中,存在的食品安全风险有以下几个方面。

(1) 购买的食品不新鲜或临近保质期,消费者无法亲自挑选商品,只能等到取货时才能检查食品的新鲜程度,一些商家就趁此机会将不新鲜的食品低价卖出,或将临近保质期的商品销售给消费者。

(2) 购买的食品缺斤短两,与在线下商超购买生鲜食品相比,消费者对所购买的商品,再次称量的概率较小,买到的生鲜食品短斤缺两的风险增大。

(3) 生鲜类食品难以标准化,生鲜类食品的质量、外观、体积等不可能完全相同,难以标准化,具有一定的随机性。

(4) 消费者维权困难,消费者难以直接联系供应商,消费者的维权只能依靠团长个人的道德品质,容易出现团长和供货商推诿扯皮、维权困难的现象。

当前,虽然社区团购为生活物资保障起到了十分积极的作用,但是在团购过程中也产生争议和食品安全问题,建议从法律和地方法规上进行规范,明确团购中各方的权力和义务,压实网络团购平台的相关责任。各级监管部门也应切实担负起监管职责,不断促进社区团购的良性可持续发展。

【思考】

1. 社区团购主要有哪几种新形式？社团团购的主要特点有哪些？
2. 社区团购在未来发展道路上，对于食品安全还应该注意哪些事项？

（资料来源：林小晖，宋菁景，刘雪.新形势下社区团购的食品安全风险及监管对策[J].食品安全导刊，2022(23)：13-15.）

4. 以第三方物流为主体的配送模式

第三方物流凭借其能有效提高物资的流通速度、节省仓储费与资金占用，被称为新世纪的"黄金产业"和企业发展过程中的"加速器"。第三方物流的迅速发展为将其引入生鲜食品的配送领域创造了条件。生鲜食品的流通过程中采用第三方物流，不仅为其生产者提供了准确的市场信息，而且有效提高了生鲜食品的流通速度。因此，在生鲜食品的配送领域中也呼唤第三方物流，该生鲜食品的配送模式主要以仓储业和运输业为配送主体建立配送中心。

该配送模式的上游的货源主要来自生产基地和批发市场，其中来自生产基地的产品数量约占总量的 80%，来自批发市场的产品数量约占总量的 20%。现在人们更加注重食品安全，超市成为人们购物的主要场所，所以连锁超市将成为该配送模式下游主要配送对象。再者，伴随人们消费水平的提高及消费观念的转变，食品的消费方式也有很大变化，外出就餐变成居民消费的一个重要途径。最突出的就是人们选择外出就餐的次数与消费金额明显上升，因此把餐饮业作为企业的配送对象有较大发展潜力。

四、生鲜食品配送新模式

随着经济的发展和人们生活水平的提高，消费者对生鲜农产品的需求经历了量的增加向质的转化，更加安全、环保的生鲜农产品越来越受人们青睐。受 2020 年初疫情影响，消费者足不出户的生活方式加剧了线上采购生鲜产品的趋势，许多用户在各大生鲜电商平台出现买不到产品而导致"最猛抢菜"大战，生鲜订单的急剧增长也使得供应商在成本、时效及品质等方面面临考验，而科学合理的生鲜电商配送模式是降低生鲜农产品配送成本、提高生鲜电商竞争力及利润率的有效手段，所以适应消费者需求、提高生鲜电商竞争力的配送模式应运而生。

1. 众包配送模式

众包的理念最早是由中国威客创始人刘锋于 2005 年提出，并由美国《连线》杂志记者 Jeff Home 在 2006 年 6 月正式提出。众包是指公司或机构把原本员工执行的工作任务，以自由资源的形式外包给非特定大众参与的形式。苹果 App 开发、Linux 等都是众包的产物。这种模式能有效整合资源，成本低，效率高，但也存在人员难管理、服务质量难统一、市场风险难避免等问题。

将众包理念引入众包配送模式是指原来由企业内部的快递员承担的配送任务，借助互联网平台分配给大众群体完成，实现配送力量的社会化、碎片化。

2. 自提配送模式

自提模式是指生鲜电商自建门店、保温快递柜或蓄冷箱等自提设施设备，消费者根据约定时间前往自提点提取商品。自提模式能有效节约时间,降低配送成本,但自提设施设备资金投入成本高,投资回报期较长。

3. 分钟级配送模式

根据中华人民共和国商务部流通产业促进中心的定义,分钟级配送模式是指消费者网上下单,平台运用互联网、大数据、人工智能等技术手段,利用线下实体店或前置仓,将商品在 30~120 分钟内送达消费者的配送模式。配送速度快,效率高,能实现去中心化的配送体系,是一种"店仓结合"的物流服务模式,随消费者对配送时效的进一步提升,模式的时效性、前瞻性及资本的快速回报面临挑战。

第五节 消费者食品质量管理

一、消费者采购环节

消费者在选购生鲜产品时,首先要选择合适的采购方式与采购平台。线上采购,应选择质量可靠的规模化生产的正规品牌和网购平台,线下商超现场选购,应注意观察商品的颜色、质地、有无异味和变质现象,检查商品的名称、规格、生产日期与保质期、贮藏条件、成分或配料表、生产许可证等信息。

特别地,包装的生肉、生鱼、生蔬菜和水果、禽蛋等生鲜产品属于豁免强制标示营养标签的范畴,但如果其包装上有相关营养品信息时,则应按照标准执行。购买生蛋要观察蛋壳表面是否光滑、完整,在阳光照射下是否会透出光,内部是否存在摇晃。家畜类的牛、羊、猪肉等肉类的色泽最好要是粉红色或者鲜红色才新鲜,有弹性的肉质是正常的,不能有不正常的腥味或者臭味。家禽如鸡、鸭、鹅等应该连皮带肉都光泽明亮,摸上去肉质紧实并且有弹性,还须注意翅膀的尖端没有发黄、变黑的情况,也不能有血水、黏液和臭味等。

新冠疫情背景下,选购生鲜食品时,消费者应佩戴一次性手套或使用一次性购物袋,不要直接用手触碰食物。肉类和海鲜等生冷食物,要与果蔬熟食等其他食物分开包装。购买有包装的食品,请注意查看食品标签上相关信息,采购完成后应进行手清洁,回家后必须先洗手,避免双手污染家庭环境。

《中华人民共和国
食品安全法》

二、消费者提货到家环节

当消费者选择网络平台购买时,商品的运输与配送等物流工作均由销售方或第三方物流企业负责。对于生鲜产品,其物流的时效性与冷链条件等都很重要,消费者在收到商品进行验货时,应检查商品的外包装是否完好,商品的颜色、质地、黏度、气味以及有无其他变质现象。

若消费者是从线下商超采购完成后自己携带回家,则需要做好运输途中的保护和保鲜措施。一般的果蔬需要通过纸箱和保鲜膜等包装工具进行包装,防止串味的同时减少运输途中的磕碰损耗。如果是炎热的夏天,最好选择可以遮阳、有制冷功能的运输工具,避免产品暴露在阳光下和高温运输,同时,尽可能缩短生鲜产品的在途时间。

三、消费者家庭储存环节

当消费者把生鲜取回家后,需要利用冰箱进行储存。但冰箱不是"保险箱",放进去的食物也有各自的"保质期"。一旦存放时间过长,食品的风味、质地和营养会改变,最后引起变质。冰箱冷藏区温度应保持在 4 ℃或以下,冷冻区温度在 −18 ℃或更低。

蔬菜类,以绿叶类蔬菜为例:放入冰箱前不要用水清洗,直接将其装入留孔的保鲜袋中放入冰箱保存。不要贴近冰箱内壁,避免冻伤。"已熟型"水果,比如葡萄、苹果、草莓等,最好先装进保鲜袋,防止水分流失,再放入冰箱冷藏。"后熟型"水果,包括猕猴桃、香蕉、牛油果等,须摆放在室温环境继续熟化。不同生鲜种类的储存温度要求不一样,比如:大白菜、土豆的储存温度为 0~15 ℃;苹果的储存温度为 −1~2 ℃;肉类在 2~5 ℃条件下冷藏,可保存一个星期;鸡蛋储存的最佳温度在 15 ℃以下。

四、消费者家庭食用环节

海鲜、畜禽肉类和禽蛋类生鲜食品尽量避免生吃、半生吃,泡酒、醋或盐后不要直接食用,生鲜食品加工烹调应做到烧熟煮透,未食用完已经烹调熟的食物放在冰箱冷藏室保存,尽早食用,再次食用前定要充分加热。风干牛肉、腊肉、板鸭、腊肠以及咸鸭蛋和松花蛋能够长期储存,但作为腌制或加工食品,不建议长期作为健康食物储备。冰鲜水产品,建议小包装密封速冻,食用前须彻底加热做熟。

消费者处理食材前首先须洗手,将食材生熟分开;处理生鲜食品所用的容器(盆)、刀具和砧板等器具应单独放置,用完后及时清洗消毒,避免与处理直接入口食物的器具混用,避免交叉污染;厨房要保持通风和清洁。

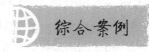

新型多温蓄冷箱的研制

一、多温蓄冷箱介绍

利用广州大学自主研发的生鲜农产品多温蓄冷箱(已获专利)。多温蓄冷箱(见图 8-10)采用新能源锂电池供电,锂电池具有容量大、寿命长、免维护、重量轻、无污染等突出特点,单次充电续航时间为 6~10 小时,单个箱装载容积为 0.93 m³,蓄冷箱自重 180 kg,蓄冷箱和装载货物后的总重量为 500~600 kg。

1. 多温蓄冷箱的组成

多温蓄冷箱由顶板、底板、前围、后门、左侧围、右侧围 6 个面组成,其中厢体门板上方有一块封板,厢体采用聚氨酯双面彩钢冷库板,表面平整,中间保温层为硬质聚氨酯泡沫(PU),保温层气密性能高,导热系数、压缩强度、高温和低温尺寸稳定性、阻燃性能等均符合 PU 标准。厢体的底板采用加强承载设计,整个底板内表面安装 9 mm 厚木夹板加强底板及木方支撑柱,从而加强底板承载能力,避免保温层长期受力不均而出现开裂破碎现象,延长底板使用寿命。

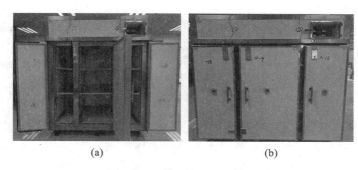

图 8-10 多温蓄冷箱

2. 多温蓄冷箱的尺寸

多温蓄冷箱的外形尺寸设定为 1200 mm×1000 mm×1500 mm，蓄冷箱厢体的内尺寸为 1050 mm×875 mm×1345 mm，储存容积约为 1235 L（含设备仓和冷条仓），底板厚 80 mm，门板厚 50 mm，其余板厚度均为 75 mm。多温蓄冷箱的内面使用厚 30 mm 的隔温板划分为 3 个温区，各温区之间相互独立、灵活，且能运输不同类型、不同温度要求的食品。多温蓄冷箱温区划分如表 8-5 所示。

表 8-5 多温蓄冷箱温区划分

温 区	冷 冻 区	冷 藏 区	中 温 区
容积（m³）	0.23	0.47	0.23
温度（℃）	−18	0～9	10～16

3. 多温蓄冷箱的性能

多温蓄冷箱的隔温板表面为白色玻璃钢板，FRP 外表面为白色胶衣，光滑、易清洗，无须喷漆处理，具有抗冲击、抗老化及耐腐蚀等特点。冷却技术采用注有自制低温复合相变蓄冷剂的蓄冷板，冷冻区由 −25 ℃ 蓄冷板制冷，冷藏区由 −6 ℃ 蓄冷板制冷，中温区由安装在冷藏区与中温区之间的风扇调节冷量，其中，冷冻区可根据载货产品的温度要求，更换蓄冷板，灵活调节温度，每个温区顶端安装 1 个风扇均衡舱内温度，安装 1 个温控探头检测温度，舱外安装温湿度记录仪显示舱内温湿度实时变化。3 个温区隔舱安装可通风不锈钢托板，高度可根据货物的需求调节，从而不会对装载的产品施加任何限制。

多温蓄冷箱的导热性取决于诸多因素，如储存冷能的总量、内部和外部之间的温差和生鲜农产品在冷链物流运输过程中出现漏冷情况。因而，从冷链的角度看，在生产结束时，不仅要测试验证箱子性能，还须保障实时掌握箱子中产品的情况，能监测内部温度，出现特殊情况时能发出警报。因此，多温蓄冷箱采用监控系统，通过绑定微信小程序，实时监控蓄冷箱装载货物的基本情况。多温蓄冷箱的互联网控制技术如图 8-11 所示，监控系统可实现以下功能：

① 多温蓄冷箱内部的温度、时间序列定义和趋势识别的数据收集；
② 警报管理（温湿度的数据超限报警及报警推送）；
③ 最长冷却时间预测；
④ 数据集中管理；
⑤ 历史数据与信息文件之间的联系（温湿度的历史数据查询）等。

蓄冷箱货物装载
实验视频

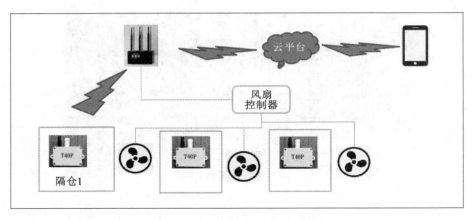

图 8-11　多温蓄冷箱互联网控制技术

二、案例讨论
1. 思考新型蓄冷箱在哪些运营场景下能实现生鲜产品快速配送,满足消费者需求?
2. 结合新冠疫情,新型蓄冷箱在配送过程中要考虑哪些因素?

 练习与思考

1. 练习题
(1) 针对生鲜电商的八大模式,如何匹配物流模式、冷链配送?
(2) 生鲜食品销售中如何进行货架期管理?
2. 思考题
针对高端果蔬,请举例思考如何构建生鲜电商冷链管理方案。

第九章
冷链物流标准化

学习目标

冷链物流标准化对于规范冷链物流活动、保障易腐食品质量安全发挥着重要的作用。本章对国内外冷链物流标准化状况进行概括,针对我国冷链物流标准化存在的问题,对我国冷链物流标准化体系构建进行了分析,并介绍了我国冷链物流标准化体系相关内容。

了解我国以及国际冷链物流标准化体系的基本内容,掌握冷链物流标准化体系各方面的内容,认识冷链物流标准化的作用及重要性。

冷链物流仓储配送关键标准研制与推广应用

当前,我国各类易腐货物的腐损率高达15%~30%,年直接经济损失达千亿元,为发挥标准化对物流服务的技术支撑作用,提高冷链物流水平,以点带面,树立标杆,通过典型运用带动大批冷链物流企业采用冷链先进技术进行升级改造,提升物流标准化服务水平,推动提升物流运作效率,降低物流成本,促进整个冷链物流产业管理技术水平的提升。广州大学等单位共同开展物流标准化试点课题"冷链物流仓储配送关键标准研制与推广应用",制订仓储、配送领域的关键标准7项,冷链仓储、配送领域的系列标准推广应用方案。

试点表明,对于冷却储藏,试点企业冷链流通率达到90%以上,高于行业平均水平3倍以上,腐损率降至9%左右,为行业平均水平的1/3~1/2(降低50%~70%);对于冷藏运输,单次装(卸)车时间可缩短5~10分钟,全程冷链运输时间可缩短20分钟左右,同时车辆容积率提升7.69%,总运营成本降低20%以上。在能耗节约问题上,冷藏方面,拜尔空港试点冷库平均每年单位库容耗电量为47.5 $kW·h/m^3$,新供销天业试点冷库平均每年单位库容耗电量为51 $kW·h/m^3$。而目前国内冷库每年单位库容耗电量为131 $kW·h/m^3$,欧美发达国家冷库每年单位库容耗电量为 60 kW·h/m³ 以下。可见,通过试点,仓储冷藏能耗已达到国际领先水平,较国内平均水平节能 70% 以上。冷藏运输方面,采用新型蓄冷冷藏车进行运输时,油耗由每 100 公里的油耗约 25 升降至 12 升,节能 50% 以上,总运营成本降低 40% 以上,达到预期目标。

相关研究成果已在广东省推广应用并取得良好效果,目前已展开全国范围的宣贯工作。

第一节　冷链物流标准化概述

一、冷链标准化必要性

冷链物流标准化的作用主要体现在以下几个方面。

(1) 冷链物流标准化是实现物流管理现代化的重要手段和必要条件。

从技术和管理的角度来看,要使整个冷链物流系统形成一个统一的有机整体,冷链物流标准化起着关键纽带性作用。只有在冷链物流系统的各个环节制定标准并严格贯彻执行,才能实现整个物流系统的高度协调统一,提高物流系统管理水平。

(2) 冷链物流标准化是保证货物质量的重要措施。

冷链物流活动的根本任务是将易腐货物保质保量并及时送到客户以及消费者手上。冷链物流标准化对运输、包装、装卸、搬运、仓储、配送等各个子系统都制定相应标准,形成冷链物流的质量保证体系,通过冷链标准的约束能有效地规范各环节的操作规范,促进冷链物流的健康发展。

(3) 冷链物流标准化是消除贸易壁垒,促进国际贸易发展的重要保障。

在国际经济交往中,各国或地区标准不一,存在各种技术贸易壁垒,严重影响进出口贸易的发展。因此,要使国际贸易更快发展,必须在运载工具、包装、装卸、仓储、信息,甚至资金结算等方面采用国际标准,实现国际冷链物流标准统一化。例如,集装箱的尺寸规格只有与国际上相一致,与国外物流设施、设备、机具相配套,才能使运输、装卸、仓储等物流活动顺畅进行。

(4) 冷链物流标准化是降低成本,提高冷链物流效益的有效措施。

冷链物流的高度标准化可以加快物流过程中运输、装卸、搬运的速度,降低物流费用,减少中间损失,提高工作效率,因而可获得直接或间接的物流效益,也是保证易腐货物的品质安全需要。

二、冷链物流标准化现状

(一) 国外冷链标准化状况

1. 北美地区冷链物流标准化状况

北美地区食品安全机构由农业部、卫生和公共事业部及环境保护署组成。农业部负责监管肉类、家禽及海洋产品和蛋类加工产品,如《肉、家禽、蛋类运输及分配安全指南》《农产品水运指南》;卫生和公共事业部负责监管瓶装水、低酒精含量的葡萄酒饮料;环境保护署主要负责饮用水和杀虫剂含量监测。在这种多部门管理模式下,更强调协调、配合与沟通,1998年先后成立"食品传染疾病发生反应协调组"和总统食品安全委员会,以此加强各部门的团队合作。联邦食品、药品和化妆品管理法(FFDCA),1997年颁布"水产品危害分析与关键点控制意见"并定期更新,旨在保护消费者利益。美国食品和药物管理局(FDA)于1994年提出"水产品安全运输和进口渔业产品的程序监控规则",该意见包括过程监控,根据危险分析与关键点控制(HACCP)原理,预防性控制水产品质量安全。

农产品在加工与配送过程中,采用计算机信息系统监控必要步骤,HACCP作为食品加工商评估危害并监控系统的常规方法,FDA提议使用HACCP强制性用于农产品行业的质量监控,旨在增强消费者信心与提高农产品质量安全监控力度。HACCP原则有:确定关键控制点的危害,建立并实施系统关键点控制,确定整改措施以控制偏差在公差范围之内,验证HACCP系统工作、备案程序与终端产品测试。对于农产品生产和储存,使用温度作为"关键控制点",在农产品配送过程中,运输设备和环境温度的恒定低温对农产品的质量安全至关重要。

北美冷链物流标准化具有以下几个特点。

(1) 标准与法规相辅相成。

从纵向来讲,标准包括FDA发布的HACCP质量标准、包装标准、联邦规范及商品条款描述、一些食品安全相关机构联合发布的食品安全指南等;从横向来讲,这些标准与法规密切配合,标准部分写入法规中成为规范,具有法律效力,使法规具有更强的可操作性,且有效地保证了标准的实施。标准与法规相辅相成,与水产品物流标准体系有关的法规包括FFDCA、AMA、食品质量保护法(FQPA)、公众健康服务法(PHSA)等。

(2) 标准的制定体现多层次、多角度、灵活适用的标准体系。

标准体系体现配套性和完整性,有利于标准体系的动态调整。例如,农产品在不同冷链物流阶段的质量监控体系标准,可以对不同农产品进行质量等级划分,以保证农产品的质量安全监控,给予生产商、销售商、消费者良好的参考依据。

(3) 标准实用强,专用标准易推广。

美国冷链物流标准体系着重强调农产品加工过程中质量监控,如质量标准、冷库规格及卫生标准,都有严格详细的规定,这些标准包含在通用法规中,如良好操作规范(GMP)、良好农业规范(GAP)、危害分析和关键控制点(HACCP)等。

2. 欧洲冷链物流标准

1) 法规

2000年1月12日颁布的"食品安全白皮书"是欧盟新食品政策的基础,它提出了"从农田到餐桌"的食品安全管理指导原则。2002年成立的欧盟食品安全局(European Food Safety Authority,EFSA),作为独立于欧盟其他部门的机构,开展的风险评估和风险交流工作为欧盟委员会在食品安全管理方面提供强大的科学支持。食品安全标准的制定由欧盟委员会的欧盟健康与消费者保护委员会(the Health & Consumer Protection Directorate-General,DG SANCO)负责。

欧盟涉及冷链物流的法规主要包括(EC)178/2002、(EC)882/2004、(EC)852/2004、(EC)853/2004、(EC)854/2004、89/108/EEC和(EC)37/2005,见表9-1。

表 9-1 欧盟涉及冷链物流相关法规

序号	法规名称	冷链相关规定
1	(EC)178/2002	又称一般食品法律,等同于我国的《食品安全法》,制定了食品的基本原则和要求
2	(EC)882/2004	规定了食品饲料控制规则的目标、范围和定义、成员国的官方控制措施、参考实验室、饲料和食品区域内的行政协助和合作、控制计划、共同体活动、强制执行措施、共同体法律的改编、总则、最终条款等十部分内容
3	(EC)852/2004	规范食品企业经营者(包括食品运输和仓储从业者)应遵守食品的温度控制条件,确保食品卫生规范
4	(EC)853/2004	具体的动物源性食品卫生规则,(EC)852/2004 规章的补充。其附件Ⅲ由 15 部分组成,分别对家养有蹄动物肉、家禽和兔类动物的肉品、肉类产品、活的双壳贝类软体动物、水产品、生奶、初乳、初乳类制品、蛋和蛋制品等 15 类产品在生产、加工、储藏过程中的温度控制做了详细要求。肉类:必须达到所特别规定的温度 7 ℃才能进行储藏。水产品:新鲜的水产品和解冻的水产品必须保存在接近冰点温度贮藏和运输;冷冻的水产品必须保持不高于－18 ℃,温度波动不高于 3 ℃;应配备温度记录装置
5	(EC)854/2004	为对动物源性食品的生产进行官方控制的组织制定了特定的条款。其中,良好卫生操作规范包括温度控制;对水产品的生产和投放市场的官方控制包括对贮藏和运输条件的检查
6	89/108/EEC	对速冻食品做了规定。速冻食品温度应稳定保持在不高于－18 ℃,在转运中可短暂升 3 ℃。成员国应确保速冻、储存、运输、分销和零售展示柜符合温度控制要求
7	(EC)37/2005	对速冻食品在转运、仓储、贮藏过程中温度监控做了规定:转运、仓储及贮藏方式应适合监控设备定期对速冻食品接触的空气温度进行监测。温度监控设备应符合 EN12830、EN13485、EN13486 标准要求。温度记录应至少保存一年,或者根据产品特性和货架期需求而保存更长时间

2) CE 认证(European Conformity)

在过去,欧共体国家对进口和销售的产品要求各异,根据一国标准制造的商品到别国极可能不能上市,作为消除贸易壁垒之努力的一部分,CE 认证应运而生。"CE"标志作为产品的安全合格标志,最早是由欧共体提出的。在欧盟市场"CE"标志属强制性认证标志,不论是欧盟内部企业生产的产品,还是其他国家生产的产品想在欧盟市场上自由流通,就必须加贴"CE"标志,以表明产品符合欧盟《技术协调与标准化新方法》指令的基本要求。它被视为制造商打开并进入欧洲市场的护照,凡是贴有"CE"标志的产品就可在欧盟各成员国内销售,无须符合每个成员国的要求,从而实现了商品在欧盟成员国范围内的自由流通。贴有"CE"标志的产品将大大降低在欧洲市场上被海关扣留和查处、被市场监督机构查处、被同行出于竞争目的指控等销售风险。

目前,出口欧洲的超市冷柜、厨房冰箱、饮料柜、带冷藏功能的自动售卖机、制冰机和家用冰箱均适用CE认证。具体包括：机械CE认证(MD)和电磁兼容CE认证(EMC)。其中机械CE认证的检测标准为：EN 60335-1—2012＋A13—2017 *Household and Similar Electrical Appliances-Safety-Part1：General Requirements* 和 EN 60335-2-24—2010 *Household and similar electrical appliances-Safety-Part2-24：Particular requirements for refrigerating appliances，ice-cream appliances and ice maker*。电磁兼容CE认证的检测标准为：EN 61000-3-2—2014 *Electromagnetic compatibility（EMC）-Part 3-2：Limits-Limits for harmonic current emissions（equipment input current ≤ 16 A per phase）*、EN 61000-3-3—2013 *Electromagnetic compatibility（EMC）-Part 3-3：Limits-Limitation of voltage changes，voltage fluctuations and flicker in public low-voltage supply systems，for equipment with rated current ≤ 16 A per phase and not subject to conditional connection* 和 EN 55014-1—2017 *Electromagnetic compatibility-Requirements for household appliances，electric tools and similar apparatus-Part 1：Emission*、EN 55014-2—2015 *Electromagnetic compatibility-Requirements for household appliances，electric tools and similar apparatus Part 2：Immunity-Product family standard*。

3）GS认证(GeprüfteSicherheit)

GS认证以德国产品安全法(SGS)为依据，按照欧盟统一标准EN或德国工业标准DIN进行检测的一种自愿性认证，是欧洲市场公认的德国安全认证标志。GS认证标志表示该产品的使用安全性已经通过公信力的独立机构的测试，虽然不是法律强制要求，但是它确实能在产品发生故障而造成意外事故时，使制造商受到严格的德国(欧洲)产品安全法的约束。所以GS认证标志是强有力的市场工具，能增强顾客的信心及购买欲望。虽然GS是德国标准，但欧洲绝大多数国家都认同。而且满足GS认证的同时，产品也会满足欧盟CE认证的要求。和CE标志不一样，GS认证标志并无法律强制要求，但由于安全意识已深入普通消费者，一个有GS认证标志的电器在市场上可能会较一般产品有更强竞争力。

目前，出口德国的家用冰箱适用GS认证。测试的检测标准是DIN EN 60335-1—2012 *Household and similar electrical appliances. Safety. Part 1：General requirements*（IEC 60335-1：2010，*modified*）。

4）A＋认证(家电)

A＋认证是法国VOC标签中环保等级最高的标志，法国VOC标签是室内建筑进入法国市场强制使用的环保标签，是根据国际标准ISO-16000室内空气的技术规定。该认证是2011年底欧盟为了应对全球其他地区家电产品对欧盟各成员国市场的冲击而推出的最新验证标准，所有的家电产品必须达到A＋标准后才能获准进入欧盟国家销售。根据欧盟最新的电器产品性能评级标准，分为A＋＋＋、A＋＋、A＋、A、B、C、D共七个等级。为了进一步抬高技术性壁垒，欧盟已经决定持续提升家电准入标准，目前出口欧盟的家电产品必须达到最高的A＋＋＋标准。

A＋认证对于中国众多的家电企业来说无疑是新的"绿色壁垒"，这大大提高了中国家电出口欧洲的门槛。为应对国际市场变化，中国也迅速启动了家电"A＋"产品性能认证以加快行业转型升级。在欧盟推出A＋认证之前，国内家电产品性能认证的最高标准仅为A级。为了鼓励产品技术进步和赶超世界先进水平，中国家用电器研究院和北京中轻联认证中心联合推出了性能指标高于A级的家电产品A＋等级认证。新出炉的A＋级比A级的技术指标提升了 4%～20%，而且全面对接甚至超越欧盟对家电的 A+级评定指标。欧盟对于环境要求高，因此欧盟家电 A+标准主要侧重于能效利用率和水耗两个方面。而产品销往全球各地的中国 A+认证则兼顾使用寿命、噪声等多种性能考核，某些指标远高于欧洲标准。目前，高端的家用冰箱适用 A+认证，其测试项目包含噪声、抗菌、除菌、除异味、保鲜、材料卫生健康等。

综上所述，欧盟的食品安全标准体系总体上是以各项法规、指令等形式来规范，内容从框架性法规到特殊性法规，从基础标准到产品标准，组织严谨、条理清晰。

3. 日本冷链标准化

日本管理食品安全的基本法律是《食品卫生法》，修订后的版本将其目的从确保食品卫生改为确保食品安全，并明确了国家和地方政府等机构在食品安全方面应负的责任。2003 年通过的《食品安全基本法》的实施促进了"食品安全委员会"的成立，食品安全委员会的风险评估使得日本的食品安全管理体系更加完善，为厚生劳动省和农林水产省的风险管理工作提供科学基础。为保证冷链物流的食品质量与安全，日本政府制定了一系列法律法规，形成了完整的农产品冷链物流支持体系，见表 9-2。

标准化的定义

表 9-2　日本冷链物流相关法律法规发展历程

时间	法律法规	内容
1921 年	《中央批发市场法》	实施农产品质量认证
1950 年	农林物质标准化及质量标志管理法	对农林产品与食品的全过程流通环节进行管控
20 世纪 90 年代	《物流法》《综合物流施政大纲》《物流效率化法》《物流据点整体状态的规划设计》	出台综合法律法规与政策，对农产品物流进行规范化建设
2001 年、2005 年、2009 年	新《综合物流施策大纲》	根据社会环境变化和出现的新问题全面指导物流行业的发展，对主要物流基础设施提供资金支持

日本冷链物流管理中将 HACCP 定义为"预先调查食品从原料开始经过制造、加工、保存、流通最终到消费者手上为止的每一个工序可能发生的病原微生物及腐败微生物等的微生物危害、化学危害以及物理危害，为防止这些危害发生而实施对每一个工序的连续性监视"，开始对家畜养殖场以及食品加工产业实施 HACCP 管理制度的认证体制。日本厚生劳动省大臣负责食品卫生的管理。厚生劳动省大臣有权指定执法机关，认可执法机关的执法人员、执法的工作流程和检查的内容，以厚生劳动省法令的形式下达新的要求等。

日本对于冷链中最重要的基础设施冷库，通过各种法律对其实施管理，对冷库设施进行强制性年检。目前与冷库有关的法律有《建筑法》（承重）、《消防法》（防火）、《仓库法》（防火、隔热材料、卫生）和《高压安全法》（冷冻设施）等。其中，《日本冷库法》由冷库相关法律构成，是冷库业实施规范和运行规定，包括冷库的基准、防水防潮防灾、保温、防火、冷藏设施明细说明和食品卫生法等内容；《食品卫生法》规定食品标识制度作为标准，温度的标准各有不同,常用的有 7 个温度带(C1 级、C2 级、C3 级、F1 级、F2 级、F3 级、F4 级冷库的冷却方式);另外,直接及间接膨胀式氨机、R22 机选型、保温层厚度、库温、风速、热流、载冷剂流速、温差,温度计放置地点、数量等都有相关规定。

在标准方面,日本的食品标准体系分为国家标准、行业标准和企业标准三个层面。国家标准即 JAS 标准,以农产品、林产品、畜产品、水产品及其加工制品和油脂为主要对象;行业标准多由行业团体、专业协会和社团组织制定,主要是作为国家标准的补充或技术储备;企业标准是各株式会社制定的操作规程或技术标准。一般的要求和标准由日本的厚生劳动省规定,包括食品添加剂的使用、农药的最大残留等,适用于包括进口产品在内的所有食品。日本的农林水产省也参与食品管理,主要涉及食品标签和动植物健康保护两个方面。

综上所述,欧美日各国根据自身情况形成了适合自身特色的冷链监管体系。欧洲各国主要以法律监管为主,总体要求较高;美国和日本采用标准与法规配合的方式进行管理,其中国家强制性标准以法规形式体现;而推荐性标准不具强制性,但具有很强的业内指导意义。

(二)我国农产品冷链物流标准现状

据不完全统计,由不同部门和行业所指定的冷链物流标准达 126 项(不包括正在起草和已报待批的标准,不包括地方标准、产品质量标准、追溯标准、农产品安全限量标准及安全限量相应的检测标准),这些标准由国家 13 个部委制定,包含水果、蔬菜、水产品、畜禽肉等农产品在贮藏、初加工、包装、运输、冷藏等环节的操作规程和方法类标准,初步形成了农产品冷链流通标准体系,为降低流通损耗、提高流通效率、保证农产品质量安全发挥了重要作用。

1. 按照标准类别分类

126 项标准中,强制性标准 7 项(表 9-3),推荐性标准 119 项。

表 9-3 农产品冷链流通标准(强制性标准)

序 号	标 准 号	标 准 名 称
1	GB 29753—2013	《道路运输食品与生物制品冷藏车安全要求及试验方法》
2	GB 31605—2020	《食品安全国家标准 食品冷链物流卫生规范》
3	SBJ 11—2000	《冷藏库建筑工程施工及验收规范(附条文说明)》
4	SBJ 16—2009	《气调冷藏库设计规范》
5	SBJ 17—2009	《室外装配冷库设计规范》
6	GB 2894—2008	《安全标志及其使用导则》
7	GB 50072—2021	《冷库设计标准》

2. 按照标准层级分类

126 项标准中,国家标准 61 项,行业标准 65 项。

3. 按照标准体系框架过程控制要素分类

126 项标准中,基础与通用类标准 5 项,冷链流通设施设备类 39 项,冷链流通操作与技术类 78 项,冷链流通服务与管理类 4 项(表 9-4、表 9-5)。

表 9-4 农产品冷链流通标准分类(按标准体系框架过程控制要素分类)

基础与通用类	冷链流通设施设备类	冷链流通操作与技术	冷链流通服务与管理	冷链流通质量监控与检测类	冷链流通信息化类标准	总计
5	39	78	4	0	0	126

表 9-5 农产品冷链流通标准目录(按标准体系框架过程控制要素分类)

序号	分类	标 准 号	标 准 名 称
1	基础与通用类	GB 2894—2008	《安全标志及其使用导则》
2		GB/T 18354—2021	《物流术语》
3		GB/T 18517—2012	《制冷术语》
4		GB/T 191—2008	《包装储运图示标志》
5		GB/T 28577—2021	《冷链物流分类与基本要求》
6	冷链流通设施设备类	GB/T 24400—2009	《食品冷库 HACCP 应用规范》
7		GB/T 30134—2013	《冷库管理规范》
8		JT/T 389—2022	《厢式挂车技术条件》
9		QC/T 449—2010	《保温车、冷藏车技术条件及试验方法》
10		GB 29753—2013	《道路运输食品与生物制品冷藏车安全要求及试验方法》
11		TB/T 1805—1986	《加冰冷藏车通用技术条件》
12		JB/T 7244—2008	《冷柜》
13		JB/T 9061—2018	《组合冷库》
14		JB/T 6527—2006	《组合冷库用隔热夹芯板》
15		TB/T 3562—2020	《铁路保温车》
16		NY/T 2000—2011	《水果气调库贮藏通则》
17		SB/T 10408—2013	《中央储备肉冻肉储存冷库资质条件》
18		SB/T 11048—2013	《快速冷却柜和快速冻结柜》
19		SB/T 11091—2014	《冷库节能运行技术规范》
20		SB/T 11092—2014	《多温冷藏运输装备技术要求及测试方法》
21		SBJ 11—2000	《冷藏库建筑工程施工及验收规范(附条文说明)》
22		SBJ 16—2009	《气调冷藏库设计规范》
23		SBJ 17—2009	《室外装配冷库设计规范》
24		SC/T 9020—2006	《水产品低温冷藏设备和低温运输设备技术条件》
25		SN/T 1995—2007	《进出口食品冷藏、冷冻集装箱卫生规范》
26		CB/T 4266—2014	《船用食品冷库》
27		GB/T 28009—2011	《冷库安全规程》

续表

序号	分类	标准号	标准名称
28	冷链流通设施设备类	GB/T 13145—2018	《冷藏集装箱堆场技术管理要求》
29		GB/T 20154—2014	《低温保存箱》
30		GB/T 21000.1—2007	《商用冷藏柜试验方法第1部分:通用试验条件及温度试验》
31		GB/T 21000.2—2007	《商用冷藏柜试验方法第2部分:偶然机械性接触试验》
32		GB/T 21145—2007	《运输用制冷机组》
33		GB/T 30103.1—2013	《冷库热工性能试验方法第1部分:温度和湿度检测》
34		GB/T 30103.2—2013	《冷库热工性能试验方法第2部分:风速检测》
35		GB/T 30103.9—2013	《冷库热工性能试验方法第3部分:围护结构热流量检测》
36		GB/T 21001.1—2015	《制冷陈列柜第1部分:术语》
37		GB/T 21001.2—2015	《制冷陈列柜第2部分:分类、要求和试验条件》
38		GB/T 21001.3—2015	《制冷陈列柜第3部分:试验评定》
39		SB/T 10794.1—2012	《商用冷柜第1部分:术语》
40		SB/T 10794.2—2012	《商用冷柜第2部分:分类、要求和试验条件》
41		SB/T 10794.3—2012	《商用冷柜第3部分:饮料冷藏陈列柜》
42		SB/T 10797—2012	《室内装配式冷库》
43		GB 50072—2021	《冷库设计标准》
44		GB/T 10942—2017	《散装乳冷藏罐》
45	冷链流通操作与技术类	SB/T 10717—2012	《栽培蘑菇冷藏和冷藏运输指南》
46		NY/T 1934—2010	《双孢蘑菇、金针菇贮运技术规范》
47		NY/T 2117—2012	《双孢蘑菇冷藏及冷链运输技术规范》
48		GB/T 16862—2008	《鲜食葡萄冷藏技术》
49		NY/T 1199—2006	《葡萄保鲜技术规范》
50		GB/T 17479—1998	《杏冷藏》
51		NY/T 2381—2013	《杏贮运技术规范》
52		GB/T 20372—2006	《花椰菜冷藏和冷藏运输指南》
53		SB/T 10285—1997	《花椰菜冷藏技术》
54		GB/T 28640—2012	《畜禽肉冷链运输管理技术规范》
55		GB 20799—2016	《食品安全国家标准肉和肉制品经营卫生规范》
56		SB/T 10730—2012	《易腐食品冷藏链技术要求禽畜肉》
57		SB/T 10731—2012	《易腐食品冷藏链操作规范畜禽肉》
58		NY/T 2534—2013	《生鲜畜禽肉冷链物流技术规范》

续表

序号	分类	标准号	标准名称
59	冷链流通操作与技术类	GB/T 22918—2008	《易腐食品控温运输技术要求》
60		GB/T 23244—2009	《水果和蔬菜气调贮藏技术规范》
61		SB/T 10447—2007	《水果和蔬菜气调贮藏原则与技术》
62		GB/T 26432—2010	《新鲜蔬菜贮藏与运输准则》
63		SB/T 10448—2007	《热带水果和蔬菜包装与运输操作规程》
64		GB/T 25869—2010	《洋葱贮藏指南》
65		GH/T 1190—2021	《洋葱贮藏技术》
66		GB/T 25870—2010	《甜瓜冷藏和冷藏运输》
67		SB/T 11030—2013	《瓜类贮运保鲜技术规范》
68		GB/T 26901—2020	《李贮藏技术规程》
69		NY/T 2380—2013	《李贮运技术规范》
70		GB/T 26904—2020	《桃贮藏技术规程》
71		SB/T 10091—1992	《桃冷藏技术》
72		GB/T 8559—2008	《苹果冷藏技术》
73		NY/T 983—2015	《苹果采收与贮运技术规范》
74		NY/T 1394—2007	《浆果贮运技术条件》
75		NY/T 1401—2007	《荔枝冰温贮藏》
76		NY/T 1530—2007	《龙眼、荔枝产后贮运保鲜技术规程》
77		NY/T 1392—2015	《猕猴桃采收与贮运技术规范》
78		GH/T 1152—2020	《梨冷藏技术》
79		NY/T 1198—2006	《梨贮运技术规范》
80		SB/T 10715—2012	《胡萝卜贮藏指南》
81		NY/T 717—2003	《胡萝卜贮藏与运输》
82		SB/T 10716—2012	《甜椒冷藏和运输指南》
83		NY/T 1209—2020	《农作物品种试验与信息化技术规程 玉米》
84		SB/T 10827—2012	《速冻食品物流规范》
85		GB/T 24616—2019	《冷藏、冷冻食品物流包装、标志、运输和储存》
86		GB/T 29372—2012	《食用农产品保鲜贮藏管理规范》
87		SB/T 10428—2007	《初级生鲜食品配送良好操作规范》
88		SB/T 10640—2011	《洁蛋流通技术规范》
89		GH/T 1191—2020	《叶用莴苣(生菜)预冷与冷藏运输技术》
90		SB/T 10449—2007	《番茄冷藏和冷藏运输指南》
91		LY/T 1651—2019	《松口蘑采收及保鲜技术规程》
92		MH 1007—1997	《水产品航空运输包装标准》

续表

序号	分类	标准号	标准名称
93	冷链流通操作与技术类	GB/T 26544—2011	《水产品航空运输包装通用要求》
94		NY/T 1189—2017	《柑橘贮藏》
95		NY/T 1202—2020	《豆类蔬菜贮藏保鲜技术规程》
96		NY/T 1395—2007	《香蕉包装、贮存与运输技术规程》
97		NY/T 2315—2013	《杨梅低温物流技术规范》
98		NY/T 2362—2013	《生乳贮运技术规范》
99		SB/T 10728—2012	《易腐食品冷藏链技术要求果蔬类》
100		SB/T 10729—2012	《易腐食品冷藏链操作规范果蔬类》
101		SN/T 1883.2—2007	《进出口肉类储运卫生规范第2部分:肉类运输》
102		GB/T 15034—2009	《芒果贮藏导则》
103		GB/T 16870—2009	《芦笋贮藏指南》
104		GB/T 18518—2001	《黄瓜贮藏和冷藏运输》
105		GB/T 24700—2010	《大蒜冷藏》
106		GB/T 24861—2010	《水产品流通管理技术规范》
107		GB/T 25867—2010	《根菜类冷藏和冷藏运输》
108		GB/T 25868—2010	《早熟马铃薯预冷和冷藏运输指南》
109		GB/T 25872—2010	《马铃薯通风库贮藏指南》
110		GB/T 25871—2010	《结球生菜预冷和冷藏运输指南》
111		GB/T 25873—2010	《结球甘蓝冷藏和冷藏运输指南》
112		GB/T 26908—2011	《枣贮藏技术规程》
113		GB/T 27638—2011	《活鱼运输技术规范》
114		GB/T 8867—2001	《蒜薹简易气调冷藏技术》
115		GB 20799—2016	《食品安全国家标准肉和肉制品经营卫生规范》
116		LY/T 1674—2006	《板栗贮藏保鲜技术规程》
117		LY/T 1833—2009	《黄毛笋在地保鲜技术》
118		GB/T 19220—2003	《农副产品绿色批发市场》
119		GB/T 19221—2003	《农副产品绿色零售市场》
120		GB/T 19575—2004	《农产品批发市场管理技术规范》
121		GB/T 21720—2022	《农贸市场管理技术规范》
122		GB/T 22502—2008	《超市销售生鲜农产品基本要求》
123	冷链流通服务与管理类	GB/T 28531—2012	《运输通道物流绩效评估与监控规范》
124		GB/T 31080—2014	《水产品冷链物流服务规范》
125		GB/T 31086—2014	《物流企业冷链服务要求与能力评估指标》
126		GB 31605—2020	《食品安全国家标准　食品冷链物流卫生规范》

我国冷链物流标准化在一定程度上取得了较大的进步,但总体上看还存在以下问题。

1) 标准的执行和监管力度不足

冷链物流标准化的迫切性是由冷链物流自身特点和我国冷链物流的现状所决定的。生鲜食品在原料获取、加工技术和设备、质量控制和管理、产品质量和检验方法、产品安全、卫生、包装、储运、销售等各个环节所组成的产业链条的每个环节都要有相应的标准和规范,标准间应相互联系形成有机的整体。但是,现状与要求之间还存在一定差距。目前我国冷链物流标准仍然不够健全,绝大部分都为推荐性标准,对冷链物流企业缺乏有效的引导力和监管力。行业标准多而杂乱,如在冷链食品方面,除了商业联合会发布的《速冻食品物流规范》之外,还有《畜禽肉冷链运输管理技术规范》和《水产品冷链物流服务规范》等。因此,为了带动冷链物流行业整体质量的提升,亟须制定和实施该行业整体的标准化规范。

2) 标准未覆盖冷链物流全过程

冷链物流过程涉及原料获取、冷冻加工、冷藏、冷藏运输和配送、销售等诸多环节,任何一个环节上的疏忽都有可能带来服务"断链",影响食品品质,甚至给消费者健康带来损害。我国分布在不同行业的冷链物流标准,无论是国家标准还是行业标准,都以产品标准和产品检验标准为主。已有的产品标准和产品检验标准大多集中在储藏和运输两个环节,针对上下游环节衔接与全过程的标准以及销售环节的规范还缺少标准。

3) 标准之间协调性差,存在重复和交叉现象

我国冷链物流涉及的管理职能部门主要包括交通运输、铁道运输、卫生、农业、进出境检验检疫等部门。目前,冷链物流标准的制定一般由各个部门根据自身管理的需要,从不同的角度,针对不同的范围进行制定,部门间缺乏足够的协调,难以形成完整的体系。

此外,地方标准、国家标准、行业标准三者之间的关系有些混乱,标准制定的主题不明确,条块分割现象还比较严重,导致冷链物流标准存在重复和交叉现象,彼此缺乏统一性和协调性。

4) 标准的可操作性不强

冷链物流标准应当在冷链物流行业中发挥积极作用。实际上,我国冷链物流领域的相关企业大多采用自己的企业标准,较少采用国家标准和行业标准。究其原因,一方面是现有的冷链物流标准尚不完善;另一方面是某些现存标准与企业实际脱节,置换成本较高。目前,全国物流标准化委员会冷链物流分技术委员会在推进冷链物流标准化建设的进程中,积极引导企业参与行业标准的制定,以提高冷链物流标准的操作性和实用性。

5) 国际标准采用比例较低

随着经济全球化的发展,冷链物流面对的是全球化的市场环境,冷链物流标准化具有非常强的国际性,要求与国际物流标准化体系相一致。然而,由于缺乏全球化的思考,冷链物流标准在制定过程中较少考虑与国际标准的衔接问题。

第二节　生产管理标准

易腐食品生产管理标准较为复杂,且涉及主体、生产对象等较多,由于全程冷链是包含易腐食品从生产、流通加工到销售的全过程,因此有必要从冷链标准化的角度对生产管理标

准进行研究。本节从与冷链密切相关的易腐食品生产管理标准出发,主要包括易腐食品的生产加工技术要求、作业规范、标志规范、人员管理以及卫生要求等几部分的标准内容进行统计分析,在生产管理标准中,易腐食品生产良好操作规范规定了易腐生产加工的基础要求,具体包括企业设施设备要求、卫生要求、过程控制、检验检疫的要求等内容,然后根据具体的易腐食品品类及相关要求等制定具体的生产标准内容;《食品安全国家标准 预包装食品标签通则》(GB 7718—2011)直接提供给消费者的预包装食品标签和非直接提供给消费者的预包装食品标签。

在考虑冷链运输的基本要求和易腐食品控温运输的要求时,根据产品特性以及温度要求将其分为四大类标准:一是禽畜水产类生产管理标准;二是果蔬类生产管理标准;三是速冻食品生产管理标准;四是奶制品生产管理标准。

一、禽畜水产类生产管理标准

禽畜水产类生产管理标准从标准数量上看覆盖内容较为全面,对相关生产的技术要求、检验方法、卫生要求以及人员管理等有较为全面的标准规范,对于不同品类也有相关标准规范。此类标准以国标为主,归口部门主要为商务部、农业农村部等;由于部分地区特色禽畜水产品的存在,也制定了相关地方标准,如汕头制定了"汕头牛肉丸"食品安全地方标准。部分禽畜水产类生产管理标准统计如表 9-6 所示。

标准的分类

表 9-6 部分禽畜水产类生产管理标准统计

标 准 名 称	标 准 号	主 要 内 容
《鲜、冻禽产品》	GB 16869—2005	规定了鲜、冻禽产品的技术要求、检验方法、检验规则以及标签、标志、包装、贮存的要求。适用于健康活禽经屠宰、加工、包装的鲜禽产品或冻禽产品,以及未经包装的鲜禽产品
《食品安全国家标准 鲜、冻动物性水产品》	GB 2733—2015	规定了鲜、冻动物性水产品的卫生指标和检验方法以及生产过程、包装、标志、贮存与运输的卫生要求
《鲜、冻片猪肉及猪副产品 第1部分:片猪肉》	GB/T 9959.1—2019	规定了鲜、冻片猪肉的术语、技术要求、检验方法、检验规则和标志、贮存、运输
《鲜、冻分割牛肉》	GB/T 17238—2022	规定了鲜、冻分割牛肉的相关术语和定义、产品分类、技术要求、检验方法、检验规则、标志、包装、运输和贮存。适用于鲜、冻带骨牛肉按部位分割、加工的产品
《鲜、冻兔肉及副产品》	GB/T 17239—2022	规定了鲜、冻兔肉的相关术语和定义、技术要求、检验方法、检验规则以及标签、标志、包装、贮存的要求。适用于健康兔经屠宰、加工的鲜兔肉或冻兔肉

续表

标准名称	标准号	主要内容
《鲜、冻肉生产良好操作规范》	GB/T 20575—2019	规定了鲜、冻肉生产的术语和定义,用于生产鲜、冻肉的动物饲养要求,屠宰动物的运输要求,屠宰动物的要求,屠宰厂、肉品企业设施、设备要求,卫生要求,过程控制,检验检疫的要求等内容。本标准适用于供人们消费的鲜、冻猪肉、牛肉和羊肉产品,包括售出后直接或经进一步加工后供食用的鲜、冻猪肉、牛肉和羊肉产品,但不包括其他法规规定的家禽、鱼类与野生动物
《食品安全国家标准 肉和肉制品经营卫生规范》	GB 20799—2016	规定了肉与肉制品在商业的物流环节及其与食品安全有关的技术要求。本标准适用于肉与肉制品在商业物流环节全过程的质量控制
《食品安全国家标准 畜禽屠宰加工卫生规范》	GB 12694—2016	规定了冷却猪肉的相关术语和定义、加工技术要求、标志、标签、包装、贮存和运输要求。本标准适用于冷却猪肉的生产与加工
《分割鲜、冻猪瘦肉》	GB/T 9959.2—2008	规定了分割鲜、冻猪瘦肉的相关术语和定义、技术要求、检验方法、检验规则、标志、贮存和运输。本标准适用于以鲜、冻片猪肉按部位分割后,加工成的冷却(鲜)或冷冻的猪瘦肉
《鲜、冻四分体牛肉》	GB/T 9960—2008	规定了鲜、冻四分体牛肉的相关术语和定义、技术要求、检验方法和检验规则、标志、贮存和运输。本标准适用于健康活牛经屠宰加工、冷加工后,用于供应市场销售、肉制品及罐头原料的鲜、冻四分体牛肉
《海产品餐饮加工操作规范》	GB/T 23498—2009	规定了海产品餐饮加工操作的原料和辅料要求及加工经营场所、加工过程管理、卫生管理要求。本标准适用于大中型餐饮企业、集体食堂等集体用餐配送单位的海产品餐饮加工操作。其他加工海产品的餐饮企业可参照执行
《水产品航空运输包装通用要求》	GB/T 26544—2011	规定了航空运输水产品包装的基本要求、包装材料、包装容器和包装方法。本标准适用于水产品航空运输包装,不适用于有特殊要求的水产品包装

二、果蔬生产管理标准

目前,我国已基本形成由国家标准、行业标准、地方标准和企业标准这四个层级的标准组成的果蔬产品及加工标准体系。经初步统计,已发布的与果蔬产品及加工有关的国家标准156项、行业标准402项、地方标准223项,已发布的标准共781项,国标和行标计划276项,总计1057项。国家标准由国家质检总局发布,行业标准分散在六个行业制定发布,即林业(LY)、农业(NY)、商检(SN)、商业(SB)、供销(GH)、轻工(QB)。部分与冷链密切相关的果蔬生产管理标准如表9-7所示。

表9-7 部分与冷链密切相关的果蔬生产管理标准

标准名称	标准号	主要内容
《鲜食葡萄冷藏技术》	GB/T 16862—2008	规定了各品种鲜食葡萄冷藏的采前要求、采收要求、质量要求、包装与运输要求、防腐保鲜剂处理、贮前准备、入库堆码和冷藏管理等内容。本标准适用于我国生产的各类鲜食葡萄果实的冷藏
《松口蘑采收及保鲜技术规程》	LY/T 1651—2019	规定了松口蘑(松茸)的术语和定义、环境条件、采收和保鲜要求。本标准适用于松口蘑的采收和保鲜
《叶用莴苣(生菜)预冷与冷藏运输技术》	GH/T 1191—2020	规定了叶用莴苣(生菜)预冷与冷藏运输的采收与质量、包装与标志、预冷方法、冷藏运输条件与管理的一般技术要求。本标准适用于我国直接消费的新鲜叶用莴苣(生菜)预冷与冷藏运输
《茄果类蔬菜贮藏保鲜技术规程》	NY/T 1203—2020	规定了茄果类蔬菜贮藏保鲜的采收和质量要求、贮藏前的库房准备、预冷、包装、入库、堆码、贮藏、运输及出库等技术要求
《豆类蔬菜贮藏保鲜技术规程》	NY/T 1202—2020	规定了豆类蔬菜贮藏保鲜的采收和质量要求、贮藏前的库房准备、预冷、包装、入库、堆码、贮藏、运输及出库等技术要求

三、速冻食品生产管理标准

我国速冻食品标准的归口部门目前分属农业农村部、卫生部、商务部、国家市场监督管理总局、食品药品监督管理局等多个部门,从数量上看,标准数量较少。由于受到相关食品标准的约束,针对速冻食品自身的标准还有待完善。2012年我国商务部出台《速冻食品生产管理规范》,其成为速冻食品基础性的标准,为今后速冻食品生产管理的标准的完善奠定了基础。部分速冻食品生产管理标准统计如表9-8所示。

表9-8 部分速冻食品生产管理标准统计

标准名称	标准号	主要内容
《速冻饺子》	GB/T 23786—2009	规定了速冻饺子产品的术语和定义、分类、要求、检测方法、检验规则、判定规则、生产加工过程的卫生要求、标签、标志、包装、运输、贮存、销售、召回等要求

续表

标准名称	标准号	主要内容
《出口速冻食品质量安全控制规范》	SN/T 2907—2011	规定了出口速冻食品的质量安全控制总则、原辅料、加工企业、生产管理人员、生产加工过程、包装、储存、运输、产品追溯和召回、记录保存等方面的要求
《速冻龙虾》	SB/T 10878—2012	规定了速冻龙虾的主要成分和质量要求、食品添加剂、卫生和操作、标签、抽样、检验和分析、缺陷和批次验收的相关要求
《速冻水果和速冻蔬菜生产管理规范》	GB/T 31273—2014	规定了速冻水果和速冻蔬菜生产管理规范的术语和定义、总则、文件要求、原料要求、厂房、设施和设备、人员要求、卫生管理、生产过程的控制和质量管理等的要求
《速冻食品生产HACCP应用准则》	GB/T 25007—2010	规定了速冻食品生产过程中的危害分析和关键控制点(HACCP)体系的原理及其应用要求

四、乳制品生产管理标准

我国乳业标准的现状是国家标准、行业标准、地方规定和企业标准多头并存。相对而言,国家标准、强制性标准偏少,推荐性标准偏多。我国乳制品质量标准落后。现行的中国乳业标准共有 129 项,包括奶牛饲养标准、乳制品厂标准、乳制品标准和乳业机械标准。乳制品标准 79 项,包括乳制品通用标准、乳制品卫生标准和乳制品分析方法标准三类。其中国家标准有 65 个,仅为标准总数的 50%。部分乳制品生产管理标准统计如表 9-9 所示。

表 9-9 部分乳制品生产管理标准统计

标准名称	标准号	主要内容
《食品安全国家标准 乳制品良好生产规范》	GB 12693—2010	规定了乳制品企业在原料采购、加工、包装及储运等过程中,关于人员、建筑、设施、设备以及卫生、生产及品质等管理应达到的条件和要求。本标准适用于乳粉、消毒乳、灭菌乳、发酵乳、炼乳、干酪、再制乳、奶油、花色乳等乳制品生产企业
《绿色食品 乳与乳制品》	NY/T 657—2021	规定了绿色食品乳制品的要求、检验规则、标志和标签、包装、运输和贮存。适用于绿色食品乳制品,包括液态乳、发酵乳、炼乳、乳粉、干酪、再制干酪和奶油;不适用于乳清制品,婴幼儿配方奶粉和人造奶油
《乳制品加工HACCP准则》	NY/T 1570—2007	规定了乳制品生产企业建立 HACCP 体系的指导原则。本标准适用于牛、羊乳等为主要原料的巴氏杀菌乳、灭菌乳、酸牛乳、炼乳、奶油、干酪和奶粉等生产企业

续表

标准名称	标准号	主要内容
《食品安全国家标准 生乳》	GB 19301—2010	规定了鲜乳的指标要求、生产加工过程的卫生要求、贮存、运输和检验方法。本标准适用于从符合国家有关要求的牛（羊）的乳房中挤出的分泌物，无食品添加剂且未从其中提取任何成分
《无公害农产品生产质量安全控制技术规范 第9部分：生鲜乳》	NY/T 2798.9—2015	规定了无公害生鲜乳生产过程中产地环境、奶牛引进、饮用水、饲料、兽药、饲养管理、疫病防控、挤奶操作、贮存运输、无害化处理和记录等质量安全控制技术及要求。本部分适用于无公害生鲜乳的生产、管理和认证

第三节 冷链物流各环节作业标准

冷链物流标准化文件涉及具体易腐食品品类繁多，根据不同易腐食品的特性，其在冷链物流运输环节的操作规范和技术要求不尽相同。从总体上看，都包括技术方法标准、设施设备标准、管理规范标准等内容，主要是从保护易腐食品在各个环节不受损害和保障运输安全的角度出发。从控温运输来看，大致可分为两大类：一类是冷冻食品；另一类为冷却食品。本节对其主要流通环节的标准内容进行了总结。

一、冷冻（却）食品贮藏作业要求

（一）冷库储存要求

冷库设计和建造应符合《冷库设计标准》（GB 50072—2021）的规定，大、中型冷库宜建有低温穿堂和封闭式站台，并配有与运输车辆对接的密封装置。冷冻食品储存冷库应符合食品卫生场所要求，应有足够的容量和适当的制冷设备，保证冷库温度达到 －18 ℃以下，产品进出冷库时库温波动控制在±2 ℃以内。冷库各冷藏区应合理配置温控检测装置，检测装置应定期校检并记录；应配备湿度计，必要时应有除湿措施；应定期检查并记录冷库温度，库温记录档案至少保存 2 年。冷库应定期除霜、清洁、消毒和维护保养，冷库内应干净、整洁、无异味。不同冷冻食品的冷库作业工具也要区分使用，防止交叉污染。冷库应有充足的照明设施，采用节能灯具，防潮防爆，装有防护罩。冷库应具备逃生指示、自救设施和报警系统，应定期检查确保其处于完好状态。

（二）冷库作业要求

入库前，应对冷库及作业工具进行清洁、消毒，达到相关食品卫生要求方可入库。冷库应进行预冷，当温度降至冷藏食品要求的范围时，方可将食品入库。冷库管理者应记录每批冷藏（冻）食品的入库时间和温度，并保留记录 1 年以上。到货冷冻食品温度高于 －12 ℃或高于双方约定的最高接受温度时，不应接收，收货方应及时通知货主，双方按合同约定协商处理。冷库内冷藏(冻)食品应按食品类别分区域放置,防止串味和交叉污染,宜专区、专垛;具有强烈挥发性气味和异味的食品,要求不同冷藏条件的食品,需经特殊处理的食品,容易交叉污染的食品应专库储存,不应混放,避免串味或相互污染。冷库的温度和相对湿度应根据所储存食品的种类、特性、成熟度等进行选择和调节。

冷库内产品堆放应稳固、整齐、适量,遵守"先进先出"原则。没有货架设施的冷库,货垛应置于托板上,不应直接接触地面,货物高度不应超过产品外包装材料的承载强度。存储产品应以不影响冷气循环的方式放置,不应与墙壁、顶棚或地坪直接接触,堆码距离参照《初级生鲜食品配送良好操作规范》(SB/T 10428—2007)中的要求。冷藏(冻)食品储存期间,冷库作业人员应定期监测冷库温度,必要时检测相对湿度。存放冷冻食品的冷库内气流应使库温均匀,并考虑节能降噪和减少干耗等原则。冷库作业人员应定期检查,发现即将过期或已变质食品应立即通知管理人员或货主,以便及时采取处理措施。

二、运输、配送作业标准

(一) 运输标志要求

冷藏(冻)食品运输包装标志的名称、图形、颜色、尺寸及使用方法应符合《包装储运图示标志》(GB/T 191—2008)的规定。冷藏(冻)食品运输包装应采用 GB/T 191—2008 规定的"温度极限"标志或用文字直接标明食品应保持的最低温度和最高温度。冷藏(冻)食品运输包装收发货标志应符合《运输包装收发货标志》(GB 6388—1986)的规定。

(二) 运输设备要求

冷藏(冻)食品运输设备应具备必要的制冷能力与隔热保温性能,确保运输期间厢体内达到冷藏(冻)食品要求的温度,其中冷冻运输厢体能确保达到 $-18\ ℃$ 及以下的温度。运输设备厢体应清洁、无毒、无害、无异味、无污染,并符合国家有关法规和标准对食品容器以及相关食品卫生要求。运输设备厢体应配置温度自动记录设备以全程记录运输过程中厢体内部温度,或配置外部能直接观察的测温设备。设定的记录点时间间隔不宜超过 15 min。运输设备厢体内不应放置具有尖角、棱角或突状物等的物品,以免刺破食品包装物造成污染。运输设备制冷系统等设施凡有安全注意事项,应在相关的醒目位置设置警告标志或安全规程。制冷剂应采用环保工质。运输设备各部件(包括制冷系统、测温设备等)应定期检查、校正和保养,发现异常应立即停止使用,并及时进行维修。

(三) 作业规范

装载前,应对运输设备进行检查及除霜,并确定制冷系统运转正常。运输设备厢体应在装载前进行预冷,当温度降至冷藏食品要求的范围或双方约定的预冷温度时,方可开始装载。

冷藏条件接近的多种食品可拼装运输,但具有强烈气味的食品和容易吸收异味的食品、产生较多乙烯气体的食品和对乙烯敏感的食品、不同加工状态的食品不应进行拼装。冷藏食品的堆积排列应稳固,必要时可使用支架、栅栏等固定装置防止货物移动;货物与厢壁、厢门之间应留有缝隙,货物与厢体顶部的距离应不小于 15 cm,以保持厢体内冷风循环顺畅。

运输过程中,应控制厢体内部温度保持在冷藏食品要求的范围。在装载和卸货前,应检测冷藏食品温度;检测位置由托运方与承运方或承运方与收货方共同决定,并在低温环境下完成检测工作;温度检测记录应作为运输单证附件提交给相关方。应严格控制冷藏食品的装卸货时间,保证装卸货期间食品温度升高幅度不超过 3 ℃;装载或卸货作业中断时,应保证运输设备厢体的门即时关闭,制冷系统保持正常运转;承运方应记录冷藏运输期间的厢体内部温度、冷藏食品检测温度和时间、装卸货时间,并保留记录 1 年以上;卸货前,如果检测到的食品温度超过规定范围时,应拒收或及时通知管理人员和货主,协商处理措施。检测冷藏食品温度,以冷藏食品中心温度为准。如果无法测量冷藏食品中心温度,经相关方同意,可测量食品包装表面温度代替食品中心温度。完成冷藏运输作业后,应立即对运输设备厢体进行严格的清洗、消毒和晾干,达到相关食品卫生要求后,方可进行新的运输作业。

三、销售标准

不同易腐食品管理标准都对其销售环境及作业规范等进行了说明。从销售场所标准上分,现有标准主要有两个:一是《超市销售生鲜农产品基本要求》(GB/T 22502—2008);二是《农产品批发市场管理技术规范》(GB/T 19575—2004)。其他销售场所可根据易腐食品销售标准要求执行。

生鲜区域应按生鲜农产品大类和不同类别生鲜农产品的保鲜、保质要求进行分区并明确标志。冷藏(冻)农产品和非冷藏(冻)农产品应分区,并设置相应的温度控制范围。畜禽肉、水产品、蔬菜、水果、鲜蛋、奶制品等应分区展放。有包装食品和无包装食品应分区,防止相互影响,便于消费者选购。应单独设立转基因并经认证的产品销售专区,有明确的标志,并在专区内按转基因、认证商品种类分区或分柜(架)陈列。

为方便易腐食品的销售需要,销售场所应具备的基础设施设备主要包括加工、陈列展示、保鲜贮藏、包装和卫生安全设施设备,从而满足易腐食品的短期贮藏、陈列展示和简单加工等要求,为顾客提供分切、整理和包装等服务。基础设施设备主要为冷藏库(柜)、陈列柜和包装、分拣等辅助设备。各类设施设备都应符合食品卫生安全的相关要求。

应配备足够的防鼠、防蚊蝇、防蟑螂等常见病媒生物的防治装置和紫外线杀菌灯。应设置垃圾桶,并加盖密闭,对环保工具及设施应定期消毒。应配置员工更衣间,从业人员上岗前应更换工作服、戴工作帽,工作服应定期清洗、消毒。应分别配置从业人员使用的洗手池和器具清洗消毒池。应配备卫生消毒间或专柜,有醒目的标志;专人管理消毒药剂、清洁剂,并正确标志,以警示其毒性和用法。

工具容器的材料应无毒、无异味、耐腐蚀、不生锈、易清洗消毒。生、熟产品工具容器应定期消毒,应分开使用,鼓励专品专用;应定位、分区存放、保持清洁、明确标示,避免交叉污染。刀具应无油渍、无残渣、无锈斑,用后应及时清洗并置于专用刀架之上。砧板应清洁、立放、干燥,以抑制微生物繁殖。容器(包括盆、盘、锅等)应表面光亮、无污垢、无残渣油渍等。生鲜农产品包装材料应符合国家或行业有关标准要求,包装材料的存放符合相关标准要求。

第四节 温度检测标准

一、温度检测通用要求

温度检测指使用适当的仪器设备获得特定测量点上的精确温度值,选择一些代表性的位置进行测量以提供某一区域的温度特性。温度检测包括环境空气温度、食品或其包装的表面温度(简称表面温度)和食品中心温度(简称中心温度)的检测。所选取的温度测量点应具有普遍代表性或表征最不利条件。

所使用的测温仪器应满足测量表面温度和中心温度所使用的传感器时间常数 t_{90} 不大于 2 min,测量环境空气温度所使用的传感器时间常数 t_{90} 不大于 10 min。测温范围内最大误差不超过 0.5 ℃,分辨率不大于 0.5 ℃,应定期校准或检定,并在有效期内使用。用于测量表面温度和中心温度的检测仪器感温部件应与测量物品接触良好。

二、温度检测仪器的要求与选择

(一)数字温度计

数字温度计是利用温度传感器将温度转换成数字信号,然后通过显示器(如液晶、数码管、LED 矩阵等)显示以数字形式表示的温度,可以准确地判断和测量温度。使用电池的数字温度计应具有检查、提示电池电压的装置,应避免水分凝结造成的不良影响。

(二)玻璃温度计

在食品温度检测时不推荐使用玻璃温度计,确需使用时应慎重。优先选用酒精温度计。禁止使用水银温度计。宜采用圆柱形尖端的玻璃温度计测量中心温度,椭圆杆尖端的玻璃温度计测量食品表面温度。

(三)测温钻孔设备

在测量食品温度时,若需钻孔测温,则应使用可以方便清洗的锐利金属工具,如冰锥或手钻等。包装和产品上的孔洞直径仅需稍大于温度检测仪器所使用的感温元件直径。

三、温度检测仪器的期间核查

温度检测仪器应进行期间核查,当温度检测仪器长期不用或测温范围大幅波动时应适当加大期间核查密度。

0 ℃条件下温度检测仪器的期间核查应遵循以下原则:核查应通过将温度检测仪器传感元件浸入冰水混合物的方式进行。将 1 L 容积的容器填满碎冰并装满冷水,搅拌 2 min 以上,将传感元件插入混合物中心且不接触容器,在示数稳定 3 min 后记录温度检测仪器显示的数值。浸入冰水中的温度检测仪器的读数应当为 0±0.5 ℃。

−21～−18 ℃条件下温度检测仪器的期间核查应遵循以下原则:核查应通过将温度检

测仪器传感元件浸入盐水混合物(由食盐与三倍于其重量的碎冰组成)的方式进行。将待测温度检测仪器与一个已知精度的温度检测仪器相邻地插入盐水混合物中且不接触容器,在示数稳定 3 min 后记录温度检测仪器显示的数值,两者之间的差值应在±0.5 ℃之间。若无可供参考的温度检测仪器,可采用分析级氯化钠和冰的共晶混合物进行标定,它的温度为−21.4 ℃。

在不具备上述条件时,可将需核查的温度检测仪器与一个已校正、已知精度的温度检测仪器一起置于相同的外部环境中,通过读数进行对比检查,但该种方法所得数据仅作为参考。

四、环境空气温度的测量要求

冷藏链各环节中的易腐食品应按《易腐食品冷藏链技术要求 果蔬类》(SB/T 10728—2012)、《易腐食品冷藏链操作规范 果蔬类》(SB/T 10729—2012)、《易腐食品冷藏链技术要求 禽畜肉》(SB/T 10730—2012)、《易腐食品冷藏链操作规范 畜禽肉》(SB/T 10731—2012)的相关规定进行操作,环境温度测量宜采用空气温度自动记录仪,实时监测和记录环境温度。温度检测仪器应置于空气流通处且传感元件不得与其他物体接触。应定期记录环境空气温度值,温度记录时间间隔最大不应超过 2 h。

在测量加工区温度时,应分别在冷藏加工工作区空气温度的高、低点布置传感器,并根据温度分布选取代表性区域布置温度传感器。在对冷库以及冷藏运输装备进行温度测量时,应在最不利温度条件处(如冷风机回风口附近、最远端、大门开启处、死角等)布置温度传感器。对多温运输装备,每一空间内应单独设置温度传感器。

五、食品温度的测量方法

(一)测量前的准备

用于测温的探针、手钻和传感元件等应进行预冷,其温度应接近被测食品。未预冷的探针、手钻和传感元件不能用于食品温度的测量。

(二)表面温度测量方法

表面温度的测量宜采用非破坏性测量方式,并应在相应的冷链环境下进行。测量时,传感元件应与食品或包装之间有良好的接触,通过测量表面温度获得中心温度的一个合理近似值。若易腐食品在包装中,应将传感元件与包装壁面紧密接触,同时将相同地点的其他易腐食品包装放在测试品的上方和侧面,以获得良好的热接触并保持温度的稳定性,在示值达到稳定后记录相关数据。若易腐食品没有包装,可采用辅助手段使传感元件紧贴在食品表面,以获得良好的热接触,同时在测试物品周围堆放足够多的易腐食品,以保持温度的稳定性,在示值达到稳定后记录相关数据。若有多个样品需要测试,可采用同一温度检测仪器逐一进行。

(三)中心温度测量方法

易腐食品中心温度至少应在其最大表面中心下方 25 mm 处的测点测得。若易腐食品尺寸小于 50 mm,测点应在该尺寸的中间位置。在测量过程中应使用经预冷处理的探针或手钻对测量样品打孔,洞的直径应与传感器相符,传感器插入的深度取决于食品类型;若食品尺寸允许,孔深可为 50 mm。

预冷后的传感元件应立即插入测试食品中。在食品允许的情况下,应将传感元件尽可能多地置于测试食品内部。在尺寸小于 50 mm 的情况下,应尽量使插入的传感元件接近测试品的中间位置。某些食物(如部分叶菜类食品等)由于尺寸或者结构的原因,使得在其内部打洞不可行时,应插入一根合适的探头到该包装的中心,来测量所插到食物的温度,从而确定该食物包装的内部温度。

在温度测量装置示值稳定后记录所测温度值。在记录完成后,可将传感元件停留在测试品中直到后续测试开始,以免对仪器重复进行预冷。测试环境应尽可能接近相应的冷链环境温度或在相应在冷链环境下进行。

第五节 冷链设施设备性能标准

一、冷库设计及安全标准

冷库设计及安全标准都是由商务部制定的国家标准,是为使冷库设计满足食品冷藏技术和卫生要求,以及保障冷库经营安全制定的,技术内容是强制性的,其余条款是推荐性的。该标准适用于以氨、卤代烃等为制冷剂的直接制冷系统及间接制冷系统的冷库,不适用于作为产品出售的室内装配式冷库。

《冷库设计标准》(GB 50072—2021)从建筑、结构、制冷、电气、给排水、采暖通风和地面防冻等方面规定了冷库设计的基本技术要求。首先规定了冷库的基础规范,如规定冷库的设计规模以冷藏间或冰库的公称容积为计算标准,公称容积大于 20000 m^3 的为大型冷库,5000~20000 m^3 的为中型冷库,小于 5000 m^3 的为小型冷库。此外,对冷藏间的容积利用系数、食品密度计算以及冷间的设计温度和相对湿度等进行了规定。

《冷库安全规程》(GB/T 28009—2011)规定了冷库设计、施工、运行管理及制冷系统长时间停机时的安全要求。冷库设施安全要求库房内应具备应急逃生设施。库房内的货架应有足够的强度和刚性。氨制冷机房内应配置防护用具和抢救药品,并放置于易获取的位置。变配电室和具有高压控制柜的制冷机房,应配置高电压操作使用的专用工具及防护用品。

冷库设计安全要求在氨制冷机房门口外侧便于操作的位置,应设置切断制冷系统电源的紧急控制装置,并应设置警示标志。每套制冷压缩机组启动控制柜(箱)及机组控制台应设紧急停机按钮。制冷机房应装有事故排风装置。氨制冷机房的事故排风装置应采用防爆型。当制冷系统发生事故而被切断电源时,应能保证事故排风装置的可靠供电。氨制冷机房、高低压配电室应设置应急照明,照明灯具应选用防爆型,照明持续时间不应小于 30 min。

氨制冷机房应安装氨气浓度检测报警装置及供水系统。水冷却式制冷压缩机应设置断水保护。机房门应向外开,且数量应确保人员在紧急情况下快速离开。室外的制冷辅助设备应设防护栏,并设置警示标志。高压贮液器设在室外时,应避免太阳直射。库房内应采用防潮型照明灯具和开关。冷库设计应满足消防的有关规定。

制冷系统安装或大修后,要进行必要的气压试验,并对测试方法进行了规定。特种设备的使用和检修要求参见《特种设备安全监察条例》和《在用工业管道定期检验规程》的相关规定。大修后的制冷系统,应经过排污、压力试验和抽真空后方可充注制冷剂。在进行任何调整、维修、接线或接触电器元件之前,相关装置应断电或隔离。通电运行前应确认接地良好。定期检查各电器元件接触部位是否良好。如有不良,应立即进行维修或更换。控制柜、台使用环境应保持通风良好,严禁存放杂物。

二、冷藏运输装备标准

(一)冷藏集装箱性能标准

冷藏集装箱是指有良好隔热,且能维持一定低温要求,适用于各类易腐食品的运送、贮存的特殊集装箱。它在通常的外界温度下能使箱内温度保持在$-25\sim25$ ℃。制冷装置的标准电源一般为 440 V×60 Hz×3∅,在装有内藏变压器以后,世界各国主要港口的电源一般都可以使用。

在集装箱的"海-陆"联运中,通过电力驱动制冷系统,能使箱内空气进行冷却,加热或通风。在陆路运输时,一般采用带有发电机的专用底盘车拖运冷藏集装箱;在码头的堆场上则靠陆上电源供电;在集装箱船上靠船上电源供电,在铁路上靠发电机组供电。由于冷藏集装箱主要用于维持运输过程中货物的温度,本身不具备速冻能力,因此在装载冷冻或冷却货物时,一般要求装箱前对货物进行预冷,使货物温度降低到给定温度以下,然后装箱。

目前冷藏集装箱箱内空气循环一般是以蒸发器风扇驱动为主,冷空气受热上升为辅而进行循环的,蒸发风扇把冷风从箱底通过 T 形导轨吹出,通过货物侧壁的凹槽风道。箱门内壁凸条形成的风道,吸收外界传入的热量,冷风受热上升,通过箱内隔板和货物上部形成的回风通道被吸入蒸发器风扇,经过蒸发器时吸收冷量,温度降低,形成冷风,再从箱底吹出。周而复始地循环,就能降低或者保持箱内温度了。这一类从冷机下部吹出冷风的形式被称为下出风。下出风的冷藏箱由于箱内空气自然对流和强制循环一致,气流稳定性好。

冷藏集装箱的材料、涂料和表面处理方法等要考虑到海水、海风的腐蚀而应采用防腐性较好的材料。制冷装置最好使用耐蚀铝、不锈钢、铜、铜合金、橡胶和合成树脂等材料制造。除压缩机外尽可能不使用钢铁。还应注意不同金属(如铝和钢)的接触部分要用绝缘材料防止电蚀作用。近年来,以耐腐蚀铝作为外板的冷藏集装箱已被以不锈钢为外板的冷藏集装箱取代。制冷装置上所使用的电气设备和箱门要具有充分的水密性。

装冷冻货时,在蒸发器盘管上经常会结霜,结霜后就会显著地阻碍冷机与箱内空气间的热传导而降低冷冻能力,同时还会减少箱内的循环风量,故冷藏集装箱上装有能自动检测出结霜状况的空气压差开关,在蒸发器盘管上装有电加热器,并带有自动除霜装置。

运输果蔬类食品时,箱内会因货物表面水分蒸发、呼吸产生的水分等产生大量的凝结水。为了不被因凝结水淹没 T 形地板而影响冷气流通,冷藏集装箱箱内地板的四个角装有漏水器,目前多为防溢自动排水的漏水器。

（二）多温冷藏运输装备技术要求及测试方法

多温冷藏运输装备技术要求及测试方法规定了各类多温冷藏运输装备的分类、标记、技术要求、测试方法和检测规则等。

多温冷藏运输装备技术要求每个运输单元至少应有1个独立的外门，运输单元间的隔板应具有良好的气密性和保温性，宜具有一定范围的可移动性。多温冷藏运输装备每个运输单元应具有独立的温度控制和温度监测系统，能独立调节、自动记录各单元温度。并分别对厢体的气密性、隔热性、制冷机组及其制冷性能进行规定，性能测试以冷藏运输单元为测试对象，对多温冷藏运输装备的气密性能、隔热性能、制冷性能测试方法进行规范，对于多温冷藏集装箱，强度测试、水密性能测试按《系列1：集装箱的技术要求和试验方法 保温集装箱》(GB/T 7392—1998)进行，其他各项测试按国家有关规定进行。

对于多温冷藏汽车，水密性能测试按《保温车、冷藏车技术条件及试验方法》(QC/T 449—2010)进行，其他各项测试按国家有关规定进行。多温冷藏运输装备的气密性能测试、隔热性能测试和制冷性能测试应在强度测试、水密性能测试等各项试验之后进行，且按水密性能测试、气密性测试、漏热性能测试和制冷性能测试的顺序进行。

（三）冷藏运输装备热工性能指标

气密性是冷藏车重要的热工指标，对冷藏运输车辆的热工性能和运输经济性影响显著。气密性与隔热性互相关联，车体气密性的恶化往往在运用中造成车厢保温材料综合传热系数（K 值）快速增长，进而影响车厢隔热性能。在目前的冷藏车热工计算时，车体漏气引起的热负荷一般按车体传热热负荷的 10% 简化计算。随着车速的提高和车辆的老化，漏气量逐渐增加，外部热空气的侵入增大了制冷机组的热负荷，造成车内降温速度减缓，降温至规定的温度需要较长的时间，甚至可能无法设计温度。渗风引起的车内湿度增大还会导致制冷机组蒸发器结霜（或结冰）加剧，引起机组频繁除霜，进一步影响降温效果。除此之外，制冷机组制工作时间延长或频繁启动增加了运输能耗并影响机组使用寿命；车体漏气部位的结露或结霜在一定程度上影响车内温度分布和货物质量。因此，无论是从节能降耗还是保障承运货物品质安全角度出发，均应对车辆气密性能指标的合理选取展开研究。将国际上通行的各类不同冷藏运输工具的气密性标准归纳整理如表 9-10 所示。对于试验检测的内外压差，铁路车辆主要有我国采用 50 Pa 和 AAR 采用 125 Pa 两种，公路车辆主要采用 100 Pa、125 Pa 和 250 Pa，集装箱均采用 250 Pa。

表 9-10 冷链运输装备气密性要求

装备类型	标准号	气密性指标	内外压差
铁路车辆	GB/T 5600—2018	整体发泡式车辆：40 m³/h；填装式车辆：60 m³/h	50 Pa
	AAR RP-212—1983	单扇平拉门车辆：约 7.1 m³/h	约 125 Pa
		双扇平拉门车辆：约 8.5 m³/h	
公路车辆	GB 29753—2013	根据传热面积不同，漏气倍数分别为：传热面积>40 m²：≤3.0；20≤传热面积≤40 m²：≤3.8；传热面积<20 m²：≤6.3	100 Pa

续表

装备类型	标准号	气密性指标	内外压差
公路车辆	QC/T449—2010	分Ⅰ、Ⅱ、Ⅲ三级,根据传热面积不同,漏气倍数分别为: 传热面积>40 m²:Ⅰ≤1.2,Ⅱ≤3.0,Ⅲ≤4.8; 20≤传热面积≤40 m²:Ⅰ≤1.5,Ⅱ≤3.8,Ⅲ≤6.0; 传热面积<20 m²:Ⅰ≤2.1,Ⅱ≤6.3,Ⅲ≤8.4	100 Pa
公路车辆	TTMA 38—2002	20英尺车辆:≤27.6 m³/h	约 125 Pa
公路车辆	TTMA 38—2002	40英尺车辆:≤42.5 m³/h	约 125 Pa
公路车辆	DIN 8959—2000	0.25 m³/(h·m²)	250 Pa
集装箱	GB/T 7392—1998	1个门时 10 m³/h;每增加一个门,增加 5 m³/h	250 Pa
集装箱	ISO 1496-2—2008	1个门时 5 m³/h;每增加一个门,增加 5 m³/h	250 Pa

在厢体隔热性能方面,各类冷藏运输装备均对隔热指标作了明确的规定。但由于指标来源和规范体系不一,致使各类装备在隔热性能要求上存在一定区别。冷藏集装箱以整箱漏热率为评判指标,《系列1:集装箱的技术要求和试验方法 保温集装箱》(GB/T 7392—1998)对12类不同保温集装箱的隔热性能进行了规定,但因尺寸、功能等差异,冷藏集装箱的漏热率允许范围有所不同。对于具有制冷功能的保温集装箱,其漏热率上限为 15~51 W/K;而对于隔热型集装箱,漏热率上限为 26~92 W/K。换算为围护结构传热系数,上述两种集装箱的 K 值上限分别为 0.4 W/(m²·K) 和 0.7 W/(m²·K)。对于铁路冷藏车,则根据制造工艺的不同,要求整体发泡式冷藏车的传热系数≤0.27 W/(m²·K),填装式冷藏车的传热系数≤0.37 W/(m²·K)。冷藏和保温汽车将车厢隔热性能分为3个级别,A 级≤0.4 W/(m²·K),B 级处于 0.4~0.6 W/(m²·K),C 级处于 0.6~0.9 W/(m²·K),其中,A、B 适用于冷藏车,C 适用于保温车。上述区别的存在是多方面因素造成的。首先是标准来源不同,集装箱标准主要参考 ISO 的标准,汽车标准主要参考 ATP 标准,而铁路标准则主要以俄罗斯和东德为依据。另一方面,环境条件不同,集装箱和铁路运输时间长(集装箱主要用于海运,铁路也主要用于长途运输),因此对围护结构隔热性能要求更为严格;而汽车运输相对时间和距离要短一些,因此在指标要求上也要宽松一点。随着材料的更新(如 VIP 隔热材料等)和工艺的进步,围护结构越来越轻,隔热性能越来越好。

三、制冷陈列柜标准

制冷陈列柜标准(GB/T 21001—2015)分为三部分,分别为《制冷陈列柜 第1部分:术语》《制冷陈列柜 第2部分:分类、要求和试验条件》和《制冷陈列柜 第3部分:实验评定》,第1、2部分由中国制冷学会提出,全国制冷标准化技术委员会归口,第3部分由中华人民共和国商务部提出,全国制冷标准化技术委员会冷藏柜分技术委员会归口。第1、2部分等同采用国际标准 ISO 23953-1:2005 和 ISO 23953-2:2005,它们的发布填补了我国制冷陈列柜产品国家标准的空白。第1部分术语,对冷藏陈列柜的类型、形式和部件等的定义以及相关的特征尺寸、运行特征和实验环境等进行规范和说明;第2部分规定了冷藏陈列柜的试验条件、试验方法、分类方法、分级方法和由制造商提供的产品标志及产品特性信息,就有关具体的技术要求和技术指标进行了规定。

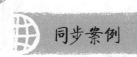

冷标委两岸食品冷链物流标准化工作组成立

2014年7月5日,全国物流标准化技术委员会冷链物流分技术委员会(以下简称"冷标委")正式下文,批复成立全国物流标准化技术委员会冷链物流分技术委员会两岸食品冷链物流标准化工作组(以下简称"工作组"),编号为SAC/TC269/SC5/WG1,工作组秘书处设在厦门市标准化研究院。

近年来,随着两岸食品冷链物流合作的不断深入,标准缺失、标准滞后、标准技术指标不协调、两岸标准不统一等问题越来越成为行业发展的障碍。为规范、提高冷链物流工作质量,指导行业有序、规范发展,夯实两岸食品冷链物流标准化工作基础,在中国物流与采购联合会和厦门市质量技术监督局领导的关心支持下,工作组正式落户厦门。这有利于两岸共建食品冷链物流标准体系,确保两岸贸易更好更快地发展,促进厦门市创建"两岸冷链物流合作试点城市",为厦门市冷链物流行业做大做强、集中力量争取食品冷链物流标准的话语权、共同提高冷链物流行业市场竞争力提供了强有力的技术支撑平台。

【思考】
1. 简析两岸食品冷链物流标准化工作组的作用。
2. 对于促进冷链物流标准国际化的途径及意义有哪些?

冷链标准化 保障食品品质安全

一、案例背景

荔枝是我国南方传统特色果品之一,因其味美、营养丰富而享誉海内外。然而荔枝极易腐烂、难以储运的特点也极大地限制了其销售,素有"一日而色变,二日而香变,三日而味变,四五日外,色香味尽去矣"之说。在荔枝的实际流通过程中,经销商出于降低物流成本的想法,大量荔枝是在常温条件下进行转运和销售的,即便是采用冷藏运输技术,也常因技术条件不当而造成冷链中断等现象,大大影响了荔枝的品质,缩短了货架期。后文将对各种物流条件下荔枝品质进行对比,可以清晰地看到冷链标准化的作用。

1. 荔枝物流试验流程的确定

不同的经销商、不同地区、不同物流条件情况下,荔枝所经的物流环节是不同的。总体而言,可归纳为常温物流、全程冷链物流和不完整的冷链物流三种情况。为此,研究按荔枝采摘、分级挑选、预处理(预冷杀菌)、运输、配送、销售六个环节进行试验设计和检测,具体试验流程如图9-1所示。

试验利用广州大学冷藏运输技术条件仿真试验台进行。按照国家标准的相关采收、转运要求,在广州采收50 kg荔枝(淮枝),荔枝果皮已基本转红(八成熟),在对荔枝进行选果

第九章

冷链物流标准化

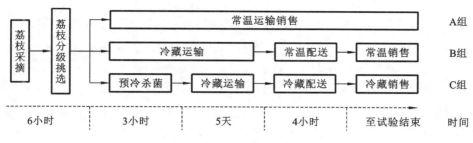

图 9-1　荔枝物流试验流程

和分级处理后,随机选取 10 颗荔枝进行品质初测。其他荔枝对应试验流程进行装袋分组。试验样品共分为 A、B、C 三组,各组荔枝用低密度聚乙烯薄膜袋包装,包装掩口,但不敞口,不扎口,每袋 2 kg 左右。

A 组为常温物流组,在试验过程中,将荔枝置于实验室内,所处温度为 26～28 ℃,所选荔枝每 12 小时测试一次,直至试验结束。

B 组为不完整冷链物流组,荔枝未进行预冷杀菌即进入冷藏运输环节(运输温度为 3～5 ℃,运输时间为 5 天),在运输结束后以常温方式进行转运(转运时间为 4 小时),并在常温条件下进行销售。所选荔枝在运输期间检测 2 次,运输结束和配送结束时分别进行 1 次检测,在销售环节则每天检测 1 次,直至试验结束。

C 组为完整冷链物流组。荔枝进行预冷杀菌后进入冷藏运输环节(运输温度为 3～5 ℃,运输时间为 5 天),在运输结束后以冷藏方式进行转运(运输温度为 3～5 ℃,转运时间为 4 小时),并在冷藏条件下进行销售(在冷藏陈列柜中进行销售,温度为 12～14 ℃),直至试验结束。在检测方面 C 组与 B 组流程相同。

2. 荔枝物流试验检测指标及方法

为研究荔枝品质变化规律,在参考前人研究成果的基础上选取果皮褐变、果皮色差、果皮花色素苷、果肉可溶性固形物含量、果肉 pH 值、果实失重率六个测试指标为评价基准。

(1)果皮褐变:果皮褐变的测定采用目测法。先将荔枝褐变指数分为 4 级,1 级为全红果;2 级指果实发生轻微褐变,但表皮红色面积仍超过总面积的 3/4;3 级为中度褐变,此时表皮褐变面积在 1/2 左右;4 级为严重褐变,果实表皮褐变面积达 3/4 以上。测定时,先随机选取 10 个荔枝,按褐变程度评价要求逐一打分,在此基础上计算得到该批荔枝的果皮褐变指数,如式(9-1)所示。

$$\theta = \sum (\theta_i \cdot i)/n \tag{9-1}$$

式中:θ——果皮褐变指数;

θ_i——褐变级数;

i——θ_i 级褐变荔枝的数量;

n——测定荔枝的个数。

(2)果皮色差:以完成果皮褐变测定的荔枝为样品,剥下其果皮,用分光测色仪在不同的位置分别测定 3 次,记录其 L、a、b 值并取平均。本次试验采用美国 X-Rite 公司的 CA22 型分光测色仪。

(3)果皮花色素苷:将剥下的果皮剪碎,抽取 5g 用 1%HCl 浸泡并定容至 60 mL,取 0.8

mL 溶液,用 0.4 mol/L、pH 值为 5 的 $C_6H_8O_7/Na_2HPO_4 \cdot 12H_2O$ 缓冲液和 0.4 mol/L、pH 值为 1 的 KCl-HCl 溶液分别稀释至 4 mL 并混匀,以 4 mL 的蒸馏水为对照,利用 752N 紫外可见分光光度计在 506 nm 下测定光密度值,分别测出两种溶液的光密度值,最后作差求出荔枝的果皮花色素苷-光密度差值 ΔD。

(4) 果肉可溶性固形物含量:将上述荔枝的果肉在研钵中逐一捣碎,用玻璃棒蘸取少量汁液,均匀涂抹在折光仪(WY032 型手持折光仪)的检测面上,压紧并进行读数记录。

(5) 果肉 pH 值:将上一试验获得的荔枝汁液倒入量筒,用 PHS-29A 型数显 pH 计测得其 pH 值并记录。

(6) 果实失重率:果实失重率的测定采用称量法。在试验开始前,每测试组样品均由随机抽取 50 颗荔枝组成并采用电子天平测得其初始重量,在每次检测时逐一称重并放回原处,按式(9-2)求得失重率并求平均值直至试验结束。本次试验采用的是 JA2003 型电子天平。

$$\lambda = (g_1 - g_2) \times 100\% / g_1 \tag{9-2}$$

式中:λ ——果实失重率(%);
$\quad g_1$ ——荔枝初始重量(g);
$\quad g_2$ ——每次检测时测得的重量(g)。

3. 荔枝物流试验结果分析

按照上面所述试验流程和试验方法对荔枝进行分析,其中,常温组荔枝共保存 4.5 天即完全腐烂变质,不完整冷链组保存 10 天,完整冷链组保存了 15 天。其果皮褐变、果皮色差、果皮花色素苷、果肉可溶性固形物含量、果肉 pH 值、果实失重率等状况见图 9-2~图 9-9。

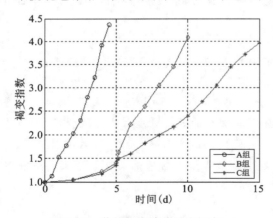

图 9-2 荔枝物流试验果皮褐变

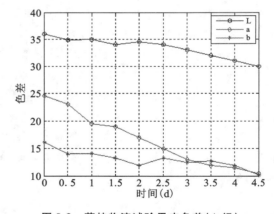

图 9-3 荔枝物流试验果皮色差(A 组)

荔枝果皮褐变是荔枝品质变化的最直观体现。如图 9-2 所示,A 组从优质的 1 级变为严重褐变的 4 级仅用去 4 天的时间,而 B 组和 C 组分别为 10 天和 15 天。若以 2.5 级作为荔枝销售的临界点,设 A 组转运时间为 1 天,B 组、C 组为 5 天,则 A、B、C 组荔枝的货架期分别为 1.5 天、1.5 天和 5 天。可见,冷藏运输环境大大延长了荔枝的保质期,其中,全程冷链保鲜的效果最佳。

图 9-3~图 9-5 分别显示了 A、B、C 三组荔枝在试验过程中色差的变化。研究采用的是国际照明委员会提出的 L、a、b 色彩空间体系。试验表明 L、a、b 三值总体上随时间的推移有

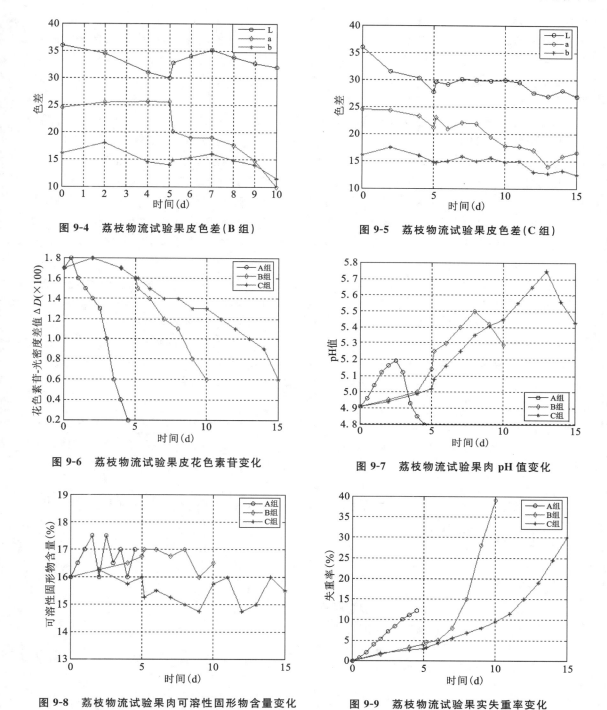

图 9-4　荔枝物流试验果皮色差(B 组)　　　　图 9-5　荔枝物流试验果皮色差(C 组)

图 9-6　荔枝物流试验果皮花色素苷变化　　　图 9-7　荔枝物流试验果肉 pH 值变化

图 9-8　荔枝物流试验果肉可溶性固形物含量变化　　图 9-9　荔枝物流试验果实失重率变化

所下降,其中 L、b 两值变化较小,a 值相对波动较为显著。在具体环节上,A 组因外界温度较为稳定,所以各值的变化率也大体恒定,B 组和 C 组在冷藏运输期间色差变化较小,但进入转运销售环节,因温度的变化各值出现较大波动,后期因温度的提升,色差变化率也较冷藏运输环节快,且 B 组(常温销售,环境温度 26~28 ℃)变化明显快于 C 组(在冷藏陈列柜中进行销售,环境温度 12~14 ℃)。

图 9-6 显示了试验过程中果皮花色素苷的变化情况,由图可见,荔枝果皮花色素苷的变化与果皮褐变存在着负相关关系:当刚完成采摘,果皮还未发生褐变时,果皮花色素苷含量存在缓慢增加的趋势;当褐变发生后,果皮花色素苷含量则开始急剧下降。褐变越严重,其含量越低;褐变越快,其下降的速率越快。

荔枝果肉的 pH 值在各物流过程中均出现先升后降的现象(见图 9-7)。在本试验中,荔枝果肉的初始 pH 值为 4.91,在不同条件下,A、B、C 三组分别在第 3 天、第 8 天和第 13 天出现峰值 5.19、5.55、5.75。pH 值变化趋势图也表明,适宜的温度能减缓其变化速率,如 B、C 两组 pH 值在 3~5 ℃条件下 5 天仅增长 0.1 左右,而 A 组早已越过了 5.19 的临界值。

图 9-8 显示,在整个试验过程中,荔枝果肉的可溶性固形物含量变化并不大。不论是常温储运还是冷链环境,其含量基本在 15%~17%波动,随着时间的推移,该值的变化也不大。因此可以认为,荔枝果肉的可溶性固形物含量只与其品种有关,与物流流程无关,该参数也无法对荔枝品质的好坏做出评判。

荔枝物流试验果实失重率变化如图 9-9 所示,其中,荔枝若在常温条件下储运,每天的干耗量达 3%左右,而采用 3~5 ℃的冷藏运输,5 天干耗总量仅为 3%~4%(运输之初即采用预冷手段的荔枝干耗量为 3%,未预冷的为 4%)。可见,冷链环境在提高荔枝品质、降低运输损耗方面作用明显。但值得注意的是,通过冷藏运输的荔枝一旦脱离低温环境,干耗则会急剧增加,且越到后期变化越剧烈。如 B 组因在冷藏运输后采用常温销售,日均干耗达 7%,C 组荔枝由于在冷藏陈列柜中销售,日均干耗则保持在 1%左右。

4. 结论

试验表明,在荔枝物流过程中应特别注意高温或温度急剧波动等问题对其品质造成的破坏,而全程冷链物流的形式能最大限度地保证其品质安全,从而扩大销售范围,延长货架期,值得进一步展开研究并加强推广。

二、案例讨论

结合案例,分析冷链物流标准化的作用,以及对我国冷链物流产业发展的启示。

练习与思考

1. 练习题

(1) 冷链标准化体系的基本内容包括哪些方面?

(2) 简述国外冷链物流标准化的特点。

(3) 我国冷链物流标准化存在的问题有哪些?

(4) 简述温度检测标准的基本内容。

2. 思考题

结合本章学习内容,思考如何推进冷链物流标准化的有效实现。

第十章
冷链物流信息管理与追溯技术

学习目标

了解我国冷链物流信息化的必要性和发展任务；了解易腐食品冷链物流风险管理基本原理和方法，理解 HACCP 的概念及原则，并能运用于具体的食品冷链物流的安全性分析和风险控制；掌握冷链物流信息管理的组成及基本服务功能；熟悉现代信息化技术在冷链运输系统中的应用，了解进行冷链全程温控监测的基本设备、方法和应用，理解物联网与追溯技术的基本概念及其在冷链物流系统中的应用。

案例

在"互联网+"和电商红利的双重推动下，智能化已经是冷链物流发展的战略方向。智慧物流是工业 4.0 重要组成部分，随着工业 4.0 的到来，智慧物流是大势所趋。在经济新常态和产业升级背景下，人工、土地、仓储租金成本不断上升，物流行业的本质是降本增效，物流业作为"第三利润源"的战略地位凸显，智能物流技术和智能装备的优势逐渐显现。因此，未来我国冷链物流与智能物流技术、智能装备相结合的紧密程度将逐步增加。

智慧物流是指物流过程的智能化，它以信息交互为主线，使用条形码、射频识别、传感器、全球定位系统等先进的物联网技术，集成自动化、信息化、人工智能技术，通过信息集成、物流全过程优化以及资源优化，使物品运输、仓储、配送、包装、装卸等环节自动化运转并实现高效率管理，可以在一定程度上自动达成特定目标而无须人工干预。它能够有效提高企业的市场应变能力和竞争能力，为客户提供快捷、方便、准确的服务，同时降低成本，减少自然资源和社会资源的消耗。

大致而言，智慧物流体系应具备三个核心要素，分别是智慧单元化物流技术、自动化物流装备以及智慧物流管理信息系统。在智慧物流体系中，各类传感器技术是基础，物资的状态、地理等信息都依赖传感器技术，如使用 RFID 技术、激光、红外、条码检测与识别技术对物品进行分类、拣选、计数；采用 GPS、RFID 技术、车载视频检测技术等对物品运输进行定位等。分拣信息识别技术能将提高分拣效率和准确率变为现实,进而实现自动分拣降低货损率;无人机可以打通国内干线与支线的航空物流,同时为生鲜冷链产品提供高效运输手段;基于区块链技术的食品追溯平台可打破食品供应链上各环节之间的分隔,实现各环节上传的数据实时共享,增加产品信息透明度的同时加强消费者信任度;物联网在冷链仓储和运输环节的应用,真正驱动冷链产业实现了数据化实时管理,运用物联网标记最基本的冷链传输单元,实时传输冷链运输过程数据,借助专家系统实时分析响应,可以实现冷链物流的透明化管理与控制……智慧冷链物流可以使以前一些不可控的因素透明化、职责化。把物流运作中复杂多样的环节有效地衔接起来,同时降低物流成本,提高了物流效率,使消费者轻松、放心购物消费。

[资料来源:《中国食品供应链发展报告(2018—2019)》。]

第一节 冷链物流信息管理概述

一、冷链物流信息化

消费者越来越多地希望知道易腐货物原料的来源、能量值、贮存温度、生产及销售的日期、最佳食用期等,对冷链物流进行信息管理可以满足顾客的需求。通过冷链物流信息化,对易腐食品的来源、生产、包装、检验、监管、运输、消费等环节全程连接,建立食品安全信息数据库,打造"从农田到餐桌"的全产业链条,可实现食品安全地从终端到源头的完全透明和可追溯。同时,对冷链过程中的信息进行管理、存储、汇总、分析,从而得到易腐货物生产商、物流服务商等相关信息,为生产经营、市场管理、政府决策提供服务。从某种意义上说,生鲜食品冷链物流信息化对于食品安全的保障有着重要的意义。

新冠疫情让人们感受到物流作为基础设施地位的重要性,而多地出现冷冻食品被检测出新冠病毒,也对冷链物流提出了更高要求,特别是生活食品和消费品的智慧化冷链物流如"无接触配送"被提上日程,众多企业、平台已跟进相关服务,如家乐福、京东、盒马鲜生、顺丰冷链、每日优鲜等。

此外,医药冷链物流产业在保障疫苗、生物制品等冷链类医药货品方面具有基础性的功能。经过此次疫情大考,社会各界对医药产品冷链体系建设的重要性认识进一步提升。冷链药品的质量受贮存温度影响较大,若不按要求贮存,会导致药品有效期缩短,效价降低或变质,最终很可能引发相关医疗事故。冷链药品从生产、储藏、运送、分销、零售,直到患者用药等各个环节,都必须在各药品规定的低温环境中储存,以保证其质量安全,减少损耗,防止污染。

二、冷链物流信息管理的必要性

由于冷链物流几乎介入了货物从生产到销售的全生命周期,其间涉及生产和流通过程的部门非常多,所以必须运用专业的物流管理信息系统来建立食品全生命周期信息档案,科学地整合生产、分销、仓储、运输、配送等供应链上下游的信息。冷链物流信息化的作用具体如下。

第十章

冷链物流信息管理与追溯技术

1. 解决市场信息无法顺畅地传递到生产者的问题

冷链物流的流动方向是由生产者到消费者,而信息流正好相反,是由消费者到生产者。这就说明生产者在生产之前必须获得充分的信息,了解消费者的消费情况和市场的供需情况。但在我国,实际情况是多数生产者在产前根本无法获得有用的信息,在产后也无法及时获得产品物流系统反馈的信息,这使生产者无法根据实际的市场需求生产产品。这种情况容易导致生产者的盲目、过度竞争,也使生产者不但承受了自然风险的压力,还承受了市场风险的压力。

2. 解决冷链物流各环节不协调的问题

冷链物流的各个环节不可避免地相互影响、相互制约,一个环节效率低下,有时会降低其他环节的效率,从而降低整体的效率。所以一个高效率运转的冷链物流系统必然是各个环节紧密相连、相互协调的系统。但是,我国由于信息技术应用水平较低,信息流不顺畅,冷链物流的众多环节各自为战,竞争无序,最终导致大量浪费,使系统整体蒙受损失。

3. 解决冷链食品出现质量问题难追溯的问题

随着消费者对生鲜食品消费量的日益扩大,食品质量安全等问题越来越受到人们的关注。建立鲜活农产品的准入制度,把质量太差、存在安全问题的产品排除在外是对冷链物流系统的基本要求,这也决定着冷链物流系统能否进一步健康发展。我国现阶段并没有建立起有效的鲜活农产品身份证制度,一旦出现问题,很难追本溯源。

4. 解决冷链物流企业间未形成物流信息共享机制的问题

冷链物流企业间物流信息共享实现的手段是依靠EDI技术和网络技术。EDI即电子数据交换,是一种有效的新型的商业信息管理手段,目前其应用范围还较为有限,主要集中在进出口海关、商检等管理部门之间。就国内多数企业而言,真正意义上的EDI应用还未开展。一是由于企业信息化水平整体不高,技术条件和信息管理基础相对薄弱;二是EDI系统的开发成本比较高,多数企业缺乏充足的开发资金实力;三是冷链物流供应链上下游企业之间在对EDI的认识上尚未达成一致,有些上下游企业甚至没有认识到EDI的作用。

5. 解决冷链物流区域发展上的不平衡导致区域间信息壁垒严重的问题

在东部较为发达的地区,由于信息技术应用水平高,冷链物流现代化步伐较快,而在中西部较多地区,信息技术水平低,农产品物流依然过度依赖传统的营销方式。这就会导致发达地区与不发达地区之间的信息传递出现难以衔接的问题,造成区域间的信息壁垒,严重降低我国鲜活农产品跨区域流动的效率。

6. 解决物流企业物流信息标准化水平低的问题

信息技术的应用大都只在某一环节,缺乏物流信息管理系统的整合,如条形码管理、全球定位系统(GPS)、地理信息系统(GIS)、立体库、呼叫中心等都在应用,但呈现出零乱和分散的局面。大多数物流企业都是在自己传统优势业务的基础上开展信息化建设。由此带来的问题是,冷链物流信息如何在冷链物流的各个层面自由交换,使需要综合冷链物流服务的企业得到顺畅的物流方案。这导致了我国冷链物流企业信息技术投入的资源严重浪费,由此产生信息交换断层,从而制约了整个冷链物流企业竞争力的提升。

7. 解决疫苗冷链预警机制不完善的问题

疫苗是为预防、控制传染病的发生、流行,用于人体预防接种的生物制品。疫苗的运输、储存过程对温度有十分严格的要求,过高或过低都对疫苗的效价产生影响,造成免疫失败或副作用增加。2016 年《国务院关于修改〈疫苗流通和预防接种管理条例〉的决定》,强调了"针对疫苗储存、运输的温度环境,要求加强定时监测,准确记录"。

在疫苗冷链全流程中,任意环节监管的失责均将后患无穷。预警机制可将突发情况立即反馈给监管人员,及时处理能有效避免疫苗事件发生。但现阶段,我国仍缺乏行之有效的预警机制。基于此,2019 年通过的《中华人民共和国疫苗管理法》提到,国家要实行疫苗全程电子追溯制度,通过全国建立疫苗电子追溯协同平台,实现疫苗的全程可追溯、可核查。传统人工化的疫苗冷链虽然覆盖范围广,但早已无法满足人们日益增长的疫苗接种需求。亟须建立疫苗冷链信息化溯源系统,以确保疫苗有效性和安全性。

三、我国冷链物流信息化的发展

(一)冷链物流信息化建设现状

1. 冷链物流信息化的社会基础相对薄弱

信息网络是冷链物流行业发展的重要前提,当前国内信息网络技术的推广程度已经相对较高,信息化技术发展水平也不断提升,计算机、网络技术普及程度较高,为冷链物流行业信息化发展奠定了一定的社会基础。但是我国冷链物流行业信息运用的标准规范还相对匮乏,冷链物流行业高速发展过程中,并未形成行业执行标准,导致信息技术运用缺乏行业指导。但是一个产业信息化发展需要通过相应标准或规范加以推动,在行业标准规范得到编制与执行后,只有将行业规范运用其中,才可能实现冷链物流行业的信息化,而当前我国冷链物流行业发展过程得到的基础支持还远远不足。

货源和仓储管理信息化水平低。我国中西部地区互联网技术仍未广泛普及,大量农户不熟悉互联网技术,也不情愿担负相对较高的互联网接入费用,更缺乏信息技术技能培训。我国大部分地区的农副产品集成化发展缓慢,更多的是散户或者小规模地生产农副产品,分布太散,这些都是导致网络覆盖不足的原因。在仓储管理中很多冷藏冷冻库建设不到位,没有配备相关信息化设备,无法实时对冷藏食品进行监测,不仅造成了食品安全隐患,也不能合理地分配仓储空间,导致仓储成本的增加。在冷链商品进出库环节,自动化操作少,人工操作效率低。

冷链配送中信息采集率低。配送是冷链物流过程中的一个十分重要的环节,在这一环节中有大量可利用信息数据产生。运输过程中车厢内的温湿度实时监控数据、车厢门的开关次数记录、车辆实时定位数据以及冷藏设备状态记录等,这些运输过程中产生的信息数据为优化冷链管理,保证冷藏设备和食品安全,实现全程可追溯都具有不可忽视的意义,然而这些数据必须依靠先进的数据采集及通信技术来获得。但是,在冷链物流企业中,为了减少运输成本,诸如传感技术、物联网技术鲜少被真正应用,导致冷藏配送过程中信息采集率不高。在运输过程中,对环境温湿度、包装结构等指标均有较高要求,必须达到冷链运输规定标准。但由于现阶段我国冷链物流运输环节中温度控制环节是独立且单一的系统,无法保证产品在冷链运输过程中保持恒温状态,容易导致冷链产品出现安全问题。

2. 冷链物流信息化的市场需求动力不足

冷链物流行业可持续发展必然以市场需求为基础,信息技术的运用也必然与市场需求息息相关。冷链物流行业不仅需要研发推广先进冷链设备与技术,还必须向消费者传递冷链物流信息,以消费者为导向,构建冷链物流的信息化平台。通过信息化平台使消费者了解冷链物流信息,如通过该信息平台使消费者了解猪肉在 4 ℃ 左右运输有利于保证肉质质量,这可以进一步促进消费者了解冷链物流,并使消费者积极参与到冷链物流信息化建设中来。然而,当前物流企业在信息化运用过程中,对市场消费需求的把握程度较浅,缺乏全面的消费市场把握,这也导致冷链物流行业信息化运用与市场需求脱节的问题。

信息增值服务体系尚未成型。大部分冷链物流企业只注重企业内部环境的信息管理,完全忽视了在冷链商品流通过程中产生的对企业自身、食品安全、终端消费者有巨大利用价值的信息。虽然一些冷链物流企业提供一定的信息服务,但也仅限于冷藏运输过程中的定位,只有极少部分公司对个别冷链商品提供溯源信息服务。通过大量的数据采集、挖掘、分析的信息增值服务系统还只是处于萌芽状态。

3. 冷链物流信息化运用的企业协调性较低

冷链物流信息化平台尚不完善。我国当前尚未建立较为完善的冷链物流信息网络组织。在产品生产和销售过程中缺乏提供信息的网络平台,造成了产品信息错位、不对称现象,进一步导致产品市场供需不到位、信息输出混乱等问题。

农产品冷链物流信息共享程度低。由于目前还没有建立起有效的统筹协调管理机制,各企业虽然都拥有各自的信息资源,但无法实现多方信息共享,同时信息收集、处理和应用等各方面并未形成有效的标准体系。信息结构不太合理,信息资源太过分散,政府部门和企业难以对这些信息进行有效整合,给信息共享建设带来很大困难。

归根结底,冷链物流行业信息化运用的关键是企业,冷链物流企业信息化不仅需要冷库建设,还必须对市场信息、供应链管理进行科学把握。市场信息是企业之间信息协调管理的根本,市场中包含规模各异的企业主体,在一定程度上保障了市场活跃创新,客观需要企业之间建立信息沟通协调体系,营造良性竞争市场环境。与此同时,企业内部管理信息化,不是将全部流程都通过计算机实现,而是通过信息系统对冷链物流进行全过程的管理,监控企业经营活动的全过程,保障企业经营流动的流畅性与系统性,以此实现冷链物流企业全面信息化。然而,当前冷链物流企业信息使用率相对较低,如运用射频识别技术(RFID)企业数量相对较少,而且运用机制也存在一定缺陷,在很大程度上制约着冷链物流行业信息化程度。

(二)实现冷链物流信息化的措施

由于我国冷链物流基础设施的落后,造成了某些食品零售价居高不下,一些易腐食品售价中甚至有高达七成是用来补偿物流过程中损失的货物价值。加紧投资冷链基础设施建设,不断普及卓有成效的全国性冷藏供应链配送网络系统,同时通过信息化建设,促进冷链物流的软件优化,提升利润水平,减少相应损耗,避免浪费,进而间接推动配送产品产值的提升,促进冷链物流产业升级。因此,信息化就成了中国冷链物流走向规范化的关键所在。在冷链物流的投资和扶持上还需要政府能够出台相关政策,这样更有利于我国冷链物流行业的发展。具体地说,目前我国实现冷链物流信息化可以从以下几个方面开展。

(1) 完善法律法规及相关政策。运用好法律法规、政策手段推动冷链物流信息化发展,以期稳定市场秩序,明确管理责任,为冷链物流信息化发展提供必要的法律保障。及时制定和颁布绿色物流相关的法律文件,推动智慧冷链物流体系成长为绿色供应链生态体系,并可持续发展。管理机构考虑企业发展的合理诉求,企业运作坚持客户需求至上,构建管理机构、企业、顾客之间充分协调的智慧冷链物流模型。冷链物流行业涉及商业、交通、信息技术的交叉合作,建议多个行政部门开展共同协商与综合管理。政府统筹规划,相关行业协会通力合作,大力推动。对冷链物流、医药物流、粮食物流、棉花物流、烟草物流等作出相应规划,定出目标与达到目标的措施,并给予人、财、物方面的大力支持。冷链物流要实行政府推动力、行业推动力与市场推动力并举。

(2) 标准化体系建设。建立冷链物流信息化标准体系,为行业发展提供富有成效的标准化指引。冷链物流信息化管理依赖于数据采集、传递、处理,通过物联网实现各环节活动的智能化监控,实现各环节的关联与协调。相关过程依赖软硬件使用、信息传递与处理,建议制定规范统一的行业标准,包括软件程序、信息接口、信息安全等,以降低综合成本。把冷链产业上下游结成供应链,形成一个完整的体系,实行全过程监控,加强冷链物流信息化、精细化、标准化、智能化建设,改变各自为战的局面。哪个环节出了问题都可以追溯,找出真正的原因。特别是推进信息共享,提高冷链全程透明度,加快冷链标准化的制定和修订,并与国际接轨。

(3) 核心技术突破。加强冷链物流信息技术研究与新技术推广,启用全程监控的信息化技术,适应小批量、多品种的冷链物流需要,对冷链物流全过程进行实时监控与预测。要推进冷链物流中铁路、公路、水路、航空的多式联运。鼓励开展自动化仓库、物流机器人、无人机等新技术运用,提供必要的政策、经费扶持,快速突破新技术应用瓶颈,提升冷链物流的时效性、便捷性。融合视频识别、全球定位、地理信息系统、遥感、AI、大数据、云计算等多种技术手段,实现物流的品质、环境、位置、路况等多源信息综合感知与调控,建立现代智能物流服务模式。

大数据和云计算简介

(4) 推进集约化发展。加快发展第三方冷链物流企业,建立冷冻冷藏产品加工配送中心,推进集约化共同配送。对现有冷链资源进行重组与整合,提高效率。对综合性或专业性冷链物流企业要给予必要的支持,特别是政策与金融支持。在冷链物流信息化管理中引入众包模式,通过互联网平台、移动网络技术赋能,实现社会闲置配送资源的高效组织,探索新型配送模式。建议冷链物流企业积极采用基于新一代信息技术的软硬件系统,开展共性技术应用改进,同时扩大对外交流与合作,跟踪并引领行业国际发展趋势。

(5) 公共信息平台构建。运用新一代信息技术,建立冷链物流信息平台,整合运输、仓储、金融、配送、货运代理等社会物流资源,高效联络仓储、运输、配送等关键环节,实现相关物流系统的综合管控。面对疫情防控新挑战,按照 2020 年国务院联防联控机制部署,要求建立和完善由国家级平台、省级平台和企业级平台组成的冷链食品追溯管理系统,以畜禽肉、水产品等为重点,实现重点冷链食品全链条信息化追溯。按照通知要求,在冷链食品追溯管理系统中,国家指挥平台由市场监管总局开发建设,定位为指挥预警。省级平台由各省份市场监管部门负责建设,或在原有追溯信息化系统基础上进行优化改造,定位为追溯信息管理和公共服务。企业级平台则按照相应接口标准规范,与省级平台对接追溯关键信息。目前全国多地已启用冷链食品溯源码,如"北京冷链""浙冷链""川冷链"等。

(6) 大力培养冷链物流信息化专业人才。目前冷链物流人才短缺,包括研发、管理与操作人员,通过学历教育、在职培训逐步得到解决。联合高校、科研院所、物流企业,探索构建联合培养机制,理论与实践相结合,培养创新型、管理型、技术型人才,促使物流教育与行业发展同步。合理借鉴发达国家经验,不断完善我国冷链物流行业人才培养和人才激励机制,为冷链物流信息化发展提供必要的智库。

(三) 冷链物流信息化的发展趋势

随着冷链信息化、数字化发展,智慧冷链物流成为必然发展趋势。冷链物流信息化建设是智慧冷链物流发展至关重要的一个环节。智慧冷链物流,是指在物流系统中采用物联网、大数据、云计算和人工智能等先进技术,使整个冷链物流系统实时收集并处理信息,做出最优决策、实现最优布局,冷链物流系统中各组成单元能实现高质量、高效率、低成本的分工、协同。

利用5G、物联网、区块链、人工智能、大数据、云计算等是实现冷链物流智慧化的技术基础,而冷链物流的信息化水平也是确保冷链商品全生命周期安全的重要保障,涉及全链条诸多环节点,如生产、加工、包装、装卸、运输、仓储、城配、陈列等。

大数据的获取,可通过移动化、标签化、平台化实现。首先是移动化,移动式设备有助于多位点获取环境温湿度;其次是标签化,物流单元在货物中转中要有标签跟随,标签中所含信息要全面,包括产品代码、产地管理、农户编码及流通环节管理等,以此便可追溯到整个周期的安全情况;最后是冷链物流平台化商业模式,成为孕育价值增值能力和新型商业模式创新能量的生态环境。面对数字经济、体验经济和平台经济等新型经济形态,冷链物流平台化商业模式新生态培育至关重要。

对获取的大数据加工增值后,可实现数据业务化,指导实际物流运输操作。一是基于算法与数学建模,如路径优化、智能调度与智能配载等;二是基于数理统计与数据挖掘,如数据征信、供应链需求预测、公路货运与交通的宏观分析等。这将有助于冷链物流信息化、智慧化发展。

物联网、大数据、云计算、区块链、机器人、无人机等新技术及装备作为智慧物流的根基,同样适用于冷链物流产业,广泛应用于仓储、运输、配送各个物流环节,其关键技术包括仓内技术、干线技术、"最后一公里"技术、末端技术等。①仓内技术。目前机器人与自动化分拣技术已相当成熟并得到广泛应用,包括机器人与自动化分拣、可穿戴设备、无人驾驶叉车、货物RFID识别4类技术,可应用于仓内搬运、上架、分拣等操作。国外企业如亚马逊、DHL Express已开展应用,国内企业如京东、菜鸟、申通等已开始布局。②干线技术。干线技术主要是无人驾驶卡车技术。无人驾驶卡车将改变干线物流现有格局,目前正在进行商业化前测试。③"最后一公里"技术。"最后一公里"技术主要包括无人机技术与3D打印技术两类。无人机技术相对成熟,目前包括京东、顺丰、DHL Express等国内外多家物流企业已开始进行商业测试;3D打印技术尚处于研发阶段,目前仅有亚马逊、UPS等针对其进行技术储备。

④末端技术。末端技术主要是智能低温快递柜,是各大企业布局的重点。但受限于成本与消费者使用习惯等,目前仅实现一线、二线城市商用覆盖。

同步案例 10-1

在啤酒市场,原浆啤酒进入了人们的视野。原浆啤酒与瓶装啤酒最大差别不仅在外观上,更体现在内在品质上的巨大差别。原浆啤酒是未经处理全程无菌状态下酿造,直接从发酵罐中分装的嫩啤酒原液,最大限度地保留了活性物质和营养成分,是高档而最新鲜的啤酒,完全保留了发酵过程中产生的氨基酸、蛋白质、维生素以及大量的钾、镁、钙、锌等微量元素。其中,最关键的就是保留了大量的优质鲜活酵母,有效地提高人体的消化吸收功能,增强排毒功能,具有肠胃保健、润肠通便、美容养颜、强身健体的功效;同时,也保持了啤酒最原始、最新鲜的口感,可谓是啤酒中的极品。

但遗憾的是原浆啤酒无法在常温和有氧状态下存放,啤酒厂只好经过高温处理并过滤后装瓶上市。活性物质被消灭后,其口感和营养成分已经无法与原浆啤酒相提并论。所以,原浆啤酒只能当天出厂、当天消费,常温下存放的保鲜时间较短。原浆啤酒采用普通的常规灌装器具,保鲜时间只有几个小时。即使采用密封的全不锈钢瓶直接从发酵罐中分装,外覆全身复合铝箔纸瓶标,置于双层保温便携式外箱中,全程采用 2~5 ℃冷链储藏运输,保鲜时间也仅有 6 天。这些因素严重制约着原浆啤酒市场的扩展。原浆啤酒的运输、储存仍然是困扰市场消费的一大难题。如何进行有效的设备监控和及时的预警处理,是目前面临的主要问题。

研究人员发现:基于云计算的啤酒冷链物流监管信息化平台,针对原浆啤酒长途运输和长时间保鲜问题,可将微电子精准控制技术、无线远程数据传输技术以及云计算中心强大的计算和信息管理技术应用到原浆啤酒的灌装、运输、保鲜、配送和销售中。

(资料来源:李帅帅.基于云计算的啤酒冷链物流监管信息化平台[D].曲阜:曲阜师范大学,2014.)

【思考】
1. 原浆啤酒在酿造过程中可否经高温巴氏灭活工序进行杀菌消毒?
2. 原浆啤酒在存放时对温度、氧气、压力等因素有哪些特殊的要求?
3. 基于云计算的啤酒冷链物流监管信息化平台可包含哪些功能模块?

第二节 冷链物流安全与风险管理

一、冷链物流安全和风险管理的内涵

国务院于 2017 年发布《关于加快发展冷链物流保障食品安全促进消费升级的意见》,强调农产品冷链物流运营安全的重要性。2020 年受新冠疫情的影响,全国发生了多起冷冻海产品携带新冠病毒的事件,冷链食品安全问题再次受到广泛关注。为加强冷藏冷冻食品在贮存运输过程中的质量安全管理,市场监督管理总局于 2020 年发布《关于加强冷藏冷冻食

第十章

冷链物流信息管理与追溯技术

品质量安全管理的公告》。在新冠疫情背景下,冷链物流行业安全的定位是"温湿控+防疫"在内的大安全管控。防范安全隐患的关键是在整个物流过程中对安全事故的预防以及识别、评估、防范安全风险。

安全性作为食品最主要的特征之一,世界卫生组织(WHO)将其解释为"对食品按照其原定用途进行制作和食用时不会使消费者受害的一种担保"。随着科学技术的不断进步和研究手段的提高,在一些曾认为绝对安全、无污染的食品中也发现有某些有毒有害物质,而许多被认为有毒的化学物质,实际上在环境和食品中都被发现以极微量的形式广泛存在,并在一定范围内对人体健康有益。因此,食品安全性又分为绝对安全性和相对安全性两种不同的概念。绝对安全性是指确保不可能因食用某种食品而危及健康或造成伤害的一种承诺,也就是食品应绝对没有风险;相对安全性被定义为一种食物或成分在采取合理食用方式和正常食用量的情况下不会损害健康的实际确定性。由于客观上人类的任何一种饮食消费甚至其他行为总是存在某种风险,绝对安全性或零风险是很难达到的。安全食品并不是没有风险的食品,而是在提供最丰富营养和最佳品质的同时,力求把可能存在的任何风险降至最低限度。

食品物流安全是指食品在生产、加工、贮藏、运输、配送直至抵达消费者的全过程中不使消费者受到损害的一种担保。食品物流安全定义与一般物流安全定义有三个不同点:

①充分考虑了最终消费者的利益;

②涉及食品的生产流通和消费过程;

③食品在物流过程中的安全范畴较广。

因此,食品冷链物流安全定义为在食品冷链物流过程中不使消费者健康受到损害的一种担保,其有以下含义:

①食品冷链物流过程中必须有冷链提供技术支撑,由于冷链不完善或操作等原因,可能会导致食品不符合卫生要求;

②研究的范围限于冷链物流过程中的食品品质安全,而设备安全、人员安全、信息安全不在研究范围之内;

③强调以消费者的健康作为食品冷链是否安全的评价标准,而不是设备是否正常运作。

"风险"是与"安全"相对应的概念,是指由于客观存在的各种因素和人们对于事物及其规律认识的不确定性,非期望后果发生的潜在可能性。风险主要有不确定性、客观性、复杂性和可测性等特征。当风险因素增加到一定的程度,遇到适宜的条件,就可能引发风险事故。风险事故导致损失的可能和控制风险事故的程度决定了风险结果的大小。这种具有不确定性的损失即为风险,若风险成为现实,损失即成为事实。风险的存在,不等于事实的损失,是可能的损失。因此,冷链物流风险是指在特定条件下,由风险因素(如温度的不合理变化、操作不当、技术不达标等)引起风险事故的发生,影响冷链物流目标的实现程度,使冷链物流面临风险结果的可能事件。

食品安全和食品风险管理是相辅相成的。对于食品生产和流通企业而言,安全管理的重点就在于管理和控制风险,而食品风险管理在控制风险的同时也保障了食品安全。易腐货物对于流通时间和条件要求很高,而国内物流还处于粗放式发展阶段,冷链物流体系较为落后,这就导致冷链物流风险较高。至今,对于冷链物流系统分析和评价还没有形成一套行之有效的技术和方法。

二、食品冷链风险管理

冷链物流风险管理研究致力于规避冷链物流系统内外部不确定性带来的风险,始终在健康、安全和环保主题下探讨降低运营风险的策略方法,安全性与经济性均衡成为决策的焦点。冷链物流风险的客观性决定了冷链物流风险管理的必然性,也决定了冷链物流风险管理研究的前瞻性。风险管理是指通过识别风险、评估风险,从而有效地控制风险,用最经济的方法来综合处理风险,以实现最佳安全保障的科学管理方法。表 10-1 归纳了生鲜品冷链物流安全风险管理的基本步骤和内容。

表 10-1 冷链物流安全风险管理的基本内容

序号	步骤名称	基 本 内 容
1	风险识别	①从生鲜品本身角度分析冷链物流安全风险类型和影响因素; ②从系统的角度统计分析冷链物流安全事故的发生概率和后果严重程度
2	风险评估	①从作业环节角度分析和总结影响冷链物流安全的主要因素,建立冷链物流安全风险评价指标体系; ②从运筹学、模糊数学和系统工程等角度实际评价区域冷链风险水平; ③从安全系统工程和可靠性理论角度,评价系统总体安全可靠水平
3	风险控制	①本着事先预防的原则,系统地建立风险监控体系和平台; ②依据具体系统或具体环节的安全事故分析,有针对性地提出应对措施; ③依据安全风险水平的具体评价结果分析,本着事后控制的原则,有效完善现有安全控制体系

(一)食品冷链风险识别

食品冷链风险识别是食品冷链风险管理的基础,即在食品冷链物流过程中,通过识别其存在的风险源和风险因素,并对其进行研究、分析和归类。在食品风险管理体系中,正确处置食品风险的前提是明确食品风险的存在,估计食品风险发生的损失程度,为制定和选择食品风险应对方案奠定基础。而且风险识别不是一项一次性的任务,必须在整个食品冷链运营过程中周期性地反复进行。

风险识别方法有很多,可以分为宏观领域中的决策分析(供应链分析法、市场环境分析法等)和微观领域的具体分析(流程分析法、风险追溯分析法等)。以下是一些常用的食品冷链风险识别方法。

(1)供应链分析法。食品冷链是一个复杂的过程,它贯穿于整个食品供应链,因此,食品风险识别就应该贯穿于"从农田到餐桌"的整个食品供应链。从每个食品供应链成员中采集和分析风险信息,准确地描述食品安全状况,描述存在的潜在的食品风险特性。

(2)市场环境分析法。由于食品的特性,许多食品风险问题是因消费者自身处置不当产生的,在给消费者带来健康危害后才被发现,因此,面向市场环境的食品风险识别非常重要。食品风险管理人员经过实际的市场调研,对相关食品在市场环境中的状况进行检测、分析,发现其潜在风险,并及时做出预警。

（3）流程分析法。食品流程分析法强调根据不同的流程，对每一阶段和环节，逐个进行调查分析，找出食品风险存在的原因，从中发现潜在风险的威胁；分析食品风险发生后可能造成的损失和对全部食品冷链造成的影响。

（4）风险追溯分析法。食品风险追溯体系的建立，更加强调食品安全的全过程管理，以及依赖于关键环节的管理。食品风险追溯分析需要以标准化和信息化为基础，从而进行潜在风险分析。

（5）专家调查列举法。由食品风险管理人员对食品冷链企业或食品供应链可能面临的风险逐一列出，并根据不同的标准进行分类。

（6）背景分析法。通过对食品生产和经营过程中获得的各类食品检测数据，采用食品微生物预测技术，应用曲线和图标的形式描述食品状态的变化趋势，以研究引起有关风险的关键因素及其引发的后果；研究当温度或时间等因素发生变化时，又将出现怎样的风险，其后果如何。背景分析法主要在于考察风险的范围及事态的发展，并对各种情况作对比研究，选择最佳的食品风险管理方案。

（7）分解分析法。首先将食品冷链风险分解为经济风险、技术风险、资源风险、人员风险、环境风险等不同要素，然后对每一种风险因素作进一步分析。

食品冷链风险分析还有失误树分析法、事故分析法等。不过需要指出的是，没有任何方法是万能的。因此，在进行冷链风险识别时，必须综合应用各种方法进行分析。

（二）冷链风险评估

1. 冷链风险评估的概念

冷链风险评估是利用现有的科学技术和科学资料，通过某些因素的暴露对人体健康产生的不良后果进行鉴定、确认和定量分析，做出风险特征描述的过程。在完成食品冷链风险识别之后，还需要对可能潜在的风险进行评估，评估风险可能造成的损失，并以此作为风险管理和控制的标准。

2. 冷链风险评估的原则

在进行冷链风险评估过程中，应当遵循以下原则。

（1）标准性原则。食品冷链风险评估理论模型的设计和具体实施，应该依据国内外相关的标准进行。只有在一定的标准之上进行评估，才能保证评估的准确性。

（2）规范性原则。风险评估的过程中以及过程中涉及的文档应该具有很好的规范性，以便于跟踪和控制。

（3）可控性原则。在食品冷链风险评估过程中，应该按照标准的项目管理类方法对冷链企业或食品供应链的人员、组织、项目进行风险管理和控制，以保证食品冷链风险评估过程中的可控性。

（4）系统性原则。安全风险存在于生鲜品冷链物流运作的各个环节，因此只有对冷链物流系统进行详细分析，研究各环节的具体风险因素，才能合理地识别各个影响因素的风险发生概率。在评估的过程中，应从管理和技术两个角度对食品冷链企业或食品供应链进行评估，保证评估的全面性。

（5）最小化影响原则。食品冷链风险评估工作应尽可能小地影响食品企业或食品供应链的正常运行。

(6) 保密性原则。食品冷链风险评估过程应该与冷链企业签订相关的保密协议,以承诺对食品冷链企业内部信息进行保密。

(7) 科学性原则。生鲜品冷链物流安全风险评价的方法要能够客观反映实际,能够识别出冷链物流运作过程中存在的所有风险因素,具有可操作性、方法简单、结论明确、效果显著等特点,评价的结果应与实际情况相符。

3. 食品冷链风险评估的方法

1) 风险坐标图法

风险坐标图是将发生风险的可能性、对风险评估的目标水平的影响的两个参数,在同一平面上绘制(即绘制成直角坐标系)的坐标图。一般地,对风险发生可能性的大小、风险对目标影响程度的评估有定性、半定量和定量等方法。

如图 10-1 所示,定性方法是直接用文字描述风险发生可能性的大小、风险对目标的影响程度,如风险发生的频率可分为"极少""很少""可能"和"经常"4 类,而后果严重程度可分为"不明显""轻微""严重""极严重"等。定量方法则是用数量描述,如对风险发生可能性的大小用概率来表示,对目标影响程度用损失、金额等指标来表示;半定量分析方法综合定量和定性的界定思想,介于两者之间。

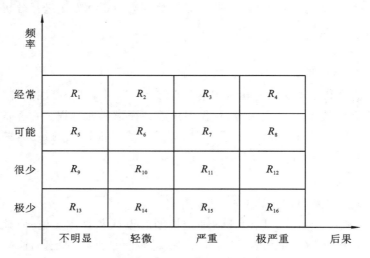

图 10-1　风险坐标图

2) 事故树分析法

事故树分析也称故障树分析(Fault Tree Analysis,FTA),是一种常见的对系统安全性进行分析的方法,目的是分析事故和对事故的潜在风险进行事前评价。FTA 已被公认为复杂系统的设计、预算的最简单、最有效、最有前途的故障树可靠性分析的方法。事故树的建立完成之后,需要进行必要的简化,然后继续进行定性定量分析;否则,可能会导致错误的分析结果。

3) DEA 法

数据包络分析(Data Envelopment Analysis,DEA)是运筹学、管理科学和数理经济学交叉研究的一个新的领域。DEA 的优点吸引了众多应用者,目前,这一方法应用的领域正在不断扩大，它也可以用来研究多种方案之间的相对有效性，研究在做决策之前去预测一旦做出决策后它的相对效果如何。DEA 模型甚至可以用来进行政策评价。DEA 方法是一种非参数统计方法。

4) 风险矩阵法

风险矩阵法是由美国空军电子系统中心（Electronic Systems Center，ESC）的采办工程小组于 1995 年 4 月提出的。该方法是一种有效的风险管理工具，可用于分析项目的潜在风险，也可以分析采取某种方法的潜在风险，是一种操作简便且定性分析和定量分析相结合的方法。自 1996 年以来，ESC 的很多项目采用风险矩阵方法进行风险评估。

5) 风险耦合法

冷链物流安全问题的发生多为不同风险因素相互作用、相互耦合的结果，因此，可通过风险耦合法探究导致冷链物流安全问题的多种因素风险耦合性质和耦合规律。首先，系统全面地识别冷链物流运作过程中的安全风险因素，基于系统动力学原理定性分析多种因素间的耦合作用，采用 N-K 模型量化各因素耦合后的风险值，明确各组合形式的关键性风险因素，为冷链物流的风险管控提供理论支撑。N-K 模型起源于 Kuaffman 研究的生物进化基因组合问题，后逐渐成为研究复杂动态系统的一个通用模型，其包括 N 和 K 两个参数。一般来说，随着风险耦合因素的增多，耦合风险值增大。

6) 模糊综合评价法

模糊综合评价法是应用模糊关系合成的原理，从多个因素对被评判事物隶属等级关系状况进行综合性评判的一种定量评价方法。评价者根据判断，对复杂问题分别做出不同程度的模糊评价，然后通过模糊数学提供的方法进行运算，得出定量的评价结果。该方法存在对指标赋权的主观性偏差，针对这一问题，学者在突变级数法的基础上引入离差最大化法。运用离差最大化法消除评价中的主观性，然后对冷链物流各指标进行权重排序，得到改进的突变级数法模型，以获取较为客观的评价指标体系及评价结果。

7) 人工神经元网络法

人工神经元网络以其具有自学习、自组织、较好的容错性和优良的非线性逼近能力，受到众多领域学者的关注。人工神经元网络是一种分层型网络，由输入层、隐含层和输出层组成。层与层之间采用全互联方式，同一层的单元之间则不存在相互连接。

（三）冷链物流风险控制

食品冷链物流风险控制是指依据在食品风险识别、评估和预测基础上获得的风险信息而制定预防性对策，并采取一定方法控制食品冷链物流风险的过程。它是食品冷链风险管理体制中一个关键的环节，包括风险规划制定、风险解决方案编制、风险监控计划生成、跟踪和纠正等活动。

冷链物流安全风险主要发生在集结、储存、分拣和运输四个关键环节，其中运输环节尤为突出。在四个关键环节中，温湿度检测风险控制和信息记录风险控制策略基本相同。对于温湿度检测风险控制来说，温湿度检测风险主要由设备、技术水平落后及检测人员责任心不足引起的，因此要采用先进的设备，同时还要注重对员工责任感的培养；对于信息记录风险控制来说，应该从增强企业人员素质入手，培养人员责任感，并且采用先进的信息管理系统，对各个作业环节的各项检测数据能够长期完善地存储，保证生鲜品的可追溯性，当生鲜品质量出现问题时要及时解决。

1. 集结环节控制措施

进货计划风险、农药残留检测风险、温度检测风险及信息记录风险是集结环节存在的主要风险因素。对该环节的风险因素进行控制,须从企业管理水平、技术水平、企业人员素质、设备水平和外部环境几个方面出发。

1）进货计划风险控制

引发进货计划风险的源头是低效不合理的管理,问题的解决有赖于依靠管理人员素质的提高,并结合生鲜品的供需情况,使用科学的方法进行全面的分析,合理拟订进货计划,确保企业内部存储的生鲜品一直处在保质保鲜的状态下。

2）质量和农药检测风险控制

设备及技术水平落后和人员素质水平落后是造成质量和农药检测风险的主要因素,在提升员工工作能力的同时,积极引进先进的检测仪器,并形成一套严格的规章制度,对超出标准的产品坚决拒收。运输作业能够有效进行运输设备的选择及企业人员素质的培养和提高。因此,为了能够减小运输作业过程中的风险,通过采用技术先进的作业设备以提高设施设备水平,尽量使用对运输物品的温湿度实时监控的系统,同时由于运输环节会受到外部环境的影响,需要提高企业人员素质,使运输作业人员能够从容应对各种突发情况。

3）到货验收风险控制

到货验收不合格大多是因为质量检验不合格,因此,要降低到货验收的风险,就要确保生鲜品在运输过程中始终处于要求的温度范围内。

2. 储存、分拣环节控制措施

储存作业计划风险、分拣作业计划风险、温湿度检测风险、质量检查风险及信息记录风险是储存环节存在的主要风险因素。

1）储存作业计划风险控制

从提高企业管理水平入手能有效控制储存作业计划风险。制订科学合理的储存及维护计划,并在计划中明确相关责任人员的职责,确保对产品进行按时维护,及时发现问题并进行妥善处理。

2）分拣作业计划风险控制

企业管理水平以及企业人员素质直接关系着分拣作业计划制订得成功与否,因此,要力求提高企业管理水平,培养大批高素质员工,针对下游客户的订单需求制订出合理的分拣作业计划,确保为之后的运输作业打下良好的基础。

3）质量检查风险控制

生鲜农产品的质量检查依赖于企业的设备水平、技术水平及企业管理水平。要对生鲜品质量检查风险进行控制,需要采用先进的检查设备,同时还要有严格的规章制度。对于存在质量隐患的产品要及时进行处理,保证出库生鲜品的质量。

3. 运输环节控制措施

运输作业计划风险、出库检查风险、运输作业风险、到货验收风险及信息记录风险是运输环节存在的主要风险因素。

1) 运输作业计划风险控制

运输作业计划制订得合理与否有赖于管理水平以及企业人员素质。在制订运输计划时要对订单需求、收货时间及运输路线等进行综合考虑，恰当地使用运输车辆，采取合适的配送路线等，保证生鲜品配送更加及时，更加高效。

2) 出库检查风险控制

生鲜农产品的出库检查依赖于企业人员素质，要求工作人员对订单进行仔细核查，确保数量准确、质量无问题。此外，还应检查运输车辆内部的温度，避免发生安全事故。

三、HACCP 在食品冷链中的应用

(一) HACCP 的概念

在整个食品供应链中进行食品安全管理的最佳途径，就是在日常工作中理解、发展和实施 HACCP 项目。HACCP 的全称为 hazard analysis and critical control point（危害分析和关键控制点），是对食品在生产加工、制造、准备和食用等过程可能产生的食品安全危害进行识别、评估，进而采取有效的控制措施的一种预防性食品安全控制方法，是一种重要的管理体制。它主要包括两个部分：危害分析(HA)和关键点控制(CCP)。危害分析是审查食品加工的每一个过程，找出可能存在的危害，并对其采取正确的管理措施。关键点控制是"为预防或消除食品安全危害或将其降低至可接受的水平而必须采取的控制步骤"。在美国，所有与食品有关联的行业多采用 HACCP 项目，并将其作为一种有效的食品安全管理体系。下面以果蔬冷链物流为例，分析 HACCP 体系的应用。

(二) HACCP 的原则

HACCP 可以用于单个农场作业或单条生产线中与食品有关的流程和作业，也可用于一个企业中所有与食品有关的流程和作业，也用于整个食品供应链，从原材料开始一直到加工、运输、准备等。HACCP 基于以下 7 个原则。

(1) 危害分析：检查食品所涉及的流程，确定何处会出现与食品接触的生物、化学或物理污染体。

(2) 确定临界控制点：在所有与食品有关的流程中，鉴别有可能出现污染体的并可以预防的临界控制点。

(3) 制定预防措施：针对每个临界控制点制定特别措施，将污染预防在临界值或容许极限内。

(4) 监控：建立流程，监控每个临界控制点，鉴别何时临界值未被满足。

(5) 纠正措施：确定纠正措施以便在监控过程中发现临界值未被满足。

(6) 确认：建立确保 HACCP 体系有效运作的确认程序。

(7) 记录：建立并维护一套有效系统，将涉及所有程序和针对这些原则的实施进行记录并文件化。

HACCP 体系的实施和监控，不仅保护广大消费者，而且帮助食品供应链上各企业有效地开展竞争。2001 年美国开始实施 HACCP 体系的确认流程，以确保生产企业真正积极实

施并符合 HACCP 标准。

(三) HACCP 体系在果蔬冷链物流中的应用

1. 果蔬冷链物流环节中的危害分析

危害分析(HA)是鉴别有害物质或引起产品腐败的物理的、化学的、生物的危害。果蔬冷链物流作业环节可能产生的危害主要有温度过高或频繁变温引起的微生物污染、营养成分损失、衰老加速等,表 10-2 对果蔬冷链物流进行了危害分析。

表 10-2 果蔬冷链物流危害分析

作业环节	可能产生的危害
产地预冷	未预冷或预冷不及时加速"后熟",增加后期冷链投入
分拣	作业环境温度过高、作业时间过长导致微生物生长、酶活力、呼吸作用加强
车厢预冷	未预冷至规定温度范围导致上述危害
装卸搬运	作业环境温度过高、作业时间过长导致上述危害;作业操作不合理造成货物遗失、破损,引发机械伤害
运输	温度过高或频繁波动导致上述危害;和其他非食品货物混装造成交叉污染;车辆行驶速度过快引起的振动造成物理伤害
收货	货物温度过高导致上述危害
销售终端	陈列柜温度过高导致上述危害

2. 关键控制点确定及其关键限值

关键控制点(CCP)的确定是根据所控制危害的风险与严重性,分析影响商品质量的关键因素,并确定关键限值,可以预防或减小食品安全危害。果蔬的冷链物流主要作业活动包括产地预冷,分拣,车厢预冷,装卸、搬运,运输,收货,销售终端等。

(1) 产地预冷。产地预冷是果蔬冷链物流的第一步,也是最为关键的一步。不预冷或预冷不及时不仅会加速果蔬的"后熟"作用,加速衰老,缩短货架期,还会增加后期的冷链成本。

(2) 分拣。分拣是物流作业中费时较长的一个环节,须在低温条件下操作,否则会导致微生物生长、酶活力和呼吸作用加强。

(3) 车厢预冷。果蔬冷链物流车辆厢体预冷温度至 7 ℃以下(部分果蔬为 10 ℃以下),否则会影响货品温度,进而导致上述危害。

(4) 装卸、搬运。果蔬冷链物流要求装卸、搬运在不大于 10 ℃的缓冲区进行,时间控制在 30 min 内;野蛮装卸会造成包装破损,从而引发机械伤害。

(5) 运输。果蔬冷链物流要求全程冷藏运输。运输相对历时较长,如中间冷机停止工作或温度频繁波动,会造成微生物的迅速繁殖和酶活力上升;食品货物混装可能会造成交叉污染。

(6) 收货。货物到达后,接受方应检测货物温度。果蔬温度不高于 7 ℃,高于规定温度可拒收。

(7) 销售终端。超市、便利店等销售终端的储藏条件直接影响果蔬的质量和货架期,也是较易忽略的环节。

果蔬冷链物流关键控制点的控制限值和纠偏措施如表 10-3 所示。

表 10-3　果蔬冷链物流关键控制点的控制限值和纠偏措施

关键控制点	控制限值	纠偏措施
产地预冷	预冷至≤7 ℃	及时预冷
分拣	工作环境≤10 ℃	严格控制作业环境温度在规定范围内
车厢预冷	厢体温度≤15 ℃	车厢内预冷温度至规定范围方可装货
装卸、搬运	工作环境≤10 ℃ 操作时间≤30 min 合理装卸搬运	严格控制缓冲区温度,严格控制作业时间,避免野蛮作业
运输	冷藏车温度≤10 ℃ 独立存放	实时进行温度监测,避免和非食品货物混装
销售终端	陈列柜≤7 ℃	陈列柜配有温度计

利用 HACCP 原理分析了冷链物流中对果蔬质量、货架期、安全构成威胁的潜在危害,确定了 6 个关键控制点,这对于减少流通领域的果蔬损耗、延长其货架期有着重要意义。

对于任一种易腐货物来说,一个基于 HACCP 体系的温度控制系统如表 10-4 所示。

表 10-4　基于 HACCP 的温度控制系统

关键控制点	控制内容	控制手段
食品原辅料运送	原料运输中的温度管理	移动卡式温度录入器
到货验收	到货数量、重量、质量检查 冷冻/冷藏食品温度检查	触摸屏/PDA 录入 手持温度计录入
预处理	室内温湿度管理	温湿度计连续检测、记录 空调保持温度、湿度
冷冻/冷藏保存	各仓库的温度管理 保存时间检查 保质期限检查、记录	库内温度连续检测、记录 入/出库时间及保质期触摸屏/PDA 录入
保温配送	配送车保温、保冷室的温度管理 至配送地的运输温度管理	移动卡式温度录入器

第三节　冷链物流信息管理系统

物流信息系统也称物流管理信息系统。《物流术语》(GB/T 18354—2021)中将物流管理信息系统(logistics management information system)定义为通过对物流相关信息的收集、存储、加工、处理以便实现物流的有效控制和管理,并提供决策支持的人机系统。从广义上说,物流信息系统包括物流各个活动过程,如仓储、运输、配送等,是一个由计算机、应用软件及各种高科技设备通过互联网联结起来的动态系统。从狭义上说,物流信息系统就是管理信息系统在某一涉及物流的企业中的应用。

物流信息系统是整个物流系统的心脏,是现代物流企业的主要特征。对于物流企业来说,拥有先进高效的物流信息系统在某种意义上比拥有车队、仓库更为重要。物流信息系统在物流运作中非常关键,并且自始至终发挥着不可替代的中枢作用。

冷链物流信息系统适用于冷链中承担不同功能的仓储企业、运输企业的冷链物流管理,包括第三方物流的信息管理系统。目前冷链物流信息系统主要由业务管理模块和企业管理模块两部分组成。图10-2所示为冷链物流信息管理系统的子系统及功能模块。

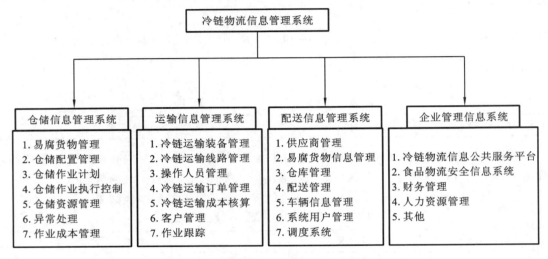

图 10-2　冷链物流信息管理系统的子系统及功能模块

一、冷链物流仓储信息管理系统

仓储管理系统是通过入库业务、出库业务、仓库调拨、库存调拨、质检管理、虚仓管理和即时库存管理等功能综合运用的管理系统,有效控制并跟踪执行库存操作,与其他系统的单据和凭证等结合使用,可提供更为完整的全面的企业流程和管理信息。

仓库管理系统(warehouse management system,WMS)是对物品入库、出库、盘点及其他相关仓库作业,仓储设施与设备,库区库位等实施全面管理的计算机信息系统。随着客户对易腐货物需求的种类和数量增加,易腐货物的产品结构越来越复杂,整个市场对易腐货物的个性化要求也越来越高。加之易腐货物本身的特性,如何存储这些易腐货物,并实现可追溯,确定合理库存,最大限度地利用库房容积,以及如何安排冷库与冷库以及产地与销售点之间衔接过程中的装卸作业,以保证冷链"不断链"。另外,WMS系统还要支持仓库内所有的自动化设备。

先进的冷链仓储信息系统针对现场作业状态,实时调整作业计划。生成计划主要考虑的因素有冷库作业面积、储位及储位分配情况、易腐货物特性、设备运行状况、作业时间限制,以及客户等待时间、操作人员数量及操作人员的训练程度等。另外,某些 WMS 系统采用了 Rulebase 或 Knowledgebase 技术,将人们在实际仓储作业中的优秀经验进行整合,使系统能够充分整合现有的仓储资源,从而达到最佳的冷链操作效率。

第十章

冷链物流信息管理与追溯技术

冷链物流仓储管理作业管理的具体功能如下。

1. 易腐货物管理

易腐货物管理根据冷链物流的仓储业务特点定位于以下几个方面。

1）易腐货物的属性与分类管理

一种方法是采用代码继承式分类，这种方式通过代码分段式建立易腐货物的属性分类。主要代表性编码方案有国际物品编码协会的 UCC（国际物品编码协会，Uniform Code Council）代码、UNSPSC（联合国标准产品和服务分类代码，United Nation Standard Products and Services Code）等。优点是相同属性的易腐货物在排序上归为一类，容易管理。缺点是随着易腐货物的种类增加造成代码过长、管理不便、浪费存储资源。

另一种方法是采用属性结构表方式进行物料属性的定义。通过首先定义物料的分类及其分类属性，然后再定义属性值。

2）易腐货物的存储描述

存储描述包括存储地区、低温仓库、低温仓库内的存储区域以及货架储位的描述。易腐货物的存储信息包括物料的存储库存和在途库存。

2. 仓储配置管理

易腐货物的存储条件需要进行配置。先进的仓储管理能够对仓储实体进行参数配置，实现对仓储资源的识别和管理。需要配置的信息主要有仓储编号、仓储面积、储位编号、储位面积以及储位规则等。通过仓储配置，可以根据实际作业需求制订优化的仓储作业计划，实现对仓储环境的高效利用，使有限的人力、物力、仓储面积得到充分利用。

3. 仓储作业计划

仓储作业计划是通过采集易腐货物订单以及根据系统中的仓储配置数据，结合系统中已经设定的作业规则，在规定的时间内完成仓储计划，包括易腐货物的收货上架、拣货、补货、月台或码头装载等。同时，冷链系统要求及时配送、顺畅流动以及全程质量管理。为实现这一要求，需要连续补货计划、供应商管理库存等现代物流管理技术。

连续补货计划（continuous replenishment program，CRP）是利用及时准确的销售信息、生产时点信息确定已销售的商品或已消耗的库存数量，根据下游客户的库存信息和预先规定的库存补充程序确定发货补充数量和配送时间的计划方法。CRP 以小批量、多频率方式进行易腐货物的连续配送，可提高库存周转率。

供应商管理库存（vendor managed inventory，VMI）是按照双方达成的协议，由供应链的上游企业根据下游企业的需求计划、销售信息和库存量，主动对下游企业的库存进行管理和控制的库存管理方式。利用 VMI，可以提高冷库利用率，降低冷链成本。供应商进行 VMI 管理很重要的前提就是供应商能实时查看用户销售信息和当前库存，能够对市场需求进行预测从而决定是否补货，补货量是多少。供应商管理库存大多采用 VMI 集中模式，就是在供应商和用户企业之间增加节点库存，对供应商货物进行管理。这个节点仓库交由第三方物流企业进行管理。供应商、第三方物流企业、用户企业组成一个虚拟企业。第三方物流企业负责协调交货、运输、补货、产品检验等工作，并负责接受用户企业的销售、库存等信息。预测系统为用户企业进行需求预测和制定补货计划等。图 10-3 所示为基于第三方物流的 VMI 集中管理模型。

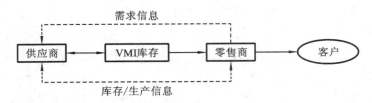

图 10-3　VMI 集中管理模型

4. 仓储作业执行控制

仓储作业执行控制是对易腐货物冷链作业计划生成以后执行情况的管理。在作业执行方面,很多 WMS 系统都有比较先进的解决方案和相应的产品,如 EXE 的 Exceed、ES/LAWM 等系统,其中 ES/LAWM 还提供了基于打印工作指令的执行管理系统以适应自动化水平较低的仓储作业环境。

5. 仓储资源管理

仓储资源除了易腐货物之外,还包括仓储结构、设备以及作业人员等。主要功能体现在仓储结构合理配置,提高场地利用率;合理组织仓储作业人员,合理安排工序,使作业效率最大化;合理调配仓储设备,通过设备检修计划提高设备完好率。

6. 异常处理

在实际操作过程中,由于易腐货物的特性和客户小批量、多品种的需求,冷链物流的仓储管理非常复杂。在仓储管理中,存在各种突发事件以及异常交易作业,因此需要设计一个完善的系统来处理这些异常情况。

7. 作业成本管理

易腐货物的冷链物流仓储管理系统的主要目标是优化仓储作业管理,实现低成本化、效率最大化。WMS 系统的主要管理对象是易腐货物,主要通过关注仓储作业活动实现作业成本的可控和优化。而一般企业采用的 ERP 系统(enterprise resource planning),是以物料成本为中心展开的成本控制管理活动,两者的实现手段不一样。随着第三方冷链专业物流服务形式的出现,专业、先进的系统将提供更加全面的基于作业的成本管理功能,以便更好地进行优化管理,控制成本,提高效率。

二、冷链物流运输信息管理系统

运输管理是冷链物流中的一个主要子系统,运输管理的主要管理对象是运输工具管理(车、船、飞机等)、运输环境管理(运输线路、站点和地图)、人员管理(驾驶员、装载人员以及管理人员等)、运单管理(运单、运输线路计划流程等)、运输成本核算(人员成本、运输资源成本、能源消耗核算控制等)、优化管理(路径优化、运输能力优化以及服务优化等)、客户管理(客户订单服务、查询)、跟踪管理(包括采用 GPS 和 SMS 等系统实现的运输跟踪管理)等。

1. 冷链运输装备管理

冷链运输装备主要包括铁路、公路、航空及水路冷链运输工具。其中要管理的元素有运输能力(包括装载体积、重量)、运输速度、能源消耗计量等。运输业务包括外包服务,因此冷链运输资源还要包括冷链运输服务提供商的管理。

2. 冷链运输线路管理

冷链运输线路管理主要目的是建立冷链运输服务区域数据库,通过对这些数据库的引用并采用一定的算法设计合理的运输线程和运输站点序列。根据运输企业以及运输服务特性不同,冷链运输线路管理可分为区域型、线路型和混合型三种。运输线路的属性主要包括运输目的地的坐标、经过站点之间的距离、通畅能力值等。其中通畅能力则是未来进行优化处理的基础。一般来说,通畅能力值由以下几个元素构成:站点之间的路径流量(通过 GIS 系统获得)、高峰流量、站点之间发生事故的概率等。此外,通畅能力还与运输工具有关,因此以上元素必须根据不同的运输工具分别设定。

3. 操作人员管理

在运输管理系统中,人员管理也十分重要,其中包括驾驶员和随车送货员管理。对于运输作业来说,尽管系统给定了优化的运输路线,但在易腐货物的在途运输中,会遇到各种各样的意外情况,而有经验的驾驶员和没有经验的驾驶员在处理这些意外情况时的表现会不一样,得到的效果也就不一样。有经验的驾驶员的人力成本相对较高,如何进行合理的作业人员定岗和任务分配将直接影响到冷链运输作业的完成质量。

驾驶人员的属性主要由以下几个元素决定:

(1) 人员的基本属性(姓名、性别、年龄、教育程度、住址、联系方法等);

(2) 人员的技能属性(驾龄、驾驶证级别、作业区域、历史事故等信息);

(3) 人员的成本属性(工资、津贴、奖励等)。

4. 冷链运输订单管理

冷链运输管理系统根据用户的不同需求产生不同的运输订单,提供合理、成本最低的运输方案。根据运输订单运行运输的组合作业,可以提高运输效率。由此制订的运输计划安排的结果是要最大限度地保证时效性、经济性及安全性。

5. 冷链运输成本核算

在运输管理中,成本核算主要针对的项目为运输成本,而运输成本中比较难控制的是可变成本,可变成本中主要是能源消耗。影响能源消耗的因素很多,有路径长度、道路通畅能力、驾驶人员的操作技术、气候原因等因素。目前,大多数运输管理主要依据路径长度来控制运输可变成本,而精确的成本核算则应综合考虑上述所有因素对能源消耗的影响。

6. 客户管理

冷链运输管理的需求主要来自物流公司的运输需要、厂家送货需求以及客户提货需求。冷链物流公司主要是指第三方物流公司,包括货代企业。因此,冷链运输管理系统主要针对不同的用户需求分别提供不同的运输服务。

7. 作业跟踪

在实际的冷链运输作业中,计划安排的对象并不是一个静止的,而是处在不断变化之中的,必须设计作业跟踪来对这些变化加以记录和跟踪,因此跟踪是运输管理系统中比较重要且有特色的功能之一。

目前的运输管理系统对作业的跟踪分为静态跟踪和动态跟踪两种形式。静态跟踪主要通过运输订单的回单收集来实现,而动态跟踪则通过手机短信、GPS等设备进行作业跟踪。静态跟踪是事后行为,它只能为下一次计划安排提供改进依据,但无法对正在发生的问题加以纠正或改进。而动态跟踪则不同,动态跟踪可以使计划安排更合理,减少空车营运,提高异常事件的处理应对能力。

三、冷链物流配送信息管理系统

供应商管理主要实现对供应商的管理,包括供应商的添加、删除、查询和更新操作,以及根据供应商提供的货物品类,从数据库中查询该货物的供应商,使企业便于对货物和供应商进行管理。

易腐货物的信息管理主要是对采购或承运易腐货物的管理,包括易腐货物相关信息的添加、删除、信息查询和更新等操作,查询易腐货物库存货位或者配送车辆、发往客户所在地信息等。

仓库管理主要是低温仓库温度的设置与调节、库存控制、易腐货物盘点和货架管理,以及根据配送安排,将易腐货物调度出库发往客户所在地。

配送管理主要是易腐货物的管理,包括配送易腐货物的查询、添加、更新、检验和打印等,实现对易腐货物的装车、运输情况,发往目的地等信息的管理,实现对业务中涉及的凭单进行查询验证、更改、删除和打印等操作。

车辆信息管理主要是对冷链运输装备进行管理,主要包括车辆的数量添加、删除等操作以及根据冷链物流配送路线优化方案进行统筹调度,安排合适的车辆为客户快速、经济、安全地提供所需的易腐货物,实现车辆配送的智能化与科学调度。

系统用户管理主要实现对使用冷链物流配送信息管理系统的用户进行管理,主要包括用户的登录、密码修改、用户的添加、权限修改和删除等基本功能。

影响物流配送中心送货线路划分与单车线路优化的因素包括确定性因素和非确定性因素两大类:前者包括零售网点在配送网络中的地理位置、道路质量、运输成本等;后者包括零售网点的动态需求、道路拥挤程度、行驶时间、网点处的停车服务时间的随机变化等。根据不同的外界因素约束条件,对物流配送中心末端配送线路优化问题的求解方法,就形成确定性线路优化算法和非确定性线路优化算法。确定性线路优化又可称为静态线路优化,非确定性线路优化又可称为动态线路优化。

四、其他信息系统

1. 冷链物流信息公共服务平台

冷链物流信息公共服务平台是配合冷链配送业务,将所有冷链应用相关的信息公布到平台上对社会开放。该平台可以应用于冷链工程设计开发,整合冷链配送业务,与农产品电子商务于一体,解决冷链装备调控和回程缺货的问题,有利于合并运输、共同配送,提高农产品的冷链物流效率。例如,农产品冷链物流信息平台是一个开放的系统,相关的企业和个人凭借一定的商品信息就可以查询到该商品的全段冷链温度控制信息。

首先,农产品冷链物流信息平台应可以对信息进行整合,提供政府监管的入口、行业协会查询信息入口、生产企业和零售企业的查询入口和消费者查询入口,并且不同类型的查询应具有不同的权限。

其次,通过 EDI 技术,农产品冷链物流信息平台可以实现与国家机关和供应链企业的数据交换和处理,相关的数据可以方便导入和导出。该平台综合 GIS、GPS 等先进的物联网技术,共同实现信息的实时传递和共享。

政府的相关监管部门与农产品加工企业之间实现信息同享,政府就可以实时地监管农产品的加工生产等环节,不用到企业实地考察就可以通过反馈信息,发现问题所在,可以为政府出台相关的农产品冷链物流政策提供依据,从而对农产品冷链质量问题进行良好的监管控制。同时,冷链上的其他企业之间也可以通过信息平台实现信息的共享,提高企业和企业之间的协作水平。

消费者利用信息平台,可以即时查询购买商品的冷链全过程控制信息。一旦发现商品有任何的温度失控,进而导致商品品质的变化时,消费者可以依据此消息进行索赔。通过信息平台,可以让消费者放心地购买冷链农产品,减少信息不对称所导致的损失。

2. 食品物流安全信息系统

食品物流安全信息系统可实现食品信息的可追溯性,保证食品从原料采购到达消费者手中的全过程信息(如原料产地、加工配料、包装、储运温度及有关作业信息)可追溯、透明化,包括相关的知识库、辅助决策支持系统及食品物流安全事故应急预案。例如,农产品冷链物流信息系统要求针对具体的信息实现可追溯。通常的物流信息平台中,信息的流向都是从生产地流向销售地,但是农产品冷链物流系统却有所不同。有时候,信息会有回溯的过程。在冷冻冷藏农产品售出之后,如果消费者在食用后引起不适,那么针对农产品品质的追溯就可能随时开始,主要是对冷冻冷藏农产品储存、加工和运输温度的追溯,信息逆流而上,通过研究不同环节的温度变化来确认问题所在。尤其是确认温度变化的原因及责任人,就需要在每一个环节都有相关的温度、责任人员记录。可见,该系统的信息量非常庞大,需要从生产、包装、预冷、加工、冷藏、运输等各个环节进行信息的记录才能实现可回溯。同时,该系统应该有自动预警功能,也就是说,如果某种商品的温度与预设的保存温度发生了较大的出入,那么系统应该可以自动报警,提示相关人员注意产品的品质变化。

3. 国家冷链物流大数据实时监控预警平台

目前,中国物品编码中心建立了商品(食品)可追溯的"一库四平台",即商品条码数据库、中国商品信息服务平台、国家食品安全追溯平台、国家产品质量信用信息平台、物联网标识管理平台,为国家商品质量管理及食品安全监管发挥了重要作用。为确保"舌尖上的安全",整合与共享大数据,追溯食品质量全过程、全要素、全方位的质量,学者提出建立国家大数据分析中心和国家冷链物流大数据实时监控预警平台设想,实现全国范围的食品安全统一监控、统一存储、统一管理、资源共享。该平台业务子系统包括:冷链安全态势 3S 分析子系统、跟踪追溯子系统、时空预警子系统、应急处置子系统、综合分析子系统。

4. 财务管理

对冷链物流企业来说,由于业务峰值的因素,所有业务如果都要通过凭证进入财务系统的话,将造成系统数据的急剧爆炸,浪费数据存储资源。因此,为适应冷链物流管理系统的需要,财务管理系统在数据的采集上必须直接对应作业原始单据,如订单数据等。

5. 人力资源管理

与ERP的人力资源管理不同,冷链物流系统所赋予的人力资源管理主要内容是针对作业人员的管理。它包括人员属性记录、工作经验记录以及岗位经验记录和奖惩记录。在我国冷链物流企业中,除了管理人员以外,大多数作业人员来源于劳务市场和外来务工人员,这些人员流动性较大,且目前劳务市场对这些人员的管理水平较低,因此冷链物流系统必须提供基于冷链物流运作需求的人力资源管理,建立人力资源数据库。

同步案例 10-2

利群集团位于山东青岛,是一家综合性大型商业集团,与大多数经营生鲜与农产品销售的连锁超市一样,它们都不约而同地将目光聚集在生鲜配送中心的建设上。

作为新近建成运营的生鲜物流配送中心,利群为其投入了大量资金,应用了多项先进技术,启动了新的运营管理模式。据了解,该配送中心借助青岛瑞通科技的生鲜加工配送物流管理系统,在全国首家实现了针对生鲜物流各环节的科学管理,包括采购、库存、生产加工、包装、贴标、出库、分拣直至配送、销售等;搭建了数据实时高效精确处理的大集中平台,实现了对加工车间的产能、绩效以及产品的加工工艺、配方、原料、损耗、毛利等充分的量化管理。

此外,为了能够对采购、库存、加工过程中的产品损耗进行统计和分析,利群采用信息系统对整个冷链进行全程记录,如生鲜品入库时记录数量、加工过程记录损耗(如青菜整捆进货后在分捆包扎时产生的损耗)、货物分拣时记录损耗等。通过以上数据,就可以知道这一批生鲜品在各个环节的损耗是多少,而且通过各批次数据的对比,可以分析出本次采购的生鲜品的质量如何。

为了解生鲜加工过程中的库存转移和成本转换,系统提供了分解型配方(由一到多的分解类加工,如畜、禽切割分包等)及组合型配方(由多到一的组合类加工,如主食、熟食、面包、水饺等)两种不同的加工任务。例如,选择好要加工的配方后,操作人员根据系统指示的地点、货品名称及数量取出加工原料;加工完成后,操作人员将实际用掉的原料数量、实际生产的成品数量及时录入系统;系统根据以上信息自动计算出该产品的进价、成品批发价、成品零售价等,以提供参考。系统还支持对一个阶段的数据进行汇总分析,使生鲜加工中的损耗管理更趋于明晰。

【思考】 利群集团应用了哪些物流信息管理的技术?取得了怎样的成效?

同步案例 10-3

华润医药集团拥有现代化的生产基地、分销中心和高水平的研发中心,提供医药研发、生产、批发、配送、零售连锁和医院分销服务,它在医药冷链物流上采用了信息系统管理模式。在低温药品的生命周期中,记录连续温度数据十分重要,这是药品冷链管理所需的信息来源。获得连续温度数据的关键在于两个方面:每个冷链段的数据采集和冷链段之间的交换。为了实现冷藏药品在库、配送过程的无缝冷链监控,对其在库、出库、运输、交货、回库环节实现温度监控,华润医药集团决定引用RFID技术进行数据采集,实现全程冷链管理。

【思考】 华润医药集团引进RFID技术之后,对未来企业的发展会产生哪些影响?

第四节　冷链追溯技术及应用

2019年，中共中央、国务院发布《关于深化改革加强食品安全工作的意见》，提出建立基于大数据分析的食品安全信息平台，推进大数据、云计算、物联网、人工智能、区块链等技术在食品安全监管领域的应用。物联网、区块链等新一代信息技术的快速发展和应用，推动着冷链物流平台向着集约化、集成化和智能化方向发展。新一代信息技术增强了冷链物流平台全员、全程、全生命周期追溯能力，用技术提高终端消费者健康价值和生态环境价值。

在疫苗冷链的信息化中，冷链数据的采集与传输至关重要。在疫苗采集端采集完温度数据之后，需要将数据快速且准确地传输至疫苗接收端，以供专业管理人员查看，及时处理冷链异常的问题。因此，信息的采集与传输有不可替代的作用。当前疫苗冷链使用的主要采集与传输技术有地理信息系统（Geographic Information System，GIS）、全球定位系统（Global Positioning System，GPS）、射频识别（Radio Frequency Identification，RFID）、无线分组业务（General Packet Radio Service，GPRS）、北斗卫星导航系统（BeiDou Navigation Satellite System，BDS）、近场通信（Near Field Communication，NFC）以及第五代移动通信（5th Generation Mobile Communication，5G）等。

一、物联网在冷链产业中的应用

物联网在冷链产业中的运用将促进运输的智能化、物流可视化及信息透明化，使冷链创造更多的价值。冷链产业中的生产商、物流商、销售商、消费者，通过可接入互联网的各种终端，随时随地获知易腐货物状况，享受物联网技术带来的安全性和及时性等方面的变革。

物联网技术接口丰富，如无线终端、电子闸口、电子地磅、条码应用、电子标签和EDI接口等，可以进行实时监控。

物联网技术可以对冷链运输车辆进行自动识别，提高关口通过速度，减少集疏作业的拥堵现象，也可以对易腐货物进行跟踪。

在作业指导方面，互联网技术可以进行智能预警，通过对重要或异常数据的预警，提高管理的效率，规避风险。消息通知可对实效性要求高的信息进行即时提醒，加快作业效率，也可以进行柔性智能控制，统一指挥作业。

物联网简介

物联网技术的应用可以减少冷链中的冷库和分销点因劳动力雇佣所带来的人力成本，同时节约了大量的冷库和分销点监控成本。信息技术的应用是提高运作效率、降低供应链成本的重要因素。

二、区块链在冷链领域中的应用

区块链技术能够实现复杂的冷链物流端到端可追溯，确保全员、全程、全生命周期数据隐私保护和防篡改，以区块链技术保障数据隐私和数据安全。区块链技术在冷链物流平台的应用，有助于完善平台信用体系、提高平台信用，支持产品追溯、碳交易和金融等增值性服务。

区块链具有去中心化、信息透明、数据不可篡改等特性，为食品供应链管理提供了一种去中心化整合资源、消除信息不对称的解决方案。区块链在连通农产品与食品供应链、推动食品供应链优化、实现食品溯源、提高食品安全水平等方面发挥了不可替代的作用。学者将区块链作为分布式账本、数字签名、溯源存证等一系列核心技术的组合，基于区块链技术创建食品冷链质量安全信息平台，如图 10-4 所示，能够强化微生物污染监测、缩短食品冷链在途时间，并使质量安全问题得到有效追踪溯源，有助于重塑食品质量安全生态系统。

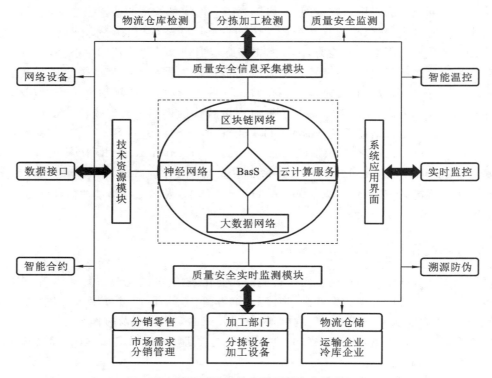

图 10-4　基于区块链的食品质量安全信息平台

三、地理信息系统(GIS)

GIS 应用于物流分析，主要是指利用 GIS 强大的地理数据功能来完善物流分析技术。在物流分析决策中，80% 以上的决策信息与空间地理有关，并发挥着重要作用。

GIS 在冷链物流中的应用，主要包括运输路线的选择、仓库位置的选择、仓库容量的设置、合理装卸策略、运输车辆的调度、投递路线选择等方面的决策。

车辆路线模型用于解决一个起始点、多个终点的货物运输中如何降低物流费用，并保证服务质量的问题，包括决定使用多少车辆、每辆车的路线等。

网络物流模型用于解决寻求最有效的分配货物路径问题，也就是物流网点布局问题。如将货物从 N 个低温仓库运往 M 个商店，每个商店都有固定的需求量，因此需要确定由哪个低温仓库提货送给哪个商店，所耗的运输代价最小。

分配集合模型可以根据各个要素的相似点把同一层上的所有或部分要素分为几组，用以解决确定服务范围和销售市场范围等问题。如某一公司要设立 x 个分销点，要求这些分销点覆盖某一地区，而且要使每个分销点的顾客数目大致相等。

第十章
冷链物流信息管理与追溯技术

设施定位模型用于确定一个或多个设施的位置。在物流系统中,低温仓库和运输线共同组成了物流网络,低温仓库处于网络的节点上,节点决定着线路,如何根据供求的实际需要并结合经济效益等原则,在既定区域内设立多少个低温仓库、每个低温仓库的位置、每个低温仓库规模,以及低温仓库之间的物流关系等问题,运用此模型均能很容易地得到解决。

GIS 的构成与功能

四、全球定位系统(GPS)

1. 为驾驶人提供导航服务

由于 GPS 可以实现位置的精确定位,通过与电子地图的有效结合,就可以实现导航服务,这样可以使得冷链物流的运行线路更合理、更高效。

2. 为冷链物流监控中心提供实时测量位置的信息

车载 GPS 终端实时计算出车辆所在位置的坐标后,通过数据交换技术(如 GPRS、WCDMA、CDMA)等将坐标实时地发送给物流监控中心。监控中心通过解析这个坐标并将其对应到电子地图上,这样就可以获得车辆目前所处的位置,以便及时对冷链物流车辆进行高效的调度。同时若物流车辆有不正常的偏离、停滞与超速等异常现象发生时,GPS 监控中心能立即发现并发出警告信号,并可迅速查询纠正,避免危及人员、车辆和货物安全的情况发生。

3. 记录车辆的行驶轨迹

车载数据记录设备或者物流监控中心的数据服务器可以记录下每一辆车每一次的运行路线。通过统计和分析可以得出最佳的运行路线,为将来冷链物流车辆运行路线的优化提供依据。

车辆跟踪管理系统主要是针对运输车辆的安全信息、事故信息、运行线路信息和车辆运行速度信息进行相关的控制。该系统可以通过集

GPS 的构成与功能

成 GPS 技术和 GIS 技术,为运输途中的车辆提供即时定位服务、导航支持,以及运输线路规划和优化等相关的路线选择。信息中心可以根据相关的货运单,派出较为合适的车辆和司机进行作业,同时,该系统对车辆运行的状况也进行相关监控,具体包括车辆的位置、车辆的速度、油耗、车辆装载货物的详细状况等。

车辆在运行的过程中,通过传感器采集相关的运行数据,如货物的温度信息、车辆行驶的速度信息、车载冷机运转信息等,通过车辆的终端可以显示在司机面前,同时这些信息也可以通过 GPS 技术传递给冷链信息处理中心;冷链信息处理中心也可以通过 GPS 技术给车辆以一定的指示,方便司机和中心联系,一旦遇到危险的情况,该系统可以自动向信息处理中心发出报警信号,同时如果车辆偏离了预定的运行路线,在信息处理中心也会有相应的报警,保证了货物的安全性。

五、标签技术

当今客户越来越希望知道产品原料的来源、能量值、贮存温度、生产和销售日期。有些

食品加工企业已经建立了"全流程追溯体系",如每一头猪都配备唯一的"检验检疫及酮体追溯"条形码,真正做到"来源可追溯、去向可查询、责任可追究",所有产品百分之百合格方能出厂。

在冷链过程中需要跟踪和追溯一个或一组产品,可追溯技术关键之一是可追溯信息链源头信息的载体技术,由此产生和发展起来一门重要技术——标识技术,在饲养场、屠宰加工厂经常使用 RFID 技术,在蔬菜等种植业产品上,主要运用条形码技术。

(一)条形码技术

条形码技术属于自动识别技术范畴,它提供了快速、准确地进行数据采集输入的有效手段。条形码是由一组宽度不同、反射率不同的条和空按规定的编码规则组合起来,用以表示一组数据和符号,包括:一维条形码,如 EAN、UPC、39 码、交插 25 码和 EAN128 码等,其共同的缺点是信息容量小、需要与数据库相连,防伪性和纠错能力较差;二维码,是由矩阵代码和点代码组成,其数据是以二维空间的形态编码的,在一维条形码无法满足实际应用需求的前提下产生。由于受信息容量的限制,一维条形码通常是对物品的标识,而不是对物品的描述。

二维码及其应用

条形码功能强大,具有成本低、使用简单等特点,在商品库存管理方面得到广泛应用,如大型超市或购物中心、配送中心、库存管理、国际贸易等。

(二)RFID 技术

RFID 是 radio frequency identification 的缩写,即射频识别,是一种非接触式的自动识别技术,由它通过射频信号自动识别目标对象并获取相关数据,识别工作无须人工干预,可工作于各种恶劣环境,如潮湿、污染、低温等环境,具有寿命长、读取数据可加密、贮存能量大和存储数据可以更换等重要优点,在多个领域具有广泛的应用前景。RFID 技术可识别高速运动物体并可同时识别多个标签,操作快捷方便。在冷链物流系统中,可以把 RFID 温度传感标签放到需要监控温度的物品内部检测温度,比如可以通过系统的读取装置实现每小时,甚至每分钟检测货物温度一次,并记录到计算机管理系统中。

1. RFID 工作原理

电子标签进入工作区后,接收读写器发出射频信号并获得能量,进而发送存储在芯片中的有用信息,或主动发送某一频率的信号,读写器读取信息解码后,传至后端的信息系统进行数据处理。工作原理如图 10-5 所示。

2. RFID 标签的构成及分类

RFID 标签由电子标签、读写器、天线和后台系统四部分组成。RFID 标签按可读性可以分为可读写、一次写入和只读标签;按能量来分可分为有源标签和无源标签。有源标签本身带有电池供电,读写距离远,体积较大,成本较高,也称为主动标签,不足之处在于电池寿命有限,需更换电池;无源标签在收到读写器发出的微波信号后,将部分微波能量转换为直流电供自己工作,免维护、成本较低、使用寿命长、体积较小且轻、读写距离较近,也称为被动标签。

第十章

冷链物流信息管理与追溯技术

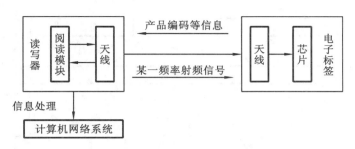

图 10-5　RFID 工作原理

3. RFID 在冷链物流领域中的应用

基于 RFID 的冷链物流信息管理针对产品质量保证的需要，冷链物流应遵循"3T 原则"：产品最终质量取决于在冷链储藏与流通的时间、温度和产品耐藏性。其中，冷链物流温度监控尤其重要。因此，应用 RFID 温度传感标签管理系统进行温度监控是保证产品质量的有效方法。RFID 的冷链温度方案解决系统如图 10-6 所示。

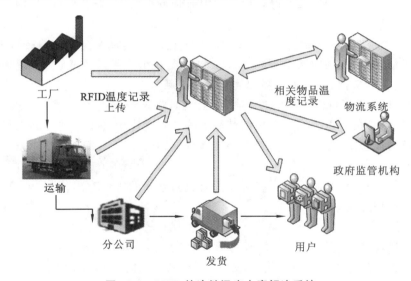

图 10-6　RFID 的冷链温度方案解决系统

食品加工企业、物流公司、储运企业、超市等，在冷链物流的生产、加工、运输、储存、配送和销售环节，应用 RFID 技术对货物进行管理和监控（主要是温度监控和位置监控），利用当前供应链中核心企业的 ERP 系统，或云计算技术作为信息平台构建起 RFID 为基础的冷链物流信息系统平台（见图 10-7），可以有效加强对产品在各环节中温度变化的实时监控，从而有效降低因温度变化造成的产品腐损率，确保产品质量。

1) 生产加工环节

在生产、加工环节，通过 RFID 系统建立商品的基本信息，包括品名、规格、数量、产地等信息，在开始进行冷藏或冷冻作业之后，自动记录产品的温度信息，同时把信息通过互联网传递到供应链的 ERP 系统，或传送到云计算系统，保存信息并监控数据，发现问题及时反馈。生鲜产品从生产线下线并进行预冷后不是进库冷藏就是进入冷藏车的运输配送环节，这时附在产品上的电子标签继续发挥作用。

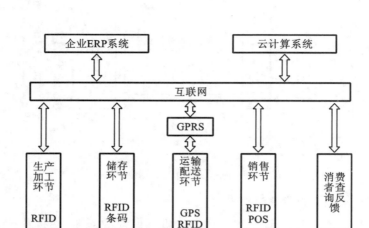

图 10-7　基于 RFID 的冷链物流信息管理流程示意图

2）储存环节

在储存环节，应用 RFID 和条形码技术实现对货物入库、保管、出库的管理，同时继续读取货物的温度信息。

（1）入库：产品进入冷库时，安装在仓库门口的读写器会在产品进库时读取电子标签上的信息并录入信息系统，同时读写器将事先安排好的这个产品的入库位置（包括货架号、货位号等）写入电子标签，此时电子标签的信息实现更新。

（2）在库：此后电子标签上的温度传感器会定时将该产品的温度信息通过网络传输给信息系统，仓库保管员可以坐在计算机前就能准确了解仓库中各个货物的温度情况，一旦发现异常就可及时排查隐患解决问题，最大限度地降低损失。

（3）出库：当产品进行出库作业时，电子标签上关于产品的在库信息又会再次发送至读写器并传输至信息系统，此时信息系统可以及时更新仓库的货位空出信息，电子标签同时记录下商品的出库和运输时间。

3）运输配送环节

在运输配送环节，车载 RFID 读取器按规定的时间间隔读取温度传感器标签的温度信息，联同 GPS 系统获得的车辆行驶信息，如车速、位置等，通过 3G 移动的 GPRS 通信接入互联网，再保存到 ERP 或云计算系统。

产品由冷库出库之后便进入运输环节，利用冷藏车运输是冷链物流中最容易发生质量问题的环节，因此对温度的监控尤为重要。产品身上带着丰富信息的电子标签在运输环节的主要功能是温度传感器对实时温度的侦测，按照系统中设定的合理的温度采集时间，电子标签上的温度传感器会定时测量冷藏车的温度，甚至可以根据产品在冷藏车内的不同位置感知温度的差异，之后通过安装在冷藏车驾驶室内的读写器定时将采集到的信息传回信息系统后台并更新电子标签内的存储信息，这样在产品运输和配送的全过程都实现了实时的温度监控。

4）销售环节

在销售环节依然要对货物的温度进行监控，结合 POS（point of sale，销售终端）系统，完成对商品流向进行跟踪。商品销售后可以回收 RFID 标签以再次使用。

货物到达卖场后，通过读取从生产到运达的所有与物品温度相关的信息，确认货物品质良好,然后进入卖场的销售冷柜后,并通过冷柜安装的读写装置,实时记录冷柜内商品的温度,消费者在购买冷链农产品的时候,只要通过一个阅读终端,就可以看到货物从生产到销售全过程的温控记录,让消费者可以放心消费。

5)消费者查询反馈

消费者购买冷链农产品后,销售者将相关的销售数据立即上传到信息平台,确认销售信息。如果消费者购买后出现了质量安全问题,也可以实现相关信息的追溯。另外,消费者可以通过互联网查到该货物的生产历史、过程,便于追溯。如果最终消费者是企业的话,可以由企业在接收货物前,通过该系统实时跟踪货物的去向和温度变化情况。

上述整个过程完成后,经过数次的信息录入和更新,产品的电子标签和信息系统数据库中都存储了与该产品冷链物流过程相关的所有信息,彻底解决了冷链物流中物流信息更新慢、信息滞后而导致的商品质量问题及损失,实现了从产品源头到销售末端的整体质量控制。

4. 追溯系统的植入

农产品冷链物流信息系统是个庞大的信息收集与处理系统,功能强大,但是其最重要的功能就是信息的追溯功能。在该系统中,应该有一个单独的模块是针对商品温度信息追溯的,并且该模块具有简单的判断功能,也就是说从农产品冷链断链的时刻开始,就应该在后续运行的每一步都发出预警,提示相关人员农产品曾经发生过温度失控的情况,而这样的农产品是无法在商场超市里正常销售的。在整个生产加工过程中,如果"冷"没有断链,那么理论上讲消费者买到的就是安全的农产品。但是如果消费者食用后发生了问题,那么依然要向前追溯商品的温度控制过程,如果能够保证商品本身的生产和运输过程不出问题的话,那么商品本身就不是由温度的变化所导致的品质变化,而是由消费者在购买后没有及时食用,常温放置时间过长所导致。可见,追溯系统对于划分责任也有非常重要的作用。

将 RFID 技术应用到冷链物流系统中,不仅简化产品出入库的人工操作过程,减少产品在库的作业量,对运输及配送过程的温度控制进行全程监测等,还对产品的流向、产品的防伪等有重大意义,同时利用先进技术实现的信息采集和传输加快了物流进程,对提高冷链物流的效率和质量起到了重要作用。

六、冷链监测技术

(一)简单的采集技术

在传统运输中,厢内环境数据的获取只是测产品到达目的地时冷藏车厢内的温度和产品的即时温度,然后手工输入计算机中。

图表记录仪的出现能将监测到的历史数据随着时间的推移打印到纸上,但是对于冷链运输过程来说,图表记录仪并不适用,因为监测数据被记录到纸上,数据量较大,无法及时查看、反馈,或者只是在开关门、装卸货时才对温度进行监测,整个运输途中发生的异常情况不能及时得到解决。

(二)条形码技术

条形码技术通过编码、印刷、光传感等技术,将其所携带的数据利用光电扫描设备进行读取,快速准确地将数据录入计算机中进行处理,具有自动识别、成本低、部署便捷的优点,大大提高物流的效率。但是条形码容量有限,不能实时采集传输冷链运输过程中冷藏车厢内的环境参数。

(三) 电子温湿度记录仪

电子温湿度记录仪能测量温湿度参数,并按照预定的时间间隔将其储存在自带的存储器中,完成监测功能后将其连接到计算机上,可以对记录的数据进行分析、下载,监测运输过程中是否有异常情况的发生。但电子温湿度记录仪不能实现实时远程监控,监控中心数据获得具有滞后性。

目前的数据采集主要是采集温度和湿度这两类数据,均是利用电子温湿度记录仪的传感器将温度和湿度这两个实际的物理量转换成计算机可以识别的数字量进行存储和运算。转换、运算、存储的过程一般都是通过微控制器,即单片机来实现的。

1. 微控制器数据采集的原理

温度记录仪主要采用如下两种方式采集温度。

(1) 用嵌入式微型控制器控制温度采集芯片,控制器通过相应协议读取温度采集芯片内部存储器的数据,再通过相应的算法转化,将存储的数据转化为相应的温度,最终获得冷库/冷藏车的内部温度。

(2) 利用嵌入式微型控制器读取本身自带的存储器或读取独立的转换芯片控制相应的模拟采集装置,来采集相应冷库/冷藏车内相应的温度信息。

湿度记录仪是将湿度这个物理量转化为微控制器可以采集的电信号,这个微控制器通过处理这个电信号就可以获得当前湿度传感器所处环境的湿度值。

2. 传感器

温湿度采集技术主要是通过温湿度传感器来实现的。冷链物流中对传感器的应用主要有两种:温湿度传感器和门传感器。对温度的测量一般用摄氏度(℃)表示,0 ℃为结冰点。对湿度的测量一般用相对湿度(RH%)表示,它代表一单位气体中所含水蒸气与饱和水蒸气量的百分比。

在冷链物流中,需要特别注意对湿度的控制。因为当空气的湿度过高时,温度的下降会导致空气中的水蒸气凝结成水珠,即发生凝结现象。对需要长时间低温干燥运输的物品来说,需要对湿度进行监测,防止凝结现象的发生。

温度传感器按其类型可以分为热电偶、热电阻、数字温度传感器和红外温度传感器。而湿度测量相对于温度测量来讲要复杂很多,最简单的湿度传感器是湿敏元件。湿敏元件主要有电阻式和电容式两大类。

冷链物流需要保持冷库、冷藏车、低温加工车间的温度稳定。开门的时候,外界较热的空气会进入低温的空间中影响内部温度。所以冷链企业在冷库、冷藏车、低温加工车间的门上加装门传感器防止出现门长时间打开忘记关闭的现象。门传感器的工作原理为:在门框和门上分别安装传感器甲和传感器乙。当甲、乙传感器的相对距离在一定范围以内时,表示门为关闭状态;当甲、乙传感器的相对距离超出一定的范围时,表示门为开启状态。当门长时间处于开启状态时,传感器将信号传递到报警器,报警器发出警报提醒工作人员及时关闭仓门。

（四）RFID 技术

RFID 技术利用空间耦合电磁波的能量和信息，通过电子标签和相应读写器之间的数据交换来实现信息的读取和写入，RFID 技术在完成自动识别的过程中具备支持快速阅读、能够移动识别、迅速定位和长期跟踪，同时无须人工干预等特点。RFID 技术克服了条形码易磨损、数据量小、阅读距离短、易受光照和灰尘影响、容易复制等方面的缺点。

依靠温度记录仪和 RFID 温度传感技术，虽然能做到实时监控，但前者不能对产品内部的真实温度进行记录，考虑到货物在运输工具内的不同排列方式，冷藏车内的产品存在温度梯度；同时不同包装形式的产品具有不同的热特性；在产品的运输过程中冷冻功能有可能瞬间中断；运输工具内局部热源等问题的存在，仪器测得的环境温度并不能代表所有产品的温度。采用 RFID 技术虽然可以监测产品内部温度，但是需要大量的 RFID 温度标签和相应的读写器，成本较高。

利用 RFID 技术，可实现医院冷藏设备，如冷库、冰箱、冰柜、医用冷藏药品转运箱等的温度实时监控管理、数据存储、温度超标预警、系统硬件故障预警管理及均匀性验证分析等，最终使得冷链药品在存储、运输、使用等环节均满足管理要求，实现全程在线监控。以 RFID 技术作为监控手段，将手工记录温度数据转变为智能监控管理模式，可极大地提高冷链药品的全程化管理效率，完善冷链设施（设备）质量安全控制体系，该技术在医院冷链药品管理中具有良好的应用前景。

（五）无线传感器网络

伴随着无线传感器网络技术的迅猛发展，欧美等发达国家逐步认识到无线温度传感网络系统在冷链物流中的重要作用。无线传感器网络（Wireless Sensor Network，WSN）是由大量的静止或移动的传感器以自组织和多跳的方式构成的无线网络，以协作地感知、采集、处理和传输网络覆盖地理区域内被感知对象的信息，并最终把这些信息发送给观察者。无线传感器网络作为一种全新的信息获取技术，凭借其低功耗、低成本、高可靠性等特点，已广泛应用于冷冻储藏、冷藏运输等领域。

由于无线传感器网络采用微型传感器节点组成的传感器网络，且采用对等式节点拓扑布置传感器网络，在较集中的监测区域内布置传感器网络，然后通过网关与控制中心进行通信，是一个以数据为中心的传感器网络，网关节点融合的数据相当于来自一个分布式的数据库。

图 10-8 所示的是一个层次型网络机构，最底层为部署在实际监测环境中的传感器节点，向上依次为传输网络、基站，最终连接到 Internet。此系统构架可分为三个部分：感知域、网络域和应用域。

（1）感知域主要是实现对感兴趣信息的采集和处理，采用的主要技术为无线传感器网络技术，主要节点包括传感节点、汇聚（sink）节点。

（2）网络域主要是实现传感器网络信息的承载和传送，如 Internet、移动通信网络、卫星通信网等。

（3）应用域主要是实现对获取到的信息的表示及分析应用，主要是信息管理节点。

冷藏运输时，无线传感器网络能够为用户提供实时的冷藏车厢内的环境信息，如温度、

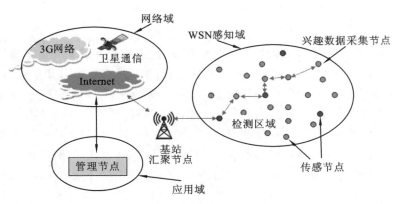

图 10-8　WSN 在冷链物流中的组织结构

(资料来源：见参考文献[87])

湿度、气体浓度等，帮助用户及时发现问题，调整管理策略，真正实现冷链监控的自动化、智能化与网络化。采用无线传感器网络构建冷链运输监控系统，有部署方便、成本低廉等优势，可以有效实现冷链运输监测的数据采集和传输。

(六) 时间-温度指示器

时间-温度指示器 (Time-Temperature Indicator, TTI) 是一种新型的温度智能感知标识，能够通过颜色变化记录与跟踪被监测产品的时间温度变化历程。TTI 近些年发展迅速，在水产品、果蔬、畜禽等领域被广泛应用。

综合上述冷链监测技术的发展，表 10-5 对不同监测技术进行对比。

表 10-5　冷链监测技术对比表

监测技术	条形码技术	温湿度记录仪	RFID	WSN	TTI
功能	识别	识别	识别	识别/感知	感知
远程传输	否	否	是	是	否
信息量	小	较大	较大	海量	一般
监测距离	几厘米	约 1 m	约 10 m	30～100 m	接触
能耗	小	电池约 5 年	电池约 2 年	电池约 1 年	很小
周期性	一次性	循环	循环	循环	一次性
耐用性	易损	耐用	耐用	耐用	易损
设备价格	条码纸：几分/张 扫码枪：几十至几百元	普通型：几百元 智能报警型：几千元	标签：约 2 元 读写器：几千元	2 万～3 万元	0.4～1 元/枚

(七) 其他技术

1. GPRS 技术

GPRS 技术是基于 GSM 系统的 2.5 代通信技术，在数据传输速度方面有显著优势。使用 GPRS 技术，可以将安装在冷链设备上的监控终端采集到的温湿度数据通过网络系统传

第十章
冷链物流信息管理与追溯技术

输至监控平台,平台将数据再上传至应用服务器。当出现异常问题时,服务器会以短信的形式发送到相关联的手机或者电脑终端进行处理。通过 GPRS 技术,实现了疫苗冷链数据与互联网的结合,完成了信息交互,可使冷链的运输、定位、监控更加智能化。

2. BDS 技术

BDS 技术是我国研制的全球卫星导航系统,可全天候提供高精度的定位、导航服务。采用北斗卫星导航系统对疫苗冷链进行实时检测,可与 RFID 温度标签进行结合使用。RFID 标签采集上传数据后,北斗导航对运输车辆进行实时定位,两者同时进行,确保冷链物流的各个环节得到充分保障。

3. NFC 技术

NFC 技术是一种短距离的无线通信技术,电子设备之间进行非接触式点对点的数据传输。应用 NFC 技术于疫苗冷链中可以实现疫苗从生产、加工、运输到接种的各环节全程监控,有利于把控冷链的实时信息。

4. 5G 技术

5G 技术是具有高速率、低延时和大连接特点的新一代宽带移动通信技术。5G 技术的出现将会提高现有的信息传输能力,当疫苗冷链出现问题时,异常情况将会更快地被发现并解决,从而大幅提高冷链的监控水平。

同步案例 10-4

真正的"物联网"概念最早由英国工程师 Kevin Ashton 于 1998 年春在宝洁公司的一次演讲中首次提出。当时根据美国零售连锁业联盟的估计,美国几大零售业者,一年因为货品管理不良而遭受的损失高达 700 亿美元。宝洁公司(P&G)前任营销副总裁 Kevin Ashton 对此有切身之痛,1997 年宝洁公司的欧蕾保湿乳液上市,商品大为畅销,可是因为太畅销了,许多商店货架常常空掉,由于商品太多、查补的速度又太慢,"我们眼睁睁地看着钱一分一秒从货架上流失"。

作为"条形码退休运动"的核心人物,Kevin Ashton 花了两年找到了答案,就是将 RFID 取代现在的商品条形码,使电子标签变成零售商品的绝佳信息发射器,并由此变化出千百种应用与管理方式,来实现供应链管理的透明化和自动化。在宝洁公司(P&G)和吉列公司(Gillette)的赞助下,他与美国麻省理工学院(MIT)的教授 Sanjay Sarma、Sunny Siu 和研究员 David Brock 共同创立了一个 RFID 研究机构——自动识别中心(Auto-ID Center),他本人出任中心的执行主任,中心成立的日期 1999 年 10 月 1 日正是条形码问世 25 周年。EPC global 于 2003 年 11 月 1 日将自动识别中心更名为自动识别实验室,该实验室主要为 EPC global 提供技术支持。

Kevin Ashton 对物联网的定义很简单:把所有物品通过射频识别等信息传感设备与 Internet 连接起来,实现智能化识别和管理。MIT 自动识别中心提出,要在 Internet 的基础上,利用 RFID、WSN、数据通信等技术,构造一个覆盖世界上万事万物的"物联网"。在这个网络中,物品(商品)能够彼此进行"交流",而无须人的干预。Kevin Ashton 说:"这是比

Internet 更大,为公司创造一种使用传感器识别世界各地商品的方法。这将彻底改变我们以往从生产厂商到顾客,甚至是通过回收产品来跟踪产品的固有模式。事实上,我们创造了物联网。"Kevin Ashton 预测电子产品代码(electronic product code,EPC)网络将使机器能够感应到全球任何地方的人造物体,从而创造真正的"物联网"。Kevin Ashton 后来离开 MIT 自动识别中心,成为 RFID 读写器供应商 Thing Magic 公司市场副总裁。2008 年,Kevin Ashton 创立了 Zensi 公司,并担任该公司的首席执行官(CEO)。该公司主要是将华盛顿大学、杜克大学和佐治亚理工大学的研究者们发明的传感器商用化,该传感器可以通过每个系统上的单一点来追踪整幢建筑中的水电使用情况。2010 年 4 月,该公司被电子硬件制造商贝尔金(Belkin)国际公司收购。

(资料来源:物联网智库,作者有删节。)

综合案例

一、案例背景

2016 年 3 月曝光的 25 种非法未冷藏疫苗流入 24 个省区市的事件引发全社会高度关注,"疫苗之殇"再一次触动了公共舆论的神经,引起了全国民众的恐慌不安,此次疫苗事件的根源,就是疫苗在仓储运输过程中超温而导致了疫苗失效,使得"冷链运输""冷链物流"这些低关注度词汇进入了公众视野,频繁出现在媒体的聚光灯下。

中国 2005 年颁布的《疫苗流通和预防接种管理条例》规定药品批发企业申请从事疫苗经营活动,应当具备的条件之一就是:具有保证疫苗质量的冷藏设施、设备和冷藏运输工具;具有符合疫苗储存、运输管理规范的管理制度。2009 年甲型 H1N1 流感席卷全球,当年 9 月,中国成为世界上第一个可以应用甲型 H1N1 流感疫苗的国家。从这场大范围的流感中,我们可以看到疫苗较为标准的存储运送手段。9 月 11 日,卫生部召开新闻发布会,介绍防控甲型 H1N1 流感有关情况。国家食品药品监督管理总局特别指出,要严格监管甲型 H1N1 流感疫苗生产和储运。

非洲医疗条件落后,也是近年来疫苗获益最大的地区,非洲儿童疫苗覆盖率从 2000 年的 57% 攀升至 2014 年的 80%,阻止了麻疹、风疹、新生儿破伤风等疾病的扩散。从各国和各组织对非洲的医疗援助中,也可以窥见对疫苗冷链保存的重视。

疫苗冷链是指为保证疫苗效价,从疫苗生产企业到接种单位,均在规定的温度条件下储存、运输和使用的全过程。近年来,国家投入较多资金对疫苗冷链首段(即从疫苗制造商到省市级疾控机构冷库)、中段(即由省市级疾控机构到地市区县的疾控机构冷库)运用信息化手段建设疫苗冷链监测系统。疫苗冷链首段、中段的监测较为完整,管理质量可以得到保证。而冷链末段(即从地市区县疾控机构冷库到社区卫生服务中心冰箱,再到受种人完成接种)监测技术手段落后,只在每天上、下午人工测量记录温度各 1 次,不但实时性、完整性差,而且无法及时预警处理,冷链管理存在隐患,冷链末段容易成为监管"盲端"。随着信息、网络技术的普及和发展,能够保证疫苗质量并降低物流成本的"疫苗冷链监控系统"已经是大势所趋。

2012 年 7 月起上海闵行区对辖区所有接种单位的冷链设备进行全程实时监控,各级冷链管理工作人员能够及时掌握疫苗储存设备温度运转、报警接收和处置情况,真正实现了疫苗从区疾控中心—接种门诊冰箱—受种者三者之间的无缝监管。两年半的监测数据可靠、稳定,报警规范处置率为99.82%(4543次)。系统监测到高温报警2038次,占44.78%;低温报警1614次,占35.46%;断电报警899次,占19.75%;报警原因显示冷链设备故障3538次,占77.74%;供电故障899次,占19.75%;监测设备故障114次,占2.50%。冷链设备故障所占比例最高,医用冰箱、冷库温控的稳定性优于普通冰箱,适合存储疫苗,对评估值较高的9台普通冰箱进行了报废处理。

冷链监测系统完整连续的数据支持了冷链管理和冷链事件发生的可溯源性,给监管取证和责任确定提供了有效的信息,可以按照发生时间、地点和责任人等数据进行责任认定,给整个冷链管理提供法律层面保障;同时通过实时温度监控,一旦发现异常,及时发出报警,通知相关人员采取相应措施,从而减少疫苗损失。

通过疫苗冷链网络实时监管系统平台,不仅可以提供实时的温度监测服务,而且作为云计算的核心,能够提供冷链设备的温度数据分析功能,可以作为冷链设备制冷、保温性能的参考辅助分析依据,该历史数据将永久保存,利用系统分配的账号和密码可以在系统上查询到任何时期温度的历史数据。采用物联网技术的冷链监管平台在硬件安装和调试方面具有简便易操作优势,提高了监管工作的效率和层次,具有良好的推广条件。

根据2016年4月23日《国务院关于修改〈疫苗流通和预防接种管理条例〉的决定》,新的疫苗流通和预防接种管理条例突出了疫苗全程冷链温度记录和监测的要求。互联网及自动识别技术的高速发展为疫苗冷链全程温度监测提供了技术支撑,其具体技术途径如下所述,即将RFID标签置入疫苗包装内,基于数据采集终端读取温度信息,然后通过网络通信、云计算等技术无线传输到云端信息管理平台,并通过专业软件进行数据分析和输出,然后导入疫苗冷链温度监测物联网平台,为疫苗生产、批发、物流、接种点、接种家长和政府主管部门以及行业协会提供信息服务。

运用物联网技术监管疫苗的做法在全国范围内进行推广实施会更有意义。这就需要政府、行业协会、企业及相关技术部门等的多方协同配合,才能更好、更快地提高疫苗冷链监管工作水平。政府提供资金保障,配套制定监管实施的规范和冷链装备的技术标准,同时制定相关的信息化数据接口标准,使各级冷链的监测数据可以得到最大程度的共享和交换,让疫苗的整个生产、运输及存储的过程均在一个无缝的冷链监管体系下流转。真正解决疫苗问题,是需要建立疫苗的全社会与全生命周期的疫苗追溯与全程的温度记录系统,关键是这个系统需要开放给老百姓,让每一个接种家长均可以通过手机等工具,方便地查询疫苗的真伪、全程温度记录等信息,才能杜绝"疫苗事件"的发生,保障疫苗接种安全。

祸兮福之所倚,福兮祸之所伏。疫苗事件的爆发,既使得医药疫苗仓储运输的隐患一一暴露,同时也敲醒了医药行业的规范化发展的警钟。医药行业目前面临的严峻挑战,亦是冷链行业的巨大机遇。

二、案例讨论

1. 疫苗为什么需要冷链?疫苗超温会带来哪些方面的影响?
2. 如何通过冷链来保障疫苗安全?
3. 如何破解医药冷链当下的困境?

练习与思考

1. 练习题
(1) 什么是冷链物流信息化？其作用是什么？
(2) 保障冷链食品质量与安全的要素有哪些？
(3) 什么是冷链物流风险？
(4) 何谓 HACCP？有何作用？
2. 思考题
(1) 试结合实际,介绍某种易腐食品的冷链物流流程及主要物流条件。
(2) 谈谈 RFID 技术在冷链物流领域的应用。

参考文献

[1] 谢如鹤.鲜活易腐食品的"保鲜链"[J].冷藏技术,1996(1):41-42.
[2] 谢如鹤.我国果蔬运输必须解决的几个问题[J].制冷,1993(2):57-59.
[3] 谢如鹤,陈善道.鲜活货物运输技术问答[M].北京:中国铁道出版社,2002.
[4] 谢如鹤,叶德春."冷藏链"与"保鲜链"及其实现的条件[J].冷藏技术,1996(2):4-8.
[5] 国家市场监督管理总局,国家标准化管理委员会.物流术语:GB/T 18354—2021[S].北京:中国标准出版社,2006.
[6] 刘佳霓.冷链物流系统化管理研究[M].武汉:湖北教育出版社,2011.
[7] 刘宝林.食品冷冻冷藏学[M].北京:中国农业出版社,2010.
[8] 周山涛.果蔬贮运学[M].北京:化学工业出版社,1998.
[9] 孙杰,司京成,兰洪杰.北京2008年奥运会食品冷链物流系统研究[J].食品科学,2008(7):470-478.
[10] 孙金萍.预冷及转运环节对冷链运输影响的研究[J].制冷学报,1997(4):47-51.
[11] 张英奎,徐广军,邹月华.食品冷藏供应链的质量管理[J].中国物资流通,2001(22):29-30.
[12] 王之泰.冷链——从思考评述到定义[J].中国流通经济,2010(9):15-17.
[13] 中国冷链物流联盟,中国食品工业协会食品物流专业委员会,中外运物流投资控股有限公司.中国冷链年鉴.2010[M].北京:航空工业出版社,2011.
[14] 梁波.我国果蔬品冷链物流的流通模式设计及发展对策分析[D].长春:吉林大学,2012.
[15] 杨方.试论我国冷链物流的建设和发展[J].中国商贸,2011(2):146-147.
[16] 毋庆刚.我国冷链物流发展现状与对策研究[J].中国流通经济,2011(2):24-28.
[17] 庾莉萍.加快发展我国冷链物流的思考[J].中国农村科技,2012(1):48-53.
[18] 胡从旭.冷链物流发展探析[J].价值工程,2014(30):30-32.
[19] 史海峰,郭瑞红.安徽省冷链物流的现状及对策[J].企业改革与管理,2014(2):22-24.
[20] 孙春华.我国生鲜农产品冷链物流现状及发展对策分析[J].江苏农业科学,2013(1):395-399.
[21] 尚海涛,凌建刚,朱麟,等.果蔬预冷与我国冷链物流的发展[J].农产品加工·创新版,

2013(2):52-56.

[22] 张瑞夫.冷链物流运输技术标准研究[J].铁道运输与经济,2013(6):84-88.

[23] 谢如鹤.冷链运输原理与方法[M].北京:化学工业出版社,2013.

[24] 徐威.冷链物流运输组织模式优化的研究[D].成都:西南交通大学,2014.

[25] 王嵬.我国农产品冷链物流运输模式问题与对策[J].价值工程,2011(25):29-30.

[26] 葛向华.我国冷链物流发展现状及其制约因素分析[J].商品储运与养护,2008(5):31-33.

[27] 冯晓元,戴莹,田晓琴.果蔬冷链物流成功的关键因素浅析[C]//第二届全国农业标准化论坛论文集.2015.

[28] 郑贤德.制冷原理与装置[M].北京:机械工业出版社,2001.

[29] 韩宝琦,李树林.制冷空调原理及应用[M].北京:机械工业出版社,1995.

[30] 袁秀玲.制冷与空调装置[M].西安:西安交通大学出版社,2001.

[31] 吴业正.制冷原理及设备[M].2版.西安:西安交通大学出版社,1997.

[32] 日本大金工业株式会社.图说工业空调·节能管理[M].上海:同济大学出版社,2007.

[33] 沈维道,童钧耕.工程热力学[M].5版.北京:高等教育出版社,2010.

[34] 刘卫华.制冷空调新技术及进展[M].北京:机械工业出版社,2004.

[35] 孟祥萍.食品原料学[M].北京:北京师范大学出版社,2010.

[36] 冯志哲.食品冷藏学[M].北京:中国轻工业出版社,2005.

[37] 谢笔钧.食品化学[M].3版.北京:科学出版社,2011.

[38] 谢如鹤,刘广海,林朝朋,等.易腐食品控温运输技术要求:GB/T 22918—2008[S].北京:中国标准出版社,2009.

[39] CLARK S D,周水洪,欧阳军.易腐食品冷链百科全书[M].上海:东华大学出版社,2009.

[40] 刘文丽,邢少华,车长远,等.变温条件下大黄鱼品质变化动力学模型的建立与评价[J].食品科学,2015(24):286-289.

[41] 宋晨,刘宝林,董庆利.冷冻食品货架期研究现状及发展趋势[J].食品科学,2010(1):258-261.

[42] 胡位歆,金王平,刘东红.生鲜食品品质(货架寿命)预测模型的建立方法[J].中国食物与营养,2014(5):45-49.

[43] 曹悦,陆利霞,熊晓辉.食品货架期预测新技术进展[J].食品研究与开发,2009(5):165-168.

[44] 关志强.食品冷藏与制冷技术[M].郑州:郑州大学出版社,2011.

[45] 郑永华.食品贮藏保鲜[M].北京:中国计量出版社,2006.

[46] 冯志哲.食品冷藏学[M].北京:中国轻工业出版社,2001.

[47] 谢晶.食品冷藏链技术与装置[M].北京:机械工业出版社,2010.

[48] 关志强.食品冷冻冷藏原理与技术[M].北京:化学工业出版社,2010.

[49] 华泽钊,李云飞,刘宝林.食品冷冻冷藏原理与设备[M].北京:机械工业出版社,1999.

[50] 中华人民共和国住房和城乡建设部.冷库设计标准:GB 50072—2021[S].北京:中国计划出版社,2021.

[51] 陈锦权.食品物流学[M].北京:中国轻工业出版社,2007.

[52] 周凌云,赵钢.物流中心规划与设计[M].2版.北京:北京交通大学出版社,2014.

[53] 赵小柠. 物流中心规划与设计[M]. 成都:西南交通大学出版社,2011.
[54] 霍青梅,李彦杰."冷链物流中心统筹规划及工程建设"系列连载之一 冷链物流中心规划概述[J]. 物流技术与应用,2009(8):112-116.
[55] 周健. 冷链物流中心平面布局与冷库规划流程研究[D]. 成都:西南交通大学,2010.
[56] 顾明伟. 超大型立体物流冷库设计浅谈——暨上海临港物流园普菲斯冷库介绍[J]. 工程建设与设计,2013(4):54-57.
[57] 刘晓娟,徐晶晶. 货架系统在冷库中的应用[J]. 物流技术与应用,2011(12):92-95.
[58] 邓建平,孙立宇,李继晓. 我国冷库发展与防火、安全和环保问题的探讨[C]//中国土木工程学会工程防火技术分会成立大会暨学术交流会论文集. 2012.
[59] 刘柱. 大型制冷车间及冷库控制系统设计与实现[D]. 大连:大连理工大学,2015.
[60] 叶翠安,吴晶,卢晓春,等. PLC 技术在冷库自动控制中的应用[J]. 机电工程技术,2010(7):116-118,196.
[61] 孙桂初,陈善道,刘东岭. 铁路冷藏运输[M]. 北京:中国铁道出版社,1982.
[62] 尉迟斌. 实用制冷与空调工程手册[M]. 北京:机械工业出版社,2001.
[63] 王世良. 机械制冷冷藏集装箱与运输[M]. 北京:人民交通出版社,2005.
[64] 刘鼎铭. 国际集装箱及其标准化[M]. 北京:人民交通出版社,1998.
[65] 刘广海. 冷藏运输能耗分析与装备优化研究[D]. 长沙:中南大学,2007.
[66] 黄欣. 冷藏链中易腐食品冷藏运输品质安全与能耗分析[D]. 长沙:中南大学,2011.
[67] 高玲玲,王鉴衡. 液氮冷藏车——一种新型的高效低温冷藏车[C]//第六届全国食品冷藏链大会论文集. 2008.
[68] 卢士勋,杨万枫. 我国铁路、船舶冷藏运输的技术发展和应用[C]//中国制冷学会制冷空调学术年会. 2005.
[69] 张涛. B2B2C 电子商务模式与基于 J2EE 设计架构的电子商务平台[J]. 成都大学学报(自然科学版),2012(4):405-407.
[70] 陆晶晶. 生鲜食品供应链质量控制契约研究[J]. 商,2014(26):220.
[71] 刘子龙. B2C 商业模式比较研究[J]. 电子商务,2009(1):55-59.
[72] 罗芳茜,王明宇. 我国生鲜电商发展现状及行业前景分析[J]. 中国商贸,2015(20):63-65.
[73] 李德库. 电子商务环境下的物流管理创新[J]. 中国流通经济,2013(8):39-43.
[74] 魏国辰. 电商企业生鲜产品物流模式创新[J]. 中国流通经济,2015(1):43-50.
[75] 谢如鹤,刘广海. 生鲜食品销售物流安全问题浅析[J]. 农产品加工,2012(4):4-5.
[76] 司银霞. 生鲜农产品配送模式的对比分析研究[J]. 物流工程与管理,2011(7):69-71.
[77] 郭睿. M 集团生鲜食品配送中心的选址问题研究[D]. 南京:南京理工大学,2010.
[78] 刘广海,谢如鹤. 食品冷链物流标准化体系研究[J]. 物流工程与管理,2009(7):70-71.
[79] 常丽娜. 物流管理体制下的农产品冷链物流标准化体系研究[D]. 曲阜:曲阜师范大学,2015.
[80] 安久意. 我国冷链物流标准化现状及发展思路研究[J]. 标准科学,2010(7):9-13.
[81] 常丽娜,李学工. 农产品冷链物流标准化体系构建探讨[J]. 农产品质量与安全,2014(2):34-37.

[82] 樊凤娇,王韫,杨戬,等.我国乳制品相关标准现状与问题分析[J].中国标准化,2014(7):110-112.

[83] 中华人民共和国国家卫生和计划生育委员会.食品安全国家标准 食品酸度的测定:GB 5009.239—2016[S].北京:中国标准出版社,2017.

[84] 国家市场监督管理总局,国家标准化管理委员会.冷藏、冷冻食品物流包装、标志、运输和储存:GB/T 24616—2019[S].北京:中国标准出版社,2019.

[85] 中华人民共和国商务部.易腐食品冷藏链温度检测方法:SB/T 10928—2012[S].北京:中国标准出版社,2013.

[86] 李帅帅.基于云计算的啤酒冷链物流监管信息化平台[D].曲阜:曲阜师范大学,2014.

[87] 毕思远,李金峰,徐臻,等.无线传感器网络在食品冷链物流监控中的应用研究[J].安徽农业科学,2014(22):7553-7556,7613.

[88] 张莉萍,杜艳,汪曦,等.基于物联网云平台的上海市闵行区疫苗冷链监测系统运行分析[J].中国初级卫生保健,2016(3):49-51.

[89] 王铀.第三方疫苗冷链物流温度监测物联网平台设计[J].中国自动识别技术,2016(4):54-58.

[90] 申江.低温物流技术概论[M].北京:机械工业出版社,2012.

[91] 朱俊.借力信息化物联网技术 拓展冷链物流的新天地[J].上海经济,2015(4):60-65.

[92] 张贵彬,刘毅.大数据和云计算技术在农产品冷链物流信息化中的应用[J].环球市场信息导报,2015(27):67.

[93] 张小翠.冷链物流信息处理与安全风险管理研究[D].邯郸:河北工程大学,2012.

[94] 邱祝强.基于冷藏链的生鲜农产品物流网络优化及其安全风险评价研究[D].长沙:中南大学,2007.

[95] 王荧荧.农产品冷链物流安全风险评价研究[D].西安:长安大学,2014.

[96] 李亚楠.生鲜农产品冷链物流风险分析[D].兰州:兰州交通大学,2015.

[97] 张桂新,张艳艳.HACCP体系在果蔬冷链物流中的应用[J].华东科技,2012(12):58-59.

[98] 屠康.食品物流学[M].北京:中国计量出版社,2006.

[99] 安立华,任秉银.物流信息系统[M].大连:东北财经大学出版社,2013.

[100] 王汉新.物流信息管理[M].2版.北京:北京大学出版社,2015.

[101] 张曙红,彭代武,冷凯君.基于质量安全的农产品冷链物流VMI库存管理模式研究[J].物流技术,2011(12):17-18,33.

[102] 郭慧馨.中国农产品冷链物流产业发展问题研究[M].北京:中国财富出版社,2012.

[103] 《物流技术与应用》编辑部.中外物流运作案例集Ⅲ[M].2版.北京:研究出版社,2015.

[104] 王喜富.物联网与智能物流[M].北京:清华大学出版社,2014.

[105] 夏翔.基于物联网技术的冷链物流管理研究——以冷鲜肉为例[D].济南:山东建筑大学,2015.

[106] 曹前锋.基于RFID的冷链物流信息管理的应用研究[J].经营管理者,2013(30):163.

[107] 张薇.RFID技术在冷链物流信息系统中的应用研究[J].电子商务,2015(29):82-84.

[108] 贾科进,钱春阳,韩瑜,等.冷链运输监测中无线传感器节点设计[J].农业机械学报,2013(2):136-141.

[109] 刘静.鲜食葡萄冷链运输监测方法研究[D].北京:中国农业大学,2013.
[110] 中国物流与采购联合会冷链物流专业委员会.打造智慧物流 发展绿色物流——2020上半年中国冷链物流发展回顾[J].农业工程技术,2020(24):19-24.
[111] 王娟.基于区块链技术的冷链物流信息化建设初探[J].大众标准化,2021(24):43-45.
[112] 韩佳伟,李佳铖,任青山,等.农产品智慧物流发展研究[J].中国工程科学,2021(4):30-36.
[113] 韩佳伟,朱焕焕.冷链物流与智慧的邂逅[J].蔬菜,2021(3):1-11.
[114] 郑全军,赵林度.中国冷链物流平台化商业模式研究[J].供应链管理,2021(9):116-128.
[115] 王佳,郑天玉,刘喜,等.基于N-K模型的果蔬冷链物流安全风险耦合研究[J].交通运输研究,2021(2):11-19.
[116] 兰建义,王放,付自由.生鲜农产品冷链物流安全评价及优化研究[J].价格理论与实践,2021(3):126-129.
[117] 杨建亮,侯汉平.冷链物流大数据实时监控优化研究[J].科技管理研究,2017(6):198-203.
[118] 唐衍军,许雯宏,李海洲,等.基于区块链的食品冷链质量安全信息平台构建[J].包装工程,2021(11):39-44.
[119] 姚鸿萍,庞成森,冀彬,等.基于射频识别技术的医院冷链药品监控系统应用分析[J].中国药业,2018(23):87-89.
[120] 夏广浩,马万太.基于GPS/北斗和GPRS的车载监控系统设计与开发[J].机械制造与自动化,2018(3):205-207.
[121] 方菁华.省级疾控机构做好冷链库房管理的实践和思考[J].海峡预防医学杂志,2019(1):96-97.
[122] 中华人民共和国疫苗管理法[EB/OL].(2019-06-29)[2022-06-26]. http://www.npc.gov.cn/npc/c30834/201907/11447c85e05840b9b12c62b5b645fe9d.shtml.
[123] 姚剑波,江俊波,陈中嵘,等.疫苗冷链信息化发展现状及展望[J].制冷技术,2021(5):93-99.
[124] 宁鹏飞.冷链物流技术与设备[M].青岛:中国海洋大学出版社,2019.
[125] 黄志峰,丁玉珍,宁鹏飞.智慧冷链物流发展研究[M].北京:中国财政经济出版社,2021.
[126] 张习习.低碳背景下生鲜农产品冷藏集装箱多式联运路径选择研究[D].徐州:中国矿业大学,2021.
[127] 王露.低碳背景下中欧生鲜农产品冷链多式联运方案研究[D].大连:大连海事大学,2020.
[128] 张雪丹,刘伟,孙山,等.短时减压处理方式对"寒露蜜"桃果实品质的影响[J].山东农业科学,2019(12):43-47.
[129] 张正周,刘继,郭奇亮,等.减压处理对菠菜采后保鲜效果的影响[J].农业与技术,2017(7):33-34.
[130] 史砚磊,王伟,李亚敏.我国冷链运输标准化现状与发展政策建议[J].交通运输研究,2021(1):41-49.
[131] 李小玲,龚杰辉.冷链零担运输发展现状与对策研究[J].中国储运,2020(12):88-89.

教学支持说明

"全国高等院校物流管理与工程专业类应用型人才培养'十三五'规划精品教材"系华中科技大学出版社"十三五"规划重点教材。

为了改善教学效果,提高教材的使用效率,满足高校授课教师的教学需求,本套教材备有与纸质教材配套的教学课件(PPT电子教案、习题库和习题答案、案例库、教学录像或视频等)。

为保证本教学课件及相关教学资料仅为教材使用者所得,我们将向使用本套教材的高校授课教师和学生免费赠送教学课件或者相关教学资料,烦请授课教师和学生通过电话、邮件或加入"物流类人才培养与出版"QQ群等方式与我们联系,获取"教学课件资源申请表"文档并认真准确填写"教学课件资源申请表"发给我们,我们的联系方式说明如下。

地址:武汉市东湖新技术开发区华工科技园华工园六路华中科技大学出版社有限责任公司营销中心

邮编:430223

电话:027-81321902

传真:027-81321917

E-mail:yingxiaoke2007@163.com

物流类人才培养与出版QQ群号:487529221

教学课件资源申请表

填表时间：_____年___月___日

1. 以下内容请教师按实际情况写，★为必填项。
2. 学生根据个人情况如实填写，相关内容可以酌情调整提交。

★姓名		★性别	□男 □女	出生年月		★职务	
						★职称	□教授 □副教授 □讲师 □助教

★学校		★院/系	
★教研室		★专业	
★办公电话		家庭电话		★移动电话	
★E-mail（请填写清晰）				★QQ号/微信号	
★联系地址				★邮编	

★现在主授课程情况	学生人数	教材所属出版社	教材满意度
课程一			□满意 □一般 □不满意
课程二			□满意 □一般 □不满意
课程三			□满意 □一般 □不满意
其 他			□满意 □一般 □不满意

教材出版信息						
方向一		□准备写	□写作中	□已成稿	□已出版待修订	□有讲义
方向二		□准备写	□写作中	□已成稿	□已出版待修订	□有讲义
方向三		□准备写	□写作中	□已成稿	□已出版待修订	□有讲义

　　请教师认真填写表格下列内容，提供索取课件配套教材的相关信息，我社根据每位教师/学生填表信息的完整性、授课情况与索取课件的相关性，以及教材使用的情况赠送教材的配套课件及相关教学资源。

ISBN（书号）	书名	作者	索取课件简要说明	学生人数（如选作教材）
			□教学 □参考	
			□教学 □参考	

★您对与课件配套的纸质教材的意见和建议，希望提供哪些配套教学资源：